2판

공정 분석 및 개선을 위한

# 통계적 품질관리

# 머리말

본서는 통계적 품질관리에 관한 내용을 담고 있다. 제품이나 서비스에서의 품질의 차이는 근본적으로 변동이 그 원인으로 지목되고 있다. 변동은 제품의 기능과 성능 그리고 고장이나 내구성 등의 원인이 되고 결과적으로 제품이나 서비스에 대한 고객의 만족도에 큰 영향을 미치고 있다. 변동은 통계적으로 가장 잘 규명될 수 있으므로 통계적 지식의 활용은 제품이나 서비스의 품질을 관리하고 개선하는 데 중요한 역할을 담당한다.

본서를 이해하기 위해서는 대학 교육과정을 통해 통계과목을 한 학기 이상 수강한 정도의 지식을 필요로 할 것으로 예상한다. 그러나 통계에 대한 이해를 돕기 위해 필요한 정도의 내용을 본서에서 다시 제공한다.

본서의 내용은 다음과 같다.

제1장에서 통계적 품질관리에 관한 전반적 사항을 언급하며, 2장에서 4장까지 데이터 수집, 분석 및 주요 수치지표의 특성을 다룬다. 2장에서 품질특성과 이에 관한 데이터 수집에 관한 사항들을, 3장에서는 수집된 데이터를 요약하고 분석하는 방법을, 그리고 4장에서는 주요 수치지표들에 대한 특성을 자세히 살펴본다.

5장부터 8장까지 데이터의 변동을 일반화하는 통계 모형에 관해 다룬다. 5장에서 확률 및 확률변수에 관한 정의와 확률분포를 기술하는 방법들을 설명한다. 6장에서 이산형 확률모형에 대해 설명한다. 이산형 확률모형 중 본서에서 자주 사용하는 포와송분포에 대한 활용을 7장에서 언급한다. 그리고 연속형 확률모형으로 가장 널리 쓰이는 정규분포에 관한 설명을 8장에서 다룬다.

9장부터 12장까지 정규분포를 활용하는 방법들을 기술한다. 9장에서 히스토그램 분석 및 공정능력의 문제를 다룬다. 10장에서 산업현장에서 중요하게 쓰이는 불량률 관리도를, 11장에서 평균-범위 관리도의 작성, 분석 및 사례들을 다룬다. 특히 12장에서 실사례를 들어 평균-범위 관리도가 어떻게 공정의 개선에 사용되는지를 설명한다.

13장부터 15장까지 검사에 관해 살펴본다. 13장에서 검사의 일반적 이해 및 수락 샘플링 계획과 OC 곡선에 관해 기술한다. 14장에서 샘플링 계획의 종류, 검사 수준, 검사 시스템 등을 살펴본다. 15장에서 수락 샘플링 검사에서 중요하게 쓰이는 개념인 AQL을 설정하는 방법에 대해 자세히 언급한다.

그리고 마지막 장인 16장에서 실제 작업현장에서 많이 대두되는 두 기계 또는 두 방법들 간의 유의한 차이가 있는지를 통계적으로 검증하는 방법을 다룬다. 이는 통계적 품질관리에서 중요한 위치를 차지하는, 그러나 본서에서는 다루지 않는, 실험계획법의 내용을 소개하기 위해 추가한다.

본서는 가급적 통계적 품질관리의 기초적인 내용을 다루려 노력하였다. 본서를 통해 보다 고급한 단계의 통계적 품질관리 지식을 추구할 뿐 아니라 산업현장에서 ISO 9001 국제 품질 경영 시스템을 구축하고 실행하는데 있어 그리고 6 시그마 활동을 전개하는데 있어 도움이 되기를 바라며, 본서가 세상에 나올 수 있게 도움을 준 청문각의 관계자들과 특히 저자의 강의를 경청해 준 많은 학생들에게 감사한다.

본서는 2020세종도서로 선정되는 영예를 안았다. 선정에 도움을 주신 분들께 감사드린다. 무엇보다도 빠른 시일에 2판이 출간될 수 있게 되어 기쁘다. 더욱 충실한 내용을 전달하고자 1판을 수정·보완하였다. 그간 읽어주신 독자들께 감사드린다.

2021년 5월

저자 원형규

차례

# 제1장 품질과 통계

"불량들을 집계하고, 세밀히 조사하며, 불량의 원인을 추적하고,
수정을 가하며, 차후 결과를 기록한다."

— 데밍(W. E. DEMING) —

품질의 정의에 관한 문제를 학문적 차원에서 규명하고 산업 현장의 품질문제를 해결하는데 있어 통계학의 도입은 많은 기여를 하여 왔다. 본 장에서는 제품의 품질에 중요한 영향을 미치는 공정에서의 통계적 현상을 이해하기 위한

- 품질에 대한 통계적 접근
- 통계 기초개념
- 공정의 정의
- 공정에서의 통계 역할

등의 개념들을 설명한다.

## 1.1 품질에 대한 통계적 접근

통계학은 우리에게 복잡한 기호나 수식을 생각나게 하는 수학적 이론이지만 학문은 그 기초가 자연적, 물리적 또는 사회적 현상을 규명하고자 하는 데서부터 출발하는 사례가 많다. 공학이나 자연과학 심지어는 사회과학조차도 관심 대상은 서로 다를지라도 모두 관심 대상에서 발생하는 현상들을 과학적으로 이해하고자 하는 데에서 출발하고 있다. 통계학도 관심 대상에 대한 통계적 현상, 즉 변동을 이해하고자 하는 소위 통계적 사고방식을 갖는 것으로부터 출발한다. 통계적 사고방식이란 모든 존재하는 것들 중 동일한 것은 하나도 없다는 데 생각과 판단의 근거를 두는 태도를 말한다. 어제와 오늘이 다르고, 일란성 쌍둥이도 각기 다른 배우자를 좋아하며, 너와 나의 생각이 다를 수 있다고 생각하는 것이다. 다음은 미국의 어느 대학교 컴퓨터 사이언스 학과에 있는 한 교수의 말이다. 이 글 속에서도 통계적 사고방식이 분명히 드러난다.

> "학생들 사이에서 남의 프로그램 코드를 약간 복사하거나 변경하여 제출해도 이를 교수가 발견해 내는 일이 훨씬 어려울 거라는 인식이 생각했던 것보다 만연해 있다. 그러나 어느 프로그램도 비슷한 것은 하나도 없으며 남의 문장만큼이나 구별이 확연하다. 독자적으로 프로그램을 작성한다면 어느 프로그램도 비슷하지 않다. 따라서 만일 프로그램이 복사된 게 있다면 이를 발견해 내는 일은 매우 쉬운 일이다."

제품의 품질과 관련해서도 통계적 사고방식은 그대로 적용된다. 동일한 제품이어도 성능과 수명이 각기 다르고, 생산현장에서 설계도에 맞추어 제작을 하려 해도 오차가 발생하며, 숙련된 작업자의 작업에서도 불량이 발생한다. 이러한 사실을 이해하는 것이 통계적 사고방식의 출발점이며 이러한 방식으로부터 해결책을 모색하고자 하는 방법을 통계적 접근방식이라 할 수 있다. 특히 산업현장에서 발생하는 변동 현상을 규명하고 이를 관리하고자 하는 데에서 통계적 접근방식을 품질 분야에 도입하게 되었으며 이로부터 파생된 관리방법을 통계적 품질관리Statistical Quality Control라 한다.

오늘날 통계적 품질관리는 마케팅, 설계, 제조, 유지보수 및 판매 후 서비스 등 제품의 생명주기 전 과정에 걸쳐 통계적 사고방식 및 접근방식을 적용하여 제품과 서비스의 질과 생산성을 개선시키는 기법으로 널리 산업현장에서 쓰이고 있다[그림 1-1].

국제품질경영시스템인 ISO 9000 규격서에서도 기업 경영에서의 통계적 품질관리의 활용과 관련하여 그 중요성을 다음과 같이 기술하고 있다.

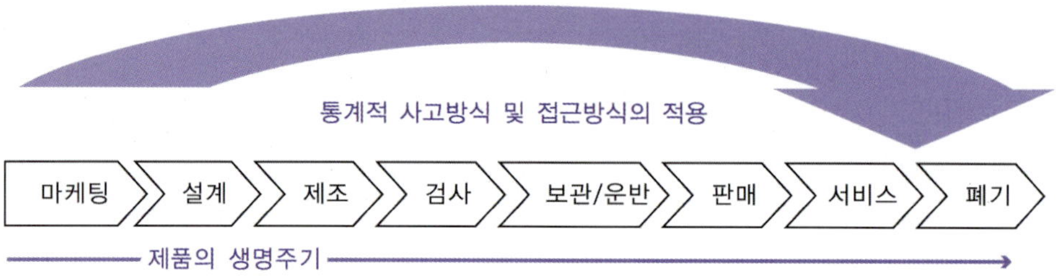


**그림 1-1 제품의 생명주기와 통계적 품질관리**

통계적 기법의 활용은 변동성variability을 이해하는 데 도움을 줄 수 있으며, 따라서 기업이 문제를 해결하고 효과성과 효율성을 개선하도록 도움을 줄 수 있다. 이들 기법은 이용 가능한 데이터를 보다 잘 사용하여 의사결정에 도움을 줄 수 있다. 변동성은 많은 활동들의 행동과 결과에서, 심지어는 뚜렷한 안정성 속에서도 관찰될 수 있다. 그러한 변동성은 제품과 공정들의 측정 가능한 특성에서 관찰될 수 있으며, 시장 조사로부터 고객 서비스 및 최후 처분에 이르기까지 제품의 생명주기에 걸쳐 여러 단계에서 존재하고 있다. 통계적 기법은 그와 같은 변동성을, 심지어는 비교적 한정된 데이터를 가지고서도, 측정하고, 묘사하고, 분석하고, 모형화하는 데 도움을 줄 수 있다. 그러한 데이터에 대한 통계적 분석은 변동성의 성격, 정도와 원인을 더 잘 이해할 수 있게 도와주며, 그러한 변동성으로부터 파생되는 문제를 해결하고 방지하며, 지속적 개선을 도모하는 데 도움을 줄 수 있다.

이처럼 통계적 기법의 활용은 기업의 모든 활동 속에서 변동성을 파악하고 이를 관리하여 객관적 의사결정을 내리는 데 기여할 수 있다. 통계적 기법의 활용은 동 규격서에서 언급한 성과 개선을 향해 조직을 이끌어나가기 위해 경영자가 채택하여야 하는 품질경영을 위한 8가지 원리인 고객중심Customer focus, 지도력Leadership, 전사원 참여Involvement of people, 공정접근법Process approach, 시스템적 경영 접근법System approach to management, 지속적 개선Continual improvement, 사실적 의사결정 접근법Factual approach to decision making 및 호혜적 공급자 관계Mutually beneficial supplier relationships 중 7번째 원리인 사실적 의사결정 접근법 속에 포함되어 그 중요성이 강조된 바 있다. 뿐만 아니라 이 원리는 ISO 9001:품질경영시스템 표준서에서 측정, 분석 및 평가 항목으로 구체화되어 요구되고 있다.

기업의 의사결정문제와 관련하여 통계적 기법이 제조 및 서비스 산업현장에서 활용되는 사례를 몇 가지 들어 본다.

**사례 1** 한 회사가 특정 형태의 통합 회로를 5000개 묶음씩 구매하고 있다. 개별 칩을 모두 검사한다는 것은 비현실적이다. 각 묶음에서 얼마나 많은 칩들을 검사해야 하며 각 묶음이 양품 판정을 받기 위해서는 어떠한 기준들이 설정되어야 하나?

**사례 2** 매 시간 제조공정에서 품목 3개씩을 추출하여 하나의 품질특성(품질상의 문제가 될만한 요인: 저항의 크기, 무게, 길이 등)을 측정하고 이들의 평균값을 구한다. 매 시간 얻어진 이들 평균값들을 관리도라 부르는 그래프상에 기록한다. 이 공정이 관리상태에 있는지 아닌지를 결정하기 위해 어떠한 기준이 설정되어야 하는가?

**사례 3** 한 패스트푸드 체인점의 관리자는 주문 배달 시간이 때때로 너무 길다고 생각하고 있다. 이 주문 배달 시간을 정량화하여 이 문제의 성격을 드러내게 할 수 있는 통계적 방법이 있는가? 그리하여 주문 배달 과정이 개선될 수 있도록 제안할 수 있는가?

**사례 4** 운전자의 변속 조작력을 변속기 내부의 동기장치에 전달하기 위해 컨트롤 샤프트가 사용된다. 아래 그림 1-2는 수동변속기의 컨트롤 샤프트 조립도를 간략히 나타낸 그림이다. 샤프트에 A~D 부품이 차례로 조립되어 있고, 각 부품의 치수는 규격을 만족하며 부품들 사이의 틈새는 없다고 가정할 때, 조립된 상태에서 전체 치수 E는 단순 누적하면 30±0.5이다. 그런데 각 부품의 공차가 모두 +0.1(B: +0.2) 또는 −0.1(B: −0.2)이 되는 것은 매우 희박한 일이므로 E값이 30+0.5 또는 30−0.5인 경우도 매우 드물 것으로 생각된다. 그렇다면 컨트롤 샤프트 10만개를 생산할 경우 치수 E가 30±0.4를 초과하는 것은 전체의 몇 %가 될 것인가?

1. 치수 E: 30에 가까울수록 좋음. 30±0.4 초과 시 문제 발생
2. 각 부품의 공차는 제작방법 및 가격 등으로 인해 축소 어려움

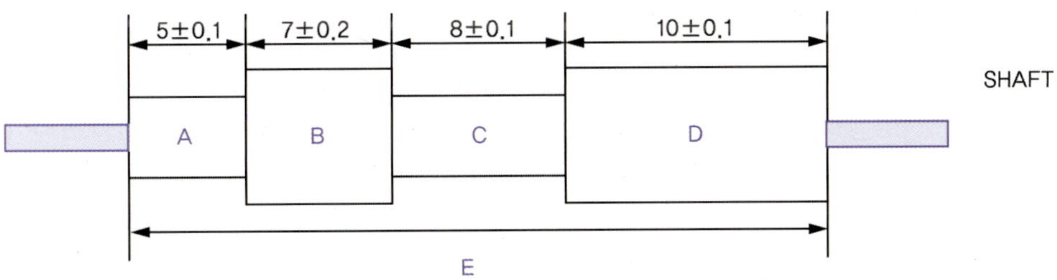


**그림 1-2** **수동변속기의 컨트롤 샤프트**control shaft

위의 사례들은 통계적 품질관리에서 전형적으로 관찰되는 활동들로서 사례 1은 구매품 품질검사에서, 사례 2는 제조현장에서, 사례 3은 서비스공정의 개선 활동에서 그리고 마지막 사례 4는 설계단계에서 불량률을 예측할 때 종종 부딪히는 문제이다. 이러한 문제들은 모두

변동성이 문제의 근원에 자리하고 있으므로 통계적 기법들을 적용하면 문제 해결을 위한 매우 합리적 의사결정에 도달할 수 있다.

## 1.2 통계의 기초 개념

본 교재에서 기술되는 통계적 품질관리 기법들을 이해하기 위해서는 통계에 대한 기초 지식이 필요하다. 먼저, '통계란 무엇인가?'라는 질문에 대해 몇 가지 유용한 답변들을 들어보면,

첫째, 의도적으로 데이터를 수집하여 그들을 유용한 정보로 만드는 기법 및 학문
둘째, 잡음noise으로부터 정보를 추출하는 기법 및 학문
셋째, 모집단으로부터 추출된 샘플을 바탕으로 모집단을 추정하는 기법 및 학문

등을 들 수 있다. 이 중에서 마지막 답변이 각종 통계학 서적들에 많이 나타나고 있다. 통계의 목적은 모집단population의 특성을 밝혀내기 위해 모집단에서 추출된 샘플sample(표본)을 분석하여 모집단의 특성을 추정하거나 추론을 이끌어 내고자 하는 것이다.

모집단은 관찰하고자 하는 대상 전체를 말하며 예를 들면, 어느 기계로부터 생산된 모든 부품, 특정 도시에 살고 있는 모든 사람, 일정기간 동안 제조공정에서 생산된 모든 집적회로, 시스템에 있는 모든 구성 요소, 한 작업자에 의해 생산된 모든 용수철, 근로자들의 특정 연도의 총 작업시간 등이 될 수 있다. 통계분석에 사용되는 샘플은 특정 상황에 맞게 통계자들에 의해 개발된 방법들에 따라 추출되는 것으로 전제한다.

모집단으로부터 샘플을 추출하는 과정을 샘플링 과정sampling process이라 하는데 이 과정에는 샘플을 주관적 판단에 따라 선정하는 방법과 우연성에 따라 선정하는 방법이 있다. 통계분석을 위해 모집단에 있는 모든 개체가 우연성에 따라, 즉 동일한 가능성을 가지고 독립적으로 샘플에 선정되는 샘플링 과정을 통해 추출된 샘플을 랜덤샘플이라 부른다. 랜덤샘플 속에는 모집단의 특성이 그대로 반영되어 있다고 볼 수 있거나 최소한 통계분석을 위해서는 추정하고자 하는 모집단으로부터 샘플이 실제 얻어진다고 가정한다. 특정 모집단으로부터 랜덤샘플을 얻는 방법으로 다양한 방법이 사용된다. 예를 들어, 난수표라 불리는 표로부터 난수random numbers를 얻어 모집단의 개체를 선정한다든지, 컴퓨터로부터 난수를 발생시켜 선정한다든지, 또한 쉽게는 주사위나 동전을 던져 선택하는 방법도 있을 수 있다. 그러나 이들은 모두 엄밀한 의미에서 정확하게 랜덤하지는 않다. 랜덤에 가까울 뿐이다. 그러나 이들은 랜덤에 근사적인 방법을 제공하므로 본 교재

에서의 랜덤샘플은 추정하고자 하는 모집단에서 실제로는 위와 같은 방법으로 얻어지지만 랜덤하다고 가정한다. 만일 랜덤샘플이 아닐 경우 샘플은 모집단에 대해 그릇된 정보를 지니게 될 것이며, 이에 의존한 분석은 때로는 매우 잘못된 결과를 낳을 수 있다.

모집단으로부터 샘플에 뽑힌 개체의 특성은 정량적 특성과 정성적 특성으로 분류할 수 있다. 전자는 수치적으로 표현되는 특성으로서 예를 들면, 길이, 무게, 표면 결함의 수 등을 들 수 있다. 반면에 후자는 양품인지 불량품인지, 여성인지 남성인지 등 비수치적 속성으로 표현되는 특성을 말한다. 정량적 특성은 물론 정성적 특성도 통계적 분석을 용이하게 하기 위해 수치적으로 표현될 필요가 있다. 이를 수치화 과정이라 하는데 이에 대해서는 2장에서 기술한다.

## 1.3 공정의 정의

산업현장에서 통계적 품질관리는 공정을 주요 대상으로 하여 이루어진다. 공정은 산업현장에서 작업활동을 일컫는 용어인데, 보다 정확하게는 입력물을 출력물로 변환시키는 상호 관련되거나 상호작용을 하는 요소들의 집합으로 정의된다. 일반적으로 공정하면 제조활동에서나 볼 수 있는 절단, 용접, 금형, 조립작업 등이 연상되지만, 사무활동, 판매활동, 서비스활동, 유지보수활동, 교육훈련, 심지어 사람과 사람 사이의 만남도 공정으로 볼 수 있다. 뿐만 아니라 정책을 입안하고 지시하는 경영활동도 하나의 공정으로 간주될 수 있다. 왜냐하면, 이 모든 활동들 속에는 입력과 출력이 존재하기 때문이다. 따라서 공정은 산업현장의 작업뿐 아니라 기업의 모든 활동을 아우르게 되며, 더 나아가 정부, 학교, 병원, 자선 단체 등 어느 조직 어느 곳에나 존재한다고 볼 수 있다. 그림 1-3은 공정에 대한 일반적 모형이다. 임의의 공정을 직사각형으로 표현하고, 좌측에 입력물이, 우측에 출력물이 진행되는 모습을 화살표로 나타내고 있다.

공정은 변환활동을 통하여 가치를 창출하는데, 변환활동의 종류로는 장소적 또는 공간적 변환, 시간적 변환 그리고 형태적 변환을 들 수 있다. 먼저 장소적 또는 공간적 변환이란 장소 이동을 통하여 가치가 창출되는 활동을 말한다. 주로 교통, 운송활동이 여기에 해당한다. 예를 들면, 어부가 잡은 물고기가 내륙의 대도시로 운반되어 비싼 가격에 팔린다거나 공장에서 생산된 제품이 항만으로 이송되어 해외로 운송되는 활동들을 말한다. 시간적 변환이란 고객이 필요로 할 때 출력물을 제공하는 행위이다. 예를 들면, 배고플 때 빵을 제공하거나, 계획에 따라 필요한 시점에 부품이나 원재료를 공급하는 행위이다. 주로 저장활동이 여기에 해당한다. 마지막으로 형태적 변환이라 함은 입력물의 형태를 변환하여 고객이 원하는 다른 형태의 출력물을 만드는 행위이다. 예를 들면, 밀가루를 반죽하여 빵을 만들거나, 부품들을 조립하여 반제품을 만들거나, 실리콘을 가공하여 집적회로를 만들어 내는 행위 등이다. 이러한 변환활동들은 단독으로 또는 복합적, 연속적으로 발생하는데, 연속적 변환활동의 쉬운 예로, 가정에서 주부의 활동을 예로 들어 보자. 주부가 장에 가서 필요한 음식 재료를 사 가지고 집에 온다면 이는 장소적 변환활동에 해당한다. 사 온 음식재료를 요리할 때까지 냉장고에 보관한다면 이는 시간적 변환활동을 하는 것이다. 또한 식사시간에 맞춰 사온 재료로 요리를 한다면 이는 형태적 변환활동에 해당한다. 이러한 시각에서 보면 모든 경제적 활동은 하나의 변환활동에 해당한다고 볼 수 있다.

변환활동을 통해 출력물의 가치는 입력물의 가치보다 커지게 된다. 만일 역으로 출력물의 가치가 입력물의 가치보다 작게 된다면 변환활동은 가치를 감소시키는 활동이 될 것이고, 이러한 변환활동은 존재성에 의문이 생기게 되며 공정에 대한 끊임없는 개선활동이 요구될 것이다.

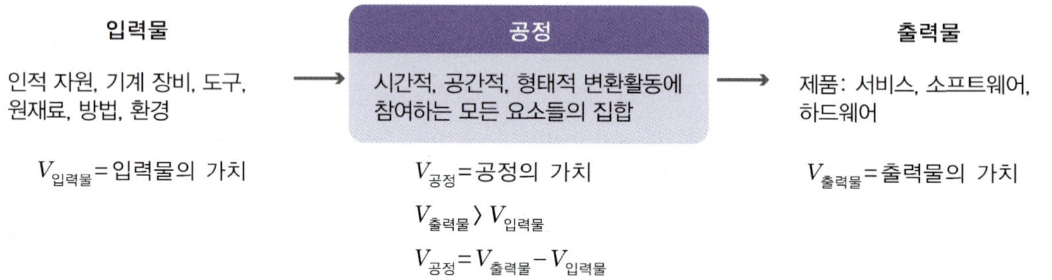


**그림 1-3 공정모형 및 가치**

ISO 9000 품질경영시스템에서는 시스템을 효율적 및 효과적으로 운영하기 위한 방법으로 경영자가 사용해야 하는 하나의 원리로서 공정접근법process approach을 제안하고 있다. 공정접근법은 조직의 품질 활동들을 개별적 공정으로 파악하고 이들 사이의 상호관계를 파악하여 시스템으로 구축하고 관리하는 경영 활동 방법을 말한다. 이러한 시스템을 구축하기 위해서 개별 공정을 파악함이 무엇보다 필요해진다.

공정에서 출력물은 보통 제품으로 불리고 있으며 제품의 형태에 따라 서비스service, 소프트웨어software, 하드웨어hardware 및 가공물질processed material로 분류된다[그림 1-4]. 서비스에는 운송, 금융, 교육, 도소매활동, 의료활동 등이 있으며, 소프트웨어에는 컴퓨터 프로그램, 사전, 보고서, 매뉴얼 등이 있다. 하드웨어에는 눈에 보이는 물질로 만들어진 자동차, 엔진, 냉장고, 화학약품, 집적회로, 텔레비전 등을 말한다. 가공물질에는 윤활유, 연료 등이 있다. 많은 제품들은 서로 다른 분류에 속하는 요소들로 혼합되어 구성되어 있다. 예를 들면, 자동차는 타이어, 차체, 엔진, 자동변속기와 같은 하드웨어와 윤활유나 휘발유와 같은 가공물질, 전자장비 제어 소프트웨어 등으로 복합적으로 이루어져 있다. 이런 경우는 가장 주된 요소에 따라 분류한다.

제품은 또 만질 수 있는 유형의 제품과 만질 수 없는 무형의 제품으로 구분되기도 하는데, 하드웨어나 가공물질은 유형의 제품으로 서비스나 소프트웨어는 무형의 제품으로 구분된다.

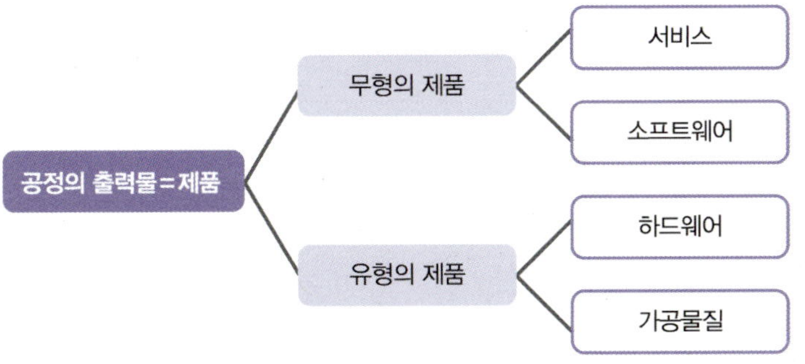


**그림 1-4 제품의 분류**

공정의 출력물인 제품을 받는 사람을 고객이라 하며, 공정의 입력물을 제공하는 사람을 공급자라 한다. 공정의 입력물은 일반적으로 다른 공정의 출력물에 해당한다. 고객은 다시 외부고객external customer과 내부고객internal customer으로 분류하기도 하는데, 전자는 제품의 최종 사용자는 물론 상인과 같은 중간 도소매업자를 포함한다. 이 외에도 구매자가 아닌 제품과 관련 있는 조직이나 단체를 포함하기도 한다. 후자는 한 조직 내에서 제품을 공급받거나 영향을 받는 위치에 있는 부서를 말한다. 예를 들어, 설계도면을 수령하는 구매부서는 설계부서의 내부고객이 된다.

공정의 출력물로 제품만 나오는 것은 아니다. 쓰고 남은 자재나 부품은 물론 기름 찌꺼기, 분진, 소음, 진동, 악취 등 각종 환경오염물질이 배출된다. 이들처럼 제품이 되지 못하고 제품과 함께 부수적으로 발생하는 물질, 물건 또는 현상을 부산물이라 한다. 제품을 공정의 주 또는 일차 출력물이라 하며 부산물을 이차 출력물이라 한다.

한편 모든 제품들 사이에는 품질의 차이가 존재하는데 그 이유는 제품 속에 내재되어 있는 변동이 원인으로 지목되고 있다. 변동은 공정의 모든 활동에서 발생하여 제품과 함께 출력되는 현상이므로 일종의 부산물이라 할 수 있다. 그러나 제품과 별도로 발생하는 일반 부산물과 달리 항상 제품 속에 내재하여 발생되므로 이를 구별하여 본 고에서는 변동을 삼차 출력물로 구분한다.

공정의 출력물에 대한 총 가치를 증대시키기 위해서는 이차 출력물의 발생을 줄이고 제품의 품질 차이를 발생시키는 변동, 즉 삼차 출력물을 감소시키는 활동이 필요하다.

## 1.4 공정에서의 통계 역할

앞에서 말한 바와 같이 공정에서의 변환활동이 지속적으로 이루어지기 위해서는 공정의 출력물의 가치가 입력물의 가치보다 커야 한다. 이러한 목적을 위해 출력물의 가치를 극대화함이 필요하다. 그러나 때때로 출력물의 가치를 축소시키는 제품이 출력되기도 한다. 이러한 제품은 고객이 제시한 기준을 만족시키지 못하여 고객으로부터 외면되는 것들로, 이들은 소위 불량품이라 불린다. 불량품을 최소화시켜 공정의 출력물들이 모두 고객을 만족시킨다면 이 공정의 변환활동은 대단한 성공을 거둘 것이다. 그러면 왜 고객들로부터 외면받는 제품이 만들어지는 것일까? 이는 고객이 원하는 제품의 특성 — 이를 제품의 품질특성이라 하는데 — 이 고객이 제품으로부터 기대하는 정도를 벗어나기 때문이다.

예를 들어, 고객이 원하는 제품의 특성이 제품의 길이라 하자. 고객은 길이가 10.0 cm인 것을 선호한다고 하자. 그러면 공정에서는 변환활동을 통하여 길이가 10.0 cm인 제품을 출력하려고 할 것이다. 그러나 출력된 제품으로부터 길이를 재보면 모든 제품이 정확히 10.0 cm인 것만 있는 것은 아니다. 어떤 것들은 10.0 cm보다 작은 것들도 있고 어떤 것들은 큰 것들도 있을 것이다. 숙련된 작업자가 열성껏 만들어 낸다고 할지라도 그의 제품들은 10.0 cm를 전후하여 퍼져 있을 것이다. 이처럼 제품의 품질특성이 일정한 값을 가지지 않고 퍼져있는 현상을 변동variation이라 한다. 이러한 변동은 공정의 모든 출력물에서 발견된다. 즉, 변동은 공정의 출력물에 존재하는 하나의 보편적 현상인 것이다.

어느 출력물의 변동의 크기가 고객이 제품의 특성으로부터 기대하는 기준을 벗어날 때, 고객은 이 제품의 효용성, 즉 가치에 대해 만족하지 못하고 외면을 하게 되며, 이는 즉, 불량품으로 판단되는 것이다. 이러한 불량품의 발생을 줄이는 일은 공정의 존재 가치를 높이는 매우 중요한 활동이다.

공정이 지속적으로 많은 불량품을 만들어 내고 있다면 이 불량품들이 고객의 손에 들어가지 못하도록 하여 고객의 신뢰를 유지하는 방법이 있다. 이는 공정에서 만들어지는 모든 제품에 대해 하나하나 검사를 하여 고객의 기준을 벗어나는 제품들을 추려내는 방법이다. 이를 제품검사라 한다. 그러나 검사는 효과적인 방법이 아니다. 즉, 공정의 가치를 높여줄 수 있는 방법이 아니다. 검사를 실시할 즈음에는 이미 제품은 변환활동이 끝난 상태이기 때문이다. 따라서 보다 원천적인 방법으로 변동을 측정하여 변동이 지니고 있는 특성들을 찾아내고 이에 따라 효과적인 방법을 동원하여 변동을 원하는 대로 관리하는 안이 보다 효과적인 방법으로 실시되고 있다. 바로 여기에 통계의 역할이 있다. 왜냐하면 통계는 변동을 다루는 다양한 기법들을 제공하기 때문이다.

통계적 품질관리는 제품이나 공정의 특성들에 나타난 변동현상을 측정하여, 측정결과로 얻어진 데이터를 통계적 기법들을 이용하여 분석하고, 분석된 내용을 기반으로 하여 공정이 고객을 만족시킬 수 있는 제품을 출력할 수 있도록 관리하는 방법론을 말한다.

이러한 의미에서 공정은 — 보다 엄밀한 의미에서 공정에서 출력되는 제품의 품질특성에 나타나는 변동 전체는 — 품질관리의 관찰 대상이 되는 통계학적 의미에서 모집단에 해당한다. 그림 1-5는 공정에 대한 하나의 통계적 품질관리 모형을 보여준다.

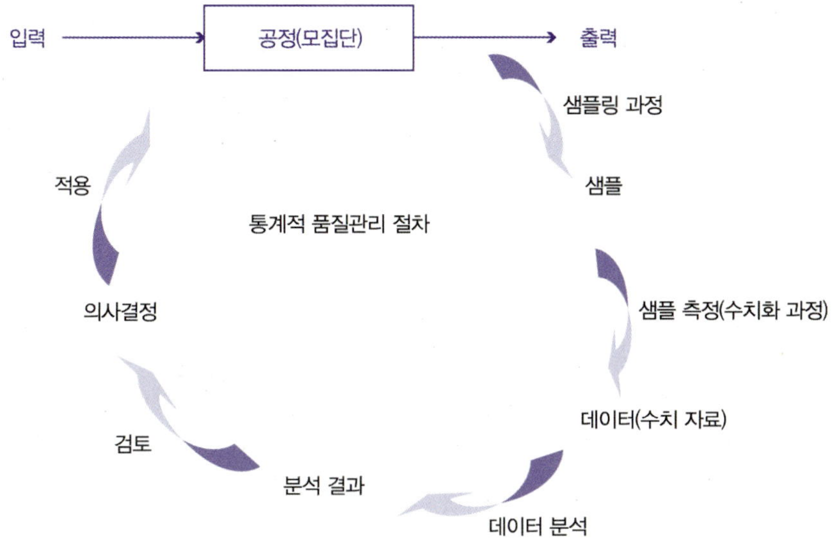


그림 1-5 공정에 대한 통계적 품질관리 절차

모든 공정에서 출력된 제품의 특성들은 변동을 나타낸다. 이는 모든 공정에서 나타나는 하나의 보편적 성향이다. 그러면 왜 변동이 발생할까? 이 문제를 살펴보기 위해 그림 1-6과 같은 간단한 책장을 만드는 공정을 살펴보자.

이 공정에는 다음과 같은 활동들로 구성된다.

1. 고객의 주문(요구사항)을 받는다.
2. 설계도면을 작성한다.
3. 필요한 자재를 구매한다(목재, 나사, 강력접착제, 페인트 등).
4. 구입된 자재를 보관한다.
5. 필요 수량만큼 책장을 절차에 따라 제조한다.
6. 만들어진 책장을 검사한다.
7. 검사에서 합격한 책장들을 창고에 보관한다.

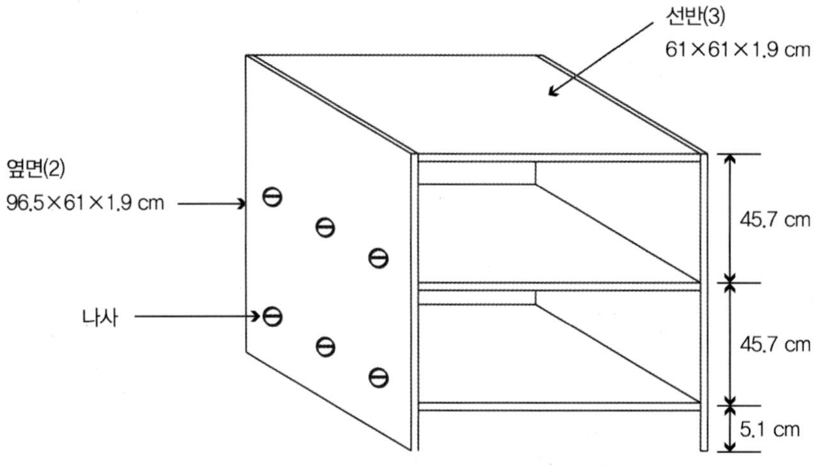

**그림 1-6 책장의 설계 규격**

8. 주문에 따라 책장을 고객에게 전달한다.

활동 5의 책상 제조절차는 다음과 같다.

1. 필요한 자재를 창고로부터 제조현장으로 운반한다(운반작업).
2. 목재를 필요한 크기로 절단한다(절단작업).
3. 절단한 목재들을 접착한다(접착작업).
4. 나사를 박는다(나사박기작업).
5. 페인트를 칠한다(페인트작업).

위의 제조절차에서 절단작업을 좀더 살펴보자. 비교적 간단해 보이는 이 공정 속에도 많은 요소들이 있다. 이 요소들을 분류해 보면 작업자, 기계, 재료, 방법 및 절차 그리고 환경 등이 있다. 문제는 이 요소들이 모두 동일한 상태에서 제품 생산에 참여하지 못한다는 데 있다. 여러 작업자가 절단작업에 참여하는 경우, 절단기를 잡는 방법, 위치, 힘의 전달, 절단 솜씨 등에 있어서 모두 같지 않을 것이다. 한 사람이 작업하더라도 몸이나 감정의 상태가 항상 같지는 않을 것이다. 절단기의 상태도 항상 일정하지 않다. 절단기에 전달되는 전압 차이에 따라 모터의 회전 속도나 힘에 영향을 미치며, 절단 날의 상태도 이전 작업과 동일하지는 않을 것이다. 또 절단기의 유지보수도 매일매일 차이가 있을 것이다. 이처럼 공정에 참여하는 모든 요소들이 항상 일정한 상태로 변환활동에 참여하지 못하기 때문에 이들의 차이가 비록 작을 지라도 결국에는 출력물의 특성에 주목할 만한 크기의 변동으로 결과되어 나타난다. 만일 공정의 모든 요소가 모두 정확하게 동일한 상태를 유지할 수 있다면 모든 출력물들의 특성은 정확히 일치할 것이다. 그러면 한 공정에서 나오는 모든 제품은 고객의 마음에 모두 부합하는 양품이거나 또는 모두 적합하지 못하는 불량품이 될 것이다. 즉, 제품들 간에 차이가 전혀 없을 것이다. 그러나 현실은 하나의 공정에서 적합과 부적합한 제품들이 동시에 나타나고 있다. 이 이유는 모든 공정에 참여하는 요소들이 매 순간마다 제각각 다른 정도로 차이를 일으키며 출력물의 특성에 영향을 미치고 있기 때문이다. 이러한 관점에서 하나의 공정은 제품이 형성되어가는 과정일 뿐만 아니라 수많은 변동요인들이 집적되어 가는 장소로서 이해될 수 있다. 이러한 요인들의 존재가 양품과 불량품을 결정짓는 제품의 품질특성 상에서의 변동에 대한 설명이 되는 것이다. 만일 제품의 품질특성이 고객이 요구하는 일정한 기준을 만족시킨다면 양품으로, 그렇지 못하면 불량품으로 판정받게 된다. 여기서 주의할 점은 비록 양품 판정을 받았더라도 기준 내에서 여전히 변동을 지니고 있다는 사실이다. 따라서 차후에 고객의 기준이 강화된다면 현재 양품 판정을 받은 제품들이더라도 불량품으로 바뀔 가능성은 언제나 있다. 결론적으로 불량품은 변동에 의해 만들어지므로 만일 변동이 축소될 수 있다면 불량품은 반드시 줄어들 것이다. 이는 하나의 품질개선 원리로서 제품의 종류에 관계없이 모든 공정에 적용될 수 있다.

공정에서의 변동발생은 제품의 품질에 중요한 영향을 미치고 있으며 이를 관리하는 일은 품질관리의 주요 활동이 되고 있다. 변동의 존재는 하나의 공정(모집단)에서 생산된 어느 두 품목도 규격이나 성능에서 동일하지 않다는 사실로부터 확인된다. 변동을 측정하기 위한 측정도구의 사용은 또 다른 변동을 불가피하게 발생시킨다. 일반적으로 제품의 품질특성에 나타나는 변동은 다음의 두 종류로 구별된다. 하나는 랜덤변동random variation이며 다른 하나는 특별변동special variation이다. 랜덤변동은 무작위변동 또는 일반변동common variation이라고도 하며 변환활동에 참여하는 모든 요소들이 조금씩 차이를 보일 때 이들이 집합적으로 최종 출력물의 변동에 기여하여 나타나는 변동을 말한다. 이러한 랜덤변동은 그 나타나는 패턴이 매우 자연스러우며 정상적으로 예측할 수 있는 변동의 모습을 보여준다. 그러나 때로는 공정에 참여한 요소들 중 어느 하나 또는 일부가 보통 때와는 다른 큰 차이를 만들어 다른 모든 요소들에 의한 차이를 합한 것보다 크게 되면 이 차이는 곧 출력물의 특성에 유의할 만한 큰 변동으로 나타나게 된다. 예를 들면, 책장 제조에서 나무판을 다른 공급처에서 공급한 것이 끼어들든지, 절단기의 날에 이가 빠졌다든지, 절단장소에 톱밥이 가득 찼다든지, 또는 작업자가 신참으로 바뀌었다든지 하는 일이다. 이러한 요인에 의해 발생될 변동에서의 큰 차이는 출력물의 한 특성인 절단된 목재의 치수에 큰 영향을 미치게 되어 전체적으로 책장의 치수가 불규칙한 이상 변동을 보일 것이다. 이러한 변동을 특별변동이라 한다. 특별변동은 변동의 원인이 소수의 요인에 기인하므로 이를 지정(또는 가피)변동assignable variation이라 하기도 한다. 이와 반대로 랜덤변동에서는 몇 개의 요인들에 변동의 원인을 돌릴 수 없으므로 비지정(또는 불가피)변동unassignable variation이라 하기도 한다.

랜덤변동에 기여하는 공정에 참여하는 모든 요인들을 변동의 랜덤원인random causes of variation이라 하며 특별변동에 기여하는 요인들을 변동의 특별원인special causes of variation이라 부른다. **표 1-1**에 이 둘의 차이를 요약하고 있다. 랜덤변동은 우연에 의해서 무작위적으로 발생하는 것으로 어느 공정 속에나 이미 내재하고 있으므로 내재적 또는 고유 변동inherent variation이라 하기도 한다. 이는 공정에서 최소 크기의 변동량을 갖는 것으로 알려지고 있다. 반면, 특별변동은 발견 가능한 특정의 원인들에 의해 발생한다. 만일 특별변동이 나타난다면, 그 공정은 최적 상태로 운영되고 있지 않음을 보여주며, 변동의 크기가 증가한다.

**표 1-1 변동의 랜덤원인과 특별원인 간의 차이**

| 구분 | 변동의 랜덤원인 | 변동의 특별원인 |
|---|---|---|
| 참여 수 | 다수의 개별적 원인들 | 하나 또는 소수의 원인들 |
| 영향력 | 임의의 하나의 원인은 매우 작은 변동을 만든다. 그러나 작은 원인들이 모여 상당한 크기의 변동을 야기시킬 수 있다. | 어떤 하나의 원인이 상당한 크기의 변동을 만들 수 있다. |
| 예 | 원자재, 측정기구, 환경 조건 등에서의 작은 변동, 작업자들 사이의 경험상의 작은 차이 | 작업자 실수, 불량 원자재 사용, 측정도구의 관리 소홀, 신참 미숙련공에 의한 작업 |

통계적 방법을 사용하는 주요 목적 중 하나는 변동의 특별원인들을 찾고자 함이며, 품질관리의 주요 목적 중 하나는 이들을 제거하는 것이다. 공정이 랜덤원인에 의한 변동만이 발생할 때 이 공정을 관리상태(또는 통계적 관리상태)에 있다고 한다. 공정이 관리상태에 있음에도 불구하고 여전히 불량품이 생산된다면, 그것은 고유의 내재적 변동inherent variation이 너무 크기 때문이다. 이러한 공정에서 변동을 줄이기 위해서는 기본적으로 공정 자체를 개선하거나 설계자가 규격을 변경해야 한다. 변동의 보편적 존재성 때문에 품질 개선을 위한 통계적 접근은 단순히 훌륭함을 넘어서 필수적으로 적용되어야 한다.

**생각할 문제**

1. 임의의 공정을 정의하여 입력물과 출력물 및 변환활동들을 파악하라.
2. 문제 1의 공정에서 나타날 수 있는 랜덤원인과 특별원인의 종류들을 나열하라.
3. 무작위형 변동을 공정상에서 경제적으로 제거할 수 있다고 생각하는가?
4. 공정이 관리상태에 있을 때 필요에 따라 그 공정을 다시 조정할 필요가 있는가?
5. 공정을 통계적 관리상태로 유지하는 이점은 무엇인가?

# 제2장 품질특성 측정, 분석 및 개선

"측정이 없으면 개선도 없다."

— 드러커(Peter Drucker) —

제품의 특성이란 일정한 제품에만 있는 특수한 성질, 눈에 띄는 또는 구별되어 두드러진 점을 말한다. 이는 제품의 모습, 성능 또는 구성 요소 등에서 나타날 수 있다. 본 장에서는 제품의 특성을 분류하고, 측정하고, 수집하고, 분석하고, 개선하는 방법에 대하여

- 제품의 특성 및 분류
- 품질특성
- 품질특성 측정
- 샘플을 취하는 방법
- 데이터 형식
- 데이터 기초 분석
- 관리 및 개선

등을 기술한다.

## 2.1 제품의 특성 및 분류

인간의 특성은 무엇인가? 라는 질문은 인간이 동물 또는 사물과 구별되어 다른 점은 무엇인가를 묻는 바와 같다. 또한 나의 특성은 무엇인가? 라는 물음에는 내가 남과 다른 점은 무엇인가를 생각하게 된다. 내가 남과 다른 점을 이야기할 때 키, 몸무게, 얼굴, 머리 색깔, 성격, 취미, 좋아하는 음식, 싫어하는 음식 등 많은 사항들을 들 수 있다. 그러나 이 많은 사항들을 세부적으로 나열하는 것보다는 이들을 몇 가지 큰 범주, 예를 들면 신체적, 성격적, 행동적, 지능적 또는 사회적 특성 등으로 분류하고 이 분류 속에서 세세한 점들을 열거한다면 남과 나의 차이를 쉽게 그리고 정확하게 구별하여 나의 특성을 파악하는 데 도움이 될 수 있을 것이다. 이와 유사하게 제품이 지니는 특성들도 다음과 같이 몇 가지 방법으로 분류해 볼 수 있다[그림 2-1].

먼저, 특성들이 존재하는 위치에 따라 분류하는 방법이다. 제품의 특성이 제품 자체에 속

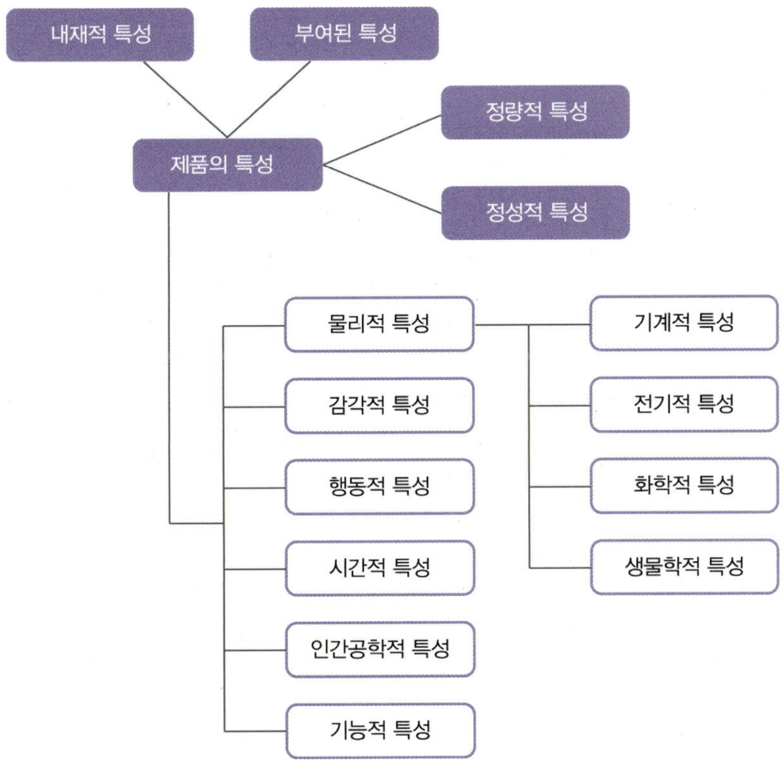


**그림 2-1** 특성의 분류

하는지 아니면 외부적으로 부여되는지에 따라 내재적inherent 특성과 부여된assigned 특성으로 나눈다. '내재적'이란 제품 속에 영속적으로 존재하는 기능, 성능, 모습 등을 의미하며, '부여된'이란 제품의 가격이나 상표, 포장처럼 외부로부터 주어져 언제나 바뀔 수 있음을 말한다. 한 봉지의 사탕을 보면, 사탕의 맛, 무게, 크기, 색상 등은 사탕 자체가 가지고 있는, 사탕에 내재하는, 또는 사탕의 고유한 특성이라 볼 수 있으며, 반면에 사탕의 가격, 이름, 포장재 등은 경영자 또는 생산자로부터 부여받은 특성이 된다.

다음에는, 특성들을 수치화 가능성에 따라 분류하는 방법이다[표 2-1]. 제품의 특성을 용이하게 파악하기 위해서는 특성에 대한 수치자료, 즉 데이터가 필요해지는데 어떤 특성은 수치적 자료수집이 비교적 간단한 반면 또 그렇지 않은 것도 있다. 이를 반영하여 특성의 수치화 가능성에 따라 정성적qualitative 특성과 정량적quantitative 특성으로 구분한다. 전자는 직접 수치적으로 비교할 수 없는 특성으로 비수치적non-numerical 특성이라 하며, 후자는 크고 작음, 많고 적음 등의 상대적 비교가 수의 크기로 직접 가능하고 더하고 빼는 등의 연산이 가능하여 이를 수치적numerical 특성이라 한다. 그러나 정량적 특성은 물론 정성적 특성도 통계적 분석을 용이하게 하기 위해 수치적으로 표현될 필요가 있는데 이는 계수, 측량 및 더미변수 사용과 같은 수치화 방법 또는 과정을 통해 가능하다.

정량적 특성들 중에는 주머니 속에 있는 동전의 개수, 도시에 거주하는 사람 수, 하루에 생산된 불량품의 개수와 같이 하나, 둘, 셋 등과 같이 셈 또는 계수counting라는 수치화 과정numbering process을 통해 0을 포함한 자연수(비음의 정수)로 그 개수를 표현할 수 있으며 이들을 이산형discrete 특성을 갖는 품목으로 분류한다. 반면, 사람의 키나 몸무게는 신장계나 체중계를 이용하여 그 크기를 수치로 나타낼 수 있는데, 이처럼 도구를 이용한 측정measuring이라는 수치화 과정을 통해 나온 수치는 측정 눈금 사이의 오차 한계 내에서 어떤 값이라도 가질 수 있다. 이때는 근사적으로 가까운 값으로 예를 들면, 키 175 cm, 몸무게

**표 2-1 제품의 수치화 특성**

<table>
<tr><th></th><th>수치화 가능성</th><th colspan="2">수치 특성</th><th>수치화 과정</th><th>수의 종류</th><th>예</th></tr>
<tr><td rowspan="4">제품특성</td><td rowspan="2">정량적특성<br>(수치적)</td><td colspan="2">연속형</td><td>측정과정</td><td>연속형</td><td>$a < X < b$</td></tr>
<tr><td colspan="2">이산형</td><td>계수(셈)과정</td><td>이산형</td><td>$X=1, 2, 3, \cdots$</td></tr>
<tr><td rowspan="2">정성적특성<br>(비수치적)</td><td rowspan="2">범주형<br>(속성형)</td><td>순차형</td><td>더미변수(순위)</td><td>순위 수</td><td>$X=\begin{cases}0, & \text{흡연}\\ 1, & \text{비흡연}\\ 2, & \text{상시 흡연}\end{cases}$</td></tr>
<tr><td>명목형</td><td>더미변수(부호)</td><td>명목 수</td><td>$X=\begin{cases}1, & \text{남자}\\ 2, & \text{여자}\end{cases}$</td></tr>
</table>

65 kg과 같이 나타내지만 정확한 키와 몸무게는 알 수 없다. 따라서 이들의 값은 양의 실수 범위 내에서 어떤 값이라도 가능하여 연속형continuous 또는 변수형variables 특성으로 분류한다.

사람의 성별은 남성과 여성으로 구분되는데, 이는 수치와는 전혀 관계가 없다. 따라서 성별은 정성적 특성으로, 특히 범주형categorical 또는 속성형attribute 특성이라 하며 남성과 여성은 특성의 수준levels이라 한다. 사람의 흡연 여부 특성을 알아볼 때 흡연의 정도를 3수준으로 구분하여 비흡연, 간헐적 흡연, 상시 흡연으로 구분해 볼 수 있는데, 이때의 흡연 특성은 혼합형hybrid이라 볼 수 있다. 흡연이라는 특성은 범주형 특성이지만 수준은 자연스럽게 크기ordering의 개념을 담고 있다. 이러한 특성은 순차형ordinal 특성이라 한다. 남성이나 여성과 같이 순차적 개념이 없는 성별 특성은 명목형nominal 특성이라 한다.

필요한 경우, 정성적 특성도 숫자로 표현함이 가능한데 이 경우는 수치화 과정으로 더미변수dummy variable를 정의하여 사용한다. 예를 들면, 여성을 0으로 남성을 1로 표현하든지, 양품을 0으로 불량품을 1로 표현하든지 하는 식이다. 이때 0이나 1은 단지 상징symbol일 뿐이지 숫자적 의미에서 크기를 말하지는 않는다. 남성을 0으로 여성을 1로 표현하여도 무방하다. 단지 상징이 의미하는 바가 무엇인지 알고 상징을 변경하지 않고 지속적으로 사용하기만 하면 된다.

마지막으로, 제품의 특성을 분류하는 일반적인 방법을 간략히 기술한다. 먼저 제품의 물질적 특성을 들 수 있는데, 이는 다시 기계적, 전기적, 화학적 및 생물학적 특성들의 중분류로 나누어질 수 있다. 다음에는 제품의 감각적 특성이 있는데 오감과 관련된 냄새, 촉감, 맛, 시각, 청각이 해당된다. 행동적 특성에는 서비스와 관련하여 인간의 품성과 관련된 예의 바름, 정직함, 진실함 등을 말할 수 있다. 시간적 특성으로는 정확성, 신뢰성, 가용성 등이 있다. 신뢰성은 제품의 고장과 관련하여 단위 시간당 고장 횟수, 또는 시간의 변화에 따른 고장률의 변화 등 시간적 특성으로 파악된다. 가용성은 일정 기간 동안 사용 가능한 상태에 놓여 있을 확률로 역시 시간적 특성에 해당한다. 그리고 인체공학적 특성으로 생리적 특성, 안전 관련 특성 등이 있으며, 마지막으로 제품의 기능적 특성이 있다. 예를 들어 자동차의 최대 속력, 연비, 제동력 등 제품의 성능적 특성을 말한다.

## 2.2 품질특성

이제 고객의 관점에서 제품의 특성들을 구분하여 보자.

고객은 싸고 좋은 물건을 원한다. 고객이 물건을 구매하는 근본적 이유는 욕구에 대한 만족을 얻기 위해서이다. 사람은 살아가면서 다양한 욕구를 가지게 되는데 물건이나 타인의 도움을 받으면 보다 쉽게 욕구에 대한 만족을 얻을 수 있게 된다. 그러나 한 가지 물건으로 개인의 모든 욕구를 다 만족시킬 수는 없다. 한정된 재원을 소유한 고객의 입장에서 물건의 값이 싸면 또 다른 욕구를 충족시켜 줄 수 있는 다른 물건을 획득할 수 있는 기회를 얻게 된다. 그리고 고객은 질이 좋은 물건을 원한다. 좋은 물건은 자신의 욕구를 가장 잘 만족시켜 주기 때문이다.

이러한 점에서 제품의 품질이란 제품이 고객에게 전달하는 총체적 만족감의 정도로 정의해 볼 수 있다. 여기서 총체적이라 함은 고객의 욕구가 복합적 특성을 지니고 있음을 의미한다. 한 가지의 큰 욕구는 무수히 많은 다른 욕구들을 수반한다. 그리고 이 욕구를 만족시키면 또 다른 욕구들이 새로이 생겨나기도 한다. 따라서 고객의 복합적 욕구를 만족시키기 위해서 제품은 다양한 능력을 보유해야 한다.

고객을 만족시키기 위해 제품이 지녀야할 다양한 능력들은 다음과 같은 특성들로 분류되기도 한다. 먼저 제품의 기본적 성능performance이 있다. 세탁기는 세탁이 잘 되어야 하고, 자동차는 잘 달려야 하고, 핸드폰은 통화가 잘 되어야 한다. 이들은 모두 고객의 한 가지 큰 욕구와 결부되는 능력이다. 그러나 오늘날의 제품은 기본적 성능 외에도 다양한 부가기능features들을 보유한다. 세탁기에는 세탁시간 조절 기능, 다양한 옷감을 상하지 않고 최적으로 세탁할 수 있는 옷감소재 선택기능, 물의 온도를 조절하는 기능 등 다양한 기능들을 구비하고 있다. 자동차에도 잘 달리기 위한 기능 외에도 쾌적한 실내를 유지하기 위한 공기 정화 기능, 온도 조절 기능, 오디오 기능, GPS 기능, 그리고 다양한 센서를 달아 안전하게 운전할 수 있게 도와준다. 그리고 각 기능들이 고장나지 않아야 한다. 고장이 나면 제품에 대한 고객의 만족도는 당연히 낮아지게 된다. 제품의 고장과 관련된 능력을 제품의 신뢰성reliability이라 한다. 이 외에도 제품의 결함이나 불량과 관련된 적합성conformity, 제품의 수명과 관련된 내구성durability, 판매 후 서비스 능력serviceability, 아름다움과 관련된 심미성aesthetics, 그리고 제품과 기업에 대한 사회적 평판과 같은 인지성perceived ability을 들 수 있다.

따라서 고객의 만족도를 높이기 위해서 무엇보다도 고객이 원하는 사항들을 파악하여 이들이 제품 속에 스며들도록 해야 한다. 이러한 목적으로 파악된 제품이 갖추어야 할 사항들을 제품 요구사항이라 한다. 이 요구사항에는 다수의 불특정 고객으로부터 파악되어야 하는 항목들도 있고, 특정 고객이 주문서에 명시한 사항, 기업의 경영층으로부터 정책상 요구되는 사항, 법에 의해 강제적으로 요구되는 사항들도 있다. 이들을 통칭하여 제품 요구사항product requirements이라 한다.

기업은 이들 요구사항들을 정확히 파악하여 이에 부합하는 유형물hardware이나 무형물software and service의 제품을 생산하게 된다. 이들 요구사항들은 기업에서 많은 공정들을 거치면서 제품의 모습으로 변모하게 된다. 그러나 이렇게 만들어진 제품이라 하더라도 고객을 만족시키는 일은 쉽지 않다. 이에는 많은 이유가 있을 수 있는데 몇 가지를 살펴보면, 먼저 고객의 요구사항을 파악하는 일이 그리 쉽지는 않다는 것이다. 둘째로, 파악한 요구사항을 정확히 실현시키는 일도 공정에 존재하는 갖가지 변동으로 말미암아 만만치 않게 된다. 그리고 마지막으로 고객의 변심은 언제나 일어날 수 있음을 간과해서는 안 된다. 고객의 욕구는 고객이 처한 상황에 따라 얼마든지 바뀔 수 있으므로 제품이 생산되어 나왔을 때는 이미 고객의 마음이 바뀌어 있을 수도 있다. 그러나 이러한 이유들은 보다 개선된 또는 새로운 제품을 만드는 기회로 작용할 수 있다. 이러한 기회를 잡기 위해서 기업은 제품의 어떤 특성이 고객 만족도에 영향을 미치는지를 파악해야 한다. 특히 만족도를 저해하는 제품특성에 대해서는 이에 대한 개선을 도모해야 한다. 여기서 고객의 만족도에 영향을 미치는 제품의 특성을 품질특성quality characteristic이라 한다. 기업이 제품에 대한 품질을 높이려면 이 품질특성을 찾고 개선시키는 일은 무엇보다도 중요하다. ISO 9000 국제 규격서에서는 품질에 영향을 미치는 제품의 내재적 특성을 제품의 품질특성이라 한다. 더 나아가 품질특성을 요구사항과 관련된 제품, 공정 또는 시스템의 내재적 특성으로 정의하고 있다. 이 품질특성들을 찾아 요구사항에 맞게 관리하는 일을 품질관리라 하며 특히 제품, 공정 및 시스템에서 발생하는 변동과 관련하여 이들을 관리하는 활동을 통계적 품질관리라 한다.

## 2.3 품질특성 측정

임의의 품질특성이 과연 어느 정도로 고객을 만족시키고 있는가를 파악하기 위해서는 먼저 이에 대한 측정이 필요하다. 일반적으로 측정을 할 때는 다음과 같은 사항들이 고려된다.

### 2.3.1 품질특성에 대한 측정

#### (1) 측정대상 선정

무엇을 측정할 것인지 결정한다. 제품의 어떤 특성을 측정대상으로 하여야 고객만족을 높일 수 있는지 선정해야 한다. 이는 고객의 특정 제품에 대한 불만족이 어느 특성에 있는지를 파악함으로써 결정될 수 있다. 예를 들면, 자동차의 안락성은 주요 품질특성이 될 수 있다. 그러면 안락성과 관련되는 요인들을 먼저 모두 파악하는 것이 중요하다. 안락성과 관계되는 요소로 소음의 정도, 진동의 정도, 의자의 쿠션, 내부 공간의 크기 등을 생각할 수 있는데, 이 중 소음의 크기는 자동차에서 음악을 듣거나 대화를 하는 데 방해가 되므로 만일 고객이 소음의 크기가 너무 크다고 불평한다면 이는 측정대상으로 선정될 수 있다[그림 2-2].

#### (2) 측정단위 선정

선정된 측정대상에 대해 측정단위를 선정해야 한다. 예를 들면, 소음을 측정할 때 데시벨(dB)이 측정단위로 적절하며, 연비를 측정한다면 1리터 휘발류당 주행거리 km/ℓ로, 또 서비스의 시간적 정확성에 대해서는 서비스 제공에 요구되는 시간, 즉 분, 시, 일 등이 있다. 이 밖에도 각종 물리적 단위들이 사용될 수 있다.

#### (3) 측정도구 선정

대부분의 측정도구는 측정단위로 정보를 제공하도록 고안되어 있다. 하드웨어의 물리적 특성인 예를 들면, 길이, 무게, 부피, 면적, 구멍의 크기 등은 측정도구가 잘 발달되어 있다. 전류의 양, 전압, 저항의 크기 등 전기적 특성과 전파 특성 등에 대해서도 측정기기들이 잘 발달되어 있다. 이러한 도구 및 기기 외에도 인간의 오감은 훌륭한 측정도구가 될 수 있다. 인간의 오감은 그 숙련성에 따라 도구가 잡아낼 수 없는 정밀도까지도 판단이 가능하다. 예

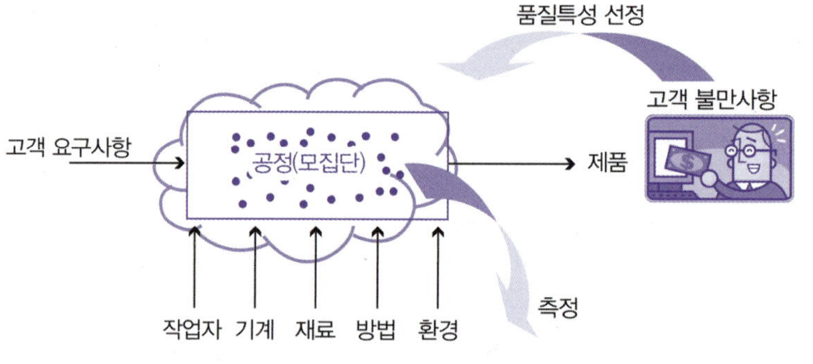


그림 2-2 품질특성 측정

를 들면, 주방에서 사용되는 밥솥의 불량 정도는 주부들의 오감이 그 어떤 측정 장비보다도 우수하다.

### (4) 측정 방법

각각의 도구나 측정기기는 정확한 사용방법 및 절차를 숙지하고서 측정에 이용되어야 한다. 저울의 눈금을 읽을 때는 눈금을 보는 위치 및 자세가 중요하다. 불편한 자세로 비스듬한 시각에서 눈금을 본다면 이에는 큰 측정오차가 개입될 수 있을 것이다. 측정에는 파괴적 측정과 비파괴적 측정이 있다. 전자는 측정대상의 기능을 고장낼 수도 있으므로 측정에 신중을 기하여야 한다.

### (5) 샘플 크기

얼마나 많은 제품들을 측정할 것인가 하는 문제는 여러 가지 사항을 고려해야 한다. 먼저, 파괴적 측정인가 비파괴적 측정인가를 고려한다. 파괴적 측정인 경우 측정 비용의 크기를 고려해야 한다. 파괴적인 경우 소량의 샘플 크기로 만족해야 하는 경우가 많이 있다. 다음에 비용을 고려한다. 샘플의 크기는 크면 클수록 통계적 정확성을 높일 수 있다. 그러나 측정 시간이 오래 걸리고 많은 제품을 동원해야 하므로 비용이 높아진다. 반면 샘플의 크기가 작으면, 시간도 적게 걸리고 비용도 많이 들지 않지만 분석결과의 정확성에 문제가 있을 수 있다. 마지막으로 샘플링 방법을 고려한다. 예를 들면, 랜덤샘플인가 합리적 서브그룹인가에 따라 샘플의 크기를 달리한다. 이에 대해서는 샘플링 방법에서 좀 더 기술한다.

## 2.3.2 측정자료 관리

측정된 수치를 수치 데이터 또는 간략히 데이터라 한다. 관찰된 현상이 색깔이나 성별과 같은 정성적 특성의 경우 더미 변수를 사용하여 언제나 수치자료로 변환시킬 수 있다. 이렇게 하여 수집된 데이터의 양은 때로는 너무 방대하여 훼손 및 손실의 우려가 커진다. 데이터를 잘 관리하고 보관하는 일은 다음과 같은 노력을 필요로 한다.

### (1) 측정양식 개발

수없이 쌓인 데이터가 일정기간 지난 다음에도 유용한 정보를 지니고 있으려면 정확한 측정양식의 개발이 선행되어야 한다. 데이터는 단지 숫자들의 나열에 불과하므로 시간이 경과하게 되면 측정 당시의 현황을 상실할 우려가 매우 크다. 불량과 같은 품질문제를 해결하기 위해서는 측정 당시 공정의 상황에 대한 정보가 언제나 데이터와 함께 있어야 한다. 따라서 먼저, 데이터에는 출처가 분명히 기록되어 있어야 한다. 출처가 분명하지 않은 데이터는 무용지물이 된다. 때로는 일주일씩이나 걸려 주요 품질특성에 대해 데이터를 수집했음에도 불구하고 유용한 정보를 별반 얻지 못하는 일이 있다. 데이터가 언제 어떤 요일에 수집되었는지, 측정된 샘플이 어떤 기계에서 나온 출력물인지, 그때 작업자가 누구였는지, 어떤 원재료가 투입되었는지 등에 대한 기록이 전혀 남아있지 않기 때문이다. 둘째로, 기록된 데이터가 쉽게 참조될 수 있도록 작성되어야 한다. 데이터로부터 중요한 통계적 특성들 예로 들면, 평균과 범위 및 분산과 같은 통계량들에 대한 값들이 쉽게 계산될 수 있도록 숫자들이 나열된다면 보다 활용에 편리할 것이다. 예를 들면, 한 달 동안 하루에 4번씩(9:00, 11:00, 2:00, 4:00) 측정하여 측정값을 기록한다면 가로줄에 해당 시간의 측정값들을 그리고 세로줄에 날짜를 배열함이 자연스러운 데이터의 배열형태가 될 것이다. 그러면 가로줄에서 일별 통계량을 계산하고 세로줄에서 시간별 통계량을 계산하기가 수월해진다. 하나의 예가 **표 2-2**에 나타나 있다.

**표 2-2 측정기록 양식 예**

| 데이터 기록 양식 | | | | 양식번호: 양식 XX-01 |
|---|---|---|---|---|
| 제품번호: XXXX | 제품명: 강봉 | 작업공정: 절단 | 제품규격: 2.350.10 | 작업자: 홍길동 |
| 기계명: 절단기 #1 | 측정도구: 버니어캘리퍼스 | 측정단위: mm | 측정장소: 1 공장 | 측정자: 김말동 |
| 측정일 | 측정시각 | | | |
| | 오전 9:00 | 오전 11:00 | 오후 2:00 | 오후 4:00 |
| 2018. 3.2 | 2.37 | 2.34 | 2.38 | 2.32 |
| 3.3 | 2.33 | 2.28 | 2.34 | 2.31 |
| 3.4 | . . . | . . . | . . . | . . . |

### (2) 데이터 관리

측정되고 기록된 데이터는 사용 및 보관에 각별히 유의해야 한다. 많은 자료들이 만들어지긴 하나 필요할 때 찾기가 수월치 않은 적이 흔히 발생한다. 분류가 제대로 안 되어 여기저기 방치되거나, 지난 자료와 혼재되어 잘못 사용하거나, 심지어 분실 및 유출의 위험성이

도사리고 있다. 때문에 자료의 분류방법, 보관방법, 보관기간, 유지관리 및 폐기에 대한 규칙이 있어야 한다. 자료에 대한 접근 허용범위(예를 들면, 직급 또는 부서에 따라)와 배포 및 회수, 관리 담당자의 권한과 임무까지 명확히 제정되어야 한다.

## 2.4 샘플을 취하는 방법

공정(모집단)에 나타난 품질특성의 변동성을 측정하기 위해서 모집단을 대표할 수 있도록 샘플을 구성해야 한다. 샘플은 선정방식에 따라서 판단에 의해 선정되는 방법과 우연성에 근거해 선정하는 방법이 있다. 전자를 비확률적 샘플링nonprobability sampling이라 하며 주로 특정 분야에 관한 전문가가 대표적 또는 전형적이라 할 만한 제품을 주관적 판단에 따라 선정하는 샘플로 판단적 샘플judgement sample이 그 대표적이다. 판단적 샘플에 관한 분석 및 평가는 전문가의 판단에 맡겨야 하므로 객관성에 대한 신빙성은 많이 결여된다. 이 외에 의도적으로 편견을 갖도록 선정하는 샘플도 있다. 이를 의도적 샘플deliberately biased sample이라 한다. 또한 부분 샘플chunks도 있는데 이는 모집단에서 손에 잡기 쉬운 부분들로만 구성되는 샘플을 말한다.

다음은 흔히 목격되는 비확률적 샘플링 사례들이다.

(1) 쉽게 접근할 수 있는 모집단의 일부분에 대해서만 샘플을 취한다. 화차에 실려있는 석탄의 질을 측정하기 위해 화차의 표면에서 샘플을 채집한다. 제품의 만족도에 대한 설문조사를 자사 직원들에게 실시한다.

(2) 무의식적으로 샘플을 선정한다. 조류바이러스의 감염성을 조사하기 위해 넓은 닭장에 있는 닭들 중에서 계획성 없이 손에 잡히는 대로 닭들을 선정한다.

(3) 작지만 이질적인 모집단에서 모집단 전체를 조사하고서 그중 전형적인 것으로 생각되는 것들을 선정한다. 즉, 본인이 생각하기에 모집단의 중간 정도로 여겨지는 대상을 선정한다.

(4) 측정과정이 불쾌하거나 곤란한 연구에서 지원자들만으로 샘플을 구성한다.

이들은 조심스럽게 사용된다면 유용한 결과를 얻을 수 있지만 객관성을 확보하기가 쉽지 않은 단점이 있어 그 사용이 매우 제한된다. 따라서 매우 제한된 경우를 제외하고 우연성에 따라 샘플을 선정하는 확률적 샘플링probability sampling이 사용된다.

확률적 샘플링 방법에 따라 구성된 샘플을 확률적 샘플probability samples이라 하는데, 이는 모집단에 있는 모든 개체가 샘플에 선정될 확률이 주어지는 경우를 말한다. 통계적 분석에서 중요하게 사용되는 확률적 샘플로 (단순) 랜덤샘플(simple) random sample이 있다. 이는 모집단에 있는 모든 개체가 동일하면서 독립적으로 샘플에 포함될 기회를 갖고서 선정되는 샘플을 말한다. 이러한 샘플에서 관찰되는 측정값들은 서로 독립적이고 모두 동일한 모집단의 분포를 갖는다고 말할 수 있다. 즉, 동일한 모집단의 특성을 상속받는다고 할 수 있다. 랜덤샘플의 이점은 샘플로부터 얻은 정보를 가지고 모집단의 정보를 샘플링 오차 범위 안에서 추정 및 판단이 가능하다는 데 있다.

그러면 샘플을 구성할 때 어떻게 랜덤성을 모집단에 있는 개체에 부여할 것인가? 다음의 예를 들어보자.

(1) 모집단이 2개의 개체로만 구성되어 있다고 하자. 1개로 구성된 랜덤샘플은 동전을 던져 선정될 수 있다.
(2) 100개로 구성된 모집단에서 5개를 랜덤하게 선정해보자. 100까지 숫자가 적힌 티켓이나 작은 공을 통 속에 집어넣고 잘 흔든 다음 5개를 뽑는다.
(3) 난수표random number table나 컴퓨터 소프트웨어를 이용하여 난수를 발생시켜 필요한 숫자만큼 뽑아 샘플을 구성한다.

난수를 이용하는 예를 들어보자. $N$= 25개의 배터리로 이루어진 로트lot에서 $n$=5개의 배터리의 수명을 샘플링하는 문제를 생각해보자. 즉, 25개의 수명으로 구성된 모집단에서 크기 5의 랜덤샘플을 취하고자 한다. 다음 절차에 따라 진행한다.

첫째, 배터리에 일련번호를 1, 2, ⋯, 25까지 부여한다.
둘째, 컴퓨터로부터 1부터 25 사이의 난수를 5개 발생시킨다.
셋째, 5개의 발생된 난수에 해당하는 배터리를 샘플에 포함시킨다.
넷째, 이들의 수명을 측정한다.

엑셀이나 미니 탭과 같은 소프트웨어를 이용하거나 컴퓨터 언어인 C나 FORTRAN을 이용하면 쉽게 프로그래밍하여 난수를 발생시킬 수 있다.

이외에도 층별 랜덤샘플stratified random sample이나 체계적 랜덤샘플systematic random sample과 같은 특별한 형태의 랜덤샘플이 있다. 전자는 모집단을 먼저 부분모집단sub-population 또는 층별strata로 구분한 후에 각 층으로부터 하나씩의 단순 랜덤샘플을 얻는다. 후자는 모집단에 있는 $N$개의 개체를 임의의 순서에 따라 배열하고, 크기 $n$인 하나의 샘플이 필요하다면 첫 $k=N/n$개의 개체들로부터 하나의 개체를 랜덤하게 선정한다. 그런 다음 이후부터는 매 $k$번째 개체를 선정한다.

## 2.5 데이터 형식

수집하고자 하는 데이터 형식은 측정을 하는 목적 또는 분석방법에 따라 다음과 같은 배열과 구조를 갖는다.

(1) 단순히 어느 특정 시점에 공정에 있는 변동의 모습을 파악하기 위해서는 히스토그램을 주로 이용하는데, 이를 위해서는 샘플 크기가 최소 30 이상인 랜덤샘플을 취하면 된다. 이때의 측정값들은 샘플의 크기를 $n$으로 놓으면 다음과 같은 형식으로 표현할 수 있다.

- 목적: 특정 시점의 공정 변동 모습을 파악
- 분석방법: 히스토그램, $n \geq 30$
- 샘플특성 모형: $X_i$ $(i=1, \cdots, n)$
- 데이터 배열: $x_1, x_2, \cdots, x_n$

(2) 공정의 변동이 매일매일 다르고 하루 안에도 차이가 있을 수 있다고 하자. 그런데 한 달간 하루에 한 번씩만 측정을 한다면 하루와 하루 간의 변동(일간변동)variation between days은 파악할 수 있지만, 하루 내에서의 변동(일내변동)variation within a day은 파악할 길이 없다. 이 경우에는 하루에 적어도 2번 이상의 반복 측정이 필요하다. 반복 측정은 샘플링 기간 동안 랜덤으로 실시한다. 샘플링 기간 동안 생산된 제품에 대한 합격 또는 수락성 판단의 자료로 사용한다. 이 경우의 랜덤샘플은 다음과 같은 2차원적 데이터 구조가 필요하다.

- 목적: 공정 변동의 하루 내 및 하루와 하루 간 모습 파악
- 분석방법: 샘플링 기간 동안 생산된 제품에 대한 수락성 판단을 위한 관리도 control chart
- 샘플특성 모형: $X_{ij}$ $(i=1, \cdots, n;\ j=1, \cdots, m)$

▌데이터 배열: 

$$\begin{matrix} x_{11} & x_{12} & \cdots & x_{1n} \\ x_{21} & x_{22} & \cdots & x_{2n} \\ \vdots & \vdots & \cdots & \vdots \\ x_{m1} & x_{m2} & \cdots & x_{mn} \end{matrix}$$

위의 구조에서 $n$은 하루 내의 반복 측정 횟수를, $m$은 측정 일의 수를 말한다. 예를 들어, 하루에 3번씩 모두 25일간 측정을 한다면 $n=3$, $m=25$이다.

(3) 두 품질특성 간의 관련성을 조사한다고 하자. 예를 들면, 성분의 양과 제품의 경도hardness 간의 관계를 조사할 때에는 데이터를 쌍으로 구해야 한다. 이러한 데이터는 두 변수 간의 관련성에 대해 산점도scatter diagram를 사용하여 분석할 수 있다. 이 경우의 데이터 형식은

▌목적: 두 특성 간의 상관성 파악

▌분석방법: 산점도, 상관계수, 회귀분석

▌샘플특성 모형: $(X_i, Y_i)$ $(i=1, \cdots, n)$

▌데이터 배열: $(x_1, y_1), (x_2, y_2), \cdots, (x_n, y_n)$

이며, $n$은 랜덤샘플의 크기이다. 두 변수 중 하나의 변수의 크기를 임의로 조정할 수 있고 이 변수의 크기에 따라 다른 변수의 크기가 변하는 경향을 조사하기 위해서 회귀분석regression analysis을 사용하는데 이때의 구조도 동일한 형태를 갖는다.

(4) 공정에서 두 대의 기계가 동일한 작업을 한다고 할 때 두 대의 기계 성능 간에 차이 가 있는지를 조사한다고 하자. 이 경우는 각각의 기계로부터 독립된 랜덤샘플을 취하여 성능을 비교할 수 있다. 이 경우는

▌목적: 두 기계 간의 성능 차이 판단

▌분석방법: 정규분포, $t$-분포

▌샘플특성 모형: $X_A$ $(i=1, \cdots, n_1)$; $X_B$ $(j=1, \cdots, n_2)$

▍데이터 배열:

A 기계의 샘플: $x_{A1}$, $x_{A2}$, ⋯, $x_{An_1}$

B 기계의 샘플: $x_{B1}$, $x_{B2}$, ⋯, $x_{Bn_2}$

로 각각의 기계로부터 취한 샘플을 표시할 수 있으며, 샘플의 크기는 각각 다를 수 있다.

(5) 공정의 관리상태를 파악하기 위해 관리도 기법을 사용하는데, 이때 사용되는 샘플은 랜덤샘플이 아니라 합리적 서브그룹이라 부른다. 이 서브그룹을 구성할 때는 특별원인special causes이 공정에 존재할 경우 서브그룹들 간의 차이가 나타날 기회가 최대가 되도록, 반면에 서브그룹 내에서 이러한 특별요인 때문에 발생하는 차이의 기회는 최소가 되도록 한다. 이 경우의 데이터 양식은 측정시간에 따라 밀접한 시간대에서 소수의 샘플을 취한다. 합리적 서브그룹의 데이터 형태는 아래와 같다.

▍목적: 공정의 관리상태 파악
▍분석방법: 관리도
▍샘플특성 모형: $X_{ij}$ $(i=1, \cdots, n;\ j=1, \cdots, m)$
▍데이터 배열:

| 서브그룹 | 반복 측정값 | | | |
|---|---|---|---|---|
| 번호 | 1 | 2 | ⋯ | $n$ |
| 1 | $x_{11}$ | $x_{12}$ | ⋯ | $x_{1n}$ |
| 2 | $x_{21}$ | $x_{22}$ | ⋯ | $x_{2n}$ |
| ⋮ | ⋮ | ⋮ | ⋯ | ⋮ |
| $m$ | $x_{m1}$ | $x_{m2}$ | ⋯ | $x_{mn}$ |

위의 배열에서 $n$은 서브그룹의 크기로서 반복 측정값의 수를, 그리고 $m$은 서브그룹의 수를 말한다. $n$은 보통 3~5 정도이며 특수한 경우 2 또는 10 이상도 쓰인다. $m$은 서브그룹의 수를 말하며 20 이상이 필요하다.

위에서 몇 가지 데이터 배열과 구조가 제시되고 있지만 이 외에도 분석방법에 따라 다양한 형식이 사용된다. 이들 랜덤샘플은 추정estimation 및 가설검정hypothesis testing 등의 거의 모든 통계분석에 이용된다. 히스토그램 분석을 위해서 $n \geq 30$이 필요하며, 관리도 분석을 위해서는 초기에 100개 정도 크기의 데이터가 필요하나 이후부터는 4~5개 정도의 측정값이면 충분하다. 이처럼 측정 목적에 따라 데이터 구조 및 샘플의 크기를 달리한다.

**예제** 4대의 기계로부터 동일한 부품을 생산하고 있다. 기계들 간의 평균작업 속도가 동일한지를 파악하기 위해 각각의 기계로부터 하나의 부품을 생산하는 시간을 몇 개의 부품에 대해 랜덤하게 측정한다. 이 경우 측정값들을 표현하는 데이터 배열 및 모형은 어떻게 되는가?

## 2.6 데이터 기초 분석

이제 데이터가 수집되면 이에 대한 기초 분석에 들어간다[그림 2-3]. 공정에 존재하는 품질특성의 변동에는 몇 가지 특징들이 보편적으로 존재하며, 따라서 공정에서 취한 샘플 속에도 동일한 특징들이 나타난다. 그러므로 크기가 큰 샘플에서 측정하여 기록된 데이터를 살펴보면, 측정값들이 어떤 중심값central value을 중심으로 모여 있으면서 동시에 양쪽 끝으로 점차 퍼져가는 현상을 볼 수 있다. 이러한 측정값들이 형성한 패턴 또는 모습shape을 도수분포 또는 빈도분포frequency distribution라 부른다. 만일 측정값을 만들어 내는 공정의 변동원인들이 기본적으로 변하지 않는다면 이 분포는 분별할 수 있을 정도로 안정적인 특성들을 갖게 되는 현상을 볼 수 있다. 이러한 특성들은 측정값들의 수가 크면 클수록 두드러진다. 이러한 관찰로부터 다음과 같은 사실을 밝혀낼 수 있다.

만일 변동의 원인들이 일정하다면, 데이터로부터 관찰된 도수분포는 하나의 통계적 극한 현상으로 어떤 분포함수distribution function에 접근하는 경향이 있다.

이 분포함수는 어떤 품질특성에 대한 공정, 즉 모집단의 변동현상을 나타낸다.

이 분포함수에 대한 정보는 공정의 변동현상을 밝혀내는 데 매우 중요한 역할을 한다. 예를 들면, 불량률을 산정할 때 단기적으로는

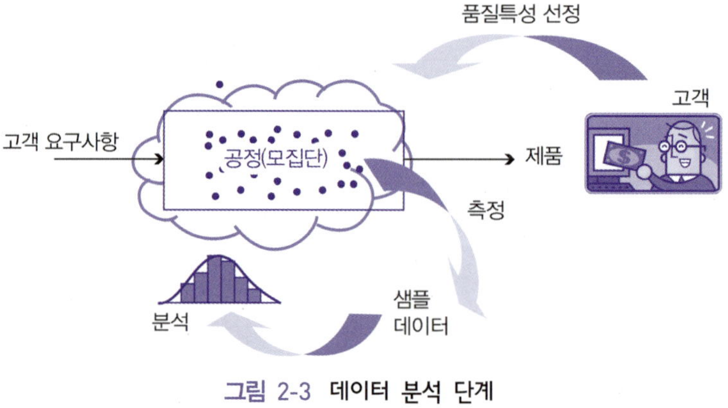


그림 2-3 데이터 분석 단계

$$불량률 = \frac{샘플\ 속에\ 있는\ 불량품의\ 수}{샘플의\ 크기}$$

로 쉽게 구할 수 있으나, 이로부터 공정 전체의 불량률을 추정하는 일은 샘플 크기에 크게 좌우되며, 샘플을 취할 때마다 불량률이 큰 폭으로 변한다. 따라서 공정의 변동원인들이 크게 달라지지 않는다면, 좀더 장기적으로 공정의 불량률을 예측하기 위해서는 공정의 분포함수 — 예를 들면 정규분포와 같은 — 로부터 추정하는 방법이 이용된다. 이에 대해서는 차후 기술하도록 한다.

공정의 변동성을 이해하기 위해서는 샘플 데이터의 변동성을 먼저 파악해야 한다. 데이터는 단지 다른 값들을 보여주는 숫자들에 불과하므로 데이터가 가지고 있는 특성들, 예를 들면 중심성과 산포성 등이 잘 나타날 수 있도록 데이터를 여러 모습으로 살펴보아야 한다. 이러한 목적으로 각종 표, 그래프 및 통계값들이 사용된다. 이들은 하나의 데이터를 서로 다른 각도에서 살펴보는 방법들이기 때문에 이들 간의 정보가 일치해야 한다. 따라서 데이터가 가지는 변동성에 관한 정보를 정확히 파악하도록 상호 보완적 관계에서 살펴보아야 한다. 하나의 방법만으로 파악한 정보보다는 또 다른 방법에 의해 보완될 때 좀 더 확실해진다. 데이터 분석을 통하여 공정을 관찰하고 관리하며, 공정의 불량률을 추정하고, 공정의 능력을 측정하며, 공정에 대한 개선 활동들을 추구할 수 있게 된다. 이러한 통계적 품질관리 활동들의 일환으로 다음과 같은 분석방법들이 사용된다.

#### (1) 데이터 특성 파악

데이터가 지니는 중심성central tendency, 산포성scattering tendency 및 형상shape(대칭성symmetricity, 치우침성skewnedness, 평평성flatness 등)을 각종 표, 그래프, 그림 및 통계값들을 이용하여 살펴본다.

#### (2) 공정 안정성 파악

공정이 통계적 관리상태에 있는지 아닌지를 각종 관리도를 사용하여 살펴본다.

#### (3) 공정능력 파악

공정능력은 공정이 안정상태에 있을 때 보여주는 공정의 최소 변동량을 말한다. 공정능력지수process capability ratio를 이용한다.

## 2.7 관리 및 개선

이제 공정에 대한 각종 분석이 끝나면 적절한 관리 및 개선 조치를 취하게 된다[그림 2-4]. 샘플링 방법, 측정 방법 등이 적절하다면 측정된 데이터에 대한 올바른 분석을 통해 공정이 당면하고 있는 사실을 밝혀낼 것이며, 밝혀진 사실에 근거해 공정에 조치를 취한다면 공정을 원하는 상태로 관리함이 가능할 것이다. 필요한 조치로는

(1) 공정에서 특별변동의 원인들을 제거하여 공정을 통계적 관리상태로 유지한다.
(2) 공정능력을 계산하고 이를 설계에 반영한다.
(3) 공정이 관리상태에 있을 때 공정에 어떠한 조치도 취하지 말 것이며, 단지 관찰만 한다.
(4) 공정의 안정상태가 장기적으로 지속되면 관리도 등을 제거하고 간헐적으로 공정상태를 확인만 한다.
(5) 공정의 변동을 감소시킬 수 있는 추가적 방법을 모색한다. 6시그마운동과 같은 공정 개선 프로젝트를 실시하거나 공정 변동의 주요 원인들을 실험계획법을 활용하여 밝혀내고 이들을 관리한다.

이러한 관리 및 개선 활동들이 전 공정에 대해 적절히 그리고 효율적으로 이루어지기 위해서 ISO 9000 국제품질표준서와 같은 종합적인 품질 시스템을 구축하고 운영할 필요가 있다.

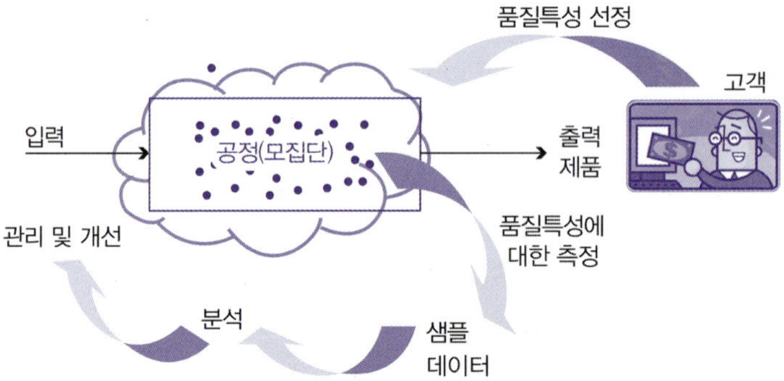


그림 2-4 관리 및 개선 단계

**생각할 문제**

64명의 학생들(3학년 45명, 4학년 19명)이 과목을 수강하고 있다. 이들이 한 주일간 공부하는 시간을 알아보기 위해 10명을 선정하여 조사하고 싶다. 샘플을 구성하기 위한 다양한 방법들을 살펴보자.

# 제3장 품질 데이터 분석 및 요약

“우리가 말하는 것을 측정할 수 없으면 무엇에 대해 말하는지 알지 못한다.”

제품의 품질을 관리하거나 개선하기 위해서는 제품을 만드는 과정인 공정에 대한 분석이 필요하다. 특히 공정에 존재하는 변동은 제품의 품질에 직접적인 원인이 되고 있다. 공정의 변동은 공정의 결과물인 제품으로부터 측정이 가능하며 이 측정값들을 샘플 데이터 또는 데이터라 한다. 본 장에서는 이들을 요약하고 분석하는 방법들과 관련하여 다음 사항들을 기술한다.

- 공정의 변동
- 빈도분포 표
- 그래프 및 그림에 의한 요약
- 수치지표: 평균, 표준편차

## 3.1 공정의 변동

오래전부터 인류는 다양한 측정방법에 대해 알아 왔지만 산업현장에서 측정도구를 사용하여 보다 간편하고 정확하게 측정하는 방법은 17세기 버니어 스케일의 발명으로부터 시작되었다[표 3-1]. 그러나 측정으로부터 얻어진 데이터를 어떻게 가장 유용한 방식으로 다루고 사용해야 하는지에 대해서는 20세기에 접어들면서부터 알려졌다. 다음은 20세기 초에 있었던 효과적인 데이터 사용에 관한 예이다.

1911~12년경, 프랑스 담배 회사French Tobacco Monopoly의 Harve 공장의 책임자였던 M. Provost는 무게가 덜 나가는 담배로 인하여 고객들의 불만이 쌓이고 무게가 더 나가는 담배로 인해 회사가 재정적 손실을 보고 있음을 알게 되었다. Provost는 각 작업자가 봉투 하나에 담는 담배 양을 랜덤으로 추출하여 무게를 측정하였다.

그 결과 각 작업자 간 산포가 큼을 발견하였다. 그는 평균값에 가깝고 산포가 적게 담배를 담은 작업자에게 인센티브를 주기로 하였다. 그 결과 검사가 줄어들고 함량 미달 담배와 함량 초과 담배가 줄면서 매년 1,000,000 kg의 담배를 절약하게 되었다.

위의 예는 공정에서 일하는 작업자들 간의 작업 차이로 인하여 봉투에 담긴 담배의 양에 차이가 발생한다는 단순한 현상을 보여주고 있지만, 사람이 살아가면서 죽음과 세금을 피할 수 없는 것과 마찬가지로 어느 공정에서나 변동이 목격되는 현상은 산업혁명 이래 누구나 피할 수 없는 하나의 보편적 사실로 여겨지고 있다. 이 변동은 제품의 품질에 중요한 영향을 미치는 원인으로 알려져 있으며, 같은 가격을 주고 구입한 제품이라도 품질의 차이로 인하여

**표 3-1 측정도구의 발달**

| 발명가 | 발명연도 | 측정도구 |
|---|---|---|
| Pierre Vernier (프랑스) | 1631 | Vernier scale 발명 |
| J. R. Brown (미국) | 1851 | Vernier caliper 처음 사용 |
| James Watt (영국) | 1772 | Micrometer 원리 사용 |
| Jean Palmer (프랑스) | 1848 | c-clamp micrometer 발명 |
| Christopher Polhem (스웨덴) | 18세기 | Gage blocks 발명 |
| Hjalmar Ellstrom; Carl E. Johansson | 1896 | 측정 자(gaging sticks) 사용 |
| Joseph Whitworth (영국) | 1840 | Surface plate 제작방법 고안 |
| John Logan (미국) | 1883 | Dial indicator |

서로 간에 만족도의 차이가 발생함은 누구나 겪게 되는 경험이다. 따라서 제품 간의 차이를 줄이기 위한 노력은 오랫동안 기업의 품질관리 활동에서 주요 목표가 되어 왔다.

이러한 공정상의 변동은 공정에서 만들어진 제품을 측정함으로써 얻어진 품질 데이터 값을 분석하여 살펴볼 수 있다. 데이터에 대한 분석을 통하여 공정 변동의 모습을 추정할 수 있으며 불량률과 같은 공정의 성과에 대한 예측도 가능하다. 데이터 속에 감추어져 있는 정보를 파악하기 위해서는 데이터를 다양한 방법을 통해 살펴보아야 한다.

공정에서 관찰되는 품질특성에 관한 데이터는 크게 두 가지 형태로 나눌 수 있다. 하나는 정성적 데이터요, 다른 하나는 정량적 데이터인데 이들은 모두 수치화 과정을 통해 수치로 관찰될 수 있음은 이미 기술하였다. 따라서 어떤 경우든 필요하다면 관찰되는 제품의 품질특성을 수치 데이터로 표시함이 가능하다고 볼 수 있다. 공정에서 관찰되는 수치 데이터(이하 데이터)는 개별적으로 정확하게 그 값을 예측할 수 없다. 공정에 작용하는 모든 요인들을 아무리 조심스럽게 통제하려 하여도 그 결과는 언제나 예측을 벗어난 불규칙한 모습으로 나타나게 된다. 이를 공정의 변동현상이라 한다. 이 현상은 조악한 제품에서부터 첨단제품에 이르기까지 모든 제품의 공정에서 그리고 심지어 모든 서비스 공정에서 목격되는 하나의 보편적 현상으로 알려져 있다.

고객이 중요시하는 제품이나 서비스의 품질특성에 대한 공정의 변동현상을 이해하기 위해서는 먼저 데이터로부터 변동에 관한 정보를 분석하고 요약하는 일이다. 데이터를 잘 요약하려면, 공정(모집단)변동의 주요 모습들, 특히 변동의 중심성과 산포성이 잘 나타나도록 분석해야 한다. 데이터 분석 및 요약에 많이 쓰이는 방법으로 표, 그래프나 그림 그리고 수치지표 등이 있다. 본 장에서는 표의 형태로 빈도분포 표를, 그래프의 형태로 히스토그램과 그림의 형태로 상자-수염 그림을, 그리고 수치지표(척도)로 평균과 표준편차와 같은 통계량들을 살펴본다.

## 시나리오 1. 품질 데이터 분석 및 요약

(샘플)데이터 수집

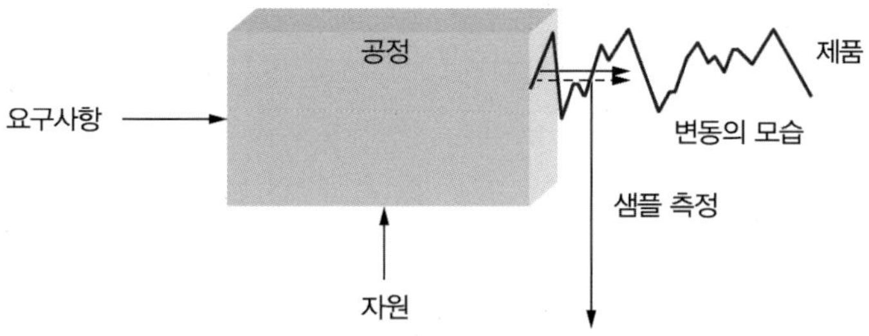


어떻게 하나?

(샘플)데이터

| | | | | | | | | | |
|---|---|---|---|---|---|---|---|---|---|
| 2.87 | 2.29 | 2.85 | 2.82 | 2.85 | 2.88 | 2.29 | 2.81 | 2.40 | 2.85 |
| 2.84 | 2.86 | 2.86 | 2.87 | 2.88 | 2.89 | 2.41 | 2.88 | 2.85 | 2.86 |
| 2.88 | 2.80 | 2.80 | 2.84 | 2.88 | 2.84 | 2.27 | 2.85 | 2.87 | 2.89 |
| 2.82 | 2.81 | 2.82 | 2.88 | 2.87 | 2.82 | 2.86 | 2.84 | 2.85 | 2.81 |
| 2.88 | 2.88 | 2.88 | 2.86 | 2.44 | 2.80 | 2.41 | 2.85 | 2.82 | 2.81 |
| 2.28 | 2.84 | 2.85 | 2.87 | 2.82 | 2.89 | 2.87 | 2.84 | 2.86 | 2.80 |
| 2.84 | 2.84 | 2.85 | 2.86 | 2.86 | 2.86 | 2.86 | 2.81 | 2.88 | 2.85 |
| 2.81 | 2.86 | 2.84 | 2.81 | 2.82 | 2.40 | 2.87 | 2.86 | 2.85 | 2.88 |
| 2.88 | 2.89 | 2.82 | 2.88 | 2.29 | 2.82 | 2.88 | 2.87 | 2.81 | 2.85 |
| 2.84 | 2.84 | 2.88 | 2.80 | 2.85 | 2.88 | 2.86 | 2.85 | 2.84 | 2.81 |

## 3.2 빈도분포 표

데이터는 단순히 숫자의 나열일 뿐이다. 무분별하게 놓여있는 숫자들 속에서 변동의 정보를 분별있게 파악하는 방법으로 가장 쉬운 일은 동일한 숫자가 몇 번 나타나는가를 파악하는 일일 것이다. 이러한 목적으로 개발된 빈도분포 표는 샘플 데이터에 있는 수치들이 각각 몇 번 나타나는지를 적어 놓은 표 형태의 기록을 말한다. 한 예를 들어보자. 표 3-2는 강봉을 만들어 내는 공정으로부터 100개를 선택된 순서에 따라 그 직경을 측정한 값들이다.

표 3-2 100개 강봉의 직경(규격 2.35 ± 0.10인치)

| 측정순서 → | | | | | | | | | |
|---|---|---|---|---|---|---|---|---|---|
| 2.37 | 2.34 | 2.38 | 2.32 | 2.33 | 2.28 | 2.34 | 2.31 | 2.33 | 2.34 |
| 2.29 | 2.36 | 2.30 | 2.31 | 2.33 | 2.34 | 2.34 | 2.36 | 2.39 | 2.34 |
| 2.35 | 2.36 | 2.30 | 2.32 | 2.33 | 2.35 | 2.35 | 2.34 | 2.32 | 2.38 |
| 2.32 | 2.37 | 2.34 | 2.38 | 2.36 | 2.37 | 2.36 | 2.31 | 2.33 | 2.30 |
| 2.35 | 2.33 | 2.38 | 2.37 | 2.44 | 2.32 | 2.36 | 2.32 | 2.29 | 2.35 |
| 2.38 | 2.39 | 2.34 | 2.32 | 2.30 | 2.39 | 2.36 | 2.40 | 2.32 | 2.33 |
| 2.29 | 2.41 | 2.27 | 2.36 | 2.41 | 2.37 | 2.36 | 2.37 | 2.33 | 2.36 |
| 2.31 | 2.33 | 2.35 | 2.34 | 2.35 | 2.34 | 2.31 | 2.36 | 2.37 | 2.35 |
| 2.40 | 2.35 | 2.37 | 2.35 | 2.32 | 2.36 | 2.38 | 2.35 | 2.31 | 2.34 |
| 2.35 | 2.36 | 2.39 | 2.31 | 2.31 | 2.30 | 2.35 | 2.33 | 2.35 | 2.31 |

표 3-2에서 대략적으로 강봉의 직경이 2.30 정도인 것은 알 수 있지만, 이처럼 100개의 측정값들을 단순히 나열하는 것만으로는 데이터의 특징, 즉 데이터의 중심이 어디인지, 또 중심에서 각 값들이 얼마나 퍼져 있는지 등을 보여주지 못한다. 다음의 표 3-3은 데이터에 나타난 각 직경의 빈도를 집계하여 데이터의 특징을 요약하고 있다.

**표 3-3 강봉 데이터의 빈도분포 표**

| 직경(인치) | 집계 | 빈도($f_i$) | 누적빈도 |
|---|---|---|---|
| 2.27 | × | 1 | 1 |
| 2.28 | × | 1 | 2 |
| 2.29 | ××× | 3 | 5 |
| 2.30 | ××××× | 5 | 10 |
| 2.31 | ××××××××× | 9 | 19 |
| 2.32 | ××××××××× | 9 | 28 |
| 2.33 | ×××××××××× | 10 | 38 |
| 2.34 | ×××××××××××× | 12 | 50 |
| 2.35 | ×××××××××××××× | 14 | 64 |
| 2.36 | ××××××××××××× | 13 | 77 |
| 2.37 | ×××××××× | 8 | 85 |
| 2.38 | ×××××× | 6 | 91 |
| 2.39 | ×××× | 4 | 95 |
| 2.40 | ×× | 2 | 97 |
| 2.41 | ×× | 2 | 99 |
| 2.42 | | 0 | 99 |
| 2.43 | | 0 | 99 |
| 2.44 | × | 1 | 100 |
| 합계 | | 100 | |

**표 3-3**에서 집계와 빈도 아래의 각 수치는 해당 직경을 가지는 측정값들의 수를 가위표( × )와 숫자로 표현하고 있다. 빈도는 아래의 공식에 의해 상대빈도로 표현할 수 있다.

$$\text{상대빈도} = \frac{\text{빈도}}{\text{샘플의 크기}}$$

여기서 샘플의 크기는 데이터에 있는 측정값들의 총 개수를 말한다. 상대빈도는 0에서 1 사이의 값을 갖는다. 누적빈도(또는 누적상대빈도) 아래의 각 값들은 가장 작은 직경부터 해당 직경까지의 빈도수(또는 상대빈도수)들을 누적(합계)하여 얻어진다. 그러므로 누적빈도 아래의 각 값들은 그 규격에 해당하는 직경보다 작거나 같은 강봉의 수(또는 상대빈도일 때의 강봉의 비율)를 나타낸다. **표 3-3**은 데이터가 가지고 있는 중요한 특징 두 가지를 분명히 보여준다.

첫째, 데이터가 어느 직경 근처에 가장 많이 모여 있는가를 보여준다. (분명히 강봉은 2.35인치 주위에 모여 있다.)

둘째, 데이터의 변동의 크기를 보여준다. (측정값들은 2.27인치와 2.44인치에 걸쳐 있으며, 92%가 2.30과 2.40인치 사이에 놓여 있다.)

첫째 특징을 데이터의 중심화 경향 또는 중심성이라 하며, 둘째 특징을 데이터의 산포 경향 또는 산포성(또는 퍼짐성, 흩어짐성)이라 한다. 이들은 데이터가 가지고 있는 자연스러운 특징들의 일부이다. 데이터를 분석 및 요약한다는 말은 데이터가 가지는 이러한 특징들을, 다시 말하면 데이터가 가지고 있는 정보들을 찾아냄을 의미한다.

때로는 정교한 측정이거나 산포성이 큰 경우 같은 직경을 갖는 데이터의 발생 빈도가 적어서 기존 데이터로 빈도분포 표를 만들어서는 데이터의 특징을 얻기 힘들 때가 있다. 이 경우, 데이터를 셀cell이라고 하는 그룹으로 분류하여 정리하면 데이터의 특징에 대한 보다 나은 요약을 얻을 수 있다. **표 3-4**에서 각 강봉의 직경을 셀 간격 0.03인치인 6개의 셀로 그룹을 만들었다. 셀의 개수가 일단 정해지고 셀의 경계값들이 결정되면, **표 3-4**의 각 열은 **표 3-3**에서와 같은 방법으로 채워진다. 그러나 여기에서 빈도는 지정된 셀의 범위 내의 측정값들의 수를 나타낸다. 대부분의 컴퓨터 통계 소프트웨어는 기술통계라는 항목을 갖고 있으며, 이것은 자동으로 빈도분포 표를 만들어준다.

**표 3-4 강봉의 빈도분포 표(그룹화된 데이터)**

| 직경(인치) | 집계 | 빈도($f_i$) | 누적빈도 |
|---|---|---|---|
| 2.265~2.295 | ××××× | 5 | 5 |
| 2.295~2.325 | ××××××××××××××××××××××× | 23 | 28 |
| 2.325~2.355 | ×××××××××××××××××××××××××××××××××××× | 36 | 64 |
| 2.355~2.385 | ××××××××××××××××××××××××××× | 27 | 91 |
| 2.385~2.415 | ×××××××× | 8 | 99 |
| 2.415~2.445 | × | 1 | 100 |
| 합계 | | 100 | |

## 3.3 그래프 및 그림에 의한 요약

### 3.3.1 빈도 히스토그램

빈도 히스토그램은 그룹화된 데이터의 빈도분포 표를 막대그래프로 간단히 표현한 것이다. **표 3-4**의 "집계"란은 빈도 히스토그램과 유사한 표현이다. 막대의 폭은 해당 셀의 범위와 같게 그리고, 막대의 높이는 빈도나 상대빈도에 해당하는 높이만큼 그린다. **그림 3-1**은 **표 3-4**에 해당하는 강봉 데이터의 빈도 히스토그램이다. 히스토그램은 2.35인치 정도에 있는 데이터의 중심과(실제로는 가장 높은 막대의 중간인 2.34인치이다), 그 중심으로부터의 산포를 시각적으로 보여주고 있다.

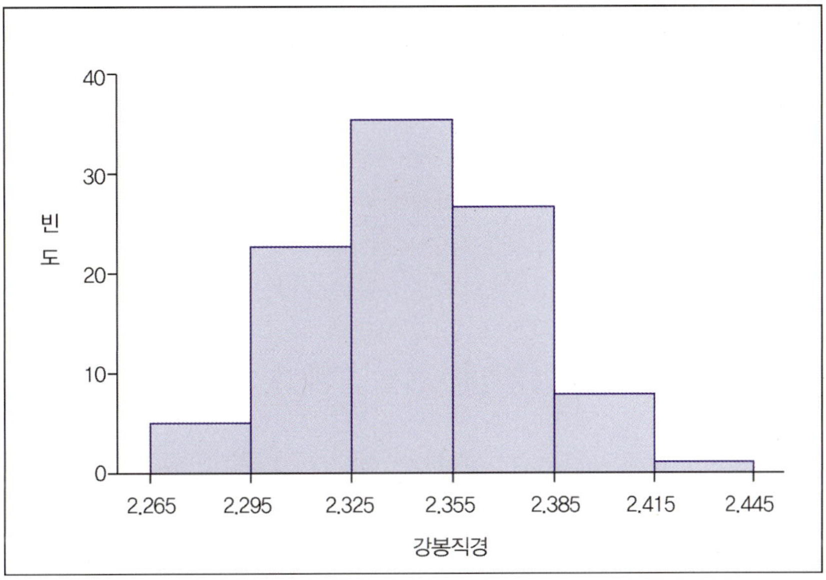


**그림 3-1** 강봉의 빈도 히스토그램

아래의 절차는 데이터를 그룹화하고 빈도분포 표를 작성하는 방법을 보여준다.

**단계 1.** 셀의 개수를 결정한다. 일반적으로 추천되는 개수는 다음과 같다[표 3-5].

**표 3-5 표본의 크기에 따른 셀의 개수**

| 표본의 크기 | 셀의 개수 |
|---|---|
| 20~50 | 6 |
| 51~100 | 7 |
| 101~200 | 8 |
| 201~500 | 9 |
| 501~1000 | 10 |
| 1000 이상 | 11~20 |

**단계 2.** 셀의 폭을 계산한다. 대부분의 셀의 폭은 동일하게 잡는다. 따라서 $w$를 셀의 폭이라 하면,

$$w = \frac{\text{최댓값} - \text{최솟값}}{\text{셀의 개수}}$$

로 구한다. 실제로는 위에서 구한 $w$를 데이터의 유효자리 수만큼 고려한 가장 가까운 편리한 수로 반올림하여 사용한다. 예를 들면, 표 3-2 또는 표 3-3에서

$$w = \frac{2.44 - 2.27}{6} = \frac{0.17}{6}$$
$$= 0.028 \approx 0.03$$

따라서 각 셀의 폭을 0.03으로 정한다.

**단계 3.** 셀을 정의하는 수치는 셀의 경계값들인데, 작은 값을 셀의 하한값 그리고 큰 값을 셀의 상한값으로 한다. 하나의 유용한 규칙으로 셀의 경계값들은 실제 데이터보다 하나 더 많은 유효자리 숫자를 택하며, 끝은 5로 끝나는 것이 좋다. 예를 들면, 표 3-2에서 가장 큰 측정값은 2.44이다. 위의 규칙을 적용하면 가장 큰 쪽의 셀의 상한값은 2.445이고, 그 셀의 하한값은 $2.415 = 2.445 - 0.030$이다.

**단계 4.** 각 셀에 떨어지는 데이터들의 수를 셈하여 기록한다. 이들은 빈도수를 나타낸다. 먼저 언급한 바와 같이, 이 빈도수는 종종 상대빈도로 변환되어 표현되기도 한다.

**단계 5.** 히스토그램을 분석한다. 즉, 히스토그램에서 보여주고 있는 데이터의 특징들을 파악하여야 한다. 히스토그램을 그리고 난 후 이에 대한 해석을 행하는 방법은 모든 통계적 기법들 중 가장 단순한 방법이지만 품질에서 발생되는 많은 문제들은 이 하나의 도구만으로도 쉽게 해결되는 것들이 많이 있다.

그러나 위 규칙들은 때때로 엄격하게 적용되지 않기도 한다. 사실, 셀의 수를 정하는 데 있어 위에서 권장하는 수를 따른다면 6 대신 7로 정해야 할 것이다.

### 3.3.2 상자-수염 그림

그림을 이용한 요약 방법으로 상자-수염 그림이 있다. 상자-수염 그림은 히스토그램처럼 샘플의 특성을 그림으로 요약한 것이다. 먼저 우리는 샘플의 백분위수percentile를 정의한다. 0과 1 사이의 어떤값 $p$, 즉 $0 < p < 1$에 대하여 $100p$번째 샘플 백분위수는 $x_p$으로 표현하며, 적어도 샘플 데이터의 $100p\%$가 $x_p$보다 작거나 같으며 또한 적어도 $100(1-p)\%$가 $x_p$보다 크거나 같은 값을 말한다. 예를 들어, 50번째 백분위수는 중위수 또는 중앙값이라고도 하며, 그 값 아래쪽으로 절반의 데이터들이 위치한다. 실제로는 샘플의 크기(데이터의 수)가 홀수일 때 중위수는 가운데 있는 한 개의 데이터 값으로 결정되지만 짝수일 때는 가운데 있는 두 개의 데이터 값들의 평균으로 정하여진다. 이처럼 어떤 $100p$값에 대해서는 $100p$번째 백분위수에 해당하는 특정 데이터가 없을 수도 있다. 이 경우는 적절히 보간법을 사용하여 백분위수를 구한다.

강봉 데이터에 대해, 표 3-3의 누적빈도 항목으로부터 백분위수를 읽을 수 있다. 샘플의 크기가 짝수(100)이므로 중위수는 50번째 수인 2.34와 51번째 수인 2.35의 평균값인 2.345인치이다. 한편 75번째 백분위수는 무엇인가? 이 경우 분명히 2.36이지만 만일 데이터가 수천 분의 1인치 단위까지 측정할 수 있다면, 우리는 64와 77 사이에서 보간법을 이용하여 75번째 백분위수를 얻어야 할 것이다. 여기서 64와 77은 표 3-3의 누적빈도수 값이다. 샘플에 관한 모든 수치적 특성들처럼, 샘플 백분위수도 모집단의 백분위수에 대한 추정값이 된다. 그러므로 샘플에 근거하여, 공정에서 생산되는 모든 강봉, 즉 모집단의 50%는 직경이 2.345인치보다 작다고 추정할 수 있다. 25번째와 75번째 백분위수를 각각 하위 및 상위 사분위수lower and upper quartile 또는 일사 및 삼사분위수라 하여 각각 $Q_1$, $Q_3$로 표현하며, 중위수는 $Q_2$로 표시한다. 상위 사분위수에서 하위 사분위수를 뺀 값을 사분위수 간 범위interquartile range라고 하며, 특히 모집단이 치우쳐 있을 때 산포성의 척도로 유용하다. 표 3-3의 강봉 데이터에서 25번째 백분위수와 75번째 백분위수는 각각 2.32 및 2.36인치이다. 따라서 사분위수 간 범위는 0.04인치이다.

상자-수염 그림은 최댓값, 최솟값을 포함하여 상중하위 사분위수 3개의 수치값들로 구성되는 그림으로 그 모습은 그림 3-2와 같다.

그리는 순서는 먼저 상위 및 하위 사분위수를 윗면과 아랫면으로 하고 중위수를 중간면으로 하는 상자를 그린다. 다음에 윗면의 중간에서 최댓값까지 그리고 아랫면의 중간에서 최솟값까지 선으로 연결한다. 이 선들을 윗수염, 아랫수염이라 한다.

윗수염과 아랫수염이 데이터 전체의 25%를 각각 차지하며 상자는 50%를 차지한다.

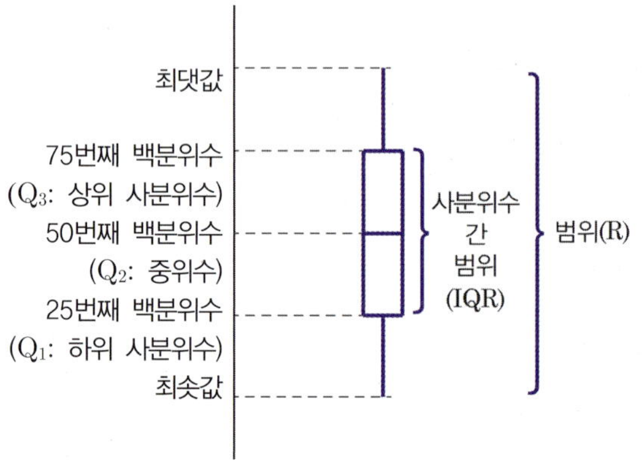


**그림 3-2 상자-수염 그림 구조**

상자-수염 그림은 데이터가 지니는 변동의 특성들을 잘 보여준다. 그림 3-3은 강봉 데이터의 상자-수염 그림이다. 상자는 중위수에 의해 균등히 나누어지고 있으며, 윗수염의 길이가 아랫수염보다 길어 큰 값 쪽으로 더 퍼져나가 있음을 알 수 있다.

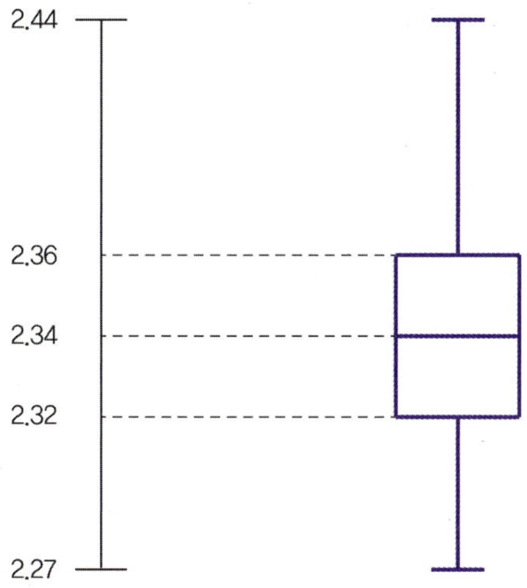

그림 3-3 강봉 데이터의 상자-수염 그림

특히 상자-수염 그림은 다수의 샘플이 있는 경우 이들을 서로 비교할 때 유용하게 쓰인다. 아래 그림 3-4는 3대의 기계들의 특성을 비교하기 위한 상자-수염 그림이다. 기계 1의 상자 크기가 다른 두 기계보다 크며, 상자가 비대칭적으로 나뉘어져 있다. 상자의 크기가 작고, 수염의 길이가 작을수록 데이터가 해당 부분에 밀집되어 있으며, 반대로 클수록 퍼져 있음을 알려준다.

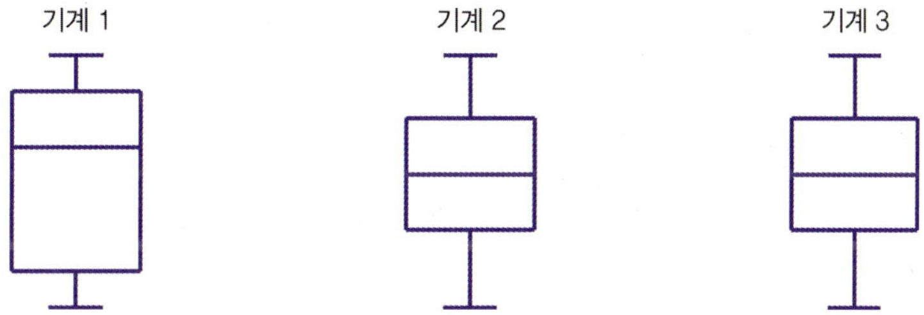

그림 3-4 3대의 기계 특성을 비교하기 위한 상자-수염 그림

작은 샘플들에 대해서는 수치값들의 변동성이 크므로 샘플의 크기가 모두 동일해야 한다. 위의 방법은 비교적 쉽게 공정의 분포 모습을 파악할 수 있는 장점이 있으나 이상 원인에 의한 변동성의 정도를 보다 정확하게 나타날 수 있게 하기 위해서 다음과 같이 다소 복잡하게 수염의 위치를 정한다. 표 3-6에서처럼 먼저 사분위수 간 범위인 IQR을 구하고 IQR의 1.5배를 구하여 수염의 크기를 정한 다음, $Q_3$ 및 $Q_1$에 더하거나 빼어서 상하위 담장값upper and lower fence들을 구한다.

**표 3-6 상자-수염 그림 절차**

순서 1. 상자 그리기: (위와 동일) $Q_1$=2.32" $Q_2$=2.34" $Q_3$=2.36"

순서 2. 수염 그리기: 상자의 양 끝면으로부터 수평(또는 수직)으로 선을 그어 인접값adjacent values에 가장 가까이 놓여 있는 측정값까지 선을 연결한다.

▍수염 그리기 절차:

(1) 사분위수간 범위interquartile range 계산

IQR = 삼사분위수 $Q_3$ − 일사분위수 $Q_1$

(2) 담장fence

상위 담장값 = $Q_3$ + 1.5 × IQR

하위 담장값 = $Q_1$ − 1.5 × IQR

(3) 인접값adjacent value

상위 인접값 = 상위 담장값보다 작거나 같은 측정값들 중 가장 큰 측정값

하위 인접값 = 하위 담장값보다 크거나 같은 측정값들 중 가장 작은 측정값

(4) 수염 그리기

위 수염: $Q_3$에서 상위 인접값까지 선을 그린다.

아래 수염: $Q_1$에서 하위 인접값까지 선을 그린다.

순서 3. 외점(바깥 점) 표시

수염을 벗어난 측정값들은 외점(바깥 점outside value)이라 부르며 개별적으로 *로 표시한다. 특이점outliers으로 의심되는 점들이다.

그런 다음 이에 가장 가까운 인접값adjacent value들을 찾아 상자-수염 그림을 작성한다.

**그림 3-5**는 위의 방법으로 그린 강봉 데이터의 상자-수염 그림이다. 그림에서 위 수염보다 큰 값을 별표로 표시하고 있다. 이 값은 외점outside value에 해당한다. 외점은 단순히 수염을 벗어난 점들을 말하며 이들 중 특이점outlier으로 판명되기 위해서는 좀 더 분석을 필요로 한다. 예를 들어, 이 값은 빈도분포 표에서 최댓값에 해당하는데, 빈도분포 표에서 이 점은 나머지 다른 점들과 하나의 분포를 형성하는 것처럼 보인다는 의미에서 다른 점들과 구별되어 보이지 않는다. 따라서 특이점은 아닌 듯 보인다. 특이점은 변동의 원인이 대부분의 점들과 다른 경우에 주로 발생하며 특이점으로 판명 시 공정에 대한 세밀한 조사를 통하여 발생 원인을 살펴보아야 한다.

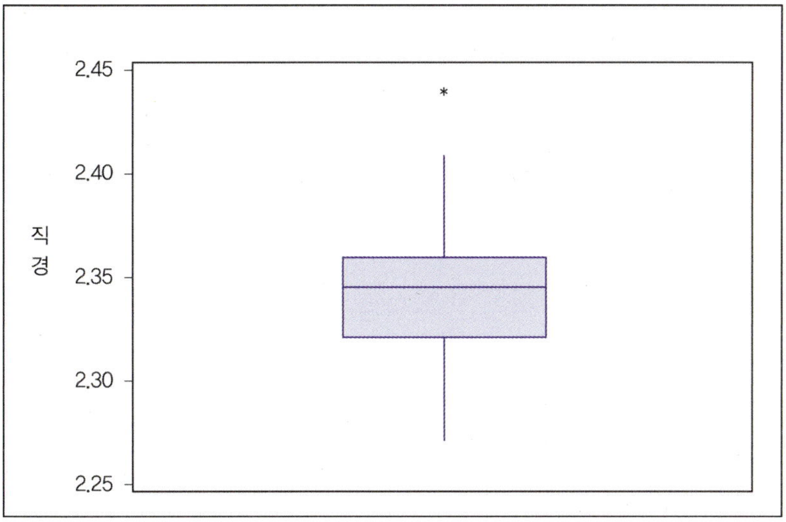


그림 3-5 강봉 데이터의 상자-수염 그림

## 3.4 수치지표

정량적 데이터 요약 방법으로 척도 또는 통계량이라고도 불리는 수치지표에 의한 방법이 많이 사용된다. 데이터의 가장 중요한 특징들인 중심성과 산포성을 나타내기 위하여 사용되는 수치지표들에는 다음의 것들이 있다.

(1) 중심성(몰리는 성향 또는 중심화 경향)의 수치지표: 샘플평균값(또는 평균), 샘플중앙값, 샘플최빈값 등

(2) 산포성(퍼짐 또는 흩어짐 성향)의 수치지표: 샘플분산, 샘플표준편차, 샘플범위 등

샘플이란 어떤 공정으로부터 만들어진 제품, 즉 모집단 중에서 통계적 분석을 목적으로 취한 일정 수의 제품을 말한다. 이들을 측정하여 얻은 값을 샘플 데이터 또는 데이터라 하며 표 3-2에 있는 100개의 강봉 직경 데이터가 이에 해당한다. 평균 또는 평균값이라 하면 이는 샘플로부터 측정된 데이터를 가지고 계산한 샘플평균과 또는 공정에서 만들어진, 만들고 있는, 또는 만들어질 모든 제품의 평균인 공정평균 또는 모평균을 말할 수 있다. 이들을 구별하기 위해 샘플 데이터의 특징을 나타내는 수치지표들 앞에는 샘플이라는 수식어를 그리고 모집단의 특징을 나타낼 때는 모 또는 공정이란 수식어를 붙

여 사용한다. 그러나 의미상 혼란이 없을 때는 수식어 없이 사용하기도 한다. 본 장에서는 모두 샘플에 관한 수치지표들을 의미한다.

샘플에 있는 데이터 하나하나를 $x_1$, $x_2$, $x_3$, $\cdots$, $x_n$으로 표현하자. 여기서 $n$은 샘플 안에 있는 데이터의 총 수효를 말하며 샘플의 크기라 한다. 중심성을 나타내는 수치지표에 대해 먼저 알아보자.

샘플평균값은 기호 $\overline{x}$로 표시되며 다음 공식에 따라 계산된다.

$$\overline{x} = \frac{x_1 + x_2 + \cdots + x_n}{n} = \frac{\sum_{i=1}^{n} x_i}{n}$$

말로 표현하면, 샘플평균값은 샘플에 있는 개별 측정값들을 모두 더하고, 그 더한 값을 샘플 크기로 나눈 값이다.

샘플중앙값(메디안)은 50번째 백분위수에 해당하는 값으로 데이터를 작은 값부터 큰 값 순으로 나열할 때 정중앙에 위치한 데이터 값을 말한다. 중앙에 위치한 데이터 값이 하나가 아니라 두 개의 다른 값인 경우, 즉 샘플 크기가 짝수인 경우 이 둘의 평균을 취하여 샘플중앙값으로 정한다.

샘플최빈값은 빈도분포 표에서 보여지는 가장 빈도수가 많은 데이터 값을 말한다.

이제 데이터의 산포성을 나타내는 수치지표에 대해 살펴보자. 먼저 가장 많이 쓰이는 샘플표준편차를 정의하기에 앞서, 이 표준편차와 매우 긴밀한 관계를 가진 샘플분산이라는 지표를 먼저 정의하자. 샘플분산은 $s^2$이란 기호로 표시되며 계산 공식은 아래와 같다.

$$s^2 = \frac{(x_i - \overline{x})^2 + (x_2 - \overline{x})^2 + \cdots + (x_n - \overline{x})^2}{n-1} = \frac{\sum_{i=1}^{n} (x_i - \overline{x})^2}{n-1}$$

$s^2$은 기본적으로 데이터 중심성의 한 척도인 샘플평균으로부터 개별 측정값까지의 거리인, 즉 편차들을 제곱한 값들의 평균이다. 그러나 평균을 구할 때 샘플의 크기 $n$으로 나누지 않고 $n-1$로 나눔에 유의하라. 이는 통계 이론에 근거한 것으로 $n$이 클수록 그 차이는 미미해진다. 편차들을 제곱하여 얻은 평균값은 본래 데이터가 지니고 있는 단위의 물리적 의미를 상실하므로, 제곱근을 취하여 측정값과 동일한 원래 단위로 환원할 수 있다. 따라서 샘플표준편차는 기호 $s$로 표현되며, 샘플분산 값에 제곱근을 취하여 그 값을 계산한다.

$$s = \sqrt{s^2}$$

샘플 크기가 작을 때에는(예를 들어, $<10$) 데이터 중에서 가장 큰 값과 가장 작은 값을 취하여 이들의 차이를 산포성의 척도로 사용하기도 하는데, 이를 샘플범위라 한다.

$$\text{샘플범위} = \text{샘플의 최댓값} - \text{샘플의 최솟값}$$

또한, $\bar{x}$와 $s$의 계산 방식은 정량적(속성형) 데이터에도 그대로 적용된다. 더미변수를 사용하여 다음과 같이 정의하자.

$$x_i = \begin{cases} 1, & i\text{번째 데이터가 속성을 갖고 있을 때(즉, 불량품일 때)} \\ 0, & \text{속성을 갖고 있지 않을 때(즉, 양품일 때)} \end{cases}$$

그러면 $x_1 + x_2 + \cdots + x_n$ 는 샘플에서 해당 속성을 가진 품목들의 수를 나타낸다. 이때 $\bar{x}$는 샘플 중에서 해당 속성을 가진 품목들의 비율을 나타낸다.

강봉에 대한 샘플에서 $\bar{x} = 2.34$ 그리고 $s = 0.03$이다. 샘플평균과 샘플표준편차를 결합하면 아래와 같이 샘플의 중심 및 산포적 특성을 함께 기술할 수 있다.

$\bar{x} \pm s =$ 2.34 ± 0.03 = (2.31, 2.37). 이 구간 안에 샘플 데이터의 75%가 포함된다.

$\bar{x} \pm 2s =$ 2.34 ± 0.06 = (2.28, 2.40). 이 구간 안에 샘플 데이터의 96%가 포함된다.

$\bar{x} \pm 3s =$ 2.34 ± 0.09 = (2.25, 2.43). 이 구간 안에 샘플 데이터의 99%가 포함된다.

위의 표현에서 한 가지 유의할 점은 공정에서 제품의 규격과 관련하여 산포적 특성을 기술할 때 2.34±0.03으로 표현하는 것과 (2.31, 2.37)로 표현하는 것은 공정 변동의 모습에 큰 차이를 만들어 낼 수 있다는 것이다. 전자의 경우에는 변동의 중심성이 두드러지게 나타나나 후자에서는 중심성이 약하고 구간 전체에 골고루 퍼지는 현상이 나타나기도 한다.

매우 중요한 한 가지 원리로서 $\bar{x}$와 $s$는 데이터를 요약할 뿐만 아니라 그 데이터들이 취해진 모집단(또는 공정)의 중심성과 산포성을 나타내는 척도들인 모평균과 모표준편차에 대한 추정값들이 된다는 사실이다. 일반적으로 샘플 데이터로부터 구해진 수치지표들은 이들에 해당하는 모집단의 특성들이 있으며 이 샘플을 취하여 모집단의 특성들에 대한 추정값의 역할을 한다. 샘플을 취하여 데이터를 요약하는 가장 큰 이유는 바로 모집단에 대한 특성을 알고자 함이다.

## 연습문제

1. 길이의 단위로 미국과 영국 연방에서는 인치inch를 사용한다. 이는 로마인들이 쓰던 uncia란 단위에서 나온 것으로 엄지손가락의 폭을 말한다. 또한 foot란 단위를 사용하는데 이는 12인치를 말한다. 이는 사람의 발의 길이가 대략 엄지손가락 폭의 12배에 해당하기 때문이다. 다수의 실험자를 선택하여 왼쪽과 오른쪽 엄지손가락 폭을 mm 단위까지 측정하고 성별에 따라 구분하시오. 데이터 요약 기법을 사용하여 좌·우 엄지손가락의 폭의 크기를 비교하시오.

2. 부록 표1에 있는 바둑돌 데이터를 분석하여 중심성 및 산포성을 여러 가지 방법으로 파악하시오.

# 제4장 주요 수치지표 특성

How, the engineers wondered, could the maximum amount of information about the quality of these units be extracted from the minimum amount of inspection data? And how should that data be presented?

— D. A. Garvin —

모든 데이터가 변동을 한다는 것은 하나의 사실이다. 여기서 변동이라 함은 데이터 값들이 모두 같지 않다는 것을 의미한다. 그렇지만 변동하는 가운데에서도 데이터는 다음과 같은 중요한 특성들을 보이고 있다. 첫째로 데이터는 하나(또는 그 이상)의 중심을 향하여 몰린다는 특성을 가진다. 이를 데이터의 중심화 경향 또는 중심성이라 한다. 둘째는 중심으로부터 흩어지는 성향을 보이는데 이를 산포성이라 한다. 이 외에도 데이터에는 많은 변동의 특성들이 있지만 이 두 성향이 데이터 분석에서 가장 중요하게 사용되고 있다. 본 장에서는 이 두 성향을 수치화하는 방법을 포함하여 다음 사항들을 기술한다.

- 중심성 수치지표: 최빈값, 평균값, 중앙값
- 산포성 수치지표: 범위, 분산, 표준편차
- 분포 모습
- 빈도분포 표를 이용한 평균 및 표준편차 계산
- 자유도 및 둔감성

## 4.1 중심성을 나타내는 수치지표

데이터의 중심성을 나타낼 때 중심의 의미가 무엇이냐에 따라 세 가지 수치지표 — 최빈값, 평균값, 중앙값 — 가 많이 사용된다. 이들이 어떠한 의미에서 데이터의 중심이라 생각될 수 있는지 각각 살펴본다.

### 4.1.1 최빈값

데이터의 중심성을 나타내는 수치지표로서 샘플평균, 샘플중앙값 및 샘플최빈값이 제시되었다. 여기서 샘플이라는 용어는 표본이라는 말로 표현되기도 하며 본 교재에서는 혼용하여 사용한다. 샘플최빈값이 데이터의 중심화 경향을 표현하는 값으로 적절하다는 것은 **표 3-3**의 강봉 데이터의 빈도분포 표나 아래의 점 다이어그램에서 잘 알 수 있다[**그림 4-1**]. 한라산의 중심이 산의 정상인 백록담에 있듯이 표에서도 가장 높은 빈도를 가지는 측정값인 2.35인치에 데이터의 중심이 있다고 하여도 크게 이상하지 않아 보인다. 샘플최빈값은 샘플(표본 또는 데이터) 중에서 빈도(또는 도수)가 가장 많이 나타나는 측정값(또는 데이터 값)을 말한다.

산의 중심

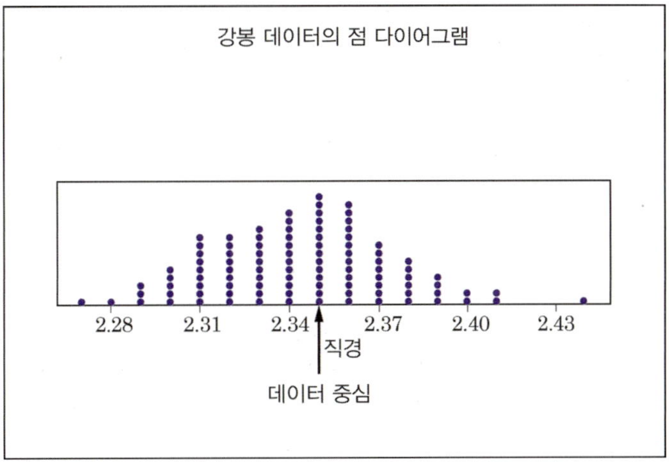


**그림 4-1** 강봉 데이터의 중심

## 4.1.2 평균값

그러나 샘플평균이 데이터의 중심화 경향을 나타내는 수치지표로서 사용되는 이유는 샘플 최빈값과는 다르다. 여기서는 샘플평균의 의미를 살펴보자. 샘플평균의 공식을 다소 바꾸면

$$\sum_{i=1}^{n} x_i/n - \bar{x} = \sum_{i=1}^{n} x_i/n - n\bar{x}/n = \sum_{i=1}^{n}(x_i - \bar{x})/n = 0$$

를 얻는다. 위 식에서 마지막 등호가 있는 공식을 별도로 살펴보면

$$\sum_{i=1}^{n}(x_i - \bar{x}) = 0$$

의 관계가 되며 $e_i = x_i - \bar{x}$ 로 놓으면

$$\sum_{i=1}^{n} e_i = 0$$

가 된다. 여기서 $e_i$는 편차deviation라 하는데 $x_i$값과 $\bar{x}$값과의 차이로 $x_i$값이 $\bar{x}$로부터 떨어져 있는 측정단위에서의 크기 차이(예를 들면, 거리나 무게의 차이)를 말한다. 따라서 위 식은 데이터에 있는 개별 값과 평균값과의 차이를 각각 구하여 이 차이들을 모두 합하면 그 결과는 0이 됨을 말해주고 있다. 즉, $\bar{x}$를 중심으로 데이터 점들을 양분하여 왼쪽에 있는 데이터 점들의 $\bar{x}$로부터 차이의 합과 오른쪽에 있는 데이터 점들의 $\bar{x}$로부터 차이의 합을 구하면 이 두 합의 크기는 서로 절댓값이 같고 부호는 반대임을 말한다.

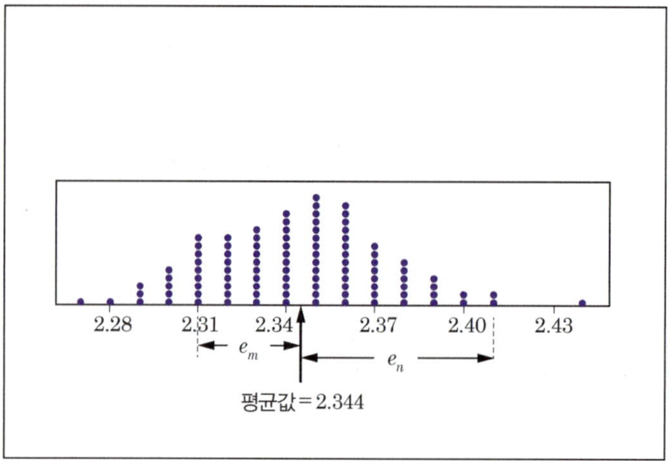


그림 4-2 강봉 데이터 평균

그림 4-2에서 평균값은 2.344에 위치하고 있으며 $e_m$은 음의 값을, $e_n$은 양의 값을 가지며 이들은 평균값의 좌우에 각각 위치하는 2.31과 2.41에 있는 데이터 점들과 평균값과의 차이를 말한다.

평균값은 — 예를 들어 측정단위를 길이로 본다면 — 평균값으로부터 양측에 있는 데이터 점들까지의 좌우 거리의 합이 균형을 이루는 위치의 값을 말한다. 이러한 의미에서 평균값은 균형점balancing point이라 불리기도 한다.

샘플평균이 데이터의 중심화 경향을 나타내는 수치지표로서 사용되는 의미를 다음과 같이 좀더 설명해보자.

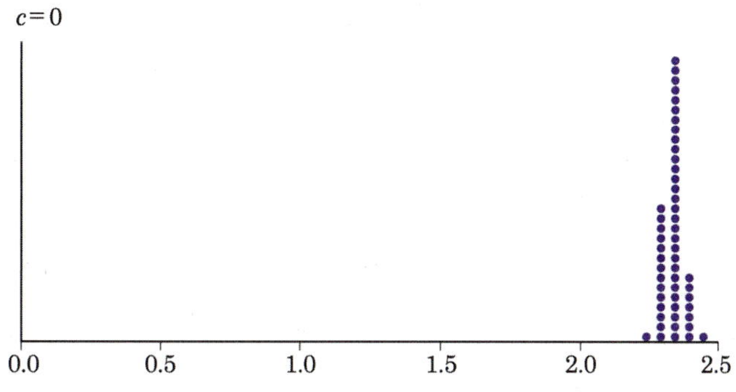


그림 4-3 강봉 데이터

위 그림 4-3은 강봉 데이터의 점 다이어그램에 0의 값을 포함하여 다시 그린 것이다. 측정값들은 그 단위가 무엇이든 기준은 항상 0이다. 측정으로부터 얻은 데이터들은 0이라는 기준위치로부터 얼마만큼 떨어져 있는지의 정도를 수치로 표현한 값이다. 따라서 측정단위가 무엇이든 — 길이나 무게 또는 면적에 관계없이 — 0으로부터 떨어져 있는 정도를 0과 데이터 값 사이의 간격, 즉 두 점 사이의 거리의 문제로 이해할 수 있다. 거리라 함은 일반적으로 두 개의 물건이나 장소 따위가 공간적으로 떨어진 길이, 또는 수학적으로는 두 점 사이를 잇는 직선의 길이를 의미한다. 따라서 보통 거리는 센티미터cm, 미터m 혹은 킬로미터km와 같이 길이 단위로 표현된 두 장소 사이의 최단 경로의 크기를 말한다. 그러나 여기서 거리의 의미를 좀더 확대 적용하여 어느 측정단위에서든 — 무게나 면적 등 — 두 측정값들의 차이를 말하는 것으로 사용하도록 하자. 그리고 현재 데이터의 중심이라고 할 수 있는 위치를 찾고자 함을 기억하자. 중심의 위치는 $c$

라 한다.

그러면 데이터 점들의 위치를 거리 측면에서 볼 때 현재 기준이 되는 0의 위치는 데이터의 중심 위치($c$)로서는 적당치 않아 보인다. 모든 데이터 점들이 기준 오른쪽에 놓여 있으므로 데이터의 중심으로서는 적당치 않은 것이다. 따라서 이제 기준 0으로부터 데이터들이 있는 방향, 즉 오른쪽으로 수평 이동시키며 중심점의 위치로서 적합한 곳을 찾아보자. 아래의 **그림 4-4**에서 $a_1$보다는 $a_2$의 위치가 데이터의 중심으로 더 적합해 보인다.

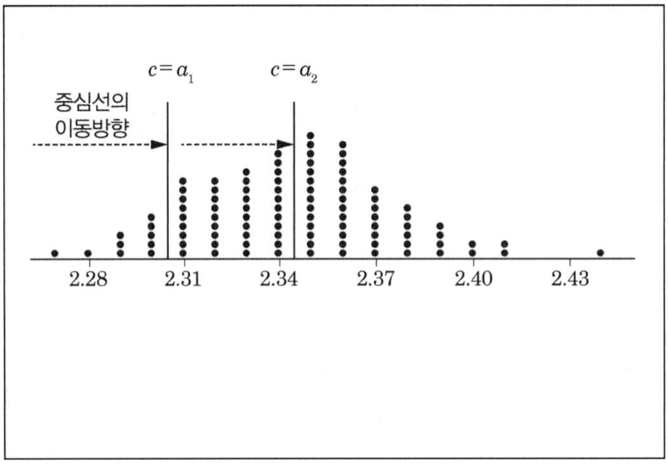


**그림 4-4 강봉 데이터 중심**

여기서 우리는 적합하다는 말을 사용하는데 과연 한 위치가 다른 위치보다 중심을 나타내는 값으로 더 적합하다는 것이 무엇을 말하며 이 적합성을 어떻게 정량적으로 나타낼 수 있을까? 이를 설명하기 위해 두 개의 값들로 이루어진 데이터가 있다고 하자. 예를 들어, 2.31과 2.37이라 하자. 그러면 이 두 값들의 중심으로서 $(2.31+2.37)/2=2.34$가 가장 적합할 것이다. 왜냐하면 양쪽으로부터 중심까지의 거리가 각각 같기 때문이다. 좀 더 엄밀히 말하면, 2.34에서 2.31까지의 거리와 2.34에서 2.37까지의 거리는 절댓값은 같으나 부호는 상반된, 즉 한쪽이 $+$이면 다른 쪽은 $-$인 부호를 갖는다.

$$2.31-2.34=-0.03$$
$$2.37-2.34=+0.03$$

따라서 중심으로부터 두 값들까지 거리의 합은 0이다. 두 값 $x_1$, $x_2$의 중심 위치는 다음과 같이 구할 수 있다.

$$(x_1 - c) + (x_2 - c) = 0$$

$$x_1 + x_2 = 2c$$

$$c = \frac{x_1 + x_2}{2}$$

이를 좀더 일반화하여 $n$개 값들의 중심($c$)도 이 중심으로부터 $n$개 값들까지 거리들의 합이 0이 되도록 하는 위치를 찾아보자. 이는 다음과 같이 구할 수 있다.

$$(x_1 - c) + (x_2 - c) + \cdots + (x_n - c) = 0$$

$$\sum_{i=1}^{n} (x_i - c) = 0$$

$$\sum_{i=1}^{n} x_i - nc = 0$$

따라서

$$c = \frac{\sum_{i=1}^{n} x_i}{n}$$

이 $c$를 샘플(또는 표본) 평균이라 하며 특별히 $\overline{x}$라는 부호(심볼)로 표시한다.

### 4.1.3 중앙값

마지막으로 샘플중앙값이 데이터의 중심화 경향을 나타내는 수치지표로서 사용되는 이유를 살펴보자. 최빈값은 데이터를 도수적 측면에서 관찰했을 때 도수가 가장 큰 값을 말하며, 평균값은 데이터를 거리적 측면에서 볼 때 좌우 거리들 간 균형을 이루는 위치의 값을 말하는 반면, 중앙값은 데이터를 개수적 측면에서 파악할 때 좌우 개수들 간 균형을 이루는 위치의 값을 말한다. 중앙값은 데이터를 양쪽 모두 동일한 개수를 갖는 두 그룹으로 나누는 값을 말하며, 따라서 중앙값 아래쪽에 50%의 데이터가 그리고 위쪽에 50%의 데이터가 놓이게 된다. 그런데 중앙값은 데이터의 크기 $n$에 따라 측정값 중의 하나가 될 수도 있으며 또 측정값 중의 하나로 정해지지 않을 수도 있다. 이제 중앙값을 효과적으로 구하기 위해서는 데이터를 작은 값부터 큰 값 순으로 다시 배열할 필요가 있다. 이때 데이터의 크기 $n$이 홀수인 경우에는 중간에 오는 한 개의 측정값을 지정할 수 있으며 이 값을 중앙값으로 삼으면 된다. 그러나 $n$이 짝수인 경우 중간에 두 개의 측정값이 존재하며 이때는 두 값 사이에 있는 어떤 값이든 중앙값의 역할을 할 수 있지만 편의상 이 두 값의 평균을 구하여 중앙값으로 삼는다. 중앙값은 데이터의 크기에 따라 다음 방법으로 찾을 수 있다.

먼저 데이터를 올림차순으로 배열한다. 데이터를 $x_1$, $x_2$, $\cdots$, $x_n$라 하고, 올림차순으로 배열된 데이터를 $x_{(1)}$, $x_{(2)}$, $\cdots$, $x_{(n)}$라 하자. $x_{(1)}$은 데이터의 최솟값을, $x_{(2)}$는 2번째 작은 값을 그리고 $x_{(n)}$은 최댓값을 말한다. 다음에 데이터의 크기인 $n$이 홀수인지 짝수인지에 따라 다음과 같이 중앙값을 정한다.

(1) $n$이 홀수인 경우

$$x_{\left(\frac{n+1}{2}\right)}$$

(2) $n$이 짝수인 경우

$$\frac{x_{\left(\frac{n}{2}\right)}+x_{\left(\frac{n}{2}+1\right)}}{2}$$

예를 들어, 샘플의 크기가 3인 측정값들이 다음과 같다고 하자.

$$x_1=4\ ,\ x_2=1\ ,\ x_3=5$$

이들을 올림차순으로 정리하면

$$x_{(1)}=1\ ,\ x_{(2)}=4\ ,\ x_{(3)}=5$$

가 된다. $n=3$ 이 홀수이므로 중앙값은

$$x_{\left(\frac{n+1}{2}\right)}=x_{\left(\frac{3+1}{2}\right)}=x_{\left(\frac{4}{2}\right)}=x_{(2)}=4$$

가 된다. 샘플의 크기가 4인 경우를 살펴보자.

$$x_1=4,\ x_2=1,\ x_3=5,\ x_4=2$$

이들을 올림차순으로 정리하면

$$x_{(1)}=1\ ,\ x_{(2)}=2\ ,\ x_{(3)}=4\ ,\ x_{(4)}=5$$

가 된다. $n=4$가 짝수이므로 다음과 같다.

$$x_{\left(\frac{n}{2}\right)} = x_{\left(\frac{4}{2}\right)} = x_{(2)} = 2$$

$$x_{\left(\frac{n}{2}+1\right)} = x_{\left(\frac{4}{2}+1\right)} = x_{(2+1)} = x_{(3)} = 4$$

따라서 중앙값은

$$\frac{2+4}{2} = \frac{6}{2} = 3$$

이 된다. 중앙값은 데이터를 양쪽 모두 동일한 개수를 갖는 두 그룹으로 나누는 값으로 정의하므로, 실제로 2와 4 사이의 어느 값이라도, 예를 들어 2.5라 하더라도 중앙값이 될 수 있다. 그러나 편의상 가운데 두 값의 평균으로 중앙값을 정한다.

**표 3-2**의 강봉 데이터는 모두 100개의 측정값으로 이루어져 있으므로, 데이터의 크기 $n$이 짝수이므로 강봉 데이터를 **표 4-1**처럼 크기 순서에 따라 작은 값부터 큰 값 순으로, 즉 올림차순으로 재배열하면 두 개의 중간값인 50번째인 2.34와 51번째인 2.35값을 얻게 되며 따라서 중앙값은 이 두 수의 평균인 2.345로 결정된다. 또한 중앙값은 데이터 빈도분포 표로부터 쉽게 구할 수 있다[**표 3-3**].

**표 4-1 강봉 데이터의 올림차순 정렬**

| | | | | | | | | | |
|---|---|---|---|---|---|---|---|---|---|
| 2.27 | 2.28 | 2.29 | 2.29 | 2.29 | 2.30 | 2.30 | 2.30 | 2.30 | 2.30 |
| 2.31 | 2.31 | 2.31 | 2.31 | 2.31 | 2.31 | 2.31 | 2.31 | 2.31 | 2.32 |
| 2.32 | 2.32 | 2.32 | 2.32 | 2.32 | 2.32 | 2.32 | 2.32 | 2.33 | 2.33 |
| 2.33 | 2.33 | 2.33 | 2.33 | 2.33 | 2.33 | 2.33 | 2.33 | 2.34 | 2.34 |
| 2.34 | 2.34 | 2.34 | 2.34 | 2.34 | 2.34 | 2.34 | 2.34 | 2.34 | 2.34 |
| 2.35 | 2.35 | 2.35 | 2.35 | 2.35 | 2.35 | 2.35 | 2.35 | 2.35 | 2.35 |
| 2.35 | 2.35 | 2.35 | 2.35 | 2.36 | 2.36 | 2.36 | 2.36 | 2.36 | 2.36 |
| 2.36 | 2.36 | 2.36 | 2.36 | 2.36 | 2.36 | 2.36 | 2.37 | 2.37 | 2.37 |
| 2.37 | 2.37 | 2.37 | 2.37 | 2.37 | 2.38 | 2.38 | 2.38 | 2.38 | 2.38 |
| 2.38 | 2.39 | 2.39 | 2.39 | 2.39 | 2.40 | 2.40 | 2.41 | 2.41 | 2.44 |

지금까지 강봉 데이터에 대한 중심화 경향, 또는 중심성을 나타내는 수치지표(또는 척도)로서 세 개의 값들을 살펴보았다. 이들 값들을 점 다이어그램에 표현해보면 **그림 4-5**와 같다.

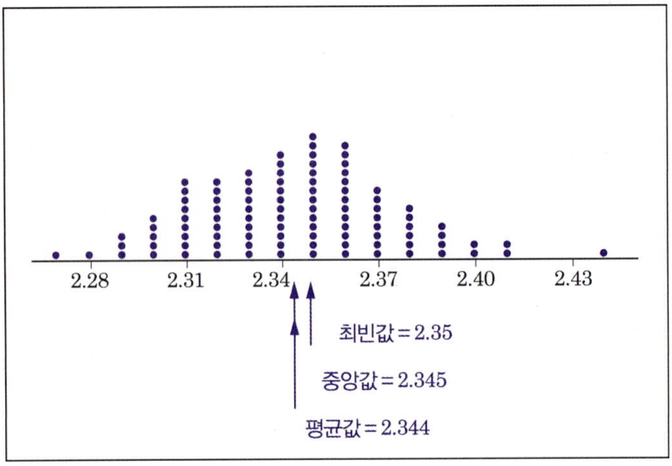


**그림 4-5** 강봉 데이터의 최빈값, 평균값 및 중앙값

위의 세 값들은 모두 가까이 서로 위치하고 있으며 각각 다른 의미에서 데이터의 중심성을 보여주고 있다.

## 4.2 산포성을 나타내는 수치지표

데이터의 변동성이 보여주고 있는 또 하나의 특성은 데이터의 중심으로부터 흩어짐을 보이고 있다는 것이다. 데이터의 흩어짐 성향을 산포성이라 부르기도 한다. 데이터의 특성들을 분석하거나 비교할 때에 흩어짐의 정도를 비교할 수 있는 방법이 수치화될 수 있다면 이는 의사결정 과정에 큰 도움이 될 것이다. 본 장에서는 산포성을 측정할 수 있는 수치지표(또는 척도, 통계량)에 관해 살펴본다.

하나의 수치지표가 산포성을 정량화할 수 있는 적합한 지표로 되기 위해서는 산포성에 따라 수치의 크기가 달라져야 한다. 즉, 데이터가 많이 흩어져 있으면 수치지표의 값이 크고, 데이터가 밀집해 있으면 수치지표 값이 작아야 한다. 데이터의 밀집도가 극에 달해 데이터의 모든 값들이 하나의 상수로 구성되어 있다면 산포성의 수치지표 값은 0을 가져야 한다. 물론 음(−)의 산포성은 생각할 수 없으므로 양(+)의 값을 가져야 한다. 따라서 0과 같거나 0보다 큰 값을 가지면서 흩어짐의 정도에 따라 값의 크기가 변하는 수치지표를 생각해야 한다. 이를 정리하면, 산포성을 측정하기 위한 수치지표가 지녀야 할 바람직한 요건은 다음과 같다.

**요건 1**. 수치지표는 0보다 크거나 같은 값을 가져야 한다.

**요건 2**. 데이터가 널리 퍼져 있으면 큰 값을, 좁게 밀집하여 있으면 작은 값을 가져야 한다.

이제 위의 요건을 만족하는 수치지표로서 범위, 분산 및 표준편차에 대해 설명한다.

### 4.2.1 범위

데이터의 범위range는 데이터에 있는 가장 큰 측정값에서 가장 작은 측정값을 뺀 차이를 말한다. 이를 $R$이란 부호로 표현하도록 하자. 그러면

$$R = \text{ 최댓값} - \text{ 최솟값}$$

으로 구한다. $R$은 분명히 산포성을 측정하기 위한 수치지표가 지녀야 할 특성을 잘 가지고 있다. 데이터가 많이 흩어져 있으면 최댓값과 최솟값 사이의 차이가 커져 $R$은 큰 값을 가지게 되며, 데이터가 밀집해 있으면 $R$은 작은 값을 갖게 된다. 또한 최댓값은 언제나 최솟값보다 크거나 같으므로 음이 아닌 0을 포함하는 양의 값을 갖는다. 따라서 $R$은 데이터의 산포성의 크기를 나타내는 훌륭한 수치지표가 된다. 또한 $R$은 계산하기가 매우 간편하여 작업현장에서 간단히 사용하는 데 적합하다. 실제로 작업공정의 안정성을 도모하기 위해 사용하는 관리도에서 $R$은 데이터의 산포성을 측정하는 좋은 방법으로 사용되고 있다.

### 4.2.2 표본분산

모든 측정값들은 0이라는 동일한 원점을 가지고 있다. 즉, 체중이 65 kg이라 함은 0인 원점에서 kg 단위로 65 단위만큼 떨어져 있음을 의미하며, 강봉의 직경이 2.34인치라 함은 직경 0인치로부터 인치 단위로 2.34 단위만큼 떨어져 있음을 말한다. 따라서 데이터의 흩어짐 정도를 표현하기 위해 원점 0으로부터 데이터 점들까지 거리의 합을 구하면 이는 원점으로부터 흩어짐의 정도를 표현하는 한 방법이 될 수 있다. 그러나 데이터의 변동성의 특징 중 두 번째인 흩어짐 성향(즉, 산포성)은 데이터의 중심이 있고 그 중심에서 흩어지는 모습을 보이고 있으므로, 데이터의 흩어짐에 대한 수치지표로서 데이터의 중심으로부터의 떨어진 거리를 이용함이 타당하다. 따라서

$$\sum_{i=1}^{n}(x_i - c)$$

라는 공식이 유용해 보인다. 데이터의 중심 $c$로부터 멀리 흩어져 있으면 그 거리들의

합이 커지고 $c$에 밀집해 있으면 합이 작아질 것이다. 그러나 실상은 그렇지 않다. $c$가 데이터의 중간에 있으므로 양의 거리들과 음의 거리들이 합하여 대략적으로 균형을 이룰 것이기 때문에 위의 합은 0에 가까운 값이 될 것이다. 데이터의 흩어짐성에는 $c$보다 큰 쪽에 위치한 측정값들이나 $c$보다 작은 쪽에 위치한 측정값들도 다 같이 동일하게 기여하고 있으므로 음의 거리들을 모두 양의 값으로 전환하면 흩어짐에 대한 좋은 수치지표가 될 수 있다. 이러한 목적으로 절댓값을 취하는 방법을 생각할 수 있다. 따라서 위 식을

$$\sum_{i=1}^{n} |x_i - c|$$

로 전환하면 중심 $c$로부터의 산포성에 대한 한 방법이 될 수 있다. 또 다른 방법으로 각각의 거리에 제곱을 취하여 합하는 방법이 있다. 즉,

$$\sum_{i=1}^{n} (x_i - c)^2$$

도 아주 훌륭하게 음의 거리들을 모두 양의 거리들로 전환하여 흩어짐성을 위한 수치지표에 참여하게 할 수 있다. 이제 $c$의 값으로 중심화 경향에 대한 여러 수치지표들 중 어느 것을 선택하는 것이 합당한지 살펴보자. 앞 장에서 살펴본 바와 같이 최빈값, 평균값 그리고 중앙값은 모두 중심화 경향을 대표할 수 있는 좋은 수치지표들이다. 최빈값은 도수적 측면에서, 중앙값은 개수적 측면에서 중심을 결정하고, 평균값은 거리적 측면에서 중심을 나타내고 있다. 그러나 위에서 논의한 흩어짐성에 대한 정량화 과정에서 이미 거리의 개념이 도입되고 있음을 주시한다면 $c$에 대한 선택으로 평균값이 가장 좋은 선택임에 논의의 여지가 없을 것이다. (또한 평균값을 사용할 때 위의 양은 최소가 된다.) 따라서 이후에 $c$에 대한 값으로 평균값 $\overline{x}$를 사용한다. 또한 통계적 이유로 인하여 절댓값을 취하는 방법 대신 제곱을 취하는 방법을 선호하므로 다음의 공식을 이용하여 흩어짐성에 대한 수치지표 개발에 관한 논의를 계속한다.

$$ss = \sum_{i=1}^{n} (x_i - \overline{x})^2$$

위 식은 데이터의 각 측정값으로부터 평균값까지의 거리를 구하여 제곱한 다음 이들을 모두 더하고 있으므로 제곱 합sum of squares이라 부르며 $ss$로 표현한다. 위 식은 분명 흩어짐에 대한 두 가지 성질을 잘 만족하고 있다. 첫째 제곱을 취하므로 그 합은 0보다 크거나 같은 값을 가지며, 둘째 평균으로부터 많이 흩어져 있으면 큰 값을, 그리고

밀집해 있으면 작은 값을 갖는다. 그러나 이제 수치지표가 가져야 할 요건을 한 가지 더 살펴보자. 즉 두 그룹의 데이터가 각각 있을 때 한 그룹은 흩어짐성이 크나 개수가 작고, 또 한 그룹은 밀집해 있으나 개수가 많다고 하자[**그림 4-6**].

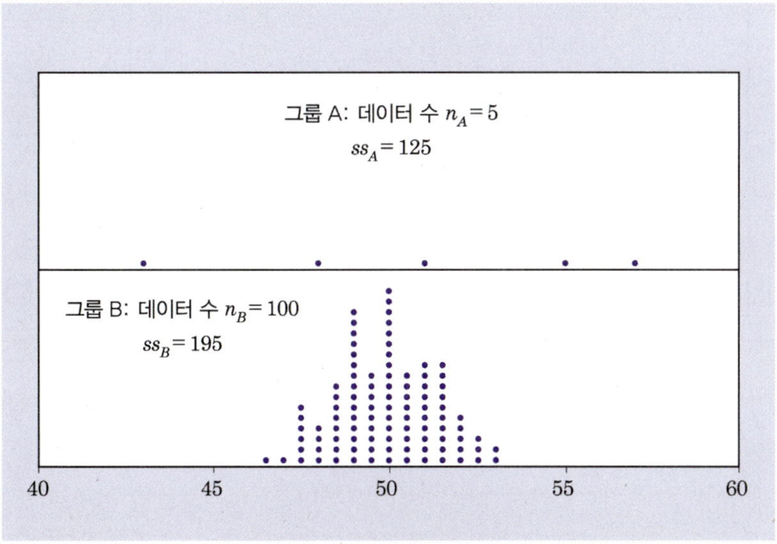


**그림 4-6** **데이터의 산포성**

분명히 두 그룹 간에 산포성에는 차이가 있어 보인다. 그룹 A 데이터가 그룹 B 데이터보다 더 흩어져 보인다. 그러나 그룹 B의 데이터 수 $n_B = 100$이 그룹 A의 데이터 수 $n_A = 5$보다 훨씬 크기 때문에 그룹 A의 $ss_A = 125$인 반면 그룹 B의 $ss_B = 195$로, 흩어짐성이 작아 보이는 $ss_B$가 흩어짐이 커 보이는 $ss_A$보다 큰 값을 갖는다. 그러므로 이러한 모순을 바로 잡기 위해 산포성을 측정하기 위한 수치지표가 가져야 할 바람직한 요건을 추가한다.

**요건 3**. 데이터 크기에 상관없어야 한다.

위의 요건을 충족시키는 방안으로 $ss$를 데이터 크기 $n$으로 나누어 준다. 그러면 다음과 같은 식을 가진다.

$$\frac{ss}{n} = \frac{\sum_{i=1}^{n}(x_i - \overline{x})^2}{n}$$

$ss/n$은 일종의 평균 개념이다. 측정값과 평균값 간의 거리를 제곱한 값들에 대한 평균을 말하고 있다. 그러나 통계적 이유로 인하여 $ss$를 데이터 크기 $n$보다는 1이 작은 $n-1$

로 나누어 준 값(자유도)을 더 많이 사용하며 이 식을 표본분산sample variance이라 부르며

$$s^2 = \frac{\sum_{i=1}^{n}(x_i - \overline{x})^2}{n-1}$$

와 같이 $s^2$라는 부호를 사용하여 표현한다.

표본분산은 매우 훌륭한 산포성의 크기를 측정할 수 있는 수치지표이다. 그러나 한 가지 단점이 있다면 제곱을 취하기 때문에 단위의 의미가 모호해진다는 점이다. 길이의 단위인 경우(예를 들면, $m$) 제곱을 취하면 일반적으로 면적($m^2$)이 되나 표본분산의 단위가 면적으로 둔갑하는 것은 아니다. 다른 예로 무게단위인 kg을 제곱하면 $kg^2$이 되어야 하나 이는 아무런 물리적 의미를 갖지 못한다. 또한 측정값과 다른 단위가 되면 측정값과 동일 좌표상에 산포의 크기를 표현할 수가 없게 된다. 이 점은 표본분산의 사용에 한계를 갖게 한다. 이러한 한계를 극복하기 위한 방안으로 산포성을 측정하기 위한 수치지표가 가져야 할 바람직한 요건을 하나 더 추가한다.

**요건 4**. 측정값과 동일한 단위를 갖는다.

위의 요건을 충족시키는 방안으로 다음의 표준편차가 제시된다.

### 4.2.3 표본표준편차

표본분산은 그 자체가 데이터의 산포성을 측정할 수 있는 훌륭한 수치지표이나 단위에 대한 물리적 성격에 불합리한 점이 있어 그 사용성이 제한되고 있다. 따라서 측정값과 동일한 단위를 지니도록 하기 위해 다음과 같은 수치지표가 제안된다.

$$\begin{aligned} s &= \sqrt{s^2} \\ &= \sqrt{\frac{\sum_{i=1}^{n}(x_i - \overline{x})^2}{n-1}} \end{aligned}$$

위의 식을 표본표준편차라 하며 $s$라는 부호를 사용하여 표현한다. 제곱한 값 따라서 단위도 제곱되어 있는 값에 제곱근을 취함으로써 표준편차는 원래의 측정값과 동일한 단위로 환원되게 된다. 이 표본표준편차는 표본분산이 지니고 있는 특성을 그대로 보유하면서 표본분산보다 한 가지 더 좋은 점을 지니게 되어 데이터의 산포성을 수치화하는 방법으로 보다 더 널리 사용된다.

강봉 데이터에 대한 산포성의 수치지표 값들은 다음과 같다.

| | 표본표준편차 | 표본분산 | 범위 |
|---|---|---|---|
| 강봉의 직경 | 0.031 | 0.000964 | 0.17 |

## 4.3 데이터의 분포 모습

빈도분포 표는 일정한 지역 내에 데이터가 흩어져 있는 모습을 파악하는 데 유용한 도구이며 이를 막대 그림으로 표현한 것이 빈도 히스토그램이다. 이들로부터 데이터의 유용한 두 가지 특성, 즉 중심성과 산포성을 쉽게 파악할 수 있다. 그러나 이들은 데이터가 중심성으로부터 흩어져 있는 모습, 즉 산포성을 좀더 구체적으로 묘사하는 데에도 큰 힘을 발휘할 수 있다. 데이터의 모습을 단순히 중심의 위치와 흩어짐의 크기로만 기술하는 데에서 더 나아가 이 둘을 동시에 사용함으로써 보다 정밀하게 데이터의 전체 변동의 모습을 기술할 수 있다. 3장에 있는 강봉 데이터의 빈도분포 표 **표 3-3**을 살펴보자. 표에서 데이터의 중심이 최빈값 2.35인치에 있고 범위가 0.17인치로 최댓값 2.4인치와 최솟값 2.27인치 사이에 데이터가 흩어져 있음을 알 수 있다. 그렇지만 단순히 범위만 가지고는 최댓값과 최솟값 사이에서 최빈값을 정점으로 하여 빈도수가 줄어드는 모습을 재현해 볼 도리는 없다. 그렇지만 **표 4-2**와 같이 각 구간과 그 구간에 위치한 측정값들의 수를 기술한다면 훨씬 세밀하게 데이터의 산포의 모습을 재현할 수 있다.

**표 4-2 빈도분포 표를 이용한 데이터의 산포 모습**

| 최빈값 | ± 경계값 | 구간 | 빈도 | 상대빈도(%) |
|---|---|---|---|---|
| 2.35인치 | ±0.01인치 | 2.34≤측정값≤2.36 | 39 | 0.39(39%) |
| 2.35 | ±0.02 | 2.33≤측정값≤2.37 | 57 | 0.57(57%) |
| 2.35 | ±0.03 | 2.32≤측정값≤2.38 | 72 | 0.72(72%) |
| 2.35 | ±0.04 | 2.31≤측정값≤2.39 | 85 | 0.87(87%) |
| 2.35 | ±0.05 | 2.30≤측정값≤2.40 | 92 | 0.92(92%) |
| 2.35 | ±0.06 | 2.29≤측정값≤2.41 | 97 | 0.97(97%) |
| 2.35 | ±0.07 | 2.28≤측정값≤2.42 | 98 | 0.98(98%) |
| 2.35 | ±0.08 | 2.27≤측정값≤2.43 | 99 | 0.99(99%) |
| 2.35 | ±0.09 | 2.26≤측정값≤2.44 | 100 | 1.00(100%) |

위와 유사하게 중심성과 산포성의 대표적 수치지표인 표본평균과 표본표준편차를 가지고 데이터의 모습을 세밀히 묘사할 수 있다[표 4-3].

**표 4-3 표본평균과 표본표준편차를 이용한 데이터의 산포 모습**

| 평균값 ± $k$×표준편차 | 구간 | 빈도 | 상대빈도(%) |
|---|---|---|---|
| $\bar{x} \pm 0.5s$ = 2.34인치 ± 0.015인치 | 2.325 ≤ 측정값 ≤ 2.355 | 36 | 0.36(36%) |
| $\bar{x} \pm 1s$ = 2.34인치 ± 0.03인치 | 2.31 ≤ 측정값 ≤ 2.37 | 75 | 0.75(75%) |
| $\bar{x} \pm 1.5s$ = 2.34인치 ± 0.045인치 | 2.295 ≤ 측정값 ≤ 2.375 | 80 | 0.80(80%) |
| $\bar{x} \pm 2s$ = 2.34인치 ± 0.06인치 | 2.28 ≤ 측정값 ≤ 2.40 | 96 | 0.96(96%) |
| $\bar{x} \pm 2.5s$ = 2.34인치 ± 0.075인치 | 2.265 ≤ 측정값 ≤ 2.415 | 99 | 0.99(99%) |
| $\bar{x} \pm 3s$ = 2.34인치 ± 0.09인치 | 2.25 ≤ 측정값 ≤ 2.43 | 99 | 0.99(99%) |

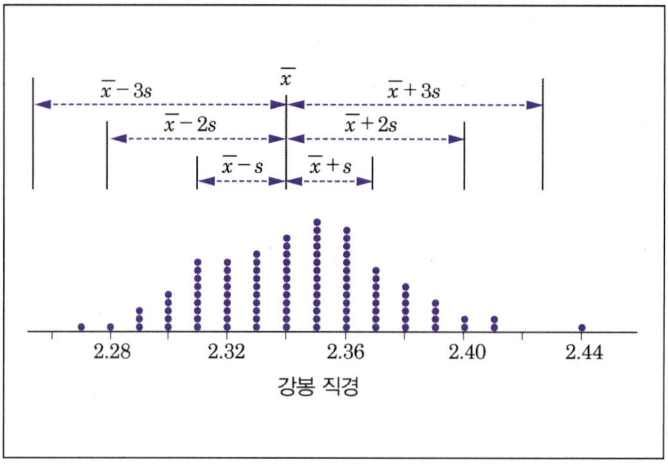


**그림 4-7 평균과 표준편차를 이용한 산포의 모습**

그림 4-7에서 보는 바와 같이 평균을 중심으로 해서 표준편차의 $k$배 거리의 구간을 정하여 그 구간 안에 있는 측정값들의 개수인 빈도 또는 상대빈도를 구함으로써 데이터의 전체적인 산포의 모습을 세밀히 묘사할 수 있다. 여기서 $k$는 자연수뿐 아니라 소수점을 포함하는 실수 값을 취할 수 있어 속성형 데이터뿐 아니라 변수형 데이터 표현에도 매우 적합하게 쓰일 수 있다.

# 4.4 빈도분포 표를 이용한 평균 및 표준편차 계산

**표 3-3**에 보이는 빈도분포 표는 최빈값과 범위로 대표되는 데이터의 중심성과 산포성을 금세 알아볼 수 있게 해준다. 그러나 빈도분포 표를 이용하면 중심성과 산포성의 다른 수치지표값들도 비교적 쉽게 구할 수 있다. 빈도분포 표에서 누적빈도 열의 수치들은 측정값들을 올림차순으로 정리하여 해당 측정값보다 작거나 같은 측정값들의 빈도를 누적한 수임을 상기하자. 먼저 중앙값은 빈도 합이 짝수이므로 누적빈도 열에서 50번째 값인 2.34와 51번째 값인 2.35를 평균하여 2.345로 구할 수 있다. 이제 **표 4-4**와 같이 평균을 구하기 위해 몇 개의 부호를 도입해보자. 측정값 열을 $x_j$, 빈도 열을 $f_j$로 표시하고 표 좌측에 $j$ 열을, 우측에 $f_jx_j$ 열을 새로이 만든다. 그리고 $j$ 열은 $x_j$ 열에 있는 최소 측정값부터 시작하여 최대 측정값까지 1부터 일련번호로 채운다. 모두 18개의 서로 다른 측정값들이 있다.

**표 4-4 빈도분포표를 이용한 평균 및 표준편차 계산**

| $j$ | $x_j$ | 집계 | $f_j$ | $f_jx_j$ | $x_j-\bar{x}$ | $(x_j-\bar{x})^2$ | $f_j(x_j-\bar{x})^2$ |
|---|---|---|---|---|---|---|---|
| 1 | 2.27 | / | 1 | 2.27 | -0.07 | 0.0049 | 0.0049 |
| 2 | 2.28 | / | 1 | 2.28 | -0.06 | 0.0036 | 0.0036 |
| 3 | 2.29 | /// | 3 | 6.87 | -0.05 | 0.0025 | 0.0075 |
| 4 | 2.30 | ///// | 5 | 11.50 | -0.04 | 0.0016 | 0.0080 |
| 5 | 2.31 | ///////// | 9 | 20.79 | -0.03 | 0.0009 | 0.0081 |
| 6 | 2.32 | ///////// | 9 | 20.88 | -0.02 | 0.0004 | 0.0036 |
| 7 | 2.33 | ////////// | 10 | 23.30 | -0.01 | 0.0001 | 0.0010 |
| 8 | 2.34 | //////////// | 12 | 28.08 | 0.00 | 0.0000 | 0.0000 |
| 9 | 2.35 | ////////////// | 14 | 32.90 | 0.01 | 0.0001 | 0.0014 |
| 10 | 2.36 | ///////////// | 13 | 30.68 | 0.02 | 0.0004 | 0.0052 |
| 11 | 2.37 | //////// | 8 | 18.96 | 0.03 | 0.0009 | 0.0072 |
| 12 | 2.38 | ////// | 6 | 14.28 | 0.04 | 0.0016 | 0.0096 |
| 13 | 2.39 | //// | 4 | 9.56 | 0.05 | 0.0025 | 0.0100 |
| 14 | 2.40 | // | 2 | 4.80 | 0.06 | 0.0036 | 0.0072 |
| 15 | 2.41 | // | 2 | 4.82 | 0.07 | 0.0049 | 0.0098 |
| 19 | 2.42 |  | 0 | 0.00 | 0.08 | 0.0064 | 0.0000 |
| 17 | 2.43 |  | 0 | 0.00 | 0.09 | 0.0081 | 0.0000 |
| 18 | 2.44 | / | 1 | 2.44 | 0.10 | 0.0100 | 0.0100 |
|  | 합계 |  | $n=100$ | 234.41 |  |  | $ss=0.0971$ |

추가된 $f_j x_j$열에 $f_j$열과 $x_j$열을 곱한 값으로 채운다. 그리고 이 열의 합을 구하여 샘플 크기 $n=100$으로 나누어 평균값을 구한다.

$$\bar{x} = \frac{\sum_{i=1}^{n} x_i}{n} = \frac{\sum_{j=1}^{g} f_j x_j}{n} = \frac{234.41}{100} = 2.34$$

위의 공식에서 $g$는 $j$열의 최대 수 18이며, $x_j$열에 쓰여진 측정값들의 수와 같다. 평균값은 측정값과 같은 유효숫자 자리까지 구하여 2.34이다.

표준편차를 구하기 위해서는 먼저 측정값과 평균값 간의 거리를 구한다. 이를 위해 표의 오른쪽에 $x_j - \bar{x}$열을 추가하고 거리를 계산하여 채운다. 이제 또 하나의 열을 추가하고 $(x_j - \bar{x})^2$를 계산하여 채운다. 마지막으로 $f_j(x_j - \bar{x})^2$을 추가하고 빈도 $f_j$와 $(x_j - \bar{x})^2$를 곱한 값으로 채운다. 이제 이 열의 합을 구하면 0.0971을 얻는다. 이 합은 제곱 합sum of squares이라 부르는 통계량값인데 통계분석에서 자주 쓰이는 공식의 일부로 $ss$로 표기한다.

$$ss = \sum_{j=1}^{g} f_j (x_j - \bar{x})^2$$

이제 $ss$를 자유도 $n-1$로 나누어 샘플분산을 얻고 제곱근을 취하여 샘플표준편차를 구한다.

$$s = \sqrt{s^2} = \sqrt{ss/(n-1)} = \sqrt{0.0971/(100-1)} = 0.031$$

## 4.5 자유도 및 둔감성

크기가 $n$인 랜덤샘플은 동일한 확률을 갖는 모집단의 개체들로부터 랜덤하게 선정된다. 이들은 모두 동일한 확률로 뽑히기 때문에 서로 간의 정보에 관한 관련성은 하나의 모집단에서 선정된다는 사실 외에 전혀 없다. 이제 우리가 관심있어 하는 모집단의 특성을 $X$라 하고 이에 상응하는 샘플에 포함된 개체들의 특성을 각각 $X_1, X_2, \cdots, X_n$이라 하자. $X_i$들은 서로 관련성 없이 동일한 모집단에서 동일한 확률에 의해서 랜덤하게 선정되므로 이들은 독립적으로 동일하게independently and identically 분포된 특성 또는 변수(확률변수)라고 한다. 또한 이들은 자유 변수free variables라 하기도 한다. 모집단에서 자유롭게 선정된 하나의 자유 변수는 하나의 자유도degree of freedom를 갖는다. 따라서 샘플 속에 있는 자유 변수의 수는

$n$이 되며, 크기 $n$인 랜덤샘플은 자유도 $n$을 갖는다. 샘플 속에 있는 어느 개체도 같은 모집단의 특성을 상속한다는 사실 외에는 다른 개체에 대한 정보를 전혀 공유하고 있지 않다.

샘플평균 $\overline{X}$는 중심성을 나타내는 하나의 수치지표(또는 통계량)로서 샘플을 구성하는 $n$개의 자유 변수들로 구성되므로 자유도 $n$을 가지게 된다. 즉, 어느 수치지표의 자유도란 수치지표를 구성하는 변수들의 자유도 총수를 말한다. 이제 $n$개의 편차 $E_i = X_i - \overline{X}$, $i = 1, \cdots, n$들을 살펴보면, 이들 사이에는 하나의 제한이 존재하게 된다. 즉, 이들 중 $n-1$개는 자유로이 값을 가질 수 있지만 나머지 한 개는 편차의 합이 0이어야 하는 조건 때문에 자유롭게 값을 가질 수 없다. 따라서 편차들은 또는 편차들의 함수로 이루어지는 수치지표들의 자유도 총수는 $n-1$이 된다. 이러한 이유로 샘플분산이나 샘플표준편차의 자유도는 $n-1$이 되며, 이들을 계산할 때 샘플의 크기 $n$으로 나누는 것이 아니라 편차들의 자유도 총합인 $n-1$로 나눈다. 샘플분산을 자유도로 나눌 경우 통계적으로 불편성 unbiasedness이라는 하나의 바람직한 특성을 부여받게 된다. 그러나 샘플표준편차의 경우는 불편성을 보장받지 못하므로 주의해야 한다. 현실적으로 $n$이 클 때는 제곱합을 $n$으로 나누나 $n-1$로 나누나 별반 값의 차이가 크지 않으나 작을 때는 차이가 크게 난다.

이제 수치지표의 둔감성robustness에 대해 살펴보자.

수치지표들은 샘플 데이터로 구성되므로 측정값의 크기에 따라 지표값들은 영향을 받게 된다. 지표값이 특정의 측정값, 특히 특이점에 의해 변하는 정도를 살펴보자. 다음과 같은 간단한 샘플을 예로 들어보자.

3 4 1 5 3

이에 대한 수치지표 값들은 다음과 같다.

| 수치지표 | 최빈수 | 중위수 | 평균 | 범위 | 표준편차 |
|---|---|---|---|---|---|
| 값 | 3 | 3 | 3.2 | 4 | 1.48 |

이제 하나의 특이값 10이 샘플에 포함된다고 하자.

3 4 1 5 3 10

특이값을 포함한 샘플의 수치지표 값들은 다음과 같다.

| 수치지표 | 최빈수 | 중위수 | 평균 | 범위 | 표준편차 |
|---|---|---|---|---|---|
| 값 | 3 | 3.5 | 4.33 | 9 | 3.08 |

이제 수치지표 값들이 변한 차이를 계산해보자.

| 수치지표 | 최빈수 | 중위수 | 평균 | 범위 | 표준편차 |
|---|---|---|---|---|---|
| 값 차이 | $3-3=0$ | $3.5-3=0.5$ | $4.33-3.2=1.13$ | $9-4=5$ | $3.08-1.48=1.60$ |

위의 표에서 보듯이 중심성을 나타내는 수치지표들 중에서 가장 큰 변화는 평균에서 발생하며, 흩어짐성에서는 범위가 표준편차보다 훨씬 크게 변하고 있다. 이는 당연한 귀결로서 특이값은 평균에 $1/n$의 크기로 영향을 미치나 최빈수는 전혀 그리고 중위수에 약간의 변화를 가져올 뿐이다. 범위는 최댓값이 변하는 만큼 그대로 영향을 받으나 표준편차는 $1/\sqrt{n-1}$ 에 해당하는 만큼의 영향을 받는다. 이와 같이 특이값이 수치지표에 미치는 영향을 수치지표의 둔감성이라 한다. 하나의 특이값에 의해 반응하는 정도에 따라 동일한 단위를 갖는 지표들을 구분하면 다음과 같다.

| | 둔감 | 민감 |
|---|---|---|
| 중심성 지표: | 최빈수, 중위수 | 평균 |
| 산포성 지표: | 사분위수간 범위 | 표준편차 범위 |

이러한 수치지표들의 둔감성 특성은 공정의 안정성을 확보하기 위한 관리도 작성에 있어서 평균-범위 관리도를 많이 활용하는 이유가 되고 있다.

**생각할 문제**

부록 표 1에 있는 바둑돌 데이터를 이용하여

1. 중심성 및 흩어짐성의 수치지표값들을 구하여 보자.
2. 평균과 표준편차를 이용하여 산포의 모습을 기술해 보자.
3. 상자-수염 그림을 이용하여 외점들을 제거한 후 수치지표값들을 다시 구하여 보자.
4. 수치 지표들의 둔감성을 살펴보자.

# 제5장 확률기초

"To any event E connected with a random experiment, we should be able to ascribe a number $p$ such that, in a long series of repetitions of the random experiment, the frequency of E would be approximately equal to $p$."

— H. Cramer —

확률은 공정의 변동성을 이해하는 데 중요한 역할을 한다. 본 장에서는 확률과 관련되어 다음과 같은 기초 사항들을 살펴본다.

- 랜덤현상
- 확률
- 확률변수
- 확률변수의 종류
- 확률의 추정
- 확률분포
- 확률변수의 변동특성

## 5.1 랜덤현상

사양이 같은 한 종류의 제품을 동일한 환경 속에서 동일한 조건으로 연속적으로 생산하고 있다고 하자. 생산되는 제품마다 하나의 특성을 반복적으로 관찰하여 보면, 그 관찰 결과는 대부분의 경우 수치적 형태로 나타나게 되는데 이는 매 관찰마다 어떤 것을 세거나 측정을 하기 때문이다. 그러나 때로는 특성이 정성적인 경우도 있는데, 예를 들어 어떤 제품의 색상을 관찰하는 경우나 어떤 특정의 속성이 제품 속에 나타나는가 또는 안 나타나는가를 관찰하는 경우가 있기 때문이다. 그렇지만 정성적 특성의 경우에도 일정한 표현 규칙을 적용하면 수치적 형태로 특성을 표현하는 게 언제나 가능하다. 따라서 필요하다면 매 관찰의 결과를 어떤 수치로 표현할 수 있다고 생각하여도 무방할 것이다.

몇 가지 예를 들어보자.

1. 한 무더기의 쓰고 버린 1.5 V 건전지에서 남은 전류량을 멀티미터를 이용하여 측정한다.
2. 제조공정에서 생산되는 제품을 양품과 불량품으로 구별한다. 이 관찰의 결과는 수치로 직접 표현되지는 않는다. 그렇지만 품질개선을 하기 위해 불량률을 알고자 한다면, 발생한 불량품에는 1을, 양품이면 0을 지속적으로 부여하면 불량품과 양품을 수치적 형태로 표현할 수 있다.
3. 병원에서 태어나는 아기들을 관찰하여, 남아가 태어나면 1을, 여아가 태어나면 2를 부여한다.

위의 첫 번째 예에서는 측정결과가 당연히 수치적 형태로 나타나지만 두 번째와 세 번째에서는 일정한 규칙을 적용하여 관찰결과가 숫자로 표현된다.

때로는 관찰하는 현상에 대해 충분히 알고 있어 그 개별적 결과를 정확히 예측할 수 있다고 믿는 경우도 있을 것이다. 예를 들면, 내일 아침 태양이 수평선 위로 떠오르는 시각을 정확히 예보할 수 있다. 이는 지구의 공전과 자전의 움직임에 대해 정확한 지식을 갖추었기에 가능하다. 그렇지만 대부분의 산업현장에서 목격되는 현상에 대해 개별적으로 정확히 예측을 할 수 있을 정도로 정확한 지식을 보유하기란 쉽지 않다. 아무리 단순한 공정이라도, 예를 들어 볼트와 너트를 끼우는 일이나 강봉을 일정한 크기로 절단하는 일, 그 결과를 살펴보면 항상 동일하지는 않다. 오늘날과 같은 복잡한 공정에서는 아무리 입력되는 자재와 변환활동에 참여하는 자원과 환경적 조건을 일정하게 유지하려 한다고 해도 제품의 특성을 관찰하여 보면, 개별 제품마다 그 결과가 달라 특성값을 정확히 예측하기란 사실상 불가능하다. 이와 같이 그 개별적 결과에 대한 정확한 예측이 어려운 일련의 관찰되는 현상을 랜덤현상random phenomena이라 한다.

랜덤현상에 대한 일련의 관찰을 통해 체계적으로 얻은 기록은 통계자료 또는 샘플 데이터를 형성한다. 관찰을 하는 주된 목적은 이러한 랜덤현상에 대한 보다 합리적 지식을 얻기 위함이다. 통계적 이론을 통해 자료로부터 관찰의 주 대상이 되는 랜덤현상에 대한 합리적 추론을 이끌어 내어 현상에 대한 예측과 관리 및 개선에 활용할 수 있는 가능성을 모색할 수 있다.

## 5.2 확률

랜덤현상을 여러 번 관찰할 때 그 개별적 결과를 예측할 수 없음은 앞에서 언급하였다. 이 개별적 결과들은 정확한 계산을 허용하지 않아 불규칙한 랜덤변동random fluctuations의 모습만을 보여준다. 그러나 개별적 관찰에서 벗어나 관찰의 결과들을 전체적으로 살펴보면 상황이 완전히 변하여 매우 중요한 현상이 나타난다. 즉, 개별적 결과들의 불규칙한 움직임에도 불구하고, 랜덤관찰을 오랫동안 순차적으로 시행하여 그 결과들에 대한 평균을 살펴보면 하나의 놀라운 규칙성을 발견하게 된다. 이제 공정에서 일정한 작업환경 속에서 여러 번 반복적으로 되풀이 시행될 수 있는 한 특정의 랜덤현상 — 예를 들면 강봉의 직경을 측정하는 — 을 관찰해보자. 하나의 시행에서 나올 수 있는 모든 가능한 결과들의 집합을 샘플(또는 표본) 공간이라 하며 $S$로 표현하자. 그리고 $S$의 한 부분집합을 $A$라 하자. 한 번의 시행에서 부분집합 $A$에 속하는 결과(이 결과를 $X$라 표현하자)를 얻는다면, 관계 $X \in A$로 정의되는, 또는 간략히 사상 $X \in A$로 정의되는, 사상(또는 사건)이 발생했다고 말한다. 사상을 좀더 간략하게 하나의 문자 $E$로 쓰기도 하는데, 여기서 $E = E(X \in A)$로, 본 교재에서는 사상 $E$, $E(X \in A)$ 또는 사상 $X \in A$로 구별 없이 사용한다.

**예 1** 제품 한 개를 검사하는 과정에서 양품을 0, 불량품을 1로 표현하여 기록한다면, 집합 $S$는 두 개의 수 0과 1로 이루어진다. 여기서 $A$를 1로 이루어진 부분집합이라 하자. 하나의 제품을 검사할 때 불량품이 나온다면, 사상 $X \in A$가 발생되었다고 말한다.

**예 2** 강봉의 직경을 측정한다고 하자. 이 강봉의 값은 사전에 전혀 알려져 있지 않다고 하면, 이론적으로 측정값은 실수 범위 안에서 어떠한 값이든지 가질 수 있다. 따라서 $S$는 실수 집합 전체가 된다. 만일 $A$를 닫힌 구간 $[a, b]$라 하자. 그러면 매 측정 시 $[a, b]$에 속하는 값 $X$가 나올 때마다 관계 $X \in A$로 정의되는 사상이 발생되었다고 말한다.

**생각할 문제**

하나의 동전을 던져 윗면을 관찰하는 실험을 해보자. 이 실험에서 나오는 결과들에 대해 표본공간을 정의하고 부분집합들을 모두 찾아보자.

이제 시행을 여러 번 반복한다고 하고, 사상 $E = E(X \in A)$가 발생하는지 관찰하자. 첫 $n$번의 시행에서 사상 $E$가 $r$번 발생했다면, 비율 $r/n$을 도수비율, 상대도수, 상대빈도 또는 간단히 $n$번의 첫 순차적 시행에서 형성된 배열에서 사상 $E$의 평균빈도라 한다.

이제 $n$을 증가시키면서 하나의 사상 $E$의 상대도수 $r/n$을 관찰해보면, $n$이 커질수록 하나의 상수에 근접하는 뚜렷한 안정화 경향을 보이고 있음을 알 수 있다[**그림 5-3**]. 이는 오래전부터 경험해 온 바로서 상대도수의 안정성은 일정한 조건 하에서 시행되는 반복적 랜덤관찰의 긴 배열에서 주로 나타난다. 역으로, 만일 이러한 수렴되는 모습이 나타나지 않는다면 시행 환경을 면밀히 검토하여 보면 조건의 일관성이 어딘가 결여되었음을 알게 될 것이다. 이러한 근거로 볼 때, 상대빈도를 만일 무한히 관찰할 수 있으면 하나의 명확한 이상적인 값에 접근할 것이라고 생각해 볼 수 있을 것이다. 이러한 종류의 생각은 실험을 무한히 행할 수 없기 때문에 실제 경험상 입증될 수도 부정될 수도 없는 성질의 것이다. 그렇지만 위의 관찰은 다음과 같은 생각을 강하게 지지한다고 볼 수 있다. 랜덤관찰과 관련된 임의의 사상 $E$에 대해 반복적으로 이 관찰을 오래 지속하면 $E$의 상대도수가 근사적으로 하나의 수 $p$에 접근한다. 이는 통계이론의 경험적 근거를 보여주는 가장 기본적인 통계적 규칙성의 전형적 형태이다. 이 $p$를 랜덤관찰과 관련된 사상 $E$의 확률이라 한다.

상대도수 $r/n$은 분명히 $0 \le r/n \le 1$의 범위 안에 값을 갖는다. 따라서 확률 $p$는 근사적으로 상대도수와 일치하기 때문에 자연스럽게 $p$도 $0 \le p \le 1$의 범위 안에 값을 갖는다. 사상 $E$가 불가능한 사상이라면 관찰에서 결코 한번도 발생하지 않을 것이므로 $E$의 상대도수는 분명히 0이어야 한다. 반면에 어떤 사상이 $p = 0$이라면, 이는 $E$가 반드시 불가능한 사상을 말하고 있는 것은 아니다. 다만 $p$에 대한 상대도수적 해석은 $E$의 상대도수 $r/n$이 큰 $n$값의 경우에 근사적으로 0과 같다고 말하고 있을 뿐이다. 그래서 장기적 관찰 속에서 기껏해야 전체 횟수 중 매우 작은 퍼센티지를 차지할 뿐임을 말하고 있다. 따라서 $E$가 만일 이러한 형태의 사상이라면 랜덤관찰을 단 한 번 시행하였을 때 $E$는 거의 확실히 발생하지 않을 것이라 생각함이 타당하다. 마찬가지로 $p=1$ 인 사상의 경우에도 관찰을 단 1회 시행한다면 $E$가 발생할 것이 거의 확실하다고 생각하여도 괜찮음을 의미한다.

**생각할 문제**

동전 던지기를 $n \geq 30$번 시행하여 상대도수의 안정성을 그래프를 통하여 관찰하자 [그림 5-3]. 또한 상대도수(앞면 또는 뒷면)가 확률 0.5에 수렴하는지를 살펴보고, 수렴하지 않는다면 그 이유에 대해 설명해 보자.

## 5.3 확률변수

랜덤현상을 동일한 조건 하에서 여러 번 반복하여 관찰한다고 생각해보자. 각 관찰의 결과가 실수 값으로 주어진다 하자. 앞에서 언급한 바와 같이 속성형 특성에 대한 관찰의 경우 적절한 규칙에 따라 수치로 변환한다고 하자. 이처럼 관찰 결과가 수치로 주어질 때, 이 관찰 결과를 하나의 변수를 도입하여 표현하고 이를 확률변수라 한다. 실제 관찰을 실행하면 이 변수의 관찰 값이 나타난다. 이 둘 사이를 구별하여 일반적으로 확률변수는 영어 대문자로 표기하며, 확률변수가 취하는 구체적인 값은 소문자로 표기한다.

- 확률변수의 표현: $X$, $Y$, $W$, $Z$ 또는 $X_1$, $X_2$, $X_3$, $\cdots$, $X_n$ 등
- 확률변수 값의 표현: $x$, $y$, $w$, $z$ 또는 $x_1$, $x_2$, $x_3$, $\cdots$, $x_n$ 등

**예** **변수와 확률변수의 값의 차이**

예를 들어, $x=1$ 과 $X=1$ 은 의미가 분명히 다르다. 전자에서 $x$는 언제나 1의 값을 갖지만 후자에서 $X$가 1의 값을 갖는 것은 확률적으로 주어진다. 즉, $X$는 1을 가질 수도 있고 2나 3 또는 다른 값을 가질 수도 있다. 그러므로 $X=x$라 표현하면, $X$는 확률변수를 말하며 $x$는 확률변수 $X$가 취하는 하나의 특정한 값을 말한다.

품질관리에서는 랜덤현상이 발생되고 목격되는 관찰의 대상이 공정이다. 공정으로 투입되는 입력물, 공정 내에서 일어나는 많은 활동들, 공정의 활동에 영향을 미치는 외부적 조건들, 그리고 공정에서 출력되는 출력물, 즉 제품 등이 관찰의 대상이다. 이제 고객의 만족에 영향을 미치는 제품의 특성, 즉 품질특성에 대해 살펴보자. 임의의 제품의 품질특성은 공정 내에서의 변환활동들에 의해 변동성을 갖게 된다. 제품의 특성은 정량적 특성과 정성적 특성으로 구분되는데 이 특성들은 숫자를 부여하는 수치화라는 과정을 거쳐 숫자로 나타난다. 전자는 측정과정(재는 행위)을 통하여 0 이상의 실수영역에 속하는 연속형 수가, 후자는 계수과정(세는 행위)을 통하여 0 이상의 정수, 즉 자연수영역에 속하는 이산형 수가 나온다. 그러나 정성적 특성은 더미dummy변수를 사용하는 수치화 과정을 거쳐서 수가 나오는데 보통 이산형 수의 형태를 갖는다. 정성적 특성에 수치를 부여하기 위해서는 특성을 구별할 수 있도록 보통 간편한 수를 부여한다. 예를 들면, 남자에 1을, 여자에 2를 부여하는 식이다. 이들은 이름뿐인 수로 수가 지니는 중요한 특성인 크기의 개념을 전혀 가지고 있지 못한다. 자연수에서 2는 1보다 크지만, 명목수에서 이들은 단지 부호에 지나지 않을 뿐이다. 또한 미세먼지의 농도에 따라 대기의 질을 좋음, 보통, 나쁨, 매우 나쁨의 단계로 구분하는데, 더미 변수를 사용하여 순서대로 1, 2, 3, 4를 부여하면 이들은 순위수로 좋고 나쁨의 구별이 가능하다. 여기서 미세먼지 농도 자체는 측정 과정을 통해 $\mu g/m^3$를 단위로 갖는 연속형 수이지만 더미 변수에 의해 이산형 수로 변환된다. 일반적으로 연속형 수가 이산형 수보다 변동의 정보를 더 많이 지니고 있어 변동의 원인을 더 정확히 파악할 수 있으나, 더미 변수에 의한 몇 개의 범주형 순위수는 표현을 단순화하는 장점을 지닌다.

**예** 새로 태어나는 아기의 성별을 숫자로 표현해보자. 하나의 더미함수 $D$를 다음과 같이 정의한다.

$$D(\text{Sex}) = \begin{cases} 1, & \text{Sex} = \text{남아} \\ 2, & \text{Sex} = \text{여아} \end{cases}$$

$D$가 성별에 숫자를 부여하는 함수임이 분명해지면 이를 간단히

$$D = \begin{cases} 1, & \text{남아} \\ 2, & \text{여아} \end{cases}$$

로 표현한다. 이제 $D$는 함수이지만 하나의 변수처럼 인식하여 사용할 수 있다.

이처럼 수치화 과정을 통하여 공정 속에서 부여된 품질특성의 변동성이 숫자로 표현될 수 있게 되는데 바로 이 수치화 과정 또는 수치화하는 방법을 확률변수라 할 수 있다.

다시 말하면 확률변수는 변동성을 지닌 제품의 특성에 수치를 부여하는 방법, 규칙 또는 함수라 볼 수 있다. 이제 이 확률변수를 $X$라 한다면

$$X = \text{임의의 제품특성에 수치를 부여하는 함수}$$

로 정의할 수 있다. 이제 우리의 관심은 당연히 수치에 있기 때문에 위의 표현을 간략히 하여

$$X = \text{임의의 제품특성}$$

이라 표현한다.

임의의 제품특성을 여러 번 관찰하여 확률변수가 수치화 과정을 통하여 구체적으로 실현되어 나온 값들을 데이터라 한다. 확률변수를 표기할 때 보통 영어 대문자를 그리고 구체화되어 나온 데이터는 소문자로 표기한다.

$$\underbrace{\quad X \quad}_{\text{확률변수}} = \underbrace{\qquad x \qquad}_{\text{확률변수 } X\text{의 실현값(상수)}}$$

위 식의 좌변의 $X$는 임의의 제품의 하나의 특성을 말하는 확률변수이고 우변의 $x$는 $X$가 취할 수 있는 여러 값(무한대의 값들을 포함하여)들 중에 하나의 값으로 실현됨을 말한다.

**생각할 문제**

동전 던지기 실험에서 확률변수를 정의하고, 확률변수의 샘플공간을 파악해보자.

## 5.4 확률변수의 종류

확률변수는 품질특성을 수치화하는 방법(함수)으로 확률변수에는 이산형과 연속형 확률변수가 있다. 연속형 데이터가 나오는 확률변수를 연속형 확률변수라 하며, 이산형 데이터가 나오는 확률변수를 이산형 확률변수라 한다.

## 5.4.1 이산형 확률변수

셈의 행위를 통해 얻어지는 변수 값으로 확률변수가 이산값만을 가질 수 있으며 보통 0을 포함한 자연수 값을 갖는다. 또 더미변수의 경우에는 순위수나 명목수로 정수 값을 갖는다.

**예** 가족 수, 동전 던지기에서 앞면이 나오는 수, 불량품 수, 하나의 제품에 들어 있는 결함 수 등으로

$$X = 0,\ 1,\ 2,\ \cdots.$$

의 값을 갖는다.

## 5.4.2 연속형 확률변수

측정 행위를 통해 얻어지는 변수 값으로 0을 포함한 양의 실수 영역 안에서 어떤 값이라도 가질 수 있다.

**예** 길이, 무게, 전압, 저항, 시간($T$) 등

$$E = E(T \in A) = 0 \leq T \leq 1000$$

와 같이 변수값이 가질 수 있는 범위로 사상이 표현된다.

확률변수를 어떻게 정의하느냐에 따라 품질특성이 연속형이라 하더라도 그 결과 값은 연속형 데이터가 나올 수도 있고 이산형 데이터가 나올 수도 있다. 예를 들어, 강봉의 직경 규격이 2.35±0.10인 경우 하나의 강봉 직경이 [2.25, 2.45] 안에 있는 경우 합격, 범위 밖에 놓인 경우 불합격으로 처리되어 합격인 경우 O표를, 불합격인 경우 X를 각각의 강봉에 표기한다면, 강봉의 직경 자체는 연속형 특성이지만 O표를 숫자 0으로 X를 숫자 1로 변환시키는 확률변수는 이산형 확률변수가 된다[**그림 5-1**]. **그림 5-1**에서 변동은 축소되어야 할 대상으로 관리되어야 한다는 점에서 편의상 하나의 부산물로 표시되고 있다.

**두 가지 확률변수에 의한 품질특성의 변동 모습 파악**

1. 측정 가능한 품질특성 선택
   (예) 강봉 직경(연속형 특성)
2. 확률변수 선정: 관찰을 통한 수치화

$$X=\begin{cases} 0, \text{ 양품} \\ 1, \text{ 불량품} \end{cases}$$

3. 샘플 선정(($n$=100)
4. 샘플의 품질특성에 대한 확률변수 표시
   $X_1,\ X_2,\ \cdots,\ X_{100}$
5. 샘플 품질특성의 측정값(데이터)
   $x_1,\ x_2,\ \cdots,\ x_{100}$

(샘플) 데이터($x$)

0 0 0 1 0 0 0 0 0 0
0 0 0 0 0 0 0 0 0 0
0 0 0 0 0 0 0 1 0 0
0 0 1 0 …

일차 출력물(제품): 강봉
변동: 삼차 출력물(부산물)

1. 측정 가능한 품질특성 선택
   (예) 강봉 직경(연속형 특성)
2. 확률변수 선정: 측정을 통한 수치화
   $D = d \in [0,\ \infty)$
3. 샘플 선정($n$=100)
4. 샘플 품질특성에 대한 확률변수 표시
   $D_1,\ D_2,\ \cdots,\ D_{100}$
5. 샘플 품질특성의 측정값(데이터)
   $d_1,\ d_2,\ \cdots,\ d_{100}$

(샘플) 데이터($d$)

2.37 2.20 2.35 2.32 2.35 2.33 2.20 2.37 2.40 2.35
2.04 2.00 2.00 2.37 2.00 2.08 2.4 2.30 2.30 2.30
2.38 2.30 2.30 ...

품질특성의 변동 모습을 파악하는 방법:
품질특성 변동의 모습은 확률변수를 정의함으로 살펴 볼 수 있다!!

**그림 5-1 확률변수에 의한 품질특성의 변동 파악**

관찰 또는 측정의 결과에 따라 연속형 데이터가 나오는 확률변수를 연속형 확률변수라 하며, 이산형 데이터가 나오는 확률변수를 이산형 확률변수라 할 수 있다. 그리고 특정의 확률변수가 취할 수 있는 모든 값들의 집합을 해당 확률변수의 샘플(또는 표본)공간이라 하고 샘플공간의 일부분(자신과 공집합을 포함하여)을 부분집합이라 한다. 한 번 관찰 시 확률변수 $X$가 하나의 부분집합 $A$에 속하는 값이 나오면 관계 $X \in A$로 정의되는 사상이 발생되었다고 말한다. 즉, 사상 $E = E(X \in A)$가 발생했다고 표현한다.

이제 사상 $E$가 발생되는 확률은 관찰을 무한히 많이 시행할 때 수렴되는 상대도수의 극한값으로 정의됨을 앞에서 설명하였다. 따라서 사상 $E$의 확률을 다음과 같이 쓰면,

$$P(E) = P(X \in A) = \lim_{n \to \infty} \frac{r}{n} = p$$

위 식에서 $P(\ )$는 임의 사상에 확률을 부여하는 함수로 확률함수라 한다.

이제 상대도수의 안정성, 즉 상대도수의 극한값이 0과 1사이의 일정한 값으로 수렴하는 모습을 간단한 실험을 통해 살펴보자.

**실험** 아마추어 골퍼가 1 m 그린 위에서 홀 컵에 공을 넣으며 성공하면 O, 실패하면 X로 기록하였다. 모두 100번 시행한 결과는 다음과 같다[**그림 5-2**].

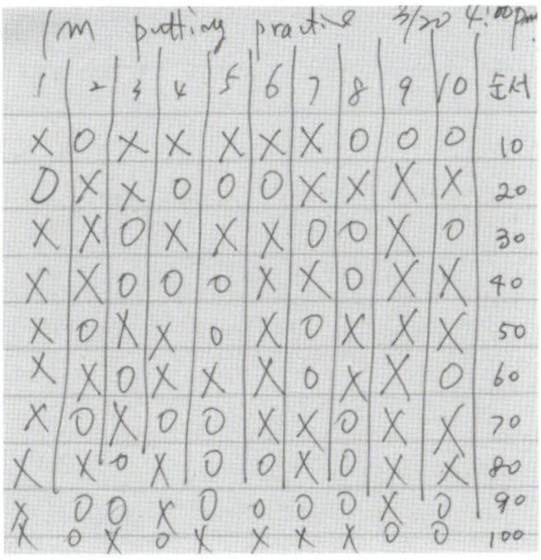

**그림 5-2** **1 m 그린에서 시행한 퍼팅 결과($n$=100)**

이제 확률변수 $X$를 다음과 같이 정의한다.

$$X = \begin{cases} 0, & \text{실패} \\ 1, & \text{성공} \end{cases}$$

시행 횟수의 증가에 따른 상대도수의 변화를 살펴보면 **표 5-1**과 같다. 표에서 $k$번째 시행에서의 누적성공수는 $k$번 시행에서 성공한 총 수를 말하며 이는

$$k\text{번째 시행에서의 누적성공수} = \sum_{i=1}^{k} X_i\,,\ k = 1,\ \cdots,\ n$$

로 계산된다. 위에서 $X_i$는 $i$번째 시행의 결과를 나타내는 확률변수이다. $k$번째 시행에서의 상대도수는 해당 누적성공수를 시행 횟수인 $k$로 나누어 구하며 이는 $k$번 시행에서의 성공률이 된다. 따라서 $X$의 표본공간은 $S_X = \{0,\ 1\}$ 이고 $A = \{1\}$로 정의하면

$$P(E) = P(X \in A) = \lim_{n \to \infty} \frac{r}{n} = p$$

$n$번 시행에서의 성공률 $r/n$의 극한값인 $p$에 대해 우리는 궁극적으로 값이 얼마가

될지 정확히 알 수 없으나 근사적으로 0.4의 값을 갖는다고 예상해 볼 수 있다. 이를 다시 말하면, 아마추어 골퍼가 홀 컵에서 1 m 떨어진 그린에서 퍼팅을 1회 시도한다고 했을 때 성공할 가능성이 대략 0.4라고 말할 수 있다.

**표 5-1 1 m 거리에서의 퍼팅 성공률**

| $n$ | $X$ | 누적성공수 | 상대도수(성공률) |
|---|---|---|---|
| 1 | 0 | 0 | 0.00 |
| 2 | 1 | 1 | 0.50 |
| 3 | 0 | 1 | 0.33 |
| 4 | 0 | 1 | 0.25 |
| 5 | 0 | 1 | 0.20 |
| 6 | 0 | 1 | 0.17 |
| 7 | 0 | 1 | 0.14 |
| 8 | 1 | 2 | 0.25 |
| 9 | 1 | 3 | 0.33 |
| 10 | 1 | 4 | 0.40 |
| ⋮ | ⋮ | ⋮ | ⋮ |
| 90 | 1 | 37 | 0.41 |
| 91 | 0 | 37 | 0.41 |
| 92 | 1 | 38 | 0.41 |
| 93 | 0 | 38 | 0.41 |
| 94 | 1 | 39 | 0.41 |
| 95 | 0 | 39 | 0.41 |
| 96 | 0 | 39 | 0.41 |
| 97 | 0 | 39 | 0.40 |
| 98 | 0 | 39 | 0.40 |
| 99 | 1 | 40 | 0.40 |
| 100 | 1 | 41 | 0.41 |

퍼팅 성공률을 그래프로 그려보면 상대도수의 안정성을 쉽게 목격할 수 있다. **그림 5-3**에 보이는 바와 같이 시행 초기에는 성공률의 변동이 매우 심하나 대략 20회를 넘어가면서부터 변동의 폭이 매우 작아지며 결국에는 대략 0.4의 값에 근접함을 볼 수 있다.

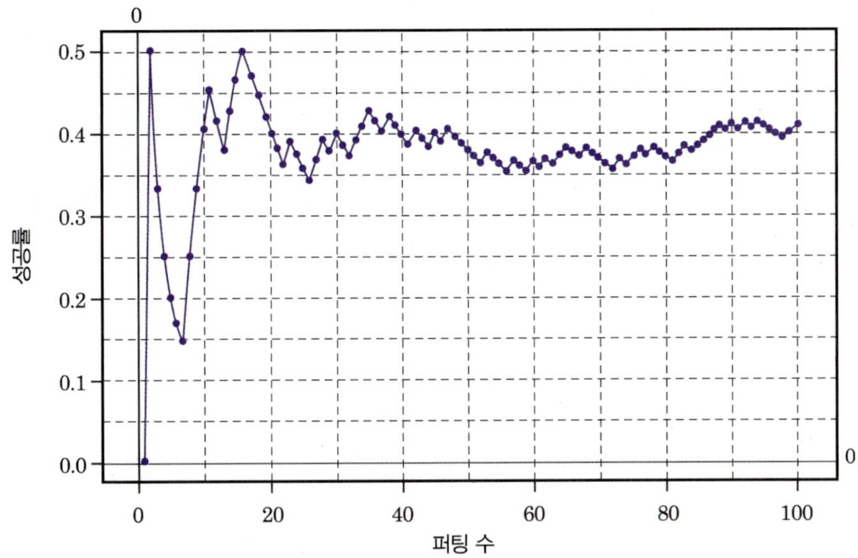


**그림 5-3 퍼팅 성공률**

이는 일정한 조건 하에서 동일한 실험을 오랫동안 반복할 때 나타나는 상대도수의 안정성으로 통계이론의 경험적 기초를 형성하는 통계적 규칙성의 전형적 모습이다.

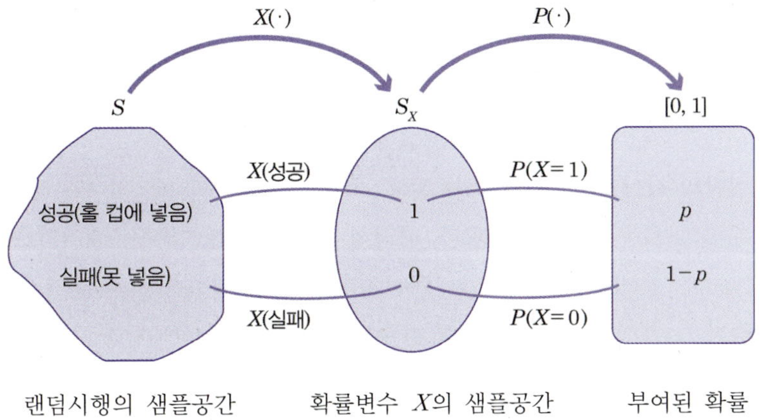


$P(\text{퍼팅 성공}) = P(X=1) = p$

$P(\text{퍼팅 실패}) = P(X=0) = 1-p$

**그림 5-4 확률함수**

위 **그림 5-4**는 실험결과를 확률변수 $X$의 샘플공간으로 변환시키고 이를 다시 확률함수에 의해 확률을 부여하는 과정을 나타낸다. 샘플공간 $S$는 나올 수 있는 랜덤현상 관찰(실험 또는 시행)의 모든 결과를 말한다. 그리고 확률변수 $X$의 샘플공간은 $X$가 취할 수 있는 모든 값들의 집합으로 $S_X$로 표시하고 있다.

**생각할 문제**

상대도수의 안정성은 강봉 직경 데이터 **표 3-2**로부터도 확인된다.

$$D = \text{강봉 직경}$$

이라 놓고, 사상

$$E = 2.34 \leq D \leq 2.36$$

에 대한 상대도수를 측정순서에 따라 측정수 $n(n=1, \cdots, 100)$의 함수로 구하여 **그림 5-3**과 같이 그래프를 그린다. 그래프로부터 상대도수의 안정성을 살펴보고 사상 $E$의 확률

$$P(E)$$

를 추정하여보자.

## 5.5 확률의 추정

확률은 모집단의 사상에 부여된 특성으로 그 정확한 값이 알려진 경우도 있으나 실제적으로는 정확한 값을 모르는 경우가 더 많다. 따라서 실험을 통해 얻어진 데이터를 분석하여 정확한 값을 예측하는 수밖에 없다. 실험, 또는 경험을 통해 예측하는 행위를 추정estimation이라 하며, 추정하기 위해 사용하는 방법(함수)을 추정량estimator이라 하며 이 방법에 의해 예측된 값을 추정값estimate이라 한다.

**예 1 퍼팅 확률의 추정**

총 100번 시도 중 41번 성공, 59번 실패

따라서 성공 확률은 41/100 = 0.41 (41%)로 추정할 수 있다.

$n$을 총 시도 수, $r$를 성공 횟수라 놓으면,

$$P[\text{성공}] = \lim_{n\to\infty} \frac{r}{n} = p$$

에서

$$\hat{p} = \frac{r}{n} = \frac{41}{100} = 0.41(41\%)$$

로 추정한다. 위 식에서 $\hat{p}$는 $r/n$을 말하며, $p$를 추정하는 하나의 방법으로 $p$의 추정량이며 $p$-hat로 읽는다. 그리고 계산된 값 0.41은 $p$의 추정값을 의미한다.

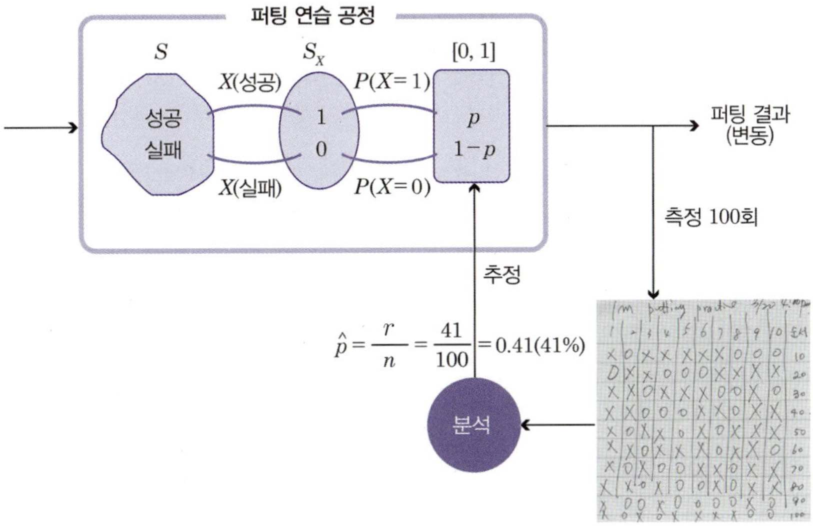


**그림 5-5** 퍼팅확률의 추정

임의의 사상에 대한 확률을 위의 예에서처럼 직접 실험을 통해 추정할 수 있으나 확률변수가 취할 수 있는 수많은 사상에 대해 직접 실험을 하여 추정하기란 쉽지 않은 일이다. 그러나 통계이론에 의하면 하나의 확률변수마다 다음 절에서 설명하는 확률분포를 하나씩 갖는다. 흔히 사용되는 확률분포의 수학적 함수에는 모수parameters라 불리는 몇 개의 상수들을 포함하고 있다. 이 모수들의 값은 알려져 있지 않은 경우가 많으며, 이 모수들의 값을 알면 확률변수가 취할 수 있는 어느 사상에 대해서도 확률을 계산할 수 있게 된다. 이 모수들은 랜덤샘플을 취함으로써 그 값들을 추정할 수 있다. 미지의 모수들을 추정하기 위해 형성된 랜덤샘플로 이루어진 통계량들은 해당 모수들에 대한 추정량이 되며, 실제 측정된 랜덤샘플의 데이터를 대입하여 구한 통계량의 값은 추정값이 된다. 추정에서 중요한 문제는 모수를 추정하는 가장 좋은 추정량을 선택하는 일이다.

랜덤샘플로부터 추정량을 구하는 절차를 생각해보자.

예를 들어, 모집단이 제조공정에서 생산되는 강봉이라 하고 그 품질특성이 강봉의 직경이라 하자. 그러면,

$$X = \text{강봉의 직경}$$

이다. 이제 공정에서 크기가 $n$인 하나의 랜덤샘플을 취한다 하자. 그리고 랜덤샘플에 선정되는 각 강봉의 직경을 $X_1$, $X_2$, $\cdots$, $X_n$이라 하자. 이들은 각 강봉의 품질특성이므로 확률변수이다. 이제 모집단의 평균 또는 기댓값이라는 중심성의 특성을 알고 싶다고 하자. 이를 $E(X)$라 하자. $E(X)$를 추정하는 많은 방법들이 있지만 우리는 그 중 각 강봉의 직경을 모두 더하고 이를 샘플의 크기로 나누는 방법을 주로 사용한다. 이를 식으로 표현하면

$$\hat{E}(X) = \frac{X_1 + X_2 + \cdots + X_n}{n} = \frac{\sum_{i=1}^{n} X_i}{n}$$

이 되며 좀더 간편하게 부호를 동원하여

$$\hat{E}(X) = \overline{X}$$

와 같이 표현하며 이 추정량을 샘플평균이라 부른다. 그리고 실제 측정을 하여 다음과 같은 데이터가 얻어진다고 하자.

$$X_1 = x_1,\ X_2 = x_2,\ \cdots,\ X_n = x_n$$

이들 데이터를 샘플평균 수식에 대입하면, 추정값인 샘플평균값을 다음과 같이 얻는다.

$$\hat{E}(X) = \overline{X} = \overline{x}$$

이제 모집단의 산포성의 척도인 분산과 표준 편차를 알고 싶다고 하자. 그리고 이들을 각각 $V(X)$와 $D(X)$로 표현하자. 이들은 각각 다음과 같이 정의된다.

$$\text{모(집단) 분산} = V(X) = E(X - E(X))^2$$
$$\text{모(집단) 표준편차} = D(X) = \sqrt{V(X)}$$

이들에 대한 추정량으로 다음과 같이 정의되는 샘플분산 $S^2$와 샘플표준편차 $S$가 사용된다.

$$\hat{V}(X)=\frac{\sum_{i=1}^{n}(X_i-\overline{X})^2}{n-1}=S^2$$

$$\hat{D}(X)=\sqrt{\hat{V}(X)}=S$$

그리고 이들에 데이터를 대입하여 각각에 대한 추정값인 샘플분산값과 샘플표준편차값을 얻는다.

$$\hat{V}(X)=S^2=s^2$$

$$\hat{D}(X)=S=s$$

**알림** 표본공간 $S$와 표본표준편차 $S$는 동일한 부호를 사용하고 있으니 혼동을 피하기 바랍니다.

## 5.6 확률분포 Probability distributions

위에서 확률은 확률변수가 취할 수 있는 어느 특정 구간(또는 특정한 값) 즉, 하나의 사상에 부여되는 값이라 하였다. 이제 우리는 전체 샘플공간을 서로 겹치지 않는 각 구간으로 나누고 각 구간에 확률이 부여되어 있는 모습을 그려볼 수 있다. 물론 샘플공간에 부여된 확률의 총합은 1이 되어야 한다. 이와 같이 확률변수의 샘플공간에 있는 모든 사상에 확률이 부여되어 있는 모습을 확률분포라 하며 분포함수distribution function (또는 누적분포함수cumulative distribution function)와 연속형 확률변수인 경우 확률밀도함수probability density function 그리고 이산형 확률변수인 경우 확률(질량)함수probability (mass) function의 방법으로 표현한다[**그림 5-6**].

분포함수distribution function(또는 누적분포함수cumulative distribution function)

$$F(x)=P(X\le x)$$

확률밀도함수probability density function (연속형 확률변수)

$$f(x)=\frac{dF(x)}{dx}=\lim_{\Delta x\to 0}\frac{F(x+\Delta x)-F(x)}{\Delta x}$$

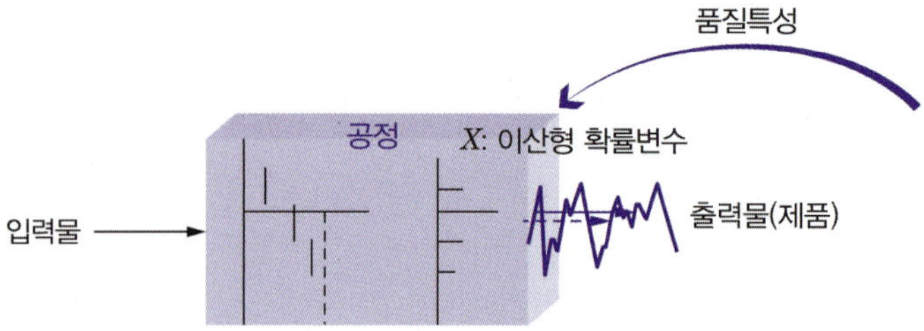


이산형 확률변수 $X$의 누적분포함수 $F(x)$ 및 확률질량함수 $p(x)$

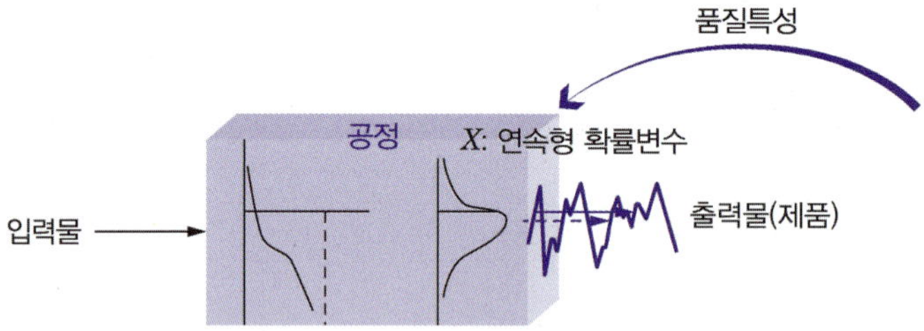


연속형 확률변수 $X$의 누적분포함수 $F(x)$ 및 확률밀도함수 $f(x)$

**그림 5-6 공정의 확률분포**

확률질량함수probability mass function (이산형 확률변수)

$$p(x) = P(X = x)$$

분포함수는 구간 $(-\infty,\ x]$에 부여되는 확률을 말하며, $x$가 $-\infty$에서부터 증가함에 따라 확률도 0부터 점차 커지면서(정확히는, 감소하지 않으면서non-decreasing) $+\infty$에 가까이 갈수록 샘플공간 전체가 포함되므로 확률은 1에 도달하게 된다. 확률밀도함수는 연속형 확률변수가 취하는 분포함수의 미분값으로서 $x$에서 분포함수의 기울기에 해당한다. 그러므로 한 가지 주의할 사항은 밀도함수 자체는 기울기의 크기이지 확률이 아니라는 점이다. 따라서 $X$가 취하는 특정 구간에 대한 확률을 구하기 위해서는 해당 구간에 대한 밀도함수 아래의 면적을 구하여야 한다. 연속형 확률변수 $X$가 취하는 구간 $(x_1,\ x_2)$의 확률은

$$P(x_1 < X < x_2) = \int_{x_1}^{x_2} f(x)dx$$

와 같다. 위 식에서 구간 하한이나 상한값이 포함되어도 확률(면적)에는 변함이 없다. 확률질량함수는 이산형 확률변수가 취하는 이산값에 확률을 부여하는 함수이다. 이산형 확률변수 $X$가 취하는 구간 $(x_1,\ x_2)$의 확률은

$$P(x_1 < X < x_2) = \Sigma_{x_1 < x}^{x < x_2} p(x)$$

이며 구간 하한이나 상한값의 포함 여부가 확률에 영향을 미친다.

> **생각할 문제**
>
> 동전 던지기 실험에서 정의된 확률변수의 확률분포 모습을 확률질량함수와 누적분포함수의 그래프를 통하여 살펴보자.

## 5.7 확률변수의 변동특성

샘플로부터 얻은 수치 데이터의 변동특성에 대해 중심성, 흩어짐성 및 형상성에 관한 여러 수치지표를 이용하여 수치화하는 방법에 대해 제3장에서 살펴보았다. 데이터가 가지고 있는 변동특성들은 인위적인 에러, 즉 측정상의 오류나 기록상의 오류 등을 배제한다면 모두 모집단인 공정의 변동성으로부터 부여받은 것이다. 따라서 제3장에서 살펴본 모든 수치지표들은 그에 해당하는 공정의 지표가 있다. 이들 중 대표적으로 많이 쓰이는 샘플평균 및 샘플분산과 공정의 모평균(또는 기댓값이라 하기도 함) 및 모분산의 관계에 대해 살펴본다.

샘플평균은 데이터가 지닌 변동특성 중에서 거리적 측면에서 중심성을 나타내는 하나의 수치지표로서 이 값을 중심으로 전체 편차의 합이 0이 되는 측정값의 위치를 말하였다. 이 샘플평균을 구할 때 동일한 측정값들이 반복해서 나타날 때는 이들을 각각 더하는 것보다 측정값에 빈도수를 곱하면 쉽게 계산할 수 있었다. 이제 샘플평균을 계산하는 식을 4.4장에서처럼 다음과 같이 표현해보자.

$$\overline{x} = \frac{\Sigma_{i=1}^{n} x_i}{n} = \frac{\Sigma_{j=1}^{g} f_j x_j}{n} = \Sigma_{j=1}^{g} x_j \frac{f_j}{n}$$

위의 마지막 식은 측정값에 상대도수를 곱한 것이다. 확률을 정의할 때에 확률은 상대도수에서 샘플의 크기를 매우 크게 할 때 나타나는 하나의 수렴값에 해당한다고 하였다. 따라서

$$\lim_{n \to \infty} \Sigma_{j=1}^{g} x_j \frac{f_j}{n} = \Sigma_{j=1}^{g} x_j p(x_j)$$

이다. 위 식에서 샘플의 크기를 무한대로 보내므로 이는 모집단인 공정에서 나오는 모든 제품들의 변동을 거리적 측면에서 구한 중심의 위치에 해당한다. 이 값을 이산형 확률변수의 모평균population mean 또는 기댓값expected value이라 하며 다음과 같은 부호를 써서 표현한다.

$$E(X) = \sum_{all\, x_j} x_j p(x_j)$$

연속형 확률변수인 경우

$$E(X) = \int_{-\infty}^{\infty} x f(x) dx$$

가 된다. 위 식에서 $f(x)dx$는 $x$의 미세 근방에서의 확률에 해당한다. 따라서 기댓값은 공정의 품질특성에 부여된 확률변수가 취할 수 있는 모든 값, 즉 확률변수의 샘플공간에 있는 모든 값들에 대해 거리적 측면에서의 중심성의 위치를 말한다. 모분산에 대해서도 샘플분산으로부터 공식을 유도할 수 있다.

샘플분산은 제곱합을 자유도로 나눈 양이다.

$$s^2 = \frac{ss}{n-1} = \frac{\sum_{i=1}^{n}(x_i - \bar{x})^2}{n-1}$$

$$= \frac{\sum_{j=1}^{g}(x_j - \bar{x})^2 \cdot f_j}{n-1}$$

$$= \sum_{j=1}^{g}(x_j - \bar{x})^2 \cdot \frac{f_j}{n-1}$$

이제 위의 식에서 $n \to \infty$ 보내면 $\bar{x}$는 $E(X)$로 수렴하고 $\frac{f_j}{n-1}$은 $p(x_j)$에 수렴한다. 그러므로 위의 마지막 식에서

$$\lim_{n\to\infty} \sum_{j=1}^{g}(x_j - \bar{x})^2 \frac{f_j}{n-1} = \sum_{all\, x_j}(x_j - E(X))^2 \cdot p(x_j)$$

로 쓸 수 있으며, 이는 $(x_j - E(X))^2$의 양에 $x_j$에서의 확률 $p(x_j)$을 곱하며 모든 $j$에 대해 더하기 때문에 이 또한 하나의 기댓값이 된다. 따라서 확률변수 $X$의 샘플공간에 있는 모든 값에 대해 구하는 값이므로 다음과 같이 기술할 수 있다.

$$E(X-E(X))^2$$

이는 바로 모분산이 된다. 따라서 $X$가 이산형인 경우

$$\begin{aligned} V(X) &= E(X-E(X))^2 \\ &= \sum_{all\ x_j} (x_j - E(X))^2 \cdot p(X=x_j) \end{aligned}$$

이고 연속형인 경우

$$\begin{aligned} V(X) &= E(X-E(X))^2 \\ &= \int_{-\infty}^{\infty} (x-E(X))^2 \cdot f(x)\,dx \end{aligned}$$

이 된다.

위의 수치지표와 모집단의 특성들 간의 관계성으로부터 유추할 수 있는 바와 같이 이는 추정의 문제로 귀결될 수 있다. 즉, 샘플평균과 샘플분산은 각각 모평균과 모분산의 추정값으로 사용된다.

확률변수마다 이에 해당하는 확률분포가 존재하지만, 모든 확률분포의 모습을 함수로 표현할 수 있는 것은 아니다. 그러나 특정한 조건 하에서 함수로 표현될 수 있는 경우들이 발견되었으며 이들은 여러 분야에서 널리 사용되고 있다. 그중 많이 쓰이는 연속형 확률분포로 정규분포, 지수분포, 감마분포, 와이불분포 등이 있으며, 이산형 확률분포로 이항분포, 포와송분포, 초기하분포 등이 있다.

**생각할 문제**

1. 다음과 같은 확률분포가 있다.

$$X=0\,,\ \text{확률}\ p=1$$

(1) 위 분포의 확률함수와 분포함수를 그리시오.

(2) 위 분포의 기댓값, 분산 및 표준편차를 구하시오.

2. 다음과 같은 확률분포가 있다.

$$X=x_0\,,\ \text{확률}\ p=1$$

(1) 위 분포의 확률함수와 분포함수를 그리시오.

(2) 위 분포의 기댓값, 분산 및 표준편차를 구하시오.

3. 다음과 같은 확률분포가 있다.

$$X= \begin{cases} x_0, \text{ 확률 } p \\ x_1, \text{ 확률 } 1-p \end{cases}$$

(1) 위 분포의 확률함수와 분포함수를 그리시오.

(2) 위 분포의 기댓값, 분산 및 표준편차를 구하시오.

# 제6장 이산형 확률분포의 활용

"When, in some group of observable phenomena, we find evidence of a confirmed regularity, we may try to form a mathematical theory of the subject. Such a theory may be regarded as a mathematical model of the body of empirical facts which constitute our data."

— H. Cramer —

이산형 확률분포는 공정에서 생산되는 불량품 수에 대한 분포모형으로 중요하게 사용된다. 본 장에서는 함수 식으로 표현할 수 있는 다음의 몇 가지 이산형 확률분포에 대해 살펴본다.

- Degenerate분포
- 베르누이분포
- 이항분포
- 샘플불량률
- 포와송분포

## 6.1 Degenerate분포

가장 간단한 이산형 분포는 확률변수가 하나의 값만을 가질 수 있고 이 한 점에 모든 확률이 집중되어 있는 경우이다. 이러한 특성을 지니는 확률변수를 degenerate 확률변수라 하며, 이 확률변수에 해당하는 확률분포를 degenerate분포라 한다. 이제 확률변수 $X$가 하나의 값 0만을 가지며 이 값에 모든 확률이 부여된다고 하자. 그러면 이 변수의 확률질량함수(pmf)는 $P(X=0)=p(0)=1$이다. 이제 이 확률변수의 분포함수를 다음과 같은 함수 $e(x)$로 정의한다[**그림 6-1**].

$$F(x)=e(x)=\begin{cases} 0, & x<0\text{에 대해} \\ 1, & x\geq 0\text{에 대해} \end{cases}$$

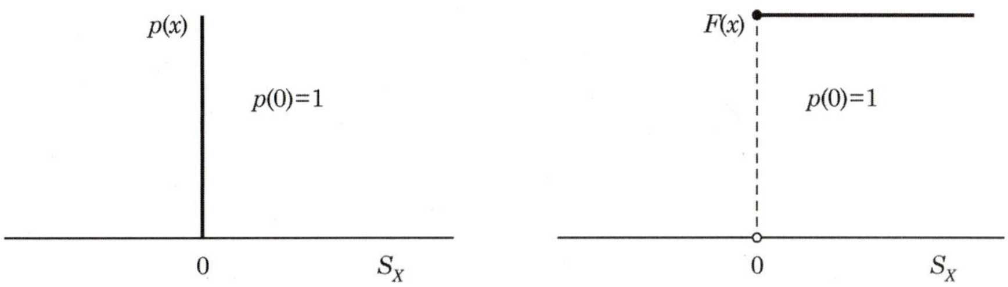


**그림 6-1** degenerate 확률변수의 확률질량함수 및 분포함수

위의 그림에서 $S_X$는 확률변수 $X$의 샘플공간이다. 이 확률변수의 기댓값 $E(X)=0$, 그리고 모분산 $V(X)=0$이다.

**그림 6-2**와 같이 강봉 품질의 확률변수를 양품이면 0, 불량품이면 1을 부여하도록 정의하면

$$X=\begin{cases} 0, & \text{양품} \\ 1, & \text{불량품} \end{cases}$$

가 된다. 그런데 샘플에 있는 모든 제품을 조사한 결과 모두 불량으로 밝혀졌다. 이 경우 제조공정은 모두 불량만 만들어내는 공정으로 추정될 수 있으며 확률분포는

$$P(X=1)=p(1)=1$$
$$F(x)=e(x-1)$$

로 기술되며 $E(X) = 1$, $V(X) = 0$이 된다.

보다 일반적으로 하나의 점 $x_0$에 모든 확률이 집중되어 있으면 $p(x_0) = 1$, $F(x) = e(x - x_0)$가 되며, $E(X) = x_0$이고 $V(X) = 0$이다. 역으로, 임의의 확률변수의 분산이 0이면, 전체 확률이 하나의 점에 몰려 있고 분포함수는 $F(x) = e(x - x_0)$가 되어야 한다.

**하나의 시나리오: 100% 불량 강봉 제조공정**

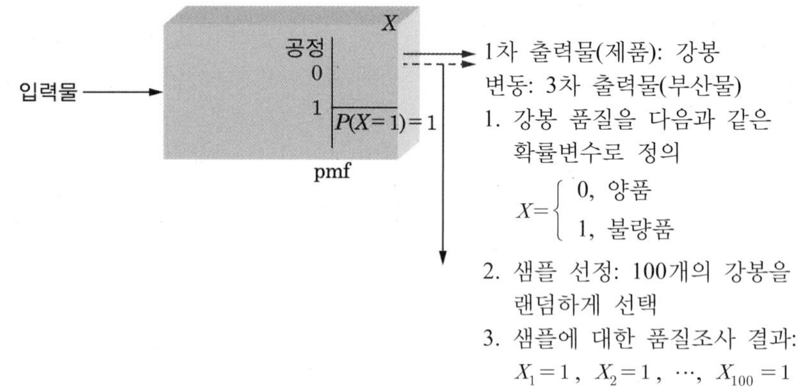


조사 결과:
100개를 조사하였으나
모두 불량으로 밝혀짐

데이터($x$)

| | | | | | | | | | |
|---|---|---|---|---|---|---|---|---|---|
| 1 | 1 | 1 | 1 | 1 | 1 | 1 | 1 | 1 | 1 |
| 1 | 1 | 1 | 1 | 1 | 1 | 1 | 1 | 1 | 1 |
| 1 | 1 | 1 | 1 | 1 | 1 | 1 | 1 | 1 | 1 |
| 1 | 1 | 1 | 1 | 1 | 1 | 1 | 1 | 1 | 1 |
| 1 | 1 | 1 | 1 | 1 | 1 | 1 | 1 | 1 | 1 |
| 1 | 1 | 1 | 1 | 1 | 1 | 1 | 1 | 1 | 1 |
| 1 | 1 | 1 | 1 | 1 | 1 | 1 | 1 | 1 | 1 |
| 1 | 1 | 1 | 1 | 1 | 1 | 1 | 1 | 1 | 1 |
| 1 | 1 | 1 | 1 | 1 | 1 | 1 | 1 | 1 | 1 |
| 1 | 1 | 1 | 1 | 1 | 1 | 1 | 1 | 1 | 1 |

공정변동의 모습을 파악하기 위한 질문: 강봉의 품질을 위와 같은 확률변수 $X$로 정의할 때, 공정변동의 모습은 $X$의 확률분포로 파악될 수 있다. $X$의 확률분포를 어떻게 수식으로 표현할 수 있는가?

**그림 6-2 degenerate분포의 예**

이산형 확률변수의 일반적 분포함수의 경우

$$P(X = x_i) = p(x_i)\text{라 놓으면}$$

$$F(x) = P(X \le x) = \sum_{x_i \le x} p(x_i) = \sum_i p(x_i)\, e(x - x_i)$$

로 표시된다.

공정에서 degenerate분포를 갖는 예로는 잘못된 규격으로 부품을 생산하는 경우, 또는 설계도면이 틀렸는데 이를 모르고 제조현장에 작업지시를 하는 경우, 고객의 요구사항이 바뀌었으나 새 요구사항이 제조현장에 전달되지 못한 경우 등이 해당될 수 있다.

## 6.2 베르누이분포 Bernoulli distribution

한 랜덤현상(실험)의 관찰결과가 상반되는 두 가지 사상 즉, $E$ 또는 $Not\ E$의 두 가지 형태 중 하나만 나올 수 있고, $P(E)=p$라 하자. 이제 확률변수 $X$에 의해 $X(Not\ E)=0$, $X(E)=1$로 정의하면 이 확률변수는 베르누이 확률변수라 하며,

$$X=\begin{cases}0, & \text{확률 } 1-p\\ 1, & \text{확률 } p\end{cases}$$

로 쓸 수 있다. 이 확률변수의 확률질량함수 및 누적분포함수는

$$P(X=k)=p(k)=p^k(1-p)^{1-k}, \quad k=0,\ 1$$

$$\begin{aligned}F(x)=P(X\le x)&=\sum_{k\le x}p(k)\\&=\sum_k p(k)e(x-k)\\&=\sum_k p^k(1-p)^{1-k}e(x-k)\end{aligned}$$

로 기술된다. 이러한 관찰결과가 나오는 랜덤실험을 베르누이 시도Bernoulli trial라 한다. 베르누이 시도는 실제 공정에서 많이 목격되는 현상인데, 예를 들면 공정의 출력물을 양품과 불량품으로 분류하고 $P$(양품)$=1-p$이고 $P$(불량품)$=p$로 가정하자. 그리고 확률변수 $X$를 $X$(양품)$=0$, $X$(불량품)$=1$로 정의한다면, $P(X=0)=1-p$이고 $P(X=1)=p$이다. $p$가 0이나 1인 경우 degenerate분포가 된다. $E(X)=p$, $V(X)=p(1-p)$이다.

**생각할 문제**

베르누이 확률변수의 확률질량함수 및 분포함수의 모습을 그려보자.

## 6.3 이항분포 Binomial distribution

이제 동일한 실험조건 하에서 독립적으로 베르누이 시도를 $n$번 시행했을 때 $r$번째 시행 결과를 다음과 같이 정의하자.

$$X_r = \begin{cases} 0, \text{ 확률 } 1-p \\ 1, \text{ 확률 } p \end{cases}$$

이제 $n$번 시행에서 사상 $E$가 모두 몇 번 발생하는지 살펴보자. 총 발생 횟수를 $Y$라 하면, 이는 하나의 또 다른 확률변수로 다음과 같이 쓸 수 있다.

$$\begin{aligned} Y &= n\text{번 시행에서 사상 } E\text{가 발생한 횟수} \\ &= X_1 + X_2 + \cdots + X_n \end{aligned}$$

그러면 $Y$는 이항분포로 알려진 확률분포라고 하며, 이의 확률함수 및 누적분포함수는 다음과 같다.

$$P(Y=r) = p(r) = \binom{n}{r} p^r (1-p)^{n-r}, \quad r = 0,\ 1,\ 2,\ \cdots,\ n$$

$$\begin{aligned} F(r) = P(Y \le r) &= \Sigma_{i \le r} \binom{n}{i} p^i (1-p)^{n-i} \\ &= \Sigma_{i=1}^{n} \binom{n}{i} p^i (1-p)^{n-i} e(r-i) \end{aligned}$$

이항분포의 확률은 $p$와 $n$의 값에 따라 달라지므로 이 둘을 이항분포의 모수라 한다. 분포를 표현할 때, 모수의 중요성을 고려하여, 분포의 이름 다음에 소괄호를 이용하여 필요한 모수들을 병기하기도 한다. 예를 들어 이항분포의 경우 이항분포($n$, $p$)라 쓰기도 한다. 현실적으로 이항분포는 $n$은 미리 결정되고 $p$값만이 알려져 있지 않은 경우에 많이 사용된다. 다음은 이항분포로 접근이 가능한 몇 가지 경우들이다.

1. 공정에서 만들어진 제품 중에서 $n$개를 랜덤으로 선택한 후 불량품의 개수를 센다.
2. 랜덤으로 $n$명을 선택한 후 특정 제품을 사용하는 사람과 사용하지 않는 사람으로 구분한다.
3. 동전을 $n$번 던져 앞면이 나오는 횟수를 센다.
4. 장비의 작동 및 비작동 상태를 $n$번 관찰한다.
5. 그린에서 퍼팅을 $n$번 시행하여 성공 횟수를 관찰한다.

위의 경우들에서 이항분포를 사용하기 위해서는 각각의 시행이 동일한 조건 속에서 identically 독립적으로independently 이루어져야 한다. 즉, $p$값이 시행마다 일정해야 한다.

이항분포의 기댓값, 분산 및 표준편차는 다음과 같다.

$$E(Y)=np\,,\ \ V(Y)=np(1-p)\,,\ \ D(Y)=\sqrt{np(1-p)}$$

그림 6-3은 퍼팅 시행이 동일한 조건 속에서 독립적으로 행하여졌다고 가정하고서 (실제로는 독립적이지 못하였지만) 이항분포를 이용한 확률분포의 모습이다.

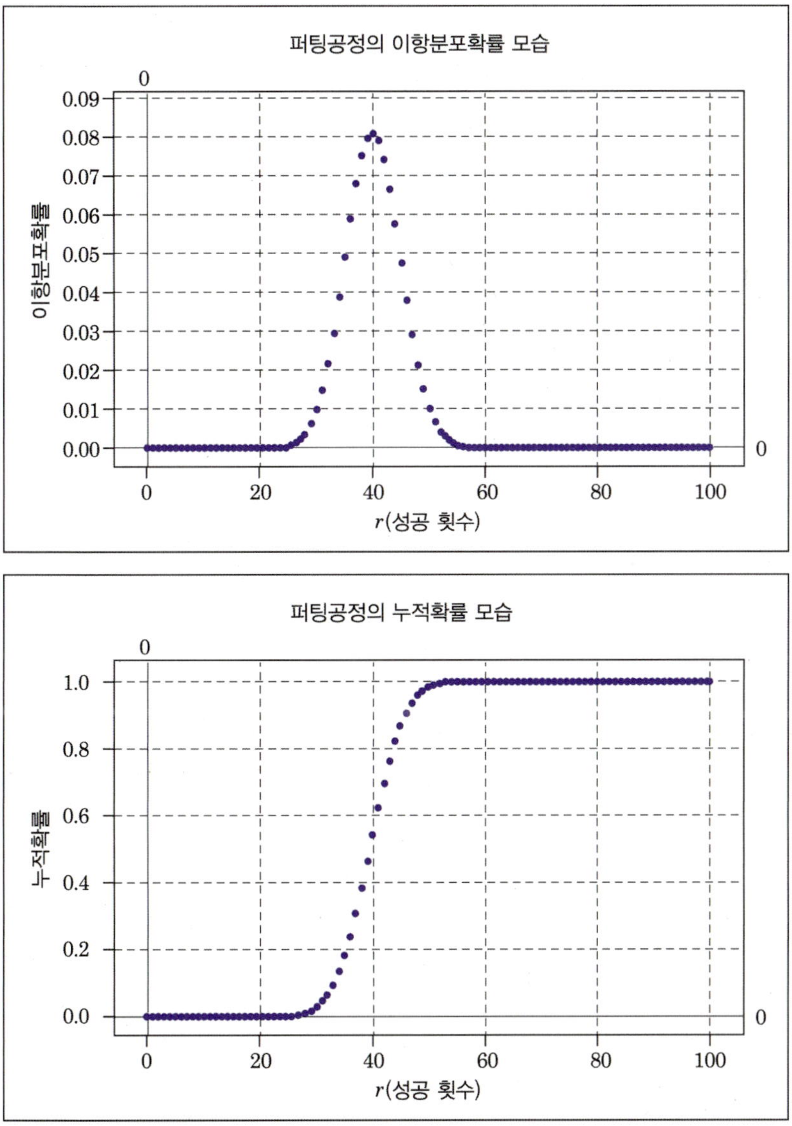


그림 6-3 퍼팅실험의 이항분포 확률모습과 누적확률모습($n$=100, $p$=0.40)

**예제** 퍼팅 연습공정 모형(각 연습이 독립적으로 행하여졌다고 가정하면)에서 이항분포($n$=100, $p$=0.40)를 사용하면,

$E(Y) = np = 100 \times 0.4 = 40$,

$V(Y) = np(1-p) = 100 \times 0.4 \times (1-0.4) = 24$

$D(Y) = 4.90$

를 얻는다.

### 이항분포의 모수 추정(모멘트 추정법)

이항분포는 미지의 모수 $n$과 $p$의 값에 따라 확률이 달라진다. 일반적으로 샘플의 크기 $n$은 미리 결정되는 경우가 많으므로 이때는 $p$만 추정하면 되는데 다음과 같은 방법으로 간단히 구할 수 있다. 다음과 같이 $Y$의 기댓값을 구하여 이를 샘플평균과 같다고 놓고, 미지의 모수 $p$에 대하여 푼다. 이를 모멘트 추정법**method of moment**이라 한다.

$$E(Y) = np = \overline{Y}$$

위의 방정식의 해가 되는 $p$값은 $p$의 추정값으로 $\hat{p}$($p$ hat라 읽음)로 표현한다. 즉,

$$\hat{p} = \frac{\overline{Y}}{n}$$

**그림 6-4**는 이항분포의 모수를 추정하는 예를 보여주고 있다.

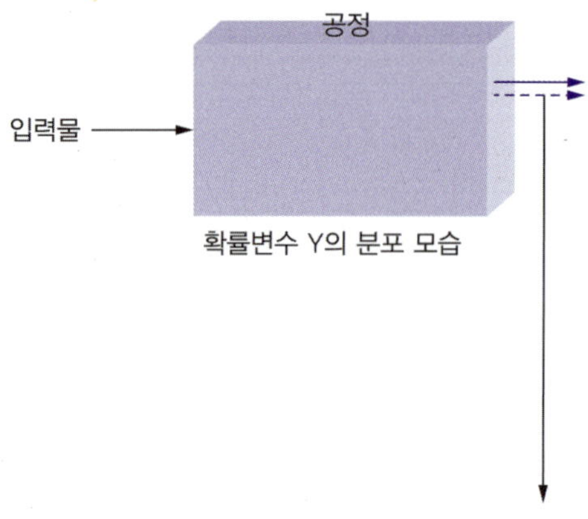


1차 출력물(제품): 강봉

변동: 3차 출력물(부산물)

1. 강봉 품질을 다음과 같은 확률변수로 정의

$$X = \begin{cases} 0, & \text{양품(확률 } 1-p) \\ 1, & \text{불량품(확률 } p) \end{cases}$$

2. 샘플 선정: $n$=100개의 강봉을 랜덤하게 선택 $X_1, X_2, \cdots, X_n$
3. 새로운 확률변수: 샘플 속에 있는 불량품의 총 수 $Y = X_1 + X_2 + \cdots + X_n$
4. 한 달($m$=26일) 간 불량품 집계: $Y_j$, $j = 1, \cdots, 26$

데이터($y_j$) $n$=100

| 일자 | 불량품 수($y_j$) | 일자 | 불량품 수($y_j$) | 일자 | 불량품 수($y_j$) | 일자 | 불량품 수($y_j$) | 일자 | 불량품 수($y_j$) |
|---|---|---|---|---|---|---|---|---|---|
| 1 | 5 | 8 | 4 | 15 | 1 | 22 | 5 | 29 | 4 |
| 2 | 4 | 9 | 6 | 16 | 3 | 23 | 1 | 30 | 2 |
| 3 | 10 | 10 | 5 | 17 | 5 | 24 | 4 | | |
| 4 | 9 | 11 | 4 | 18 | 5 | 25 | 4 | | |
| 5 | 3 | 12 | 4 | 19 | 6 | 26 | 4 | | |
| 6 | 5 | 13 | 6 | 20 | 4 | 27 | 6 | 합계 | 119 |

$$\hat{p} = \frac{\sum_{j=1}^{m} y_j}{m \times n} = \frac{119}{26 \times 100} = 0.046(4.6\%)$$

**그림 6-4** 이항분포의 모수 추정($n$이 알려진 경우)

**예제** 불량률이 0.04인 이항분포를 하는 공정에서 제품 50개를 무작위로 선정하여 조사한 결과 불량품이 5개 발견되었다. 이 사건의 발생확률을 구하라.

**답** 0.035 또는 3.5%

**예제** 위의 예제와 동일한 공정에서 불량품이 5개 이상 발견될 확률을 구하라.

**답** 0.049 또는 4.9%

**예제** 불량품 5개 또는 그 이상이 발견되는 사건은 위의 공정에서 흔히 예상될 수 있다고 보는가?

**답** 통계적으로 흔치 않은 사건이다. 이항분포의 조건이 충족되도록 샘플링을 하였다면, 공정의 변동성에 영향을 미치는 특별원인이 공정에서 발생하여 그 결과 불량품이 증가하였을 가능성이 크다.

**생각할 문제**

이항분포의 확률질량함수 및 분포함수의 모습을 그려보자.

## 6.4 샘플불량률 분포

샘플불량률은 샘플 속에 포함된 불량품의 비율을 말한다. 이는 다음과 같이 구할 수 있다.

$$\text{샘플불량률} = \frac{\text{샘플 속에 있는 불량품의 수}}{\text{샘플의 크기}(n)}$$

그런데 샘플 속에 있는 불량품의 수를 이항분포의 경우와 마찬가지로 확률변수 $Y$로 정의하면

$$\text{샘플불량률 } W = \frac{Y}{n} = \frac{\sum_{i=1}^{n} X_i}{n}$$

로 기술된다. $W$는 샘플불량률을 나타내는 확률변수이다. 기댓값, 분산 및 표준편차는 다음과 같다.

$$E(W) = p, \quad V(W) = \frac{p(1-p)}{n}, \quad D(W) = \sqrt{\frac{p(1-p)}{n}}$$

그림 6-5는 샘플불량률의 예이다.

**샘플불량률** $W$

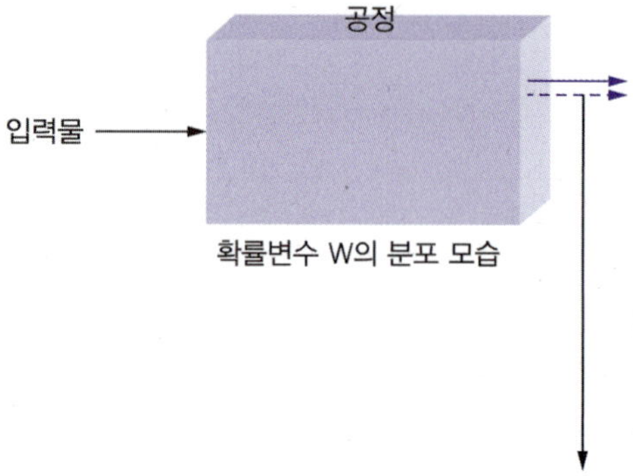


1차 출력물(제품): 강봉
변동: 3차 출력물(부산물)

1. 강봉 품질을 다음과 같은 확률변수로 정의

$$X = \begin{cases} 0, \text{ 양품(확률 } 1-p) \\ 1, \text{ 불량품(확률 } p) \end{cases}$$

2. 샘플 선정: $n(100)$개의 강봉을 랜덤하게 선택
$X_1, X_2, \cdots, X_n$

3. 새로운 확률변수: 샘플불량률

$$W = \frac{Y}{n} = \frac{\sum_{i=1}^{m} X_i}{n}$$

4. 한 달($m$=26일) 간 샘플불량률 집계:
$W_j$, $j = 1, \cdots, 26$

데이터($W_j$) $n = 100$

| 일자 | 불량품 수($W_j$) | 일자 | 불량품 수($W_j$) | 일자 | 불량품 수($W_j$) | 일자 | 불량품 수($W_j$) | 일자 | 불량품 수($W_j$) |
|---|---|---|---|---|---|---|---|---|---|
| 1 | 0.05 | 8 | 0.04 | 15 | 0.01 | 22 | 0.05 | 29 | 0.04 |
| 2 | 0.04 | 9 | 0.06 | 16 | 0.03 | 23 | 0.01 | 30 | 0.02 |
| 3 | 0.10 | 10 | 0.05 | 17 | 0.05 | 24 | 0.04 | | |
| 4 | 0.09 | 11 | 0.04 | 18 | 0.05 | 25 | 0.04 | | |
| 5 | 0.03 | 12 | 0.04 | 19 | 0.06 | 26 | 0.04 | | |
| 6 | 0.05 | 13 | 0.06 | 20 | 0.04 | 27 | 0.06 | 합계 | 1.19 |

$$\hat{p} = \overline{w} = \frac{\sum_{j=1}^{m} w_j}{m} = \frac{1.19}{26} = 0.046(4.6\%)$$

**그림 6-5 샘플불량률 예**

**생각할 문제**

샘플불량률분포의 확률질량함수 및 분포함수의 모습을 그려보자.

# 6.5 포와송분포 Poisson distribution

포와송분포는 이항분포($n$, $p$)에서 $m = np$라는 관계를 유지하면서 $p$가 작아지고 $n$이 커지면서 수렴하는 확률분포이다. 여기서 $m$은 상수이며 포와송분포의 모수가 된다. 포와송분포와 이의 활용에 대해서는 제7장에 상세히 기술한다. 포와송분포에는 모수가 하나만 있기 때문에 이항분포보다 쉽게 이해될 수 있어 그 활용도는 매우 넓은 편이다. 실제로 $n > 50$이고 $p < 0.1$이면 이항분포와 포와송분포의 확률분포는 매우 비슷하다. 다음은 포와송분포가 사용되는 예이다.

1. 방사능 물질에서 방출되는 감마선의 수
2. 고속도로의 한 지점을 통과하는 자동차의 수
3. 하나의 롤roll 속에 감긴 철선 속에 있는 결함 수

**하나의 강봉에서 발견되는 결함 수 $Y$**

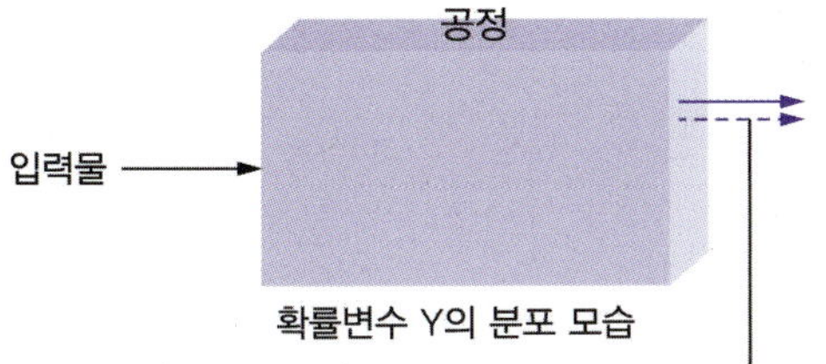


1차 출력물(제품): 강봉

변동: 3차 출력물(부산물)

1. 강봉 품질을 조사하기 위해 강봉 표면에 나타난 결함(holes) 수를 셈. 결함이 일정 수 이상 발견되면 불량품으로 처리됨.
2. 강봉의 표면을 수많은 조그만 단위 면적으로 나누고(이를 단위 표면이라 하자), 각 단위 표면에서 결함이 발견되는지를 살펴보자.
3. 단위 표면은 충분히 작아서 하나의 결함만이 발생할 수 있다 하자. 그리고 다음과 같이 확률변수 $X$를 정의하자.

$X=\begin{cases} \text{임의의 단위 표면에서 결함이 발견되지 않음 (확률 } 1-p) \\ \text{임의의 단위 표면에서 결함이 발견됨(확률 } p) \end{cases}$

4. 또 다른 확률변수 $Y=$ 결함이 발생하는 단위 표면의 수(즉, 하나의 강봉 표면에서 발견되는 결함 수)
   $Y=X_1+X_2+\cdots+X_n$
   $n=$ 하나의 강봉에 있는 단위 표면의 총 수
   그러면 $Y$는 이항분포$(n, p)$이다.
5. 임의의 단위 표면에서 결함이 발견될 확률 $p$는 매우 작다. 하나의 강봉은 수많은 단위 표면에서 이루어진다.
   즉, $p \to 0$, $n \to \infty$
   $np = m$ (상수) 그러면 $Y$는 포와송분포$(m)$이다.
6. 100개의 강봉 속에서 발견된 결함 수 집계:
   $Y_j$, $j=1, \cdots, 100$

데이터$(y_j)$

| 29 | 25 | 27 | 22 | 12 | 24 | 27 | 24 | 22 | 18 |
|---|---|---|---|---|---|---|---|---|---|
| 24 | 31 | 22 | 20 | 12 | 35 | 28 | 22 | 24 | 23 |
| 21 | 17 | 22 | 24 | 14 | 27 | 28 | 24 | 25 | 22 |
| 23 | 15 | 24 | 35 | 13 | 35 | 29 | 27 | 17 | 33 |
| 22 | 18 | 25 | 25 | 18 | 25 | 26 | 20 | 30 | 22 |
| 22 | 33 | 27 | 28 | 18 | 22 | 20 | 28 | 21 | 22 |
| 13 | 32 | 22 | 24 | 18 | 22 | 22 | 27 | 28 | 30 |
| 13 | 21 | 19 | 32 | 17 | 22 | 32 | 31 | 31 | 23 |
| 14 | 21 | 28 | 25 | 14 | 24 | 24 | 24 | 27 | 23 |
| 13 | 27 | 27 | 16 | 13 | 22 | 23 | 22 | 27 | 29 |

**그림 6-6 포와송분포의 예**

4. 비행기 알루미늄 동체 속의 약한 부분 수
5. 불량률이 작은$(p < 0.1)$ 공정에서 만들어진 제품 중에서 $n$개$(> 50)$를 랜덤으로 선택한 후 불량품 수 또는 결함 수를 센다.

그림 6-6은 강봉 표면에 보이는 결함 수를 포와송분포로 처리하는 예이다.
포와송분포$(m)$의 기댓값, 분산 및 표준편차는 다음과 같다.

$$E(X)=m,\ \ V(X)=m,\ \ D(X)=\sqrt{m}$$

위에서 보는 바와 같이 기댓값과 분산이 같다는 점은 포와송분포의 특징이다.

**생각할 문제**

1. 이항분포($n=5$, $p=0.7$)에 대하여
   (1) 확률함수와 분포함수를 그리시오.
   (2) 기댓값, 최빈수 및 중앙값을 구하시오.
   (3) 분산 및 표준편차를 구하시오.

2. 포와송분포($m=3.5$)에 대하여
   (4) 확률함수와 분포함수를 그리시오.
   (5) 기댓값, 최빈수 및 중앙값을 구하시오.
   (6) 분산 및 표준편차를 구하시오.

3. 이항분포($n=60$, $p=0.08$)와 포와송분포($m=4.8$)의 확률분포를 비교하시오.

# 제7장 포와송분포의 활용

When $p$ is small but $n$ is large, the binomial distribution approaches to the Poisson distribution, which has the only one parameter. An important fact is that the binomial distribution tends to the Poisson quite rapidly such that in practice $n$ and $p$ do not need to be very extreme. There are many everyday situations of the kind where the probability $p$ of an event at a particular time or place is small but the number of opportunities $n$ for it to happen is large.

— Box, Hunter and Hunter —

포와송 분포는 공정에서 생산되는 불량품을 관리하기 위한 모형으로 매우 중요한 역할을 하고 있다. 본 장에서는 공정의 품질을 관리 및 개선하기 위해 포와송분포를 활용하는 방안에 대해 기술한다.

- 포와송분포
- 포와송분포를 활용한 예

# 7.1 서론

데이터에는 본질적으로 두 가지 종류가 있으며, 즉 두 종류의 모집단이 있다. 이들은 이산형 및 연속형 데이터라 불린다. 이산형 데이터는 관찰하는 특성이 특정의 값만을 취할 수 있을 때 발생되며, 보통 0, 1, 2, 3, …과 같은 양의 정수(0을 포함한 자연수)를 갖는다. 일반적으로 셈을 통해 얻어진다. 연속형 데이터는 관측되는 특성이 측정도구의 오차 한계 내에서 정해지는 특정 또는 비특정 범위 내에서 값을 취할 때 발생되며, 일반적으로 측정(재는 행위)을 통해 얻어지는 측정값들을 말한다. 이들의 예를 들어보자.

이산형 데이터: 한 묶음 자재 속에 포함되어 있는 불량품의 수, 철판 표면의 결함 수, 복잡한 회로 속의 납땜 불량 수
연속형 데이터: 길이, 무게, 직경, 강도, 저항, 경도

일반적으로 샘플 데이터로부터 얻어지는 빈도 히스토그램은 그 샘플이 추출된 모집단의 모습을 보여준다. 모집단의 특성에 대한 하나의 경험론적 유사성으로 빈도 히스토그램에 투영된 모집단의 모습을 확률분포라 한다. 간단히 말해서, 빈도 히스토그램은 확률분포의 사진과 같은 것이라고 말할 수 있으며, 실질적으로 우리의 관심 대상이 되는 것은 바로 이 모집단의 확률분포이다.

통계학자들은 확률분포를 수학적으로 표현하기 위해 이산형 및 연속형으로 대별되는 여러 가지 수학 함수(또는 모형)를 고안해 냈으며, 우리는 그것을 확률분포라 부른다. 이러한 수학모형은 기본적인 가정이나 공리들로부터 얻어졌으므로 현실적으로 이런 가정이 만족되지 않으면, 확률분포와 모집단의 모습 간에는 상당한 차이가 발생할 것이다.

본 장에서는 품질을 개선하기 위해 공정에서 매우 중요하게 적용되는 이산형 포와송분포에 대해 살펴본다.

# 7.2 포와송분포

$X$는 하나의 확률변수로서 상한이 없는no upper limit 비음non-negative의 정수integers를 취한다고 하자. 즉, 그 값으로 0, 1, 2, …만을 가질 수 있는 확률변수라 하자. 이 값들

중 어느 값을 $X$가 취할 것인지는 오직 우연성chance mechanism에 의해서만 결정된다. 예를 들어, $X$를 무작위로 추출한 품목에 나타난 결점들의 수라 하자(예: 표면에 발생한 흠집, 회로의 납땜 결함, 월별 고객 불만 신고 건수). $X$의 확률분포는 하나의 수학 모형으로서 $X$가 취할 수 있는 가능한 값들에 확률을 부여하는 수학 방정식이다.

결함이 어떤 가정들 하에서 발생한다면, 다음과 같은 방정식을 얻을 수 있다.

$$P(X=k)=\frac{e^{-m}m^k}{k!},\ k=0,\ 1,\ 2,\ \cdots \quad (7\text{-}1)$$

여기서 $P$ = 확률(probability)

$e$ = 2.718...

$m$ = 지정되어야 할 임의의 양의 상수

를 말하며, 위의 방정식을 포와송분포라 한다. 식 (7-1)은 $X$가 취할 수 있는 가능한 값들에 전체 확률(모두 1)이 어떻게 배분(또는 분포)되는지 말해준다. 식 (7-1)에서 $m$은 모수parameter라 불린다. '$X$가 포와송분포를 한다'는 말과 함께 $m$에 대한 값을 지정하는 일은 $X$에 대한 완벽한 정보를 얻는 것과 동일하다. **표 7-1**은 $m=1$, $m=2$일 때 식 (7-1)을 각각 계산한 값들이다. **그림 7-1**은 $m=2$일 때 식 (7-1)에 대한 막대그래프이다. 이것은 **표 7-1**의 3번째 열을 그래픽적으로 표현한 것이다. **그림 7-1**을 확률 히스토그램probability histogram이라 부르며, 이는 포와송 확률질량함수probability mass function의 모습을 나타내고 있다.

### 중요 원리

$m=2$인 포와송 모집단에서 추출된 데이터로부터 구축된 빈도 히스토그램은 **그림 7-1**의 확률 히스토그램과 그 모습이 비슷해야 한다. 일반적으로 빈도 히스토그램은 확률 히스토그램의 추정 모습이라 할 수 있다.

**표 7-1 포와송 확률분포($m$=1, $m$=2)**

| 결점 수 | 확률 | |
|---|---|---|
| $k$ | $m$ = 1 | $m$ = 2 |
| 0 | .3679 | .1353 |
| 1 | .3679 | .2707 |
| 2 | .1839 | .2707 |
| 3 | .0613 | .1804 |
| 4 | .0153 | .0902 |
| 5 | .0031 | .0361 |
| 6 | .0005 | .0121 |
| 7 | .0001 | .0034 |
| 8 | .0000 | .0009 |
| 9 | .0000 | .0002 |
| 10 | .0000 | .0000 |

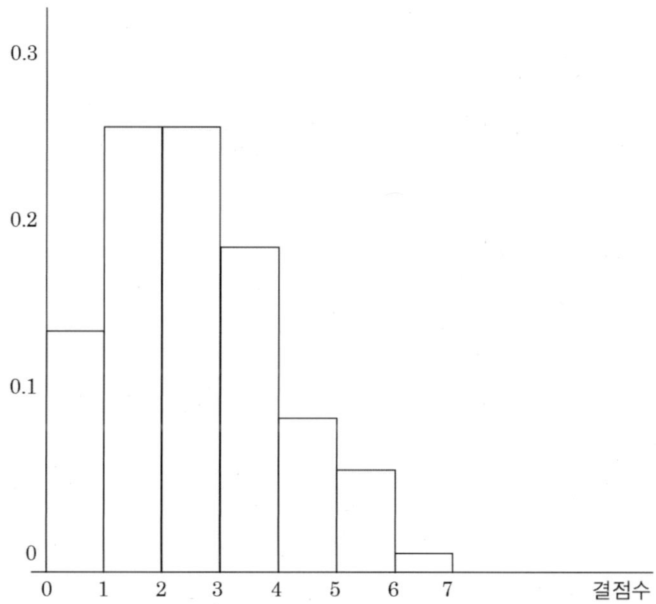


**그림 7-1 $m$=2일 때 포와송분포의 확률 히스토그램**

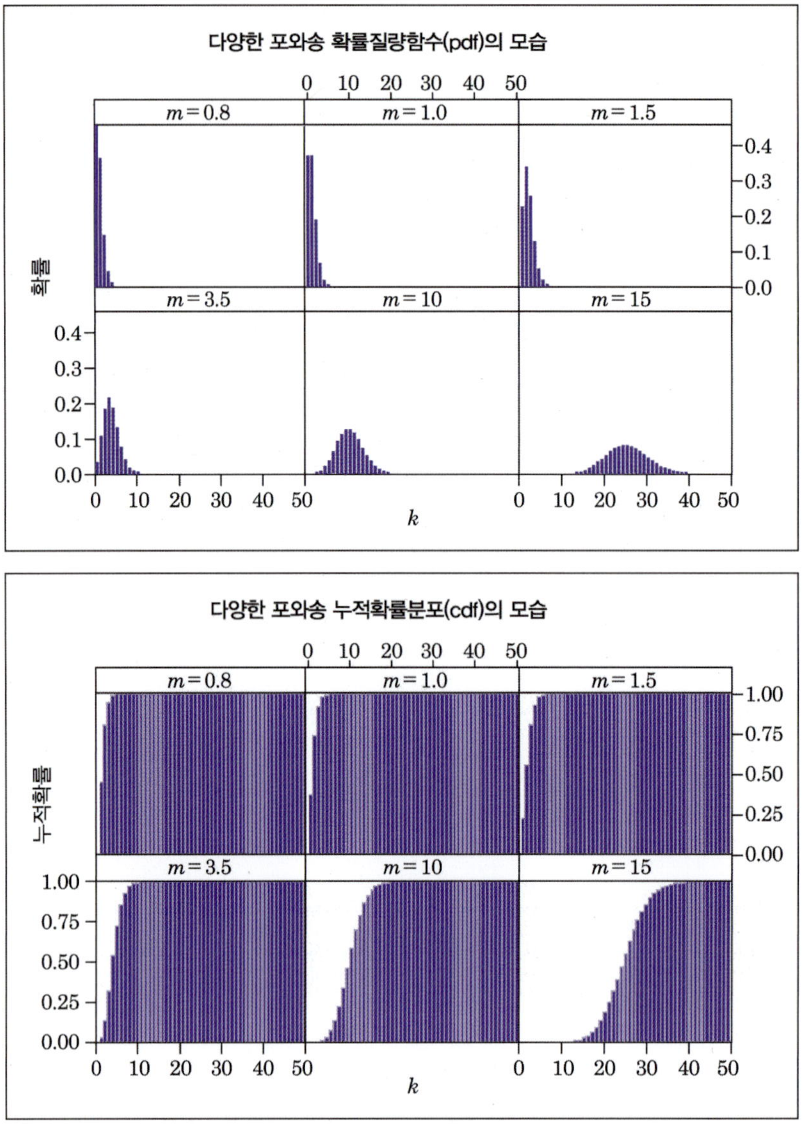


**그림 7-2 다양한 포와송분포의 모습**

위의 **그림 7-2**는 다양한 $m$값에 따라 여러 가지 모습을 보여주는 포와송분포의 확률질량함수pmf: probability mass function 및 누적분포함수cdf: cumulative distribution function의 모습들이다. 특히 $m$은 비음$(0 \le m)$의 값을 가질 수 있는데 $m$의 값에 따라 확률질량함수의 모습이 크게 달라진다. $m < 1$, $m = 1$, $m > 1$에 따라 모습이 많이 다르다. 특히 $m$이 크면 클수록 포와송의 모습은 정규분포의 모습을 닮아간다.

식 (7-1)의 포와송분포의 모평균과 모표준편차는

$$E(X) = m,\ \ D(X) = \sqrt{m}$$

이다.

샘플(무작위 샘플)을 취하여 단위 품목에 포함된 결점 수를 세는 목적은 다음의 두 질문에 대한 답을 얻기 위해서다.

(1) 식 (7-1)의 모형은 모집단을 적절히 표현하고 있는가?

(2) 만일 그렇다면, 모수 $m$값은 얼마인가?

만일 질문 (1)에 대한 대답이 「그렇다」라면, 모수 $m$은 단위 품목당 오랜 기간에 걸쳐 발생되는 결점 수들의 평균값($X$의 기댓값이라 불림)의 의미를 지닌다. 그러므로 $m$은 모집단의 중요한 품질특성이고 샘플 추출의 목적은 이 $m$을 추정하는 것이다.

부록의 표 B를 이용하여 다양한 $m$값들에 대해 식 (7-1)을 계산할 수 있으며, 대부분의 통계 분석을 위한 컴퓨터 패키지에도 식 (7-1)의 값들을 계산하는 프로그램이 들어 있다.

**예제** 다음은 서비스 센터에 접수된 한달(26일)간의 일별 고객불만건수이다. 이 건수는 보통 포와송분포를 한다고 알려져 있다. 일별 고객불만건수가 10번 이상이 될 확률을 구하여라.

| 일 | 불만건수 | 일 | 불만건수 | 일 | 불만건수 |
|---|---|---|---|---|---|
| 1 | 5 | 12 | 8 | 22 | 11 |
| 2 | 3 | 13 | 7 | 23 | 6 |
| 3 | 7 | 14 | 9 | 24 | 9 |
| 5 | 9 | 15 | 4 | 26 | 9 |
| 6 | 5 | 16 | 5 | 27 | 7 |
| 7 | 5 | 17 | 8 | 28 | 7 |
| 8 | 5 | 19 | 2 | 29 | 12 |
| 9 | 7 | 20 | 5 | 30 | 3 |
| 10 | 6 | 21 | 6 | | |

**풀이** 일별 고객불만건수를 확률변수 $X$라 하자. 필요한 확률을 포와송분포로부터 구하기 위해서 먼저 포와송분포의 모수 $m$값을 추정한다. 포와송분포의 기댓값, 즉 모평균이 모수 $m$과 같은 특성을 이용하여 샘플평균을 구하여 $m$을 추정한다.

$$m = (5+3+7+\cdots+3)/26 = 6.538$$

다음은 모수 $m$이 6.538인 포와송확률분포로부터 일별 고객불만건수가 10 이상이 될 확률을 구한다. 즉,

$$\begin{aligned} P(X \ge 10) &= 1 - P(X < 10) = 1 - P(X \le 9) \\ &= 1 - 0.874 \\ &= 0.126 \end{aligned}$$

## 7.3 포와송분포를 활용한 예

포와송분포는 단위 시간, 면적, 부피 및 공간 등에서 발생하는 흔치 않은 사건의 발생 수에 대한 통계모형으로 널리 사용되고 있다. 1분 동안 컴퓨터에 요청되는 새 직무job 수, 제조공장에서 한 달 동안 발생되는 치명사고 수, 하나의 컴퓨터 칩 속에서 발견되는 결함 수, 다이아몬드 표면에서 발견되는 결함 수, 시리얼 한 숟가락 안에 들어 있는 건포도 수 등 수많은 분야에서 활용되고 있다.

설비 제작실에서는 기계제작, 기존 설비변경 및 설비고장의 긴급복구를 담당하고 있다(Deming, 1986). 실 책임자는 간혹 긴급복구에 대처할 인력이 충분치 못한 상황에 처하기도 하며, 또 때로는 긴급복구가 별로 발생치 않아 그의 인력이 개발작업에 많은 노력을 기울일 수 있기도 하였다.

하루에 평균 몇 번 고장으로 인한 긴급복구 상황이 발생하는가?

그도 정확한 수치는 알지 못하나 대략 36번 또는 40번 정도 발생하는 것 같았다. 긴급복구 상황이 서로 연관되어 발생하기보다 독립적으로 발생한다고 가정하면 매일 일어나는 긴급복구 수는 포와송분포를 할 것이다. 만일 평균을 36번으로 본다면, 이 분포의 표준편차는 $\sqrt{36} = 6$일 것이다. 그러면

$$36 + 3\sqrt{36} = 54$$

로 하루 최대 54번의 긴급복구를 준비하는 게 합리적일 것이다. 만일 평균을 40으로 본다면 54가 아니라 최대 59번에 대한 준비가 필요할 것이다. 상한값을 얼마로 하느냐 하는 문제는 이처럼 평균값에 달려 있기도 하지만 얼마나 자주 인력부족 상황을 마주할 것인가에도 달려 있다. 만일 인력부족 상황을 이따금씩, 예를 들어 두 달에 한 번 정도로 허용한다고 하면 상위 2시그마 한계를 사용할 수 있다. 그러면

$$36 + 2\sqrt{36} = 48$$

횟수 정도로 인력운영을 준비하면 될 것이다.

이 다음 단계로 앞으로 수 주 동안 매일매일 긴급복구 수를 집계하여 정확한 평균을 산출하는 일과 **그림 10-2**와 같은 런 차트를 사용하여 무작위 발생randomness 조건을 검토하는 일이 될 것이다.

또 다른 예를 들어 보자.

하나의 회로에 1,000개의 납땜 연결 부위가 있다. 각 연결 부위가 결함일 수도 있고 아닐 수도 있지만, 임시적으로 다음을 가정한다.

A1. 특정 연결 부위가 결함인지 아닌지는 다른 연결 부위에 의해 영향을 받지 아니한다. (연결 부위는 서로 독립이다.)

A2. 한 회로 내의 어떤 부위가 결함일 확률은 어느 다른 부위와도 동일하며, 이를테면 이를 $p$라 하면, 이 $p$는 알려져 있지 않다.

A3. 결함 확률은 회로들 간에 동질성을 갖는다. 즉, $p$는 회로와 회로 간에 일정하다.

위의 가정들에서 회로당 예상되는 결함수는 $1000p$이며, 좀 더 명확하게는

$$P(X=k) = \frac{1000!}{k!(1000-k)!} p^k (1-p)^{1000-k}, \ k=0, 1, 2, \cdots, 1000$$

위 식은 $X$의 확률분포를 나타내는 이항분포이며, 이 식은 포와송분포와는 다르다. 그러나 $p$가 작으면, 가령 $p \le 0.005$, 이 식은 근사적으로 $m = 1000p$인 포와송분포에 접근한다.

#### A1 – A3에 대한 부가설명

(1) 만일 A1~A3가 만족되면 해당 공정은 관리상태에 있을 것이다. 이 경우, $X$의 분포는 시간 경과에 따라 변하지 않는다.

(2) A1이 공정설계에 의해 만족된다고 가정하자. 만일 그렇지 않다면 종속성에 대한 구조가 물리적으로나 통계적으로 규명되어야 하는데, 이는 문제가 심히 복잡해진다.

(3) 만일 A1이 설계에 의해 충족된다면, A2와 A3는 공정이 관리상태에 있다는 것과 동일한 의미를 내포한다.

(4) 만일 A2는 만족되나 A3는 그렇지 않다면, 무작위로 추출된 회로 내의 결함 수는 근사적으로 포와송분포에 따르나 모수 $m$은 각 회로마다 달라진다.

(5) 따라서 $m$에 급격한 변화가 발생하면 변동을 일으키는 특별원인이 공정에서 작용하고 있다는 실마리가 된다.

또한 다음과 같은 비통계적 특징과 제약 사항이 있다고 가정하자.

(1) 자동 검사 시스템이 결함을 판별한다.
(2) 결함을 고칠 수는 있지만, 6개를 초과하는 결함 부위가 있으면 회로는 폐기된다.
(3) 경제적 관점에서 볼 때, 폐기율은 10%를 넘어서는 안 된다.
(4) 내부 규격은 납땜 결함 확률이 0.005를 넘지 않아야 함을 규정하고 있다($p \leq 0.005$).
(5) 경영층은 최근까지 폐기율이 10% 이상이라고 불만을 제기하고 있으며, 생산부서에서는 결함률이 0.005 이하 규격을 준수하고 있다고 주장하고 있다.

위와 같은 상황에서 통계적 분석을 통해 문제를 규명해보자.

### 확률/통계 분석

사실상 $p=0.005$라 하자. 그러면 포아송 모델에서 $m=1000p=5$이다. 이때 폐기율은

$$
\begin{aligned}
\text{폐기율} &= P(X>6)=1-P(X\leq 6) \\
&= 1-[P(X=0)+P(X=1)+\cdots+P(X=6)] \\
&= 1-\sum_{k=0}^{6} e^{-5}(5)^k/k! \\
&= 1-0.7622=0.24
\end{aligned}
$$

로 계산된다. 따라서 전혀 관찰 없이도 A1~A3 가정 하에서 경영층의 목표인 10% 또는 그 이하의 폐기율과 내부 규격인 0.005 결함률과는 상반된다는 사실을 알게 되었다. $p=0.005$이면, 폐기율은 24%가 될 것이다.

실제로 이 문제는 다음과 같이 설명될 수 있다; 다음을 만족시키는 $m$은 무엇인가?

$$P(X\leq 6)=\sum_{k=0}^{6} e^{-m}(m)^k/k=0.90$$

$m$이 밝혀지면, $p=m/1000$이 된다. 부록의 표 B나 컴퓨터를 이용한 포와송 방정식 계산에 따르면 $m=3.9$이고, 따라서 $p=0.0039$임을 알 수 있다.

### 결론과 요약

(1) A1이 설계에 의해 만족되면 A2와 A3는 포와송 모형의 적절함과 공정의 관리상태 양자를 의미한다는 사실을 기억하라. 그러나 실질적으로는 이러한 사실을 알지 못할 것이다. 따라서 우리는 통계적 분석을 통하여 정보를 얻고 분석해야 한다.

(2) 무작위 샘플로 적어도 50개 이상의 회로를 선정하라. 포와송 모형의 타당성을 입증하기 위해 통계적 적합도 검정론을 사용하라. 대부분의 컴퓨터 통계 프로그램은 다양한 확률분포에 대한 적합도 검정 분석을 수행할 수 있다.

(3) (2)의 대답이 "YES"라면, 즉 모형이 포아송이라면, 그 공정은 안정상태라 판정하고 단계 (4)로 넘어가라. 만일 "NO"라면 단계 (5)로 가라.

(4) $p$를 추정하라. 만일 추정값이 $> 0.0039$라면 그 공정은 폐기율 10% 또는 그 이하를 만족시킬 수 없다. 이 경우 경영층만이 문제 해결을 위한 추가 행동을 취할 수 있다. 만일 추정값이 $= 0.0039$이면, 관리도를 구축하여 관리상태를 유지한다.

(5) 관리도를 구축하라. 결함의 특별원인을 찾고 제거하여 공정의 관리상태를 달성하고, 공정이 관리상태가 되면 단계 (4)로 가라.

### 생각할 문제

1. $p$가 작고 $n$(샘플 크기)이 커지면, 이항분포가 포와송분포에 접근함을 컴퓨터 시뮬레이션을 통해 보이시오. ($n = 10$, $p = 0.05$), ($n = 100$, $p = 0.05$), ($n = 1000$, $p = 0.005$)인 경우 이항분포와 포와송분포를 시뮬레이션 하시오.

2. 다음을 시뮬레이션 하시오.
   (1) $m = 5$인 포와송분포로부터 1,000개의 회로를 시뮬레이션 한다. 6개를 초과하는 결함을 지닌 회로의 수를 셈하시오. 24% 폐기율에 근접하는가?
   (2) 1단계를 25번 반복하고 폐기수의 변동성을 살펴보시오.
   (3) 2단계에서 구한 폐기수에 대한 그래프를 그리시오. (이 그래프를 런 차트라 한다.)

3. 포와송 누적확률이 0.9에 이를 때, $m$을 어떻게 발견하겠는가? 다음 방법들을 활용하라.
   (1) 초기값 $m_0(> 0)$에서 출발한다.
   (2) 누적 확률 0.9를 넘어갈 때까지 2배씩 증가하거나 1/2배씩 감소시킨다.
   (3) 언제나 합리적으로 추측하여 0.9로부터의 거리를 고려하여 다음 $m$값을 정한다.

# 제8장 정규분포

"측정 오차들은 대칭적으로 분포하며 참값 가까이로 모이는 경향이 있다."

— Galileo —

정규분포는 공정에서 생산되는 불량품을 관리하기 위한 모형으로 매우 중요한 역할을 하고 있다. 본 장에서는 정규분포와 관련된 다음 사항들을 기술한다.

- 정규분포
- 정규분포 적합성 검토
- 샘플링분포
- 중심극한정리

## 8.1 정규분포

연속형 모집단의 경우는 이산형 모집단과는 다소 다른 접근 방식이 필요하다. 연속형인 경우 특성값이 취할 수 있는 값의 범위는 보통 $(0, \infty)$ 또는 $(-\infty, \infty)$ 등으로 주어진다. 포와송 방정식 (7-1)이 포와송 확률법칙(즉, 분포)을 설명하는 이산형 수학 함수인 것처럼 수학 함수들 중 연속형 함수들은 연속형 모집단의 확률 법칙을 나타낼 수 있다. 이들 연속 함수들 중 가장 흔히 사용되며 잘 알려진 것으로 정규분포라 하는 것이 있으며 이 분포는 제품의 품질특성을 측정할 때도 자주 볼 수 있다.

임의의 공정에서 출력된 제품들로부터 샘플을 취하여 이들의 품질특성을 측정하여 보면 측정값들은 대략 대칭적으로 어떤 중심값을 중심으로 분포하는데, 중심에 가까울수록 측정값들의 수가 더 많이 몰리고 중심에서 멀어질수록 그 수가 희박해지는 경향을 볼 수 있다.

이제 임의의 품질특정 $X$를 중심값 $\mu$와 $\mu$에서 떨어진 거리 $E$로 분리하여 이 두 요소들의 결합으로 표현하자.

$$X = \mu + E$$

위 식에서 $\mu$는 측정값들의 중심의 위치를 나타내는 값으로 보통 알려지지 않은, 즉 미지의 상수이며, $E$는 측정값이 $\mu$로부터 떨어져 있는 거리를 말한다. 즉,

$$E = X - \mu$$

이다. 이 거리는 측정값들마다 다르며 제품이 만들어지는 공정 안에서 다음과 같이 만들어진다.

공정에는 수많은 요소들이 상호작용을 하며 입력을 출력(제품)으로 변환시키는 활동들에 참여하고 있다. 이들은 제각기 제품의 품질특성을 형성하는 데 기여하면서 그때그때마다 작은 변동들을 발생시켜 제품의 품질특성의 크기에 영향을 미친다. 이들이 만들어내는 개별 변동의 크기를 $e_1$, $e_2$, $\cdots$, $e_n$ 이라 하자. 보통 이들의 크기는 매우 작고 또한 각자가 전체에서 차지하는 비율도 작아서 이들이 만들어내는 총변동의 크기 $E$는 어떤 특정한 조건 하에서 독립적으로 분포하는 개별 변동 크기들의 선형함수로 근사적으로 표현할 수 있다.

$$E = w_1 e_1 + w_2 e_2 + \cdots + w_n e_n$$

위 식에서 $w$들은 상수이다. 통계학에서 잘 알려진 중심극한정리에 따르면, 공정에서

일반적으로 충족시킬 수 있는 조건 속에서 개별 변동들의 선형함수로 이루어진 총 변동의 분포는 개별 변동들의 수가 많아질수록 개별 변동의 분포에 거의 상관없이 정규분포에 접근한다. 여기서 중요한 한 가지 조건은 어느 한 개별 변동의 크기가 나머지 변동들을 압도할 정도로 커서는 안 된다는 점이다. 이 이론에 따라 $E$가 정규분포를 한다면 $X$ 또한 정규분포를 하며 둘 사이의 차이는 단지 중심의 위치가 0에서 $\mu$로 이동한다는 점 뿐이다.

정규분포의 모습은 컴퓨터 시뮬레이션을 통하여 살펴볼 수도 있다. **그림 8-1**은 시뮬레이션을 통하여 얻은 샘플 크기가 300인 강봉 데이터에 대한 빈도 히스토그램이다. 그리고 **그림 8-2**는 시뮬레이션을 통하여 얻은 샘플 크기가 1,000인 강봉 데이터에 대한 빈도 히스토그램이다. 샘플의 크기가 증가함에 따라 히스토그램은 시각적으로 부드러워진다. 샘플 크기가 10,000, 100,000, 1,000,000, …일 때를 상상해보라. 이런 효과는 샘플의 크기가 증가할수록 셀 간격이 점점 가까워지기 때문에 발생한다. 이산형 모집단에서는 이런 현상은 나타나지 않는다. 샘플 크기가 아무리 크다고 하더라도 그 샘플은 단지 특정 값만을 가질 수 있을 뿐이다. 즉, 만일 샘플이 0, 1, 2, …으로 이루어진다면, 셀 폭은 항상 1 이상으로 정해질 수밖에 없다. 그렇지만 무한한 크기의 연속형 모집단을 표현하기 위해서는 셀 폭이 0에 가까워지는 완전히 부드러운 곡선, 즉 연속형 곡선이 필요하게 된다.

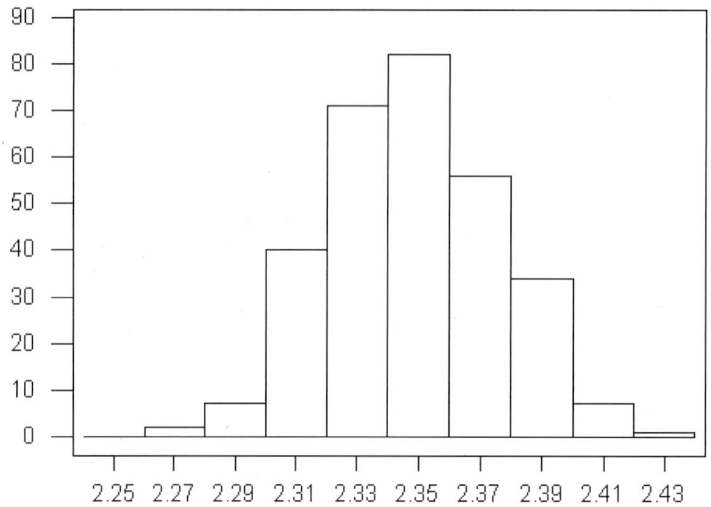


**그림 8-1** 300개의 강봉 직경을 시뮬레이션 한 빈도 히스토그램

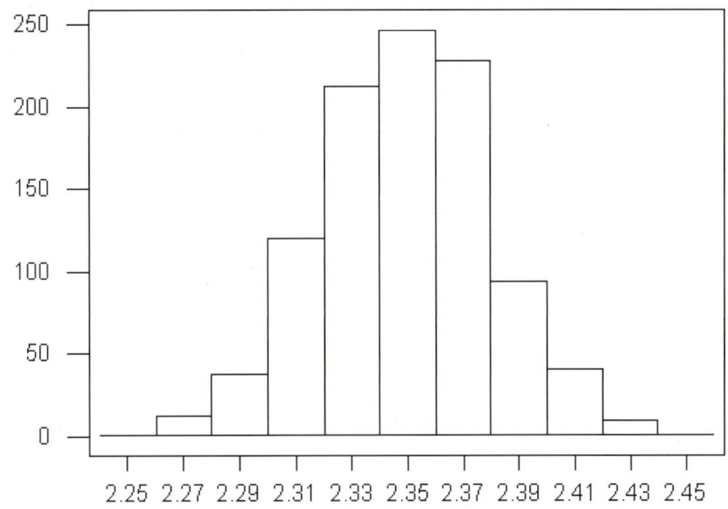

**그림 8-2** 1,000개의 강봉 직경을 시뮬레이션 한 빈도 히스토그램

이 연속형 곡선은 중심에서 가장 큰 함수값을 가지며 중심에서 좌우로 멀어질수록 점차 감소하는 모습을 지녀야 한다. 이 함수는 음의 값을 가져서는 안 되므로 어느 순간에 곡선의 방향이 바뀌는 변곡점을 중심 좌측과 우측에 각각 하나씩 지녀야 한다. 중심 부근에서 위로 볼록이던 곡선은 중심에서 어느 정도 멀어지면 아래로 볼록인 형태로 바뀌어 0의 값에 양의 방향에서 접근하는 모습을 보여야 한다. 이 연속형 곡선은 다음과 같은 방정식으로 기술되며, 이 방정식을 정규분포 확률밀도함수라 부른다.

$$f(x) = \frac{1}{\sigma\sqrt{2\pi}} e^{-\frac{1}{2}\left(\frac{x-\mu}{\sigma}\right)^2} \tag{8-1}$$

식 (8-1)에서 $\pi = 3.141...$, $e = 2.713...$이고 $\mu$와 $\sigma$는 그리스 문자로 "뮤"(mu)와 "시그마"(sigma)라고 읽는다. 식 (7-1)에서 다른 $m$값을 넣으면 다른 포와송분포가 만들어지는 것처럼 다른 $\mu$와 $\sigma$의 값은 다른 정규분포를 만들어낸다. 그러므로 $\mu$와 $\sigma$는 정규분포의 모수들이다. **그림 8-3**은 식 (8-1)에 주어진 $f(x)$의 그래프이다. 이것을 확률밀도함수probability density function(줄여서 pdf)라 부르는데 이 그래프는 **그림 8-1**에 표현된 확률 히스토그램과 유사한 것이다. 이 확률밀도함수에 자연대수natural logarithm를 취하면 이차함수의 방정식을 얻는다.

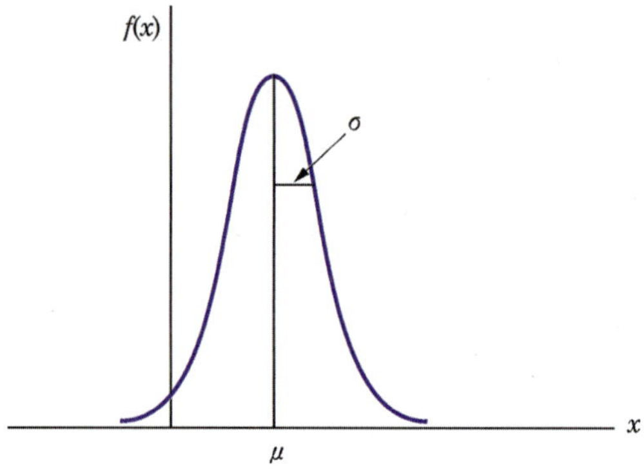


**그림 8-3** 식 (8–1)로 주어진 정규확률 밀도함수의 그래프

정규분포 확률밀도함수는 종 모양으로 양쪽 꼬리 부분의 높이가 0으로 접근한다. 함수의 중심은 $\mu$에 있으며, $\mu$를 중심으로 좌우 대칭이다. 이러한 의미에서 $\mu$는 모집단의 특성 중 "위치"location 또는 "중심화 경향"central tendency을 나타내는 모수라 한다. $\sigma$의 역할에 대해서는 곧 설명한다. 정규분포 또는 다른 연속형 분포에 있어 확률밀도함수는 어떻게 해석될까? 식 (7-1)과는 다르게 식 (8-1)의 $f(x)$는 해당 측정값(확률변수)이 $x$값을 가질 확률을 나타내고 있지 않는다. 사실상,

$$P(\text{강봉의 직경이 정확히 } 2.30'' \text{이다}) = 0$$

이처럼 연속형 분포에서는 측정값이 정확히 하나의 값을 취할 확률이 언제나 0이 된다. 따라서 비음nonnegative의 $f(x)$값이 그대로 확률을 나타내고 있지는 않다. 연속형 분포의 확률밀도함수로부터 확률을 구하기 위해서는 하단 영역areas의 넓이를 구해야 한다. 좀 더 명확하게,

$$\begin{aligned}
&P(\text{측정값이 } x_1\text{과 } x_2 \text{ 사이에 있다})\\
&= P(x_1 \le X \le x_2)\\
&= \int_{x_1}^{x_2} f(x)dx\\
&= x_1\text{과 } x_2 \text{ 사이에 있는 확률밀도함수 } f(x)\text{의 아래 영역의 넓이}
\end{aligned}$$

확률밀도함수 아래의 전체 영역 넓이의 크기는 항상 1이기 때문에, 이 영역의 넓이 즉, 확률도 0과 1 사이이다. 그러므로 **그림 8-4**가 강봉 모집단의 이론적 분포 모습이라면, 빗금친 부분은 직경이 2.30″와 2.40″ 사이일 확률을 나타낸다. 이 경우 0.90이다.

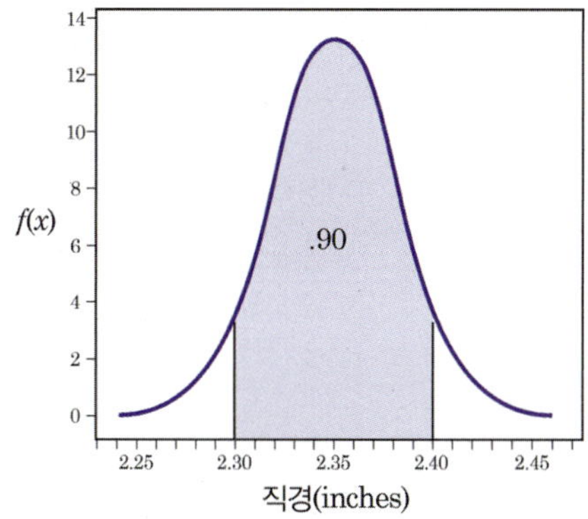


**그림 8-4** **강봉 모집단의 이론적 확률밀도함수**

위 결과에 대한 해석은 다음과 같다. 정말 강봉의 직경이 **그림 8-4**에 주어진 확률밀도함수처럼 분포한다면 그 강봉들의 90%는 2.30″와 2.40″ 사이에 직경이 놓일 것이다. 이것은 모든 강봉의 샘플마다 90%의 강봉이 직경 2.30″와 2.40″ 사이라는 것을 의미하지는 않는다. 하지만 샘플의 크기가 큰 경우에는 (적어도 30 이상의 경우) 2.30″와 2.40″ 사이에 근사적으로 샘플 전체의 90%가 있으리라 기대할 수 있다.

이제 $\sigma$의 역할에 대해 살펴보자. **그림 8-5**는 **그림 8-3**을 반복한 것이지만 이것은 정규분포의 산포성을 표현하는 데 있어서 $\sigma$의 역할을 보여준다. 위에서 정규분포 확률밀도함수는 두 개의 변곡점을 지닌다 하였는데, 식 (8-1)에서 $\sigma$는 중심의 위치 $\mu$에서 변곡점까지의 거리에 해당한다. 즉, 두 개의 변곡점은 $\mu \pm 1\sigma$에 위치한다. 변곡점까지의 거리는 정규분포의 모습을 결정짓는데 중요한 역할을 한다. 확률밀도함수 $f(x)$ 아래의 전체 면적은 항상 1로 유지되어야 하므로 $\sigma$가 작으면 중심의 위치 $\mu$ 근방에 많은 확률이 몰리게 되어 $f(x)$의 높이가 올라가고, 반대로 $\sigma$가 크면 $\mu$ 근방의 확률 밀도가 낮아지고, 낮아지는 만큼 확률이 주변으로 퍼지게 되어 산포성이 커지게 된다. $\sigma$는 확률밀도함수의 폭을 결정하므로 이를 척도 모수 scale parameter라 한다.

**그림 8-5**의 숫자들은 지시된 수직선 사이의 영역의 넓이를 말하며 따라서 확률값을 의미한다. 그러므로 정규분포를 하는 제품의 특성값이 $\mu$의 양쪽으로 $1\sigma$ 범위 사이에 위치할 확률은 약 0.68이고, $2\sigma$ 범위 사이에 있을 확률은 약 0.95, 그리고 $3\sigma$ 범위 사이에 놓일 확률은 0.99 이상이다.

정규분포 확률밀도함수 아래 영역의 넓이를 찾기 위한 표가 부록 표 C에 준비되어 있다. 거의 모든 통계 서적에는 이 표가 갖추어져 있다. **그림 8-4**는 사실 $\mu = 2.35''$ 그리고 $\sigma = 0.03''$인 정규분포 확률밀도함수이다. 이론적으로 강봉의 99.7%는 2.26″와 2.44″, 즉,

2.35″ ± 3(0.03″)의 직경을 가져야 한다.

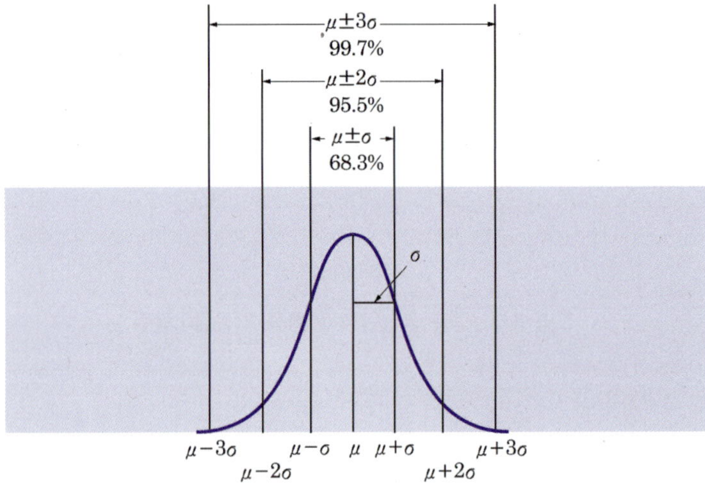


**그림 8-5** σ의 역할을 보여주는 정규 확률밀도함수
$\mu \pm k\sigma$, $k=1, 2, 3$일 때의 확률

기존 강봉 데이터에 대한 빈도 히스토그램에 부드러운 곡선을 스케치하여 추가로 그려보면, 강봉 직경의 샘플은 정규 모집단으로부터 추출되었음이 명백해진다.

**그림 8-6**은 강봉의 빈도 히스토그램을 관통하여 컴퓨터로 얻은 정규 확률밀도함수의 스케치이다.

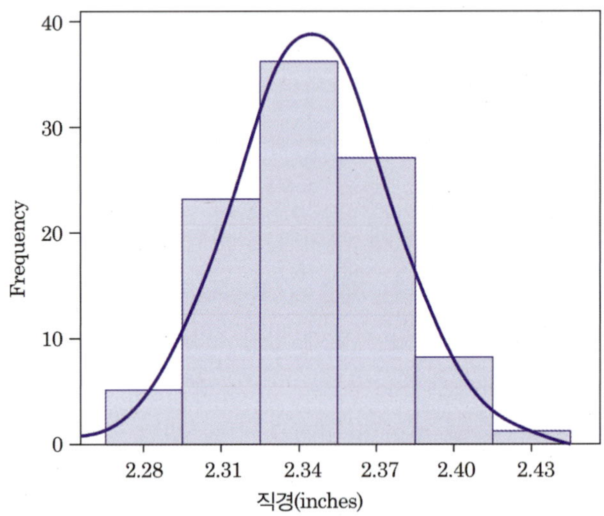


**그림 8-6** 강봉의 빈도 히스토그램과 정규 확률밀도함수

$\mu$는 정규분포에서 중심의 위치를 나타내는 모수일 뿐만 아니라 분포의 기댓값이며 중앙값이고 또한 최빈값이 된다. 이는 정규분포의 대칭성으로부터 쉽게 이해될 수 있다. 그러므로

$$E(X) = \text{Median}(X) = \text{Mode}(X) = \mu$$

의 관계가 성립한다. $\sigma$는 $\mu$로부터 변곡점까지의 거리를 보여주는 모수일 뿐만 아니라 $\sigma^2$은 분포의 분산 그리고 $\sigma$는 표준편차가 된다. 따라서

$$V(X) = \sigma^2$$
$$D(X) = \sigma$$

의 관계가 있다. 이제 통계학의 추정 분야에 대해 언급하여 보자.

(1) **그림 8-6**에 근거해서, 강봉의 모집단은 정규분포에 의해 적절히 기술된다고 가정하자. 그렇지만 $\mu$와 $\sigma$를 알지 못한다. 어떻게 이들을 추정할까?

(2) $\mu$(모집단의 평균이라고도 불리는)를 샘플평균인 $\overline{X} = 2.34$로 추정한다.

(3) $\sigma$(모집단의 표준편차라고도 불리는)는 샘플표준편차인 $S = 0.03$로 추정한다.

(4) 다른 정보 또한 알 수 있다. 즉, 모집단의 99.7%는 $\overline{X} - 3S$와 $\overline{X} + 3S$ 사이에 놓이거나 2.25″와 2.43″ 사이에 놓일 것이라고 추정할 수 있다.

그러나 이러한 언급들은 첫째, 공정이 안정상태(또는 관리상태)이고, 둘째, 공정의 출력물(제품)의 특성이 충분히 정규분포에 의해 표현된다고 가정될 수 있어야 한다.

공정의 안정상태에 대해서는 9장부터 12장까지 그리고 특성의 정규분포에 대한 가정은 다음 절에서 설명한다. 추정에 대한 문제를 좀더 살펴보자.

정규분포는 두 개의 모수 $\mu$와 $\sigma$를 가지고 있고, 이 두 모수들의 값을 알면 품질특성의 모든 사상에 대한 확률을 계산할 수 있다. 그런데 이 모수들의 정확한 값은 알려져 있지 않은 경우가 많다. 따라서 모집단으로부터 랜덤샘플을 취하여 모수들을 추정하게 되는데 $\mu$의 추정량으로서 통계량인 샘플평균, 샘플 중위수 및 최빈값들이 쓰인다. 이들은 모두 랜덤샘플의 함수로 표현된다. 이들 중 샘플평균이 가장 많이 사용된다. 그리고 $\sigma$의 추정량으로 샘플표준편차가 사용되며 이것 또한 랜덤샘플의 함수로 표현된다.

$$\hat{\mu} = \overline{X}$$
$$\hat{\sigma} = \frac{S}{c_4}$$

$\sigma$를 추정할 때 $S$를 $c_4$로 나누어 주는 이유는 $S$가 $\sigma$를 다소 작게 추정하므로 이를 보완할 필요가 있기 때문이다. $c_4$의 값은 부록 표 A에서 샘플의 크기 $n$의 함수로 찾을 수 있다. 표에서 볼 수 있는 바와 같이 $S$의 정확도는 샘플의 크기가 증가함에 따라 상당히 높아지기 때문에 품질관리에 적용할 때 샘플의 크기가 제법 크고(대략 $n \geq 30$) $\sigma$의 추정값에 대한 정확도가 크게 요구되지 않으면 $S$를 $\sigma$의 추정량으로 사용하여도 무방하다. 그러나 샘플의 크기가 작고 정확도가 요구될 때 예를 들면, 정밀전자계통이나 의료계통 및 안전 관련에의 적용에서는 위와 같은 방법으로 추정해야 한다. 공정의 안정성을 위한 $\overline{X}-R$ 관리도 사용에서는 $\sigma$를 $\overline{R}/d_2$로 추정한다(12장 참조). 여기서 $\overline{R}$는 범위들의 평균을 말하며 $d_2$는 부록 표 A에서 찾을 수 있다.

## 8.2 정규분포 모형의 적합성

정규분포는 비록 가장 중요한 분포지만, 그 외에도 많은 연속형 분포들이 있다. 다음에 이들의 몇 가지 예가 있다[그림 8-7(a), (b), (c)]. 그림 8-10(a)는 지수분포, (b)는 감마분포, (c)는 와이블분포의 확률밀도함수의 모습들이다. 치우침에 의한 비대칭성을 눈여겨보자. 이 분포들은 고장시간에 대한 모집단의 모형으로 중요하게 쓰인다. 지수분포의 경우를 제하고는 모집단에 대한 통계적 추론 과정이 정규분포보다 훨씬 어렵다. 수명과 고장 데이터 분석을 위한 방법론에 대해서는 이미 많은 연구가 이루어져 있다.

많은 연속형 분포들 중 정규분포가 이들과 가장 크게 구별되는 점은 무엇보다도 분포의 대칭성에 있을 것이다. 그러나 실제 제한된 크기의 샘플 데이터를 가지고 히스토그램을 그려보면 대칭성을 분별하기가 쉽지 않음을 알 수 있다. 따라서 정규분포 모형이 자연 현상이나 산업 현장에서 가장 많이 나타나는 모형이지만 데이터 분석에서는 가장 기초적으로 이의 적합성 내지는 타당성 문제를 살펴보아야 한다.

여기서는 정규분포 모형의 타당성을 따지는 한 가지 방법으로 확률지에 타점하는 방안을 살펴본다.

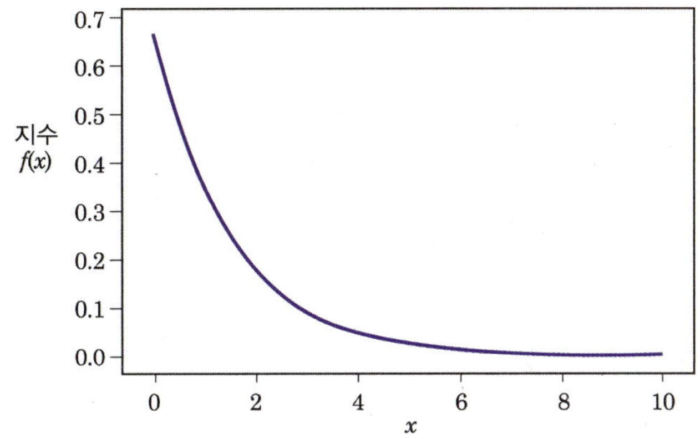


(a) 지수분포의 확률밀도함수 $f(x) = be^{-bx},\ x \geq 0,\ b > 0$

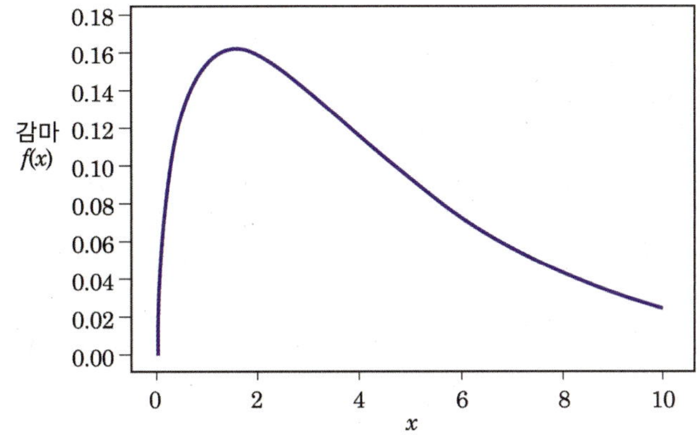


(b) 감마분포의 확률밀도함수 $f(x) = \dfrac{b^a}{\Gamma(a)} x^{a-1} e^{-bx},\ x \geq 0,\ a > 0,\ b > 0$

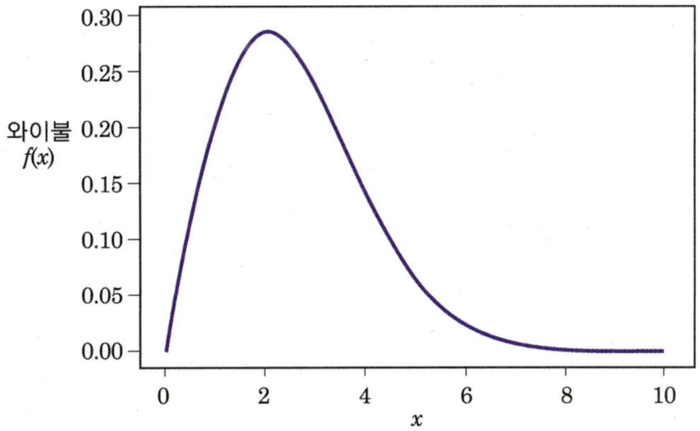


(c) 와이블분포의 확률밀도함수 $f(x) = ab(bx)^{a-1} e^{-(bx)^a},\ x \geq 0,\ a > 0,\ b > 0$

**그림 8-7**

### 확률지 타점법(plotting)

강봉의 빈도 히스토그램을 눈으로 살펴보아도 샘플이 하나의 정규분포로부터 취해짐을 알 수 있다. 히스토그램에 정규분포 확률밀도함수를 겹쳐보면 더욱 뚜렷이 알 수 있다. 그렇지만 항상 그렇게 쉽게 판단이 되는 것은 아니다. 특히 샘플의 크기가 작으면 더 그렇다. 간략히 말하면, 히스토그램 방법은 적합성을 판단함에 있어 정성적이고, 주관적이다. (셀의 숫자를 바꾸면 다른 모습을 보게 된다.) 그렇지만 확률지에 타점하는 확률지 타점법은 보다 정량적이고 객관적이며, 샘플 크기가 50 이하일 때는 특히 히스토그램보다 더욱 유용하다.

아이디어는 다음과 같다.

1) 가정: 샘플 데이터가 특정 분포에서 얻어진다.
2) 위에서 가정한 특정 분포의 특성으로부터 구축되어 특별히 만들어진 확률지라 불리는 그래프 종이에 데이터 값들을 찍는다(타점한다). 특별히 만들어진 그래프에는 정규분포 확률지, 와이불 확률지, 포와송 확률지 등이 있다.
   타점 위치는 다음과 같이 정한다.
   먼저 $n$개의 측정값으로 이루어진 데이터를 작은 것부터 오름차순으로 정렬한 후 $i$ 번째 위치의 데이터를 $x_{(i)}$라 하자. 다음에 $x_{(i)}$값에 해당하는 백분위 누적 확률값을

$$p_{(i)} = \frac{100(i-0.5)}{n}$$

   로 추정한다. 마지막으로 확률지상의 $(x_{(i)}, p_{(i)})$에 해당하는 위치에 타점한다.
3) 그래프에 찍힌 점들이 약간의 변동은 있지만 대체적으로 일직선상에 놓인다면, 데이터는 가정된 분포로부터 온 것으로 결론짓는다.

확률지의 사용은 데이터에 있는 모든 값들을 사용한다는 점에서 히스토그램의 약점을 보완할 수 있다. 다음과 같은 의견들이 있을 수 있다.

1) 찬성: 주관성이 적다. 특히 그룹(셀)을 어떻게 만드는가 하는 결정을 내릴 필요가 없다.
2) 찬성: 모집단의 모수들에 대한 추정이 확률지로부터 가능하다.
3) 장점과 단점: 손으로 점을 찍는 일은 불편하다. 그렇지만 컴퓨터 프로그램을 이용하면 쉽다.
4) 반대: 반 정량적이다. 점들이 직선상에 놓여야 하지만 변동이 없을 수 없다. 그렇다면 어느 정도까지를 직선으로 여길 수 있을까?

5) 찬성: 히스토그램과 마찬가지로 점들을 해석할 수 있다. 즉, 다수의 모집단들로부터 얻어진 데이터는 기울기나 절편의 변화 및 점들 간의 단절성 등을 보인다.

8.4절과 9.4절에서 정규분포 확률지를 이용한 정규성 검증과 데이터 분석에 대한 예들을 볼 수 있다. **그림 8-10** 및 **8-11**에는 적합성 검정을 위한 통계량인 AD(앤더슨-다링 통계량) 값들도 계산되어 있다. 이들 값이 지나치게 크면 데이터의 분포 모형으로서 정규분포모형은 적합하지 않다고 볼 수 있다(정규분포 확률지를 비롯하여 각종 확률지는 www.weibull.com에서 내려 받을 수 있다.).

**생각할 문제**

부록에 있는 데이터 A의 특성들에 대해 정규성을 검증하여보자.

## 8.3 샘플링분포

공정의 변동상태에 대한 정보를 파악하고자 할 때, 공정 자체에 관한 특성을 측정하여 얻은 데이터를 이용할 수 있다. 예를 들면, 철판에 대한 열처리 상의 변화 측정, 절단기의 윤활상태에 대한 점도 측정 등은 공정 내의 변동을 일으키는 요인들에 대해 직접적으로 측정하는 방법이다. 또 한편으로는 공정에서 생산된 출력품에 대한 측정을 통해 공정의 변동 상태를 파악할 수 있다. 11장에 소개된 강봉 직경에 대한 측정이라든지 조립품 내에 있는 결함의 존재 유무를 파악하여 얻는 데이터가 그 예이다. 어떤 경우든 일련의 측정값들을 구하거나 불량률에 관한 데이터를 수집하여 공정에 관한 정보를 파악할 수 있다.

일반적으로 공정의 변동 상태를 파악하기 위해 데이터를 수집하는 가장 편리하고 유용한 방법으로는 적은 수의 측정값들로 이루어진 샘플을 다수 취하는 방식이다. 이는 한꺼번에 많은 측정을 실시하여 하나의 큰 샘플을 만들어 변동을 분석하는 방식, 예를 들면 히스토그램 분석과 같은 방법보다 경제적이고 훨씬 효과적이다. 예를 들면, 하루에 생산한 제품의 변동 상황을 파악하기 위해 하루 생산량으로부터 100여 개의 제품을 한꺼번에 측정하여 샘플을 구성하는 것보다 시간대별로 4~5개 정도를 취하여 측정하는 방식이 공정의 변동에 관한 정보를 파악하기에 더 효과적이다. 후자의 경우, 필요하다면 이들을 모두 취합하여 개별 측정값들로 이루어진 하나의 큰 샘플을 만들 수 있고 이로부터 각종 수치지표나 도수분포를 통하여 변동의 정보를 파악할 수 있다. 뿐만 아니라 각 샘플로부터 수치지표를 계산하면 샘플 수 만큼의 지표들을 구할 수 있다. 이 지표들 역시 그들만의 변동을 가지고 있는데, 이들의 변동이 보여주는 정보는 취합된 하나의 큰 샘플에서 발견될 수 없는 소중한 공정의 변동 상황에 대한 정보를 제공한다. 이들 수치지표 중에서 가장 유용하게 공정의 변동 상태에 관한 정보를 보여주는 것이 평균이다. 각 샘플로부터 평균을 구하면, 샘플의 수만큼 평균들을 계산할 수 있다. 당연하겠지만, 이 평균들은 변동한다. 즉, 개별 측정값들이 다양한 변동의 특성을 지니고 있는 것과 마찬가지로 평균들도 중심성향이 있고 흩어짐성이 있다. 이 평균들의 변동 특성은 개별 측정값들의 변동특성과는 다르다. 평균들은 개별 측정값들만큼 널리 흩어지지 않는다.

충분한 수의 평균값들이 있어 이들을 하나의 무리로 만들어 보면, 그들 자신만의 독특한 분포 모습이 보여지는데, 이 모습은 개별값들의 흩어짐보다 상당히 밀접하게 산포되고 있음을 보여준다.

이제 평균값들의 분포모습이 개별값들과 어떻게 달라지는지를 살펴보기 위해 **표 3-2**의 강봉 직경 데이터를 처음부터 5개씩 묶어 **표 8-1**과 같이 20개의 소그룹(샘플)으로 재배열하고 각 그룹의 평균과 범위를 구하였다. **표 8-2**에서는 그룹 I에 **표 8-1**의 평균값들에 관한 수치지표와 함께 그룹 II에 개별값들을 10개씩 묶어 10개의 소그룹으로 재배열한 후 이들에 대한 평균값들의 수치지표 값들을 나타내고 있다. **표 8-2**에 따르면, 평균은 모두 2.3441로 변화가 없으나 표준편차와 범위는 점차 작아지고 있음을 알 수 있다. **그림 8-8**에서는 3개의 다른 그룹들 간의 범위(최대-최소)가 그룹에 포함되는 측정값들의 수에 따라 작아지는 모습을 분명히 보여준다.

**표 8-1 강봉 직경 측정값들을 5개씩 묶은 그룹 데이터(그룹 I)**

| 그룹 번호 | 1 | 2 | 3 | 4 | 5 | 평균 | 범위 |
|---|---|---|---|---|---|---|---|
| 1 | 2.37 | 2.34 | 2.38 | 2.32 | 2.33 | 2.348 | 0.06 |
| 2 | 2.28 | 2.34 | 2.31 | 2.33 | 2.34 | 2.320 | 0.06 |
| 3 | 2.29 | 2.36 | 2.30 | 2.31 | 2.33 | 2.318 | 0.07 |
| 4 | 2.34 | 2.34 | 2.36 | 2.39 | 2.34 | 2.354 | 0.05 |
| 5 | 2.35 | 2.36 | 2.30 | 2.32 | 2.33 | 2.332 | 0.06 |
| 6 | 2.35 | 2.35 | 2.34 | 2.32 | 2.38 | 2.348 | 0.06 |
| 7 | 2.32 | 2.37 | 2.34 | 2.38 | 2.36 | 2.354 | 0.06 |
| 8 | 2.37 | 2.36 | 2.31 | 2.33 | 2.30 | 2.334 | 0.07 |
| 9 | 2.35 | 2.33 | 2.38 | 2.37 | 2.44 | 2.374 | 0.11 |
| 10 | 2.32 | 2.36 | 2.32 | 2.29 | 2.35 | 2.328 | 0.07 |

| 그룹 번호 | 1 | 2 | 3 | 4 | 5 | 평균 | 범위 |
|---|---|---|---|---|---|---|---|
| 11 | 2.38 | 2.39 | 2.34 | 2.32 | 2.30 | 2.346 | 0.09 |
| 12 | 2.39 | 2.36 | 2.40 | 2.32 | 2.33 | 2.360 | 0.08 |
| 13 | 2.29 | 2.41 | 2.27 | 2.36 | 2.41 | 2.348 | 0.14 |
| 14 | 2.37 | 2.36 | 2.37 | 2.33 | 2.36 | 2.358 | 0.04 |
| 15 | 2.31 | 2.33 | 2.35 | 2.34 | 2.35 | 2.336 | 0.04 |
| 16 | 2.34 | 2.31 | 2.36 | 2.37 | 2.35 | 2.346 | 0.06 |
| 17 | 2.40 | 2.35 | 2.37 | 2.35 | 2.32 | 2.358 | 0.08 |
| 18 | 2.36 | 2.38 | 2.35 | 2.31 | 2.34 | 2.348 | 0.07 |
| 19 | 2.35 | 2.36 | 2.39 | 2.31 | 2.31 | 2.344 | 0.08 |
| 20 | 2.30 | 2.35 | 2.33 | 2.35 | 2.31 | 2.328 | 0.05 |

**표 8-2 강봉 직경 측정값(개별) 및 그룹 데이터의 몇 가지 수치지표**

| 전체 | 수치지표 | | | | | |
|---|---|---|---|---|---|---|
| 변수 | 카운트 | 평균 | 표준편차 | 최솟값 | 최댓값 | 범위 |
| 개별값($n=100$) | 100 | 2.3441 | 0.0310 | 2.2700 | 2.4400 | 0.1700 |
| 그룹 I($n=5$) | 20 | 2.3441 | 0.0143 | 2.3180 | 2.3740 | 0.0560 |
| 그룹 II($n=10$) | 10 | 2.3441 | 0.00778 | 2.3340 | 2.3530 | 0.0190 |

이로써 개별 측정값들의 분포와 평균값들의 분포는 동일한 중심을 가지나 흩어짐의 크기는 평균을 구성하는 개별 측정값들의 수에 따라 감소한다는 사실을 확인할 수 있다. 평균의 분포 모습을 알려면, 동일한 수의 개별 측정값들로 구성된 다수의 샘플들이 있어 이들로부터 다수의 평균들을 계산할 수 있어야 한다. 이와 같이 하여 얻어진 평균에 관한 분포를 샘플링분포sampling distribution라 하는데, 특히 평균에 관한 분포임을 확실히 하기 위해 평균 샘플링분포라 한다. 마찬가지로, 샘플들로부터 범위들을 구하면 이 범위들도 하나의 분포 모습을 형성하는데, 이를 범위의 샘플링분포sampling distribution of ranges라 한다. 각 샘플로부터 특성이 존재하는 개체 수count를 파악하면 다수의 샘플로부터 다수의 개체 수counts를 얻게 되며, 이 개체수의 분포를 개체수의 샘플링분포라 한다. 이들 샘플링분포는 후에 관리도 작성의 기본적 지식을 제공한다.

이에 반해 샘플이 취해지는 공정의 분포를 샘플로부터 유도되는 샘플링분포와 구별하기 위해 모분포parent distribution, universe, population 또는 개별값(또는 개별 측정값)분포 distribution of individuals라 부르기도 한다.

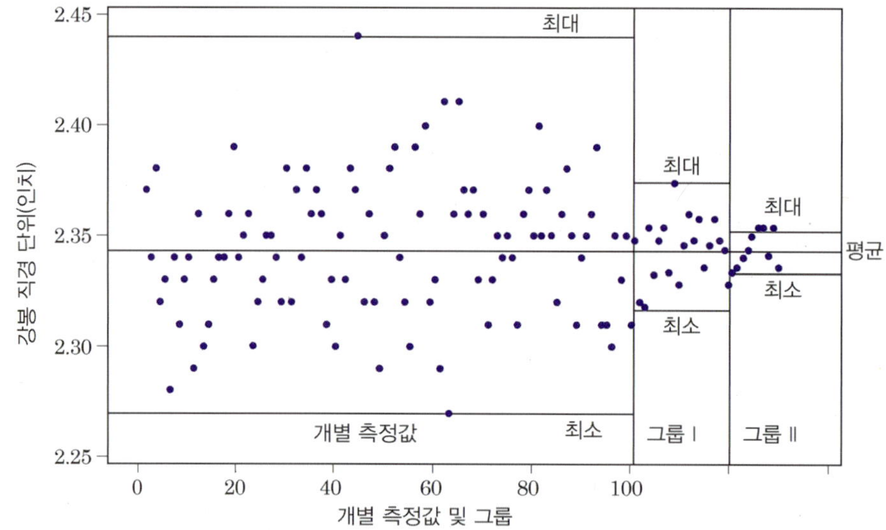


**그림 8-8 강봉 직경에 대한 개별 측정값과 평균들의 분포 모습**

샘플링분포는 샘플이 취해진 모분포와 수학적으로 관련되어 있다. 모분포는 샘플링분포의 산포성, 중심성 및 형상성 등에 이르기까지 샘플링분포의 모든 특성들을 결정짓는다. 이들 사이의 관련성은 다소 복잡하기도 하지만 평균 샘플링분포의 경우에는 아주 간단하다.

평균 샘플링분포는 모분포와 다음과 같은 관련성을 가진다.

1. 샘플링분포의 평균값은 모분포의 것과 동일하다. 위의 사실은 **표 8-2** 및 **그림 8-8**에서 분명히 보여진다.
2. 평균 샘플링분포의 형상shape은 모분포에 영향을 받지만, 비록 모분포가 불규칙하거나, 치우쳐 있거나, 삼각형 또는 사각형의 모습을 가진다 하여도, 일반적으로 평균 샘플링분포의 형상은 정규분포와 아주 비슷하게 따라가는 경향을 보인다. 따라서 평균 샘플링분포는 근사적으로 정규분포라고 생각하여도 무방하다. 그러나 한 가지 조심해야 할 사항은 모분포가 아주 극단적으로 U자 형태나 J자 형태의 형상을 갖는다면, 그리고 샘플의 크기가 아주 크지 않다면, 정규분포에의 접근성은 유효하지 않다. 이때 샘플링분포의 형상은 모분포의 모습에 의해 상당한 영향을 받을 것이다.
3. 평균 샘플링분포의 표준편차는 모분포의 표준편차와 다음과 같은 관계를 갖는다.

$$\text{평균들의 표준편차} = \frac{\text{모분포의 표준편차}}{\sqrt{n}}$$

$$\text{또는 } D(\overline{X}) = \frac{D(X)}{\sqrt{n}}$$

위 식에서 $n$은 각 샘플평균에 포함되는 개별 측정값들의 수이다. 만일 $n=5$이면, 평균들의 표준편차는 모분포의 표준편차보다 $\frac{1}{\sqrt{5}}$배가 된다. 이는 $\frac{1}{2.236} \approx 0.44721$로 대략 45%에 해당한다[**그림 8-9**].

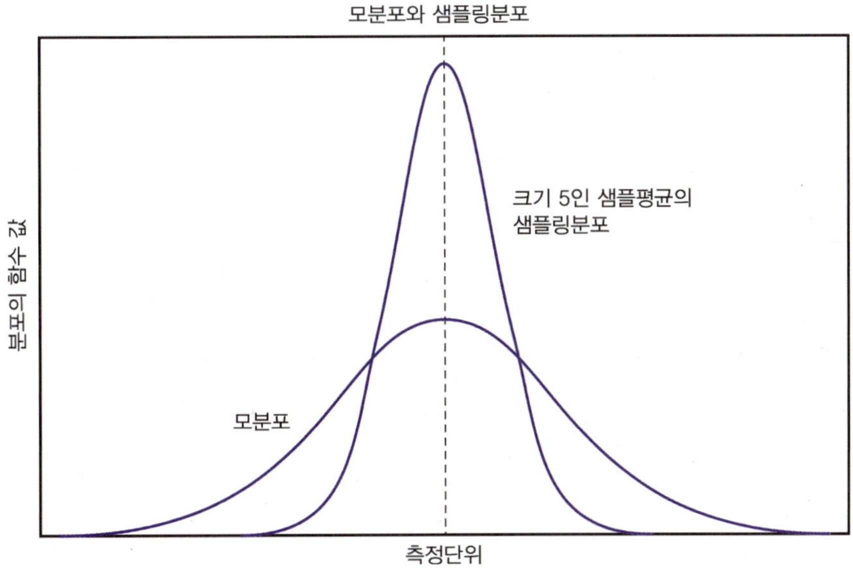


**그림 8-9 모분포와 평균 샘플링분포(샘플의 크기=5)**

**표 8-2**에서 개별값들의 표준편차가 0.0310일 때 그룹 I($n=5$)의 표준편차가 0.0143이고, 그룹 II($n=10$)는 0.00778이다. 이들 사이의 관계는 대략적으로 모분포와 평균 샘플링분포의 표준편차와 같다.

$$0.0310 \times \frac{1}{\sqrt{5}} = 0.0139$$

$$0.0310 \times \frac{1}{\sqrt{10}} = 0.0098$$

이들 값이 정확히 일치하지 않는 이유는 이들이 분포의 표준편차에 대한 추정값들이기 때문이다.

# 8.4 중심극한정리

정규분포는 작고 무수히 많은 원인들이 품질특성 측정치 변동에 무작위로 영향을 미칠 때 발생한다. 중심극한정리는 간단히 다음과 같이 정리된다. 어떤 분포로부터 취해진 샘플이든지 샘플의 크기가 크면 그 샘플평균은 근사적으로 정규분포를 한다. 중심극한정리가 유용하게 쓰이는 이유는 분포가 지나치게 기울어 있지 않다면 샘플 크기는 그렇게 클 필요 없이 5~30 정도면 충분하다는 사실에 있다. 관리도 기법control charting의 힘(유용성)의 대부분은 중심극한정리(CLT)로부터 얻어진다.

### 중심극한정리

평균이 $\mu$이고 표준편차가 $\sigma < \infty$인 모집단으로부터 뽑은 랜덤샘플을 랜덤 변수 $X_1$, $X_2$, $\cdots$, $X_n$로 표현하자. 모집단은 반드시 정규분포가 아니어도 된다.

**결과 1**: 랜덤 변수인 샘플평균 $\overline{X} = \dfrac{X_1 + X_2 + \cdots + X_n}{n}$는 평균이 $\mu$이고 분산이 $\dfrac{\sigma^2}{n}$ (표준편차 $\dfrac{\sigma}{\sqrt{n}}$)인 분포를 한다. $n$의 값에 관계없이 이 결과는 언제나 참(true)이다.

**결과 2**: 랜덤샘플의 모집단이 정규분포를 한다고 하자. 그러면 $\overline{X}$는 평균이 $\mu$이고 표준편차 $\dfrac{\sigma}{\sqrt{n}}$인 정규분포를 한다. 이 결과는 $n$의 값에 관계없이 언제나 참이다.

**결과 3**: (중심극한정리) 랜덤샘플의 모집단이 정규분포가 아니라고 하자. 그러면 $n$이 충분히 크면, $\overline{X}$는 평균이 $\mu$이고 표준편차 $\dfrac{\sigma}{\sqrt{n}}$인 정규분포에 근사적으로 접근한다.

### 중심극한정리 연습

그림 8-10은 30개의 샘플평균을 정규분포 확률지에 플로팅하여 얻은 그림이다. 각 샘플은 평균 1인 지수분포로부터 5개의 측정치를 시뮬레이션하여 취했다. 그림에 나타나 있듯이, 샘플평균들은 정규분포를 하지 않는 듯하다. 그 이유는 지수분포는 치우침(비대칭성)이 매우 심한 분포이기 때문이다. 따라서 샘플의 크기를 증가시킬수록, 그 평균은 중심극한정리를 따르고 정규분포에 더 가까이 근사할 것이다.

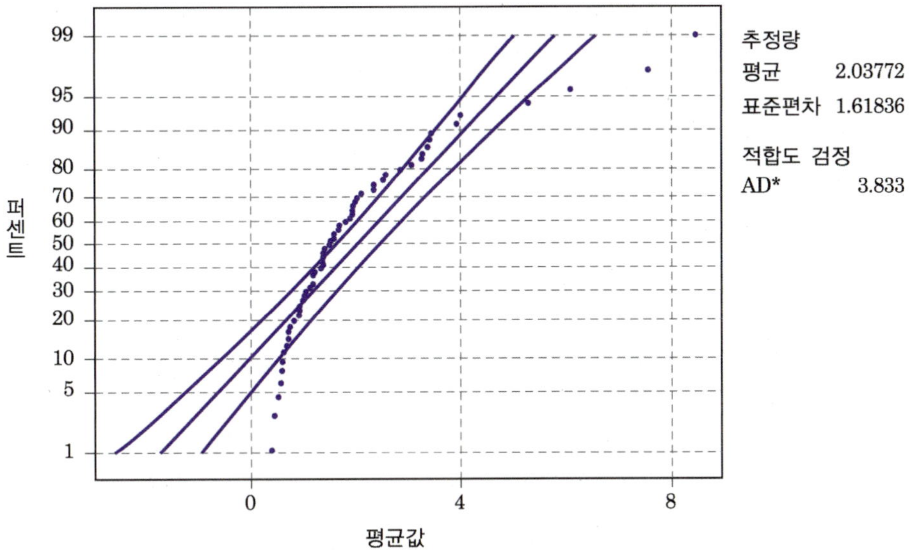


**그림 8-10** 지수분포(1.0)로부터 생성된 평균들($n$=5)의 정규확률지 타점

그림 8-11은 샘플의 크기를 20으로 증가시켜 얻은 것이다. 평균들의 직선화 경향이 더욱 뚜렷하다. 이는 중심극한정리가 적용됨을 의미한다.

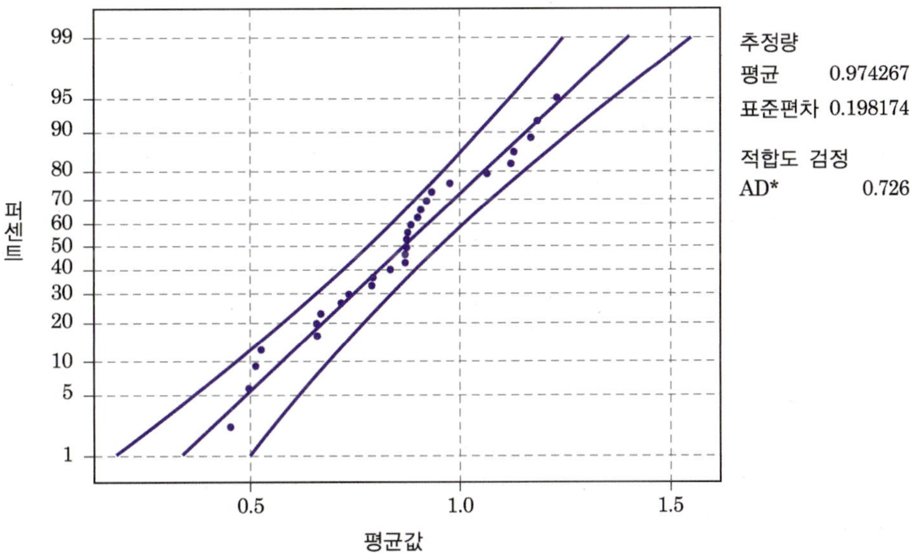


**그림 8-11** 지수분포(1.0)로부터 생성된 평균들($n$=20)의 정규확률지 타점

### 생각할 문제

1. 부록에 있는 데이터 A를 사용하여 크기가 5인 샘플들을 생성하시오.
2. 샘플평균들을 구하시오.
3. 샘플평균들을 가지고 빈도 히스토그램을 작성하시오.
4. 정규분포 확률지를 작성하시오.
5. 히스토그램과 확률지를 보고 중심극한정리의 타당성을 설명하시오.
6. 샘플 크기를 10으로 하고 위의 2~5를 반복하시오.

# 제9장 정규분포의 활용

"히스토그램은 공정의 상태에 대한 하나의 스냅 사진과 같다"

공정능력은 공정이 보여줄 수 있는 최고의 상태를 말하며, 이때 공정의 변동은 최소가 된다. 따라서 가장 균일한 제품을 생산할 수 있게 된다.

히스토그램은 구간 값들에 대한 상대적 빈도를 보여주는 그림으로 많은 데이터로부터 중심성과 산포성이 보다 분명히 드러나도록 해준다. 히스토그램 속에 규격이 함께 표현될 때 규격을 만족시킬 수 있는 공정의 능력을 쉽게 파악할 수 있게 된다. 본 장에서는 공정능력의 중요성과 공정이 보여주는 여러 가지 히스토그램의 모습과 규격과의 관계 등을 살펴본다.

- 공정능력
- 히스토그램과 공정
- 히스토그램과 규격
- 히스토그램의 형상

# 9.1 공정능력

3장의 강봉 제조공정에 대해 다음과 같은 질문을 생각해보자.

**표 3-2**의 강봉 예제에서, 강봉 직경 규격인 2.35″±0.10″ 또는 하한 2.25″와 상한 2.45″는 현실적으로 타당한가? 즉, 공정은 이 규격을 만족시킬 수 있는 고유 능력을 갖고 있는가? 100개의 강봉 직경은 **그림 3-1**의 히스토그램이 보여주는 바와 같이 정규분포인 모집단으로부터 얻어진 것으로 보인다. 따라서 강봉 제조공정은 관리상태에 있다고 볼 수 있다. 만일 관리상태가 아니라면 어떻게 보일 것인가? **그림 9-1**은 공정이 특별원인에 의해 영향을 받을 때, 즉 공정이 관리상태에 있지 않을 때 보여지는 모습이다.

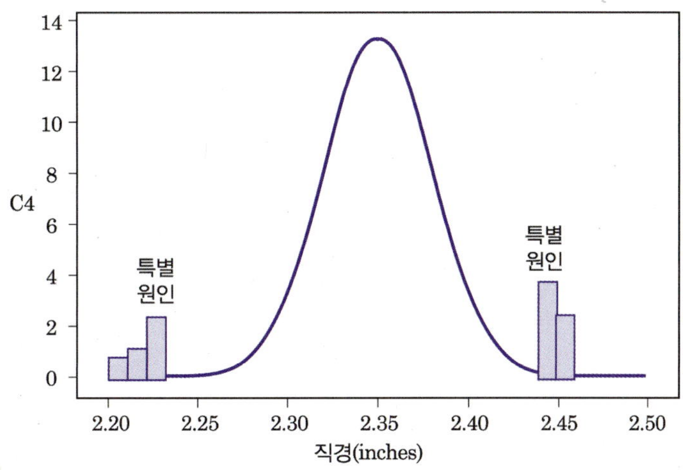


**그림 9-1 관리상태가 아닌 공정의 모습**

공정이 관리하에 있지 않다면 공정의 능력에 대한 논의는 의미가 없다. 특별원인이 공정에 있을 때 공정 상황에 대한 예측은 불가능하다. 강봉 샘플에서 $\mu$와 $\sigma$의 추정값들은 각각 $\overline{X}= 2.34$와 $S= 0.03$이다. 정규분포 이론은 모집단의 99.7%가 $\mu-3\sigma$와 $\mu+3\sigma$ 사이에 놓임을 말해준다. 이 구간에 대한 추정값은 $\overline{X}\pm 3S= 2.34\pm 3(0.03)$, 또는 구간 (2.25, 2.43)이다. 양측 공차(또는 허용차tolerances)일 때 $6S$($6\sigma$의 추정치)를 공정능력process capability이라 한다. 여기서, 허용차의 범위는 2.45−2.25=0.20이고 공정능력은 6(0.3)= 0.18이다. 그러므로 공정은 규격을 만족시킬 능력이 간신히 있는 것으로 보인다. 만일 이 제조공정에 무언가 문제가 발생한다면, 즉 현재 공정 중심에 작은 변화라도 생기게 되면, 비규격품이 생산될 것이다. 이러한 경우에 경쟁력은 어떻게 될 것인가?

### 시나리오

주 고객은 현재 규격을 2.35″±0.10″로 요구하고 있지만 실제로는 규격을 좀 더 강화하기를 원한다. 예를 들면, 2.35″±0.05″가 원하는 규격이다. 외국의 한 회사는 강화된 규격을 만족하는 강봉을 공급할 수 있다. 그들이 이렇게 할 수 있었던 것은 불굴의 지속적인 노력을 통해 먼저 특별원인들을 제거해 왔고, 무작위변동random variation을 줄여 나가는 근본적인 공정 개선을 추구하여 왔기 때문이다. 공정 모집단의 분포는 다음과 같았다[그림 9-2].

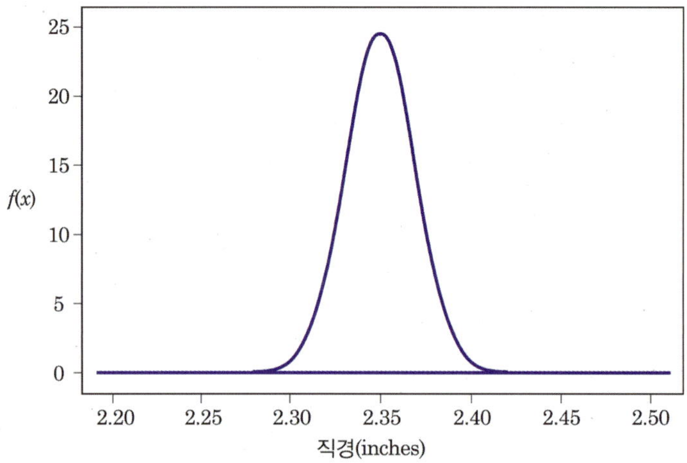


**그림 9-2 외국 기업의 강화된 공정의 분포모습**

다음 중 이 회사의 경영진이 취할 수 있는 방법은 무엇인가?

(1) 막연히 기도한다.
(2) 작업자들을 닦달한다.
(3) "품질 우선"이라는 선전 표어를 공장 여기 저기 붙인다.
(4) 잔업을 통해 생산량을 늘려 규격품의 숫자를 높인다.
(5) 봉급 축소, 혜택 감소, 작업규칙의 완화 등으로 작업자 양해를 구한다.
(6) 정치적 해결 방안을 모색한다. (보호주의)
(7) 다음 분기에 이익을 증가시키기 위해 보너스를 주고 일찍 퇴직시킨다.
(8) 강봉 산업을 떠난다.
(9) 분식회계를 한다.

일차적으로 이 회사는 공정을 관찰하여 통계적 방법이나 관리도 기법을 사용하여 관리상태를 유지토록 함이 필요할 뿐이다. 그러면 규격을 벗어나는 강봉의 비율이 사실상 0으로 떨어져 검사inspection조차 필요치 않게 된다. 이 회사가 경쟁을 하려 한다면 어떠한 일이 생기겠는가? 현재의 공정 중심 $\overline{X} = 2.34$와 공정의 산포 $S = 0.03$의 공정에서는

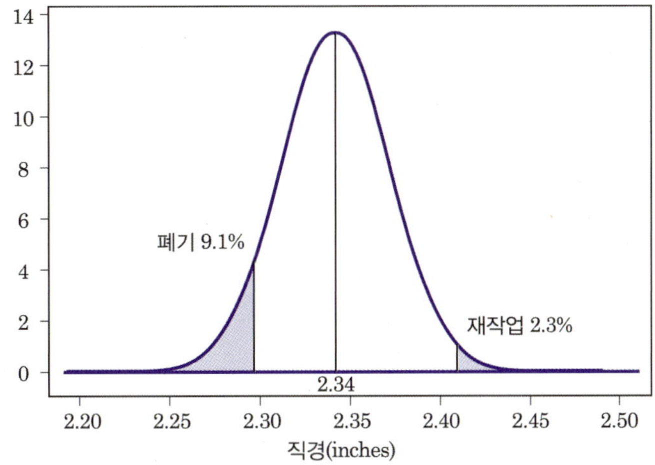


**그림 9-3 강봉 공정의 불량률(규격 2.35"±0.05")**

폐기 확률 9.1%, 재작업 확률 2.3%가 발생된다[그림 9-3]. 너무 많은 폐기와 재작업이 발생되어 원가에 많은 부담을 주고 있다. 공정의 중심을 2.35″로 옮기더라도, 폐기 확률 4.8%, 재작업 확률 4.8%가 발생한다. 즉, 중심을 맞추어도 폐기와 재작업 비용 때문에 회사는 가격 경쟁력과 수익성 측면에서 버텨낼 수가 없다.

### 경쟁의 기본 철학

오늘날의 제조환경에서 살아남으려면,

(1) 제조공정에 대한 관리를 구축하고 유지하라(이것이 이루어지기 전에 공정능력에 대해 언급함은 별 의미가 없다).

(2) 만일 공정이 관리상태에 있지만 공정능력이 충분치 않다면(너무 많은 고유 변동으로 말미암아), 근본적인 경영 조치만이 품질을 — 즉 생산성을 — 개선시킬 수 있다.

(3) 한치 앞선 경쟁력을 유지하거나 증대시키려면, 흔들림 없는 지속적인 노력을 통해 관리를 유지하고 공정능력을 개선시켜야 한다.

(4) 모든 공정에 대해 첫째로 관리를 구축하고, 둘째로 관리를 유지하고, 셋째로 능력을 개선(변동 축소)시키기 위해 기업의 누구나 지식 축적과 훈련을 통하여 참여해야 한다.

## 9.2 히스토그램과 공정

히스토그램 분석은 통계 분석 기법들 중 단순하면서도 현업에서 가장 많이 사용되는 기법이다. 아마도 전 세계의 작업자들은 이 사용법에 대해 이미 많은 훈련을 받아 왔을 것이다. 히스토그램은 품질 문제를 곧바로 집어내서 이에 대한 해답을 제시하는 능력을 종종 보여준다. 품질 문제는 변동의 존재와 연결되어 파악해 볼 수 있다. 제품의 치수가 갑자기 크거나 작아 규격을 벗어나는 제품이 만들어질 때 이는 공정에 작용하는 변동의 원인들을 파악함으로써 그 원인을 규명할 수 있다. 이미 알려진 대로 공정에는 시시각각 많은 요인들이 상호 작용하여 변동을 만들어내며 변동의 요인들을 우연 원인에 의한 것과 특별원인에 의한 것으로 구분한다. 히스토그램은 공정의 변동상태에 대한 하나의 스냅 사진과 같다고 할 수 있다. 즉, 측정이 이루어지는 순간의 공정 상황을 가장 잘 표현하여 준다. 스냅 사진에 나타난 변동의 모습은 공정 속에 특별원인이 존재하는지를 파악할 수 있게 해준다.

그림 9-4부터 그림 9-12는 공정이 보여주는 다양한 모습의 히스토그램들을 나타내고 있다. 그림 9-4는 공정에 특별원인이 없는 가장 자연스러운 공정의 모습으로서 공정의 변동이 수많은 작은 요인들에 의해 발생되고 있음을 말해준다. 최빈수를 중심으로 좌우 대칭인 종모양의 정규분포 모습을 보여주고 있다. 나머지 그림들은 자연스러운 공정의 모습으로부터 약간씩 다른 모습들을 보여주고 있다. 이들은 공정에 무엇인가의 특별한 요인이 있어 공정의 변동이 영향을 받기 때문에 발생하는 현상이다. 특별원인을 찾아 제거하여 그림 9-4의 모습과 같은 공정의 모습으로 되돌리고자 하는 노력이 품질 활동의 주요 목표 중 하나이다.

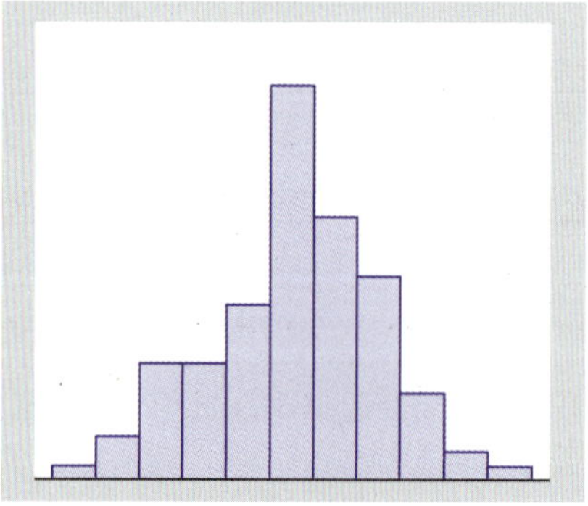

그림 9-4 하나의 정규 모형으로부터 얻은 데이터

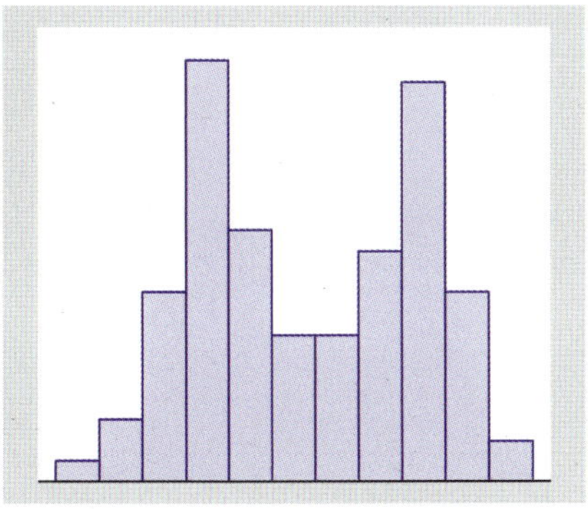

**그림 9-5** 두 모집단으로부터 나온 데이터

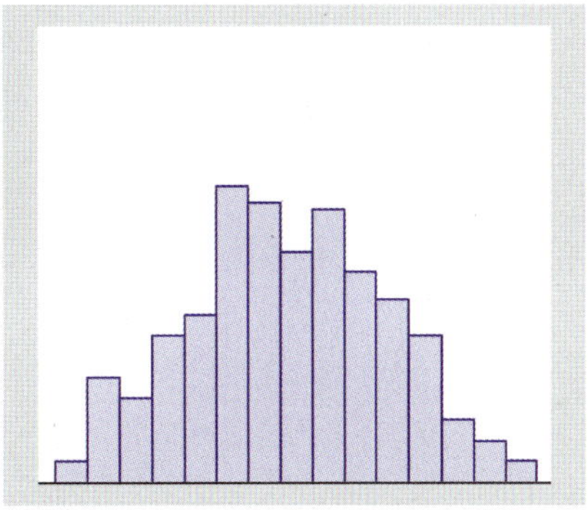

**그림 9-6** 여러 모집단으로부터 얻은 데이터

**그림 9-5**는 공정에 변동을 일으키는 원인이 하나가 아닌 두 개가 있으며 이 둘은 발생 빈도가 비슷하다. 예를 들면, 두 대의 기계가 동일한 작업을 하는데 기계중심의 위치가 다르게 설정된 경우이다. 두 사람의 작업자가 동일한 수만큼 부품을 생산하였을 때 발생하기도 한다. **그림 9-6**은 다수의 원인에 의해 공정의 변동이 영향을 받고 있다.

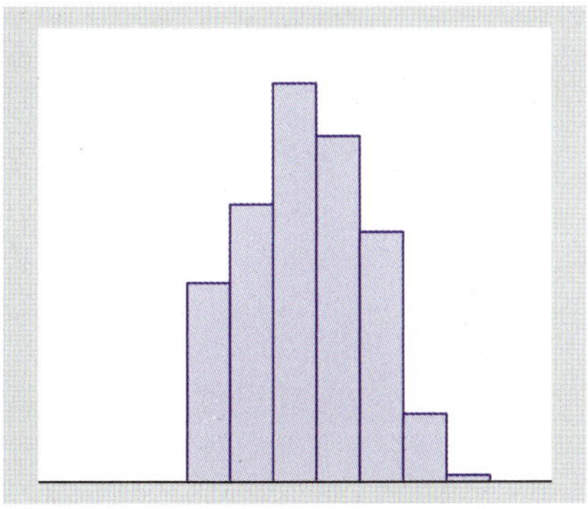

**그림 9-7** 검사를 통해 작은 값을 배제

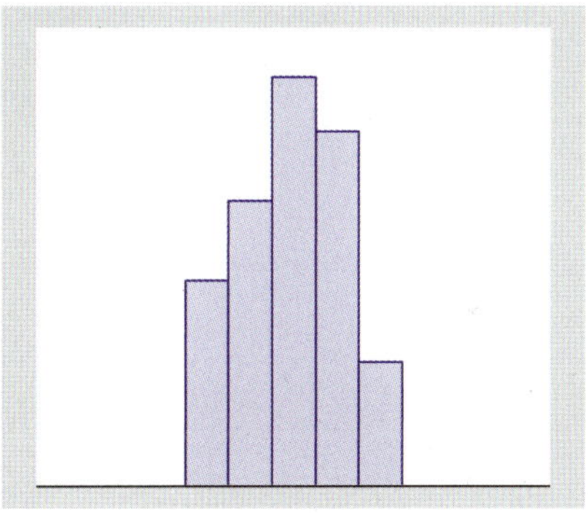

**그림 9-8** 검사를 통해 크거나 작은 값을 배제

**그림 9-7**은 공정의 출력물 중 규격 하한을 벗어나는 품목들을 검사를 통해 제거하였을 때 나타나며 **그림 9-8**은 규격 상한과 하한을 벗어나는 품목들을 제거하였을 때 나타난다. 이들 히스토그램은 출력물의 규격이 규격 중심으로부터 대칭적인 허용오차가 부여되고, 규격 상한에서 규격 하한을 뺀 전체 규격범위를 일정한 간격, 예를 들면, 6이나 8구간으로 구분하여 각 구간의 빈도수를 그래프로 그렸을 때 얻어진다.

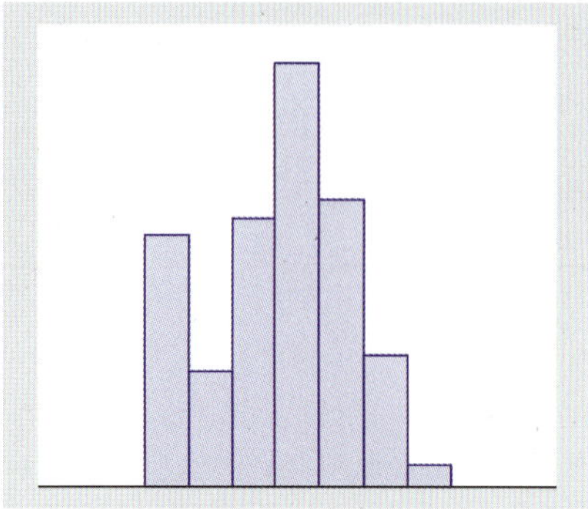

**그림 9-9** 규격 하한에 미달된 값에 규격 하한값을 부여한 데이터

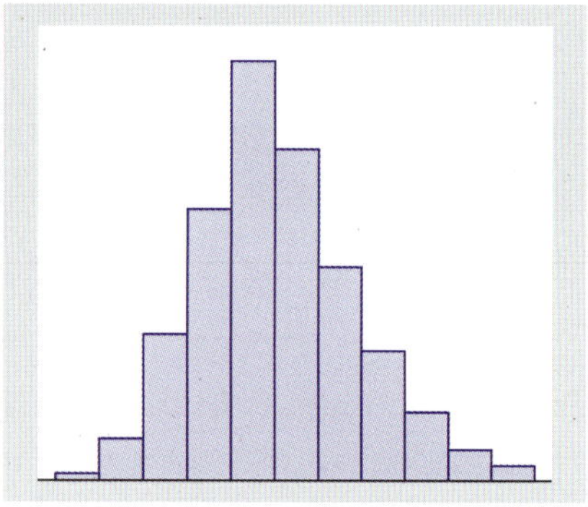

**그림 9-10** 약간 오른쪽이 긴 분포

**그림 9-9**는 최솟값을 설정하고 이 값에 미달하면 모두 최솟값을 부여한 경우로 규격 하한을 벗어나는 제법 많은 측정값들을 모두 규격 하한값으로 처리한 경우이다. 반대로 규격 상한을 설정한 경우에는 상한 쪽에 큰 막대가 나타날 수 있다. **그림 9-10**은 공정 모집단의 모습이 대칭적이지 않고 오른쪽으로 길게 늘어진, 예를 들면 대수-정규분포와 같은 경우에 보이는 히스토그램이다.

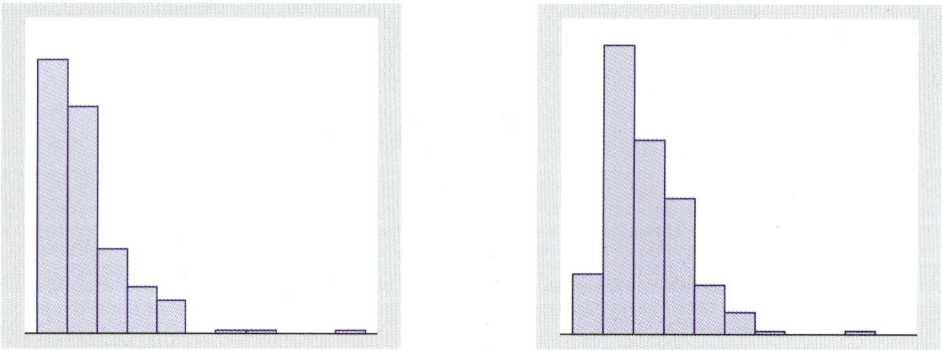

**그림 9-11** 고장 시간 모형에서 흔히 보이는 한쪽으로 치우친 데이터

**그림 9-11**도 오른쪽으로 긴 꼬리를 형성하고 있다. 예를 들면, 지수분포와 같이 최빈값의 왼쪽에는 빈도가 전혀 나타나지 않거나, 또는 감마나 와이블분포와 같이 약간 나타나는 경우이다. 이들은 고장시간 분석에서 많이 쓰이는 통계모형들이다.

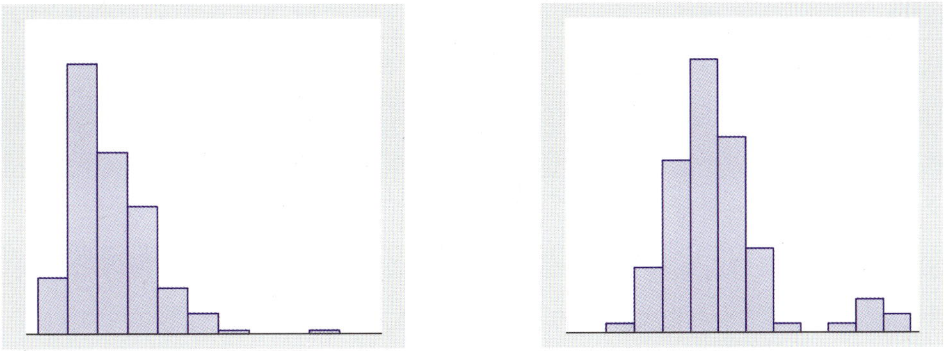

**그림 9-12** 하나 이상의 특이점을 지닌 데이터(비관리상태의 공정)

**그림 9-12**에 보이는 모습들은 공정이 비관리상태일 때, 즉 변동을 일으키는 특별원인이 간헐적으로 발생하는 모습이다. 이들의 원인을 찾아 제거함이 공정 관리의 주요 목표 중 하나이다.

이처럼 히스토그램은 공정에 현재 어떠한 변동 원인이 작용하고 있는지를 가장 시각적으로 보여주고 있으며, 히스토그램의 모습을 규격과 함께 비교함으로써 공정에 필요한 조치를 강구하는 데 큰 도움이 된다.

## 9.3 히스토그램과 규격

제조공정에서 우리가 가장 관심을 갖는 바는 각각의 제품이 설계에서 요구하는 규격을 얼마나 만족시킬 수 있는가 하는 점이다. 즉, 현 공정에서 지속적으로 특정 제품을 생산하였을 때 얼마나 많은 비규격품이 발생하는가는 제품의 가격 경쟁력에서 매우 중요한 위치를 차지하고 있다. 전통적으로 비규격품을 줄이고자 하는 노력 속에서 품질은 큰 발전을 이룩하였다. 규격은 설계자에 의해 또는 경영 정책에 의해 설정되는 수치로서 개별 제품이나 개별 제품군의 분포에 관한 바람직스러운 한계값을 설정하고자 주어진다. 보통 다음의 세 가지 형태로 주어진다.

**제1형**: 규격은 개별 제품에 대한 한계 또는 요구 사항을 기술한다. 예를 들면, “강봉의 직경은 2.35″± 0.10″가 되어야 한다.” “강봉의 길이는 20 feet를 넘어서는 안 된다.” 개별 강봉의 직경과 길이가 이 한계값들 내에 위치한다면, 비록 모든 생산된 제품이 정확히 규격 한계값을 갖는다 하더라도 규격에 일치하는 것으로 판단한다.

**제2형**: 제품의 합격 여부를 제품의 분포 개념을 이용하여 규격으로 정의한다. 예를 들면, 강봉 직경의 평균이 2.33″보다 작아서는 안 되며 개별 강봉은 평균값을 중심으로 ± 0.05″를 넘어가지 않는 범위 내에서 자연스럽게 분포되어야 한다. 이러한 규격을 분포 요구사항이라 한다. 이러한 분포 규격은 개별 제품에 적용되는 제1형의 규격과 동시에 사용되기도 한다. 때로는 이런 규격은 $\overline{X}-\mathrm{R}$ 관리도로 주어지기도 한다. 즉, 규격이 $\overline{X}-\mathrm{R}$ 관리도의 관리 한계값들로 명시되어 공정으로부터 측정된 랜덤샘플이 관리도 상에서 관리상태임을 보여주는 한 제품은 규격품으로 모두 수용된다.

**제3형**: 대부분의 제품이 만족하나 약간의 제품은 초과해도 되는 정도의 요구사항으로 규격을 기술한다. 예를 들면, "강봉 직경이 2.28″보다 작아서는 안 된다. 그렇지만 어떤 제품도 2.25″보다 작지만 않다면 2% 이상 이 한계값을 초과하지 않으면 제품은 합격된 것으로 간주될 것이다." 이러한 요구사항은 때로 제품 허용 요구사항으로 불리기도 한다.

대부분의 제품 규격으로 제1형을 선택하고 있다.

히스토그램에 제품 규격을 추가하여 그림으로써 공정이 규격을 만족시킬 수 있는 능력이 있는지를 알아 볼 수 있다[그림 9-13].

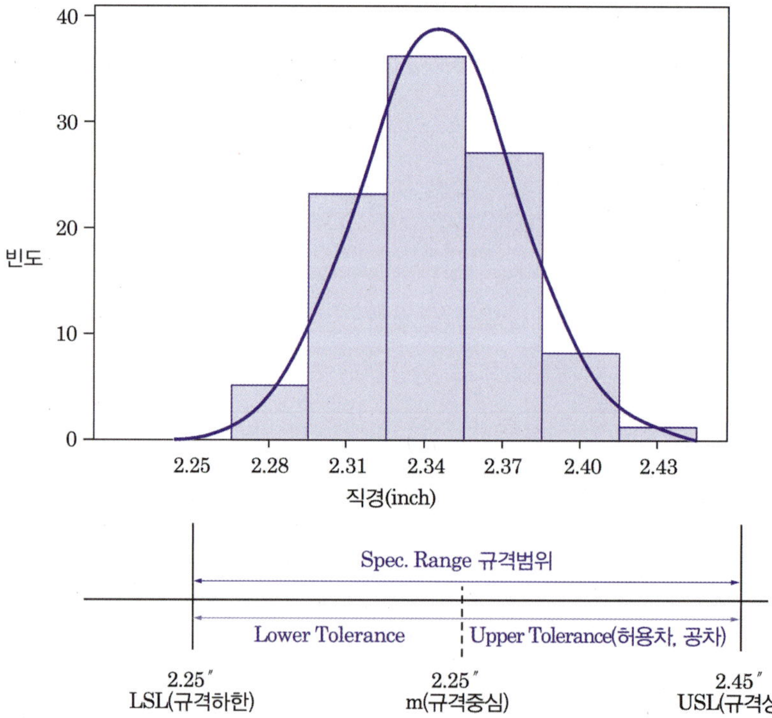


그림 9-13 강봉의 히스토그램과 규격

공정과 규격과의 문제에서 가장 중요한 의문사항은 다음과 같다.

1. 공정이 규격 한계를 충족시킬 능력이 있는가?
2. 만일 필요하다면, 공정에 대한 어떤 조치가 필요한가?

위 질문에 답하기 위해 공정으로부터 필요 특성을 측정하여 히스토그램을 그리고 이에 규격을 추가한다. 이때 규격과의 비교에서 다음 사항을 분석한다[그림 9-14].

### 1. 히스토그램의 중심성

히스토그램의 중심은 곧 공정의 중심을 의미한다. 따라서 최빈값으로 표현되는 히스토그램의 중심이 규격 중심과 일치하는가를 살펴봄으로써 공정 중심의 적정성을 살펴볼 수 있다.

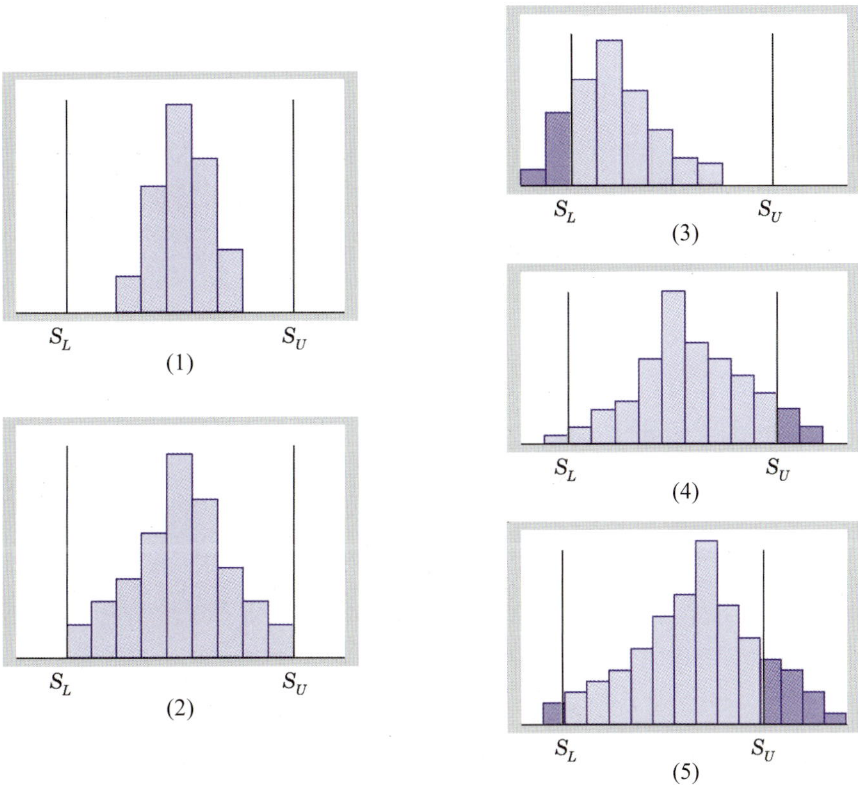


(1) 현 상황에 대한 유지로 충분하다.
(2) 규격은 만족하나 여유가 없다.
(3) 평균이 좀 더 규격 중앙에 위치하도록 조정이 필요하다.
(4) 산포의 크기를 줄이도록 조처해야 한다.
(5) (3)+(4)의 조처를 취하여야 한다.

**그림 9-14 히스토그램과 규격**

### 2. 히스토그램의 폭

히스토그램의 폭은 공정의 산포성을 보여준다. 히스토그램의 폭이 규격 범위와 비교하여 충분히 작다면 이는 공정이 충분히 규격에서 요구하는 정밀도를 달성할 수 있음을 보여준다. 그러나 폭이 규격보다 크다면 규격을 벗어나는 부적합품이 많이 발생함을 나타낸다.

### 3. 히스토그램의 형상

공정이 잘 관리되는 상황에서 히스토그램은 정규분포에서 보이는 바와 같이 좌우 대칭인 종의 모습이 나타난다. 종의 형상과 다른 형상이 나타나면 무엇인가의 품질 문제가 공정에서 발생하고 있다는 근거가 될 수 있다. 예를 들면, 두 개의 최빈수가 있는 히스토그램은 공정 속에 두 개의 상이한 모집단이 존재하고 있음을 암시한다.

히스토그램 분석을 통해 만일 공정의 상태가 규격을 만족시키지 못한다면 첫째로 공정을 변경한다. 둘째로 규격을 변경한다. 마지막으로 제품을 검사하여 비규격품을 고친다. 와 같은 조치들을 취한다.

제일 먼저 시도할 방법으로 공정을 바꾸는 일이다. 그러나 공정 변경에 막대한 비용이 수반되거나 제품을 더 잘 만드는 방법이 없다면, 조심스럽게 규격을 살펴보아야 한다. 보통은 허용차를 변경하면 어떠한 영향이 조립품, 기능 또는 교환성에 영향을 미치는가를 살피는 일 부터 시작한다. 제조비용을 최저로 줄이기 위해서 허용차를 제조가 가능한 한 좁게 설정하는 것보다는 설계가 허용될 수 있는 한 넓게 해야 한다. 제품을 검사하여 재수리 하는 일은 규격 문제를 해결하는 데 있어 가장 비용이 많이 드는 방법이며 따라서 최후의 수단으로 사용되어야 한다.

설계자가 불필요하게 규격을 설정하지 않기 위해서는 다음 사항을 고려할 필요가 있다.

(1) 공정의 자연스러운 산포의 크기를 $\pm 3\sigma$로 취한다. 여기서 $\sigma$는 공정이 안정상태에 있을 때 산포의 크기를 말한다. 경제적으로 제조가 가능하려면 규격에 주어진 허용 범위가 공정 산포의 범위보다 충분히 커야 한다.

(2) 공정 수준을 항상 일정하게 유지함이 사실상 불가능하다. 공정은 항상 그 중심이 변하며 따라서 중심의 위치가 $\pm 1\sigma$ 정도 변할 수 있음을 고려하여 규격 허용 범위가 $\pm 4\sigma$ 정도 되어야 한다.

히스토그램으로부터 공정의 여러 특성을 파악하기 위해서는 적어도 50개 이상의 측정값을 필요로 한다. 같은 데이터로부터도 셀 수에 따라 다양한 모습을 보이며 잘못된 결론에 이를 위험도 내포하고 있다. 일반적으로 측정값이 많을수록 공정의 참 모습을 신뢰성 있게 그려 낼 수 있다. 이처럼 히스토그램 분석에는 많은 데이터가 필요하므로 측정값의 수가 작은 경우에 정확한 분석이 어려워질 수밖에 없다. 또한 히스토그램을 작성하기 위해서 데이터를 작은 구간으로 나누어 각 구간의 빈도를 파악하게 되는데, 이때 측정의 순서가 상실되어 시간의 변화에 따른 공정의 동적인 모습을 살피기에는 실제적으로 어려운 실정이다. 물론 매 시간마다 50개 이상의 측정을 하여 하루 중 시간의 변화에 따라 공정의 중심과 산포의 크기가 변하는 모습을 8~10개의 히스토그램을 통하여 살펴볼 수 있으나 이는 매우 까다로운 분석 작업이 될 수밖에 없다. 그러므로 히스토그램 분석은 공정이 시간에 따라 변하는 모습을 살펴보기에는 매우 제한적으로 사용된다. 시간적 변화 모습은 이후에 설명하는 관리도가 훨씬 강력한 힘을 발휘한다. 그러나 이러한 단점들에도 불구하고 히스토그램은 가장 많이 사용되는 품질 도구 중 하나임은 명확하다.

## 9.4 히스토그램과 확률지

히스토그램은 공정 변동의 모습을 살펴볼 수 있는 매우 직관적인 판단을 가능하게 해준다. 그러나 히스토그램의 각 셀구간에 위치하는 측정값들은 모두 동일한 값들로 인식되어 원래의 측정값이 지니는 정보가 상실되게 되는 단점이 있다. 이러한 점은 확률지를 히스토그램과 병행하여 사용하면 매우 효과적일 수가 있다. 확률지는 전술한 바와 같이 측정값들을 올림차순으로 배열하여 $x$-축 값으로, 그리고 각 측정값의 기댓값에 해당하는 누적확률을 $y$-축 값으로 정하여 점들을 타점하기 위해 고안된 도표이다. 확률지에 타점된 점들의 직선화 경향을 보고, 만일 직선화 경향이 있다고 여겨지면 측정값들은 고안된 확률지에 해당하는 확률분포를 한다고 판단한다. 확률지에는 정규분포를 비롯하여 대수정규분포, 감마 분포, 지수 분포, 와이불분포 등이 있다.

정규분포를 하는 것으로 알려진 출력품의 특성에 대한 시뮬레이션으로 측정값들($n=66$)을 구하고 이에 대한 히스토그램 분석을 실시하였다[그림 9-15]. 히스토그램의 중심이 규격(12±3.5) 중심으로부터 좌측으로 벗어나 있고, 최솟값 가까이에서 급격히 측정값들이 사라지며 오른쪽으로 긴 꼬리를 형성하는 비대칭의 모습을 보이고 있다. 공정의 변동에 대한 관리가 철저히 이루어진다면 대칭적인 정규분포 모습을 보일 것으로 예상되었기 때문에 공정에 대한 조처가 시급히 필요한 것으로 파악되었다.

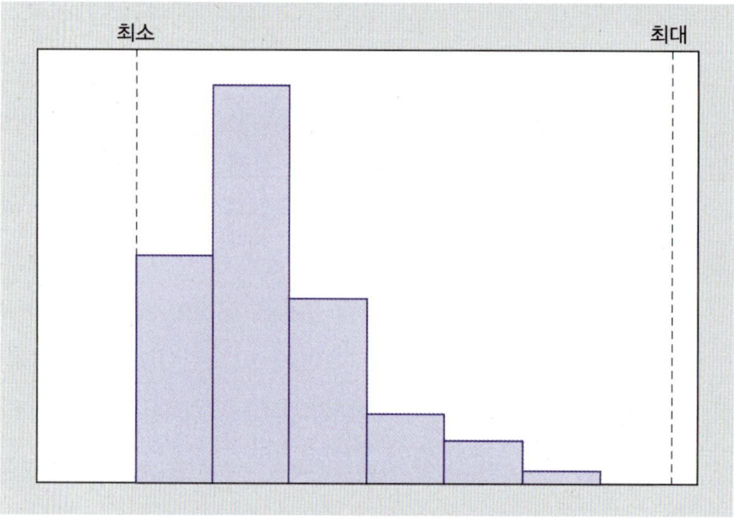


그림 9-15 히스토그램과 분석($n$=66)

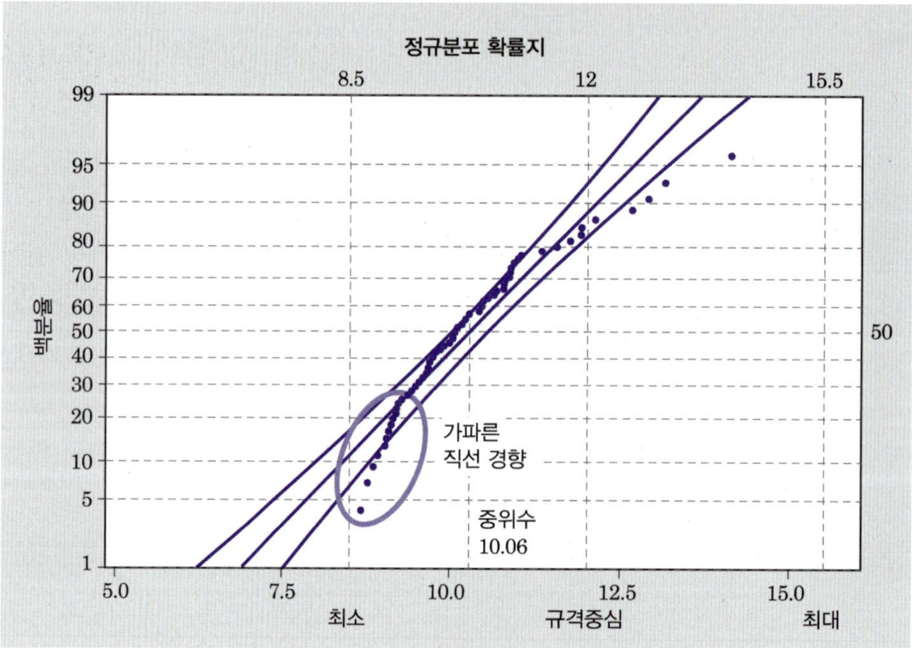


그림 9-16 확률지 분석($n$=66)

동일한 측정값들을 정규분포 확률지에 타점하였다[그림 9-16]. 히스토그램의 모습에서 알 수 있는 바와 같이 측정값들은 대칭적인 정규분포의 모습과는 매우 다르다. 이러한 비대칭적 모습은 확률지의 타점들이 직선 경향에서 크게 벗어나고 있는 이유가 된다.

아래쪽과 위쪽에 있는 점들이 중앙의 직선부분보다 아래에 위치하여 전체적으로 위로 볼록인 모습을 보여준다. 셀(구간) 최빈값으로 대표되는 히스토그램의 중심은 확률지의 타점들의 밀도가 가장 높은, 가장 진하게 표시되는 부분과 일치하며, 히스토그램의 중심이 좌측에 위치한 모습은 확률지의 많은 점들이 규격 중심에서 좌측으로 타점되어 있음과 통일하다. 마찬가지로 공정의 중심은 확률지에서 중위수로 추정할 수 있으나 중위수가 규격중심에서 왼쪽으로 크게 벗어나 있음을 분명히 알 수 있다. 히스토그램 왼쪽 부분의 급격한 절벽(사라짐) 현상은 확률지에서 아래쪽 점들의 가파른 직선 경향으로 나타나고 있다.

위의 예에서 보는 바와 같이 히스토그램에서 나타나는 비정상적 모습들은 확률지에서도 직선 경향에서 벗어나는 모습들로 나타나고 있음을 알 수 있다.

다음의 예는 동일한 공정에 대해 전과 같은 방법으로 컴퓨터 시뮬레이션을 통해 얻은 측정값들로 샘플의 크기($n = 24$)가 작은 경우이다. 이 경우에는 샘플의 크기가 작아 히스토그램 분석이 용이하지 않지만 중심성이 10으로 규격 중심에서 크게 벗어나 있고, 데이터의 흩어짐은 8.5에서 13.5 사이로 규격의 최대와 최솟값 안에 있으나 최솟값 쪽으로 상당히 치우쳐 있고, 그리고 정확한 형상을 파악하기가 쉽지 않다[**그림 9-17**].

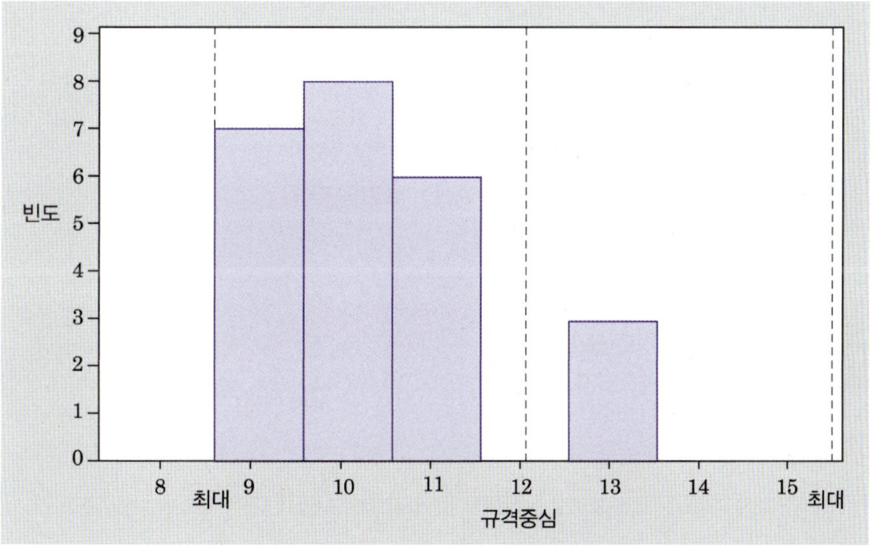


**그림 9-17** **히스토그램과 분석($n$=24)**

정규분포 확률지[**그림 9-18**]는 현 공정에 대한 정규분포 모형의 타당성을 부정하지는 않고 있다. 물론 공정의 중심으로 예측될 수 있는 중위수가 규격중심에서 최솟값 쪽으로 많이 치우쳐 있음은 공정의 중심에 대한 관리가 절대적으로 필요함을 말하고 있지만 최솟값 가까이에서 가파른 직선 경향이 나타나고 있는 점은 또 다른 이유로 좀 더 유의하게 모형의 타당성을 살펴보면서 공정의 관리에 대한 점검이 제기되는 상황으로 여겨진다.

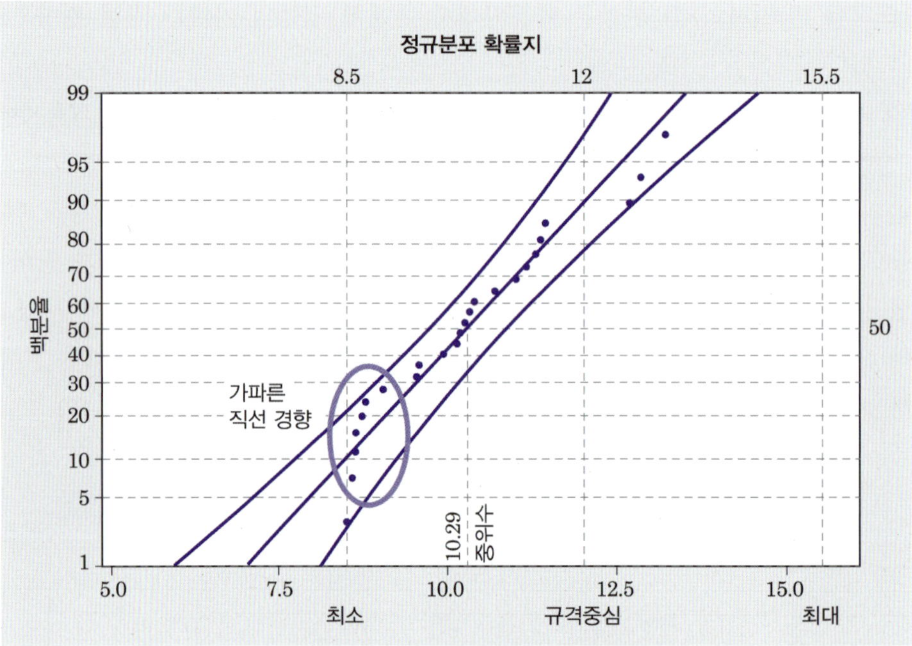


그림 9-18 확률지 분석($n$=24)

## 9.5 6 시그마 수준

오늘날 가장 활발히 전개되는 품질 활동들로는 ISO 9001 품질경영시스템을 중심으로 한 품질 시스템에 대한 국제 표준화 운동과 모토롤라에서 탄생하여 GE를 중심으로 그 성과가 널리 입증되어 전 세계 작업현장의 품질 활동으로 굳건히 자리 잡은 6 시그마 운동을 들 수 있다. 두 활동 모두 품질의 세계화에 큰 기여를 하여, 품질에 관한 용어가 생산자인 기업에게는 물론 소비자의 일상생활 속에서도 큰 거리낌없이 회자되는 계기가 되었다.

시그마$\Sigma\sigma$는 알파$A\alpha$와 베타$B\beta$로 시작하는 그리스 자모의 18번째에 해당하는 문자로, 대문자 시그마 $\Sigma$는 수학에서 합산을 뜻하는 기호로 그리고 소문자 $\sigma$는 표준편차의 기호로 널리 사용된다. 표준편차는 분산과 함께 데이터(또는 확률변수)의 변동의 크기를 기술하는 방법으로 변동의 중심으로부터 임의의 한 개의 데이터가 평균적으로 떨어져 있는 거리를 의미한다.

이 거리는, 또한, 정규분포함수에서 함수의 중심 위치로부터 양쪽 변곡점까지 거리에 해당한다. 정규분포함수의 중심은 12번째에 해당하는 또 다른 그리스 자모 뮤 $M\mu$의 소문자로 종종 표시되며, $\mu$와 $\sigma$는 정규분포의 확률 특성을 결정짓는 역할을 한다. 즉, 정규분포에서 이 두 개의 값을 알게 되면 분포의 모든 구간에 대한 확률을 계산할 수 있다. 임의의 $\mu$와 $\sigma$ 값을 갖는 정규분포에서 어느 한 점의 위치를 $x$라 하면 다음과 같이 정규화 과정을 통하여 $\mu = 0$, $\sigma = 1$인 특별한 형태, 즉 표준정규분포에서의 한 위치로 변환이 가능하다.

$$z = \frac{x - \mu}{\sigma}$$

위의 과정을 거치면 정규분포의 임의의 구간에 대한 확률은 표준정규분포에서의 확률로 구할 수 있다.

모든 부품 또는 제품의 특성(예를 들면 길이나 무게 또는 성능과 같은)들은 변동을 내포하고 있으며, 이들 변동의 모습은 종종 정규분포함수로 기술된다.

이들 특성에서의 변동은 부품 또는 제품 간의 품질 차이를 만들어 내는 근본 원인으로 지적된다. 지나치게 큰 부품 상의 변동은 제품의 품질을 떨어뜨리게 되며, 지나치게 작은 변동은 제조 원가의 상승을 불러오게 된다. 따라서 기업은 변동에 대한 적절한 한계를 설정하여 변동에 대한 관리를 추구하는데 이 한계 값은 규격specification의 한 요소로 도면 상에 표시된다.

규격은 일반적으로 규격의 중심값과 변동을 고려한 허용차(또는 허용오차)로 표시되는데 중심값±허용차를 규격 한계specification limits라 하며, 큰 쪽을 규격 상한USL: upper specification limit 작은 쪽을 규격 하한LSL: lower specification limit이라 한다. 규격을 벗어난 제품의 특성을 기업 내에서 결함defects 또는 부적합nonconformity으로, 결함 또는 부적합을 지닌 품목(부품, 부분품, 반제품 및 완제품)을 부적합품으로, 그리고 고객의 기준을 벗어난 제품은 불량품으로 불리게 된다. 결함, 부적합품 및 불량품의 비율에 대한 예측은 제조공정의 관리에서, 더 나아가 기업경영에서 중요한 역할을 차지한다.

이제 임의의 부품 또는 제품 특성과 관련된 변동이 정규분포를 한다고 하자. 그리고 규격과 분포사이에 다음과 같은 관련이 있다고 하자. 즉,

첫째, 분포의 중심 $\mu$는 일정하고, 규격중심과 일치하도록 관리가 이루어지며
둘째, 규격의 상한과 하한이 분포의 중심 $\mu$에서부터 시그마 단위로 다음과 같은 거리에 설정된다면

이때 예상되는 부적합품률은 다음과 같은 확률로 계산된다.

**표 9-1 규격 한계와 부적합품률**

| 규격 한계 (LSL, USL) | 부적합품률 (parts/1) | % (parts/100) | ppm (parts/million) | ppb (parts/billion) |
|---|---|---|---|---|
| $\mu \pm 1\sigma$ | 0.3174 | 31.74 | 317,400 | 317,400,000 |
| $\pm 2\sigma$ | 0.0456 | 4.56 | 45,600 | 45,600,000 |
| $\pm 3\sigma$ | 0.0027 | 0.27 | 2,700 | 2,700,000 |
| $\pm 4\sigma$ | 0.000063 | 0.0063 | 63 | 63,000 |
| $\pm 5\sigma$ | 0.00000057 | 0.000057 | 0.57 | 570 |
| $\pm 6\sigma$ | 0.000000002 | 0.0000002 | 0.002 | 2 |

위의 **표 9-1**에서 보면, 규격 한계가 분포의 중심 $\mu$에서 양쪽으로 6 시그마 떨어진 거리에 설정되면 0.002 ppm 또는 2 ppb의 부적합품률로 10억 개 제품 중 2개 정도의 발생 빈도를 경험하게 된다. 이는 현재 존재하는 지구상 여느 기업의 기술 수준을 뛰어넘는 대단한 업적에 해당할 것이다.

그러나 1980년대에 모토롤라에서 시작된 6 시그마 운동은 보다 현실적으로 변동에 관한 관리목표를 정하고 있다. 즉, 규격과 분포사이에 다음과 같은 관련성을 인정한다.

첫째, 단기적으로 분포의 중심 $\mu$는 일정하고 규격중심과 일치하도록 관리가 이루어지나, 장기적으로 분포의 중심 $\mu$가 $\pm 1.5\sigma$ 범위 내에서 변동한다.
둘째, 규격 한계로부터 단기적 분포의 중심 $\mu$까지 거리가 6 시그마가 되도록 $\mu$와 $\sigma$를 관리한다.

위의 상황을 고려하면 **그림 9-19**와 같이 6 시그마의 표준정규분포 모형을 그려볼 수 있다. 그림에서 분포의 중심이 0에서 $-1.5$와 $+1.5$ 사이에서 움직이고 있음을 보여준다.

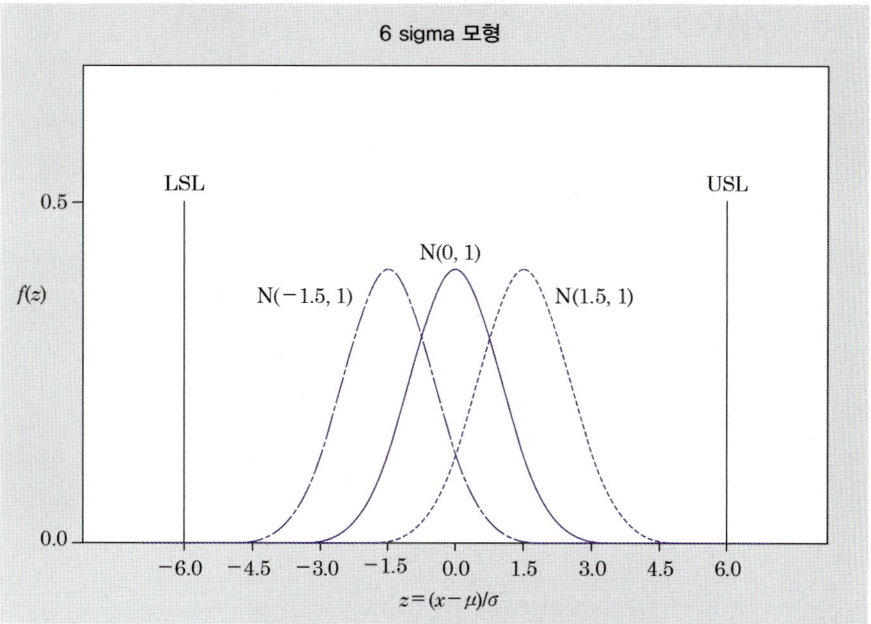


**그림 9-19** 6 시그마 표준정규분포 모형

위와 같이 분포의 중심이 움직이는 상황에서 부적합품률은 증가하게 될 것이다. 이때 예상되는 각종 지표는 다음과 같다.

**표 9-2** 각종 6 시그마 지표

| 시그마 수준 Sigma level | 부적합품률 | 부적합품률 % %defective | 수율 % %yield | DPMO defects per million opportunities | 단기 $C_{pk}$ | 장기 $C_{pk}$ |
|---|---|---|---|---|---|---|
| 1 | 0.69 | 69% | 31% | 691,462 | 0.33 | −0.17 |
| 2 | 0.31 | 31% | 69% | 308,538 | 0.67 | 0.17 |
| 3 | 0.067 | 6.7% | 93.3% | 66,807 | 1.00 | 0.5 |
| 4 | 0.0062 | 0.62% | 99.38% | 6,210 | 1.33 | 0.83 |
| 5 | 0.00023 | 0.023% | 99.977% | 233 | 1.67 | 1.17 |
| 6 | 0.0000034 | 0.00034% | 99.99966% | 3.4 | 2.00 | 1.5 |

위의 **표 9-2**에서 시그마 수준은 가장 가까운 규격 한계로부터 단기적 분포의 중심 $\mu$

까지 거리를 시그마 단위로 표시한 수치로 제품 특성의 관리 수준을 보여준다. 예를 들어, 직경의 규격이 2.35±0.10인 강봉제조공정의 변동을 $\mu = 2.34$, $\sigma = 0.03$인 정규분포가 되도록 관리한다고 하자. 그러면, 가장 가까운 규격한계로부터 단기적 분포의 중심 $\mu$까지 거리는

$$|Min(LSL - \mu,\ USL - \mu)| = |Min(2.25 - 2.34,\ 2.45 - 2.34)| = 0.09$$

이며, 이때 시그마 수준은 0.09/0.03 = 3이 된다.

DPMO는 1,000,000 기회 중 결함수defects per million opportunities로 시그마 수준이 6일 때 3.4 DPMO가 된다. 보다 간단히 표현하면, 6 시그마 수준의 품질이란 백만 개 단위의 품목을 생산할 때 서 너 개의 결함이 발견되는 수준을 말한다.

$C_{pk}$는 공정의 능력을 평가하는 하나의 수치지표로 $C_p$가 분포의 중심과 규격의 중심이 일치할 때 사용된다면 $C_{pk}$는 양자가 일치하지 않는 상황에서도 사용된다. $C_p$와 $C_{pk}$는 다음과 같다.

$$C_p = \frac{USL - LSL}{6\sigma}$$

$$C_{pk} = \min\left[\frac{USL - \mu}{3\sigma},\ \frac{\mu - LSL}{3\sigma}\right]$$

위의 강봉 예를 적용하면, 다음과 같이 $C_p$와 $C_{pk}$의 추정값은 각각 1.11과 1이 된다.

$$\hat{C}_p = \frac{2.45 - 2.25}{6 \times 0.03} = 1.11$$

$$\hat{C}_{pk} = \min\left[\frac{2.45 - 2.34}{3 \times 0.03},\ \frac{2.34 - 2.25}{3 \times 0.03}\right] = \min[1.22,\ 1.00] = 1.00$$

$C_{pk}$는 장기적으로 공정의 중심이 이동하는 상황 하에서 공정의 능력을 측정하는 좋은 지표가 된다. 단기적으로 공정의 중심은 규격의 중심과 일치하므로 $C_{pk}$는 $C_p$와 일치한다.

3 시그마 수준에서 단기 $C_{pk}$와 장기 $C_{pk}$는

$$\begin{aligned}
\text{단기 } C_{pk} &= \min\left[\frac{USL - \mu}{3\sigma},\ \frac{\mu - LSL}{3\sigma}\right] \\
&= \min\left[\frac{(\mu + 3\sigma) - \mu}{3\sigma},\ \frac{\mu - (\mu - 3\sigma)}{3\sigma}\right] \\
&= \min[1,\ 1] = 1 \\
\text{장기 } C_{pk} &= \min\left[\frac{USL - (\mu + 1.5\sigma)}{3\sigma},\ \frac{(\mu - 1.5\sigma) - LSL}{3\sigma}\right]
\end{aligned}$$

$$= \min\left[\frac{(\mu+3\sigma)-(\mu+1.5\sigma)}{3\sigma},\ \frac{(\mu-1.5\sigma)-(\mu-3\sigma)}{3\sigma}\right]$$

$$= \min[0.5,\ 0.5] = 0.5$$

로 그 값이 각각 다르다.

표 9-3에서 보는 바와 같이 6 시그마 운동에서는 부적합품률의 수준을 6 시그마 수준으로 관리함을 목표로 한다. 이에 대한 필요성은 다음과 같이 살펴볼 수 있다.

**표 9-3 공정 수에 따른 수율(1−부적합품율)의 변화**

| 시그마 수준 | 수율 | 공정 수 | | | | | |
|---|---|---|---|---|---|---|---|
| | | 10 | 100 | 1,000 | 10,000 | 100,000 | 1,000,000 |
| 1 | 0.31 | 0.0000 | 0 | 0 | 0 | 0 | 0 |
| 2 | 0.69 | 0.0241 | 0 | 0 | 0 | 0 | 0 |
| 3 | 0.933 | 0.4998 | 0.0010 | 0 | 0 | 0 | 0 |
| 4 | 0.9938 | 0.9397 | 0.5369 | 0.0020 | 0 | 0 | 0 |
| 5 | 0.99977 | 0.9977 | 0.9773 | 0.7945 | 0.1002 | 0 | 0 |
| 6 | 0.9999966 | 0.99997 | 0.99966 | 0.99661 | 0.96657 | 0.71177 | 0.03337 |

위의 표는 공정 수에 따른 수율(1-부적합품율)의 변화를 보여준다. 이제 각 공정이 3 시그마 수준에서 관리된다고 하자. 만일 제품이 하나의 공정을 통해 생산된다면 무결함 제품이 만들어질 가능성은 93.3%에 달한다. 그러나 동일한 수준에서 관리되는 10개의 공정을 거쳐 제품이 생산된다면 그 가능성은 50% 미만으로 떨어진다. 다음과 같은 예를 들어 보자.

**예1.** 반도체는 평균 600여개의 공정을 통해 생산된다고 한다. 각 공정이 3 시그마 수준에서 관리된다면 수율은 0%가 된다. 4 시그마 수준에서 2.4%, 5 시그마 수준에서 87.1% 그리고 6 시그마 수준에서 99.8%의 수율이 가능해진다.

**예2.** 한 대의 자동차에는 20,000여개의 부품이 사용된다고 한다. 만일 각 부품이 3, 4 시그마 수준에서 관리된다면 전혀 결함이 없는 자동차가 생산될 가능성은 0%, 5 시그마 수준에서 1%, 6 시그마 수준에서 93.4%가 된다.

위의 예는 자동차 공정이 반도체 공정보다 복잡하거나 수율이 떨어짐을 보이고자 함이 아니라 오늘날의 첨단 제품의 품질을 관리함이 만만치 않다는 사실을 보여준다. 오늘날 우리가 관리해야 할 품질의 단위가 ppm에까지 이르러야 한다는 사실에서 6 시그마 운동이 기업에서 추진되어야 할 이유가 되고 있다. 제품의 품질 결함을 ppm 단위로까지 관리하기 위한 6 시그마 운동 추진 방법으로 DMAIC방법론이 제시되고 있는데 이는 정의Define-측정Measure-분석Analyze-개선Improve-관리Control의 5단계로 구성되어 있다.

2019년 7월 초에 시행된 우리나라에 대한 일본의 수출규제품목에 불화수소가 포함되어 있다. 이는 반도체 제조공정에서 필수적으로 쓰이는 물질로 에칭(식각)과 세정공정 등에서 사용된다. 회로 선폭이 나노미터 단위에 이르는 반도체 생산에서 아주 작은 크기의 불순물만 있어도 회로가 손상되고 성능이 저하되는 문제가 발생하기 때문에 순도 99.999%(파이브 나인)의 품질 수준이 요구된다. 이는 불화수소 100,000 입자 중 1개의 불순물 입자가 포함되는 수준으로 10 ppm에 해당하는 수준이다.

리사 랜들Randall, Lisa은 그의 저서 《숨겨진 우주Warped Passages》(2008)에서 1 ppm의 크기가 얼마나 작은지를 다음과 같이 예를 들어 설명하고 있다.

> "원자의 기본 구조를 발견한 일은 공주가 완두콩을 찾아낸 일만큼이나 대단한 위업이었다. 양성자를 구성하는 쿼크가 양성자 내에서 차지하는 부피는 완두콩이 매트리스 안에서 차지하는 부피만큼이나 작다. 가로 2미터×세로 1미터×높이 1/2미터인 매트리스 안에 들어있는 1세제곱센티미터의 완두콩이 차지하는 부피는 매트리스 부피의 1/1,000,000이며, 이는 양성자 내에서 쿼크가 차지하는 부피와 크게 다르지 않다."

# 제10장 관리도 이해

“관리도를 작성하는 목적은 공정에 관한 데이터를 해석하여 필요한 정보를 얻고, 이들 정보에 의해 공정을 효과적으로 관리해 나가고자 하는 데 있다.”

— 황의철 —

공정 개선을 이룩하는 데 있어 관리도는 가장 강력한 기법 중 하나이다. 공정을 가장 안정된 수준으로 관리할 수 있으며, 공정의 능력을 파악할 수 있게 하며, 더 나아가 공정 개선의 효과를 측정 가능케 하여준다. 본 장에서는

- 런 차트
- 관리도 구조
- 관리도 패턴
- 추가사항

등을 살펴본다.

## 10.1 런 차트

히스토그램 분석은 단순하면서도 매우 유용한 분석 기법이지만 제조공정의 동적인 측면을 파악하는 데에는 한계가 있다. 간단히 말하면, 공정이 관리상태 하에 있는지 아닌지를 언제나 보여주지는 못한다. 이러한 한계를 극복하고 공정의 시간적·동적 특성을 파악하는 기법으로 지난 50년 동안 가장 많이 사용되고 매우 성공적인 것으로 평가되어온 방법이 관리도control chart이다. 우선 관리도는 아니지만 이와 유사한 차트chart의 예를 들어본다.

생산 라인에서 나오는 대로 연이어서 실시하는 코일 용수철coil spring 검사를 예로 들어보자. 규격에 따르면 용수철은 1그램의 무게를 달았을 때 0.001 cm 늘어나야 한다. 이처럼 정밀한 스프링은 값이 비싸고, 따라서 요구조건에 정확히 맞춰 만들어져야 한다. 아래의 히스토그램은 50개 용수철에 대한 검사 결과를 보여주고 있다[그림 10-1]. 산포의 중심이 규격 중심에 가까이 있고 모든 측정치들이 규격한계 내에 있다. 단위는 0.001 cm이다.

히스토그램 분석에 따르면 현 제조공정에는 아무런 나쁜 징후도 보이고 있지 않지만 실제로는 그렇지 못하다. 이 공정에는 문제점이 있음에도 불구하고 히스토그램은 이를 발견하지 못하고 있는 것이다.

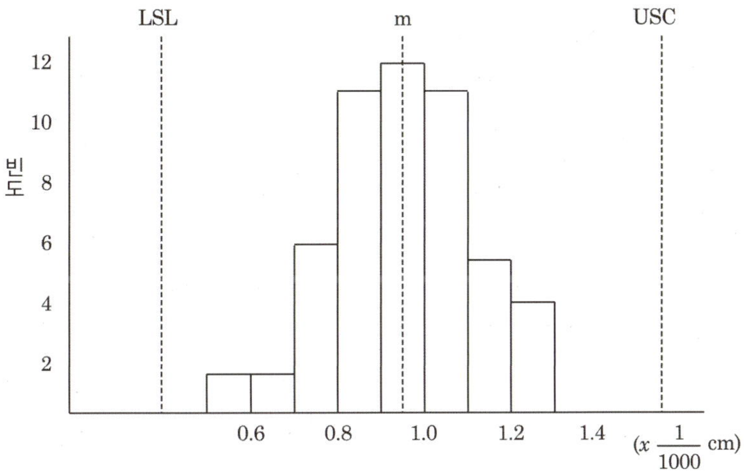


**그림 10-1 코일 용수철 히스토그램**

같은 데이터를 관리도와 비슷한 런 차트run chart에 찍어보자. 다음 그래프[그림 10-2]는 1그램당 용수철이 늘어난 길이를 제조 순서에 따라 타점한 것이다. 가로축은 제조 순서인 반면 세로축은 늘어난 길이를 보여준다.

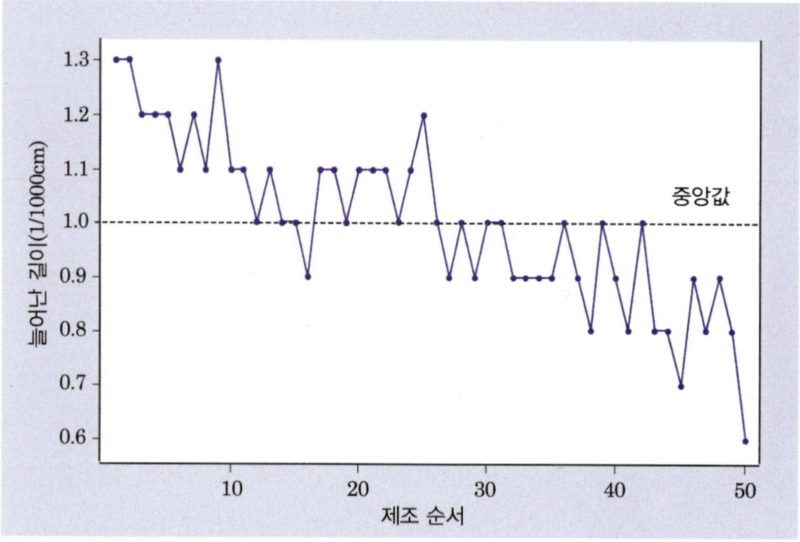


**그림 10-2 코일 용수철의 런 차트**

데이터의 중앙값median— 데이터의 50%는 위쪽에 그리고 50%는 아래쪽에 놓이게 하는 값 — 이 규격 목표인 1.000(×1/1000) cm에 위치하고 있다. 일반적으로 중앙값이 규격 목표에 있음은 바람직한 일이긴 하지만, 이 차트에서는 눈으로 봐서도 데이터의 하향 추세를 감지할 수 있다.

통계 이론은 다음과 같이 말하고 있다.

> 6개 또는 7개의 점들이 연속적으로 중앙값을 중심으로 모두 위쪽 또는 모두 아래쪽에 위치해 있으면 런run이라 불리는 하나의 추세(경향)를 만들어내는 특별원인이 있음이 거의 확실하다.

위의 런 차트에서는 처음에 나오는 11개의 데이터는 중앙값 위에 있고 마지막 8개 데이터는 중앙값 아래에 위치해 있다. 이와 같이 통계 이론은 눈에 보이고 있는 것을 그대로 지지해주고 있다. 즉, 이 공정에는 자연스럽고 고유한 무작위(랜덤) 변동 외에 어떤 다른 원인에 의한 특별변동이 함께하고 있다.

이번 경우에는 온도 조절 장치에 문제가 발생하여 용수철을 담금질하는 과정에서 온도가 변화되었기 때문이었다. 간단한 런 차트에 의해 실제로 문제가 발생하기 전에, 즉 규격을 벗어나기 전에 공정의 하향 추세를 발견할 수 있었다. 작업자 자신이 그 하향 추세를 읽고서 문제를 제때에 처리할 수 있었다. 문제가 작업자에 의해 야기되지 않았음에도 작업자는 약간의 훈련만으로 경영진에게 문제발생 사실을 알릴 수 있었다. 이 예는 히스토그램이 보여줄 수 없는 문제점을 런 차트가 잘 보여준 사례에 해당한다.

## 10.2 관리도 구조

지금부터 구체적으로 관리도control charts 기법에 대해 논의한다. 공정 변동을 야기시키는 원인을 추적해 보면 두 가지 원인으로 귀결될 수 있음을 기억하자. 즉, 랜덤원인과 특별원인이다(**표 1-1**). 관리도는 공정의 품질특성에 관한 측정 데이터를 그래프로 보여주는 그림으로 측정 순서에 따라 기록하는 도표이다. 측정일시는 보통, 시각, 일, 월 등으로 나타낸다. 관리도의 주요 목표는 공정에 특별원인이 있을 때 이를 제거할 목적으로 그 존재성을 파악하는 일이다. 특별원인이 제거되면, 공정은 관리상태라 부르는 랜덤원인에 의한 변동만이 존재하는 상태에 놓이고, 그러면 관리도는 ① 그 관리상태를 감독하고 ② 관리상태를 잃어버렸을 때에는, 즉 특별원인이 발생하면 다시 관리상태로 복귀시키고 ③ 그리고 주로 개선과 같은 품질상의 변화를 발견할 수 있게 한다.

거의 모든 관리도는 **그림 10-3**과 같은 형태로 만들어진다. 먼저 $x$축을 시간 축으로,

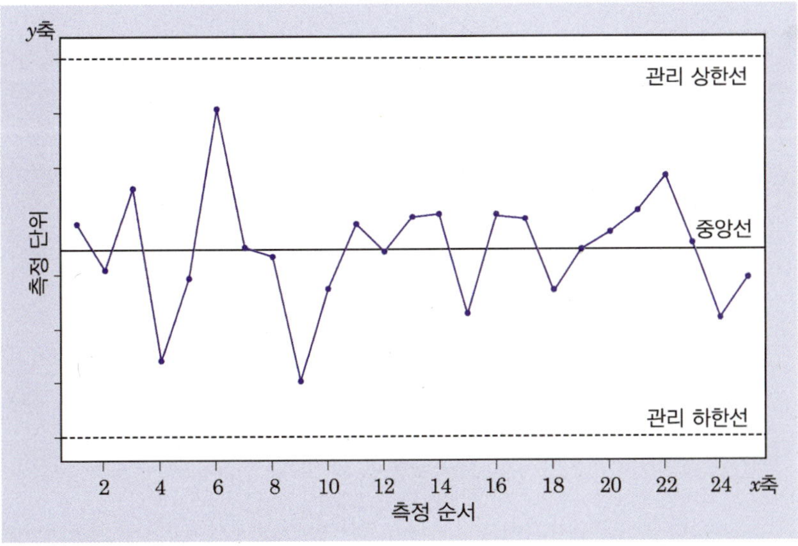


**그림 10-3** 관리도 구조

$y$축을 측정값 축으로 정하고 적절히 눈금 표시를 한다. $y$축 중앙에 하나의 실선을 그려 중앙선CL: center line이라 하고, 중앙선 상하에 하나씩 점선을 그려 관리 상한UCL: upper control limit과 하한LCL: lower control limit을 표시하는 관리 한계선들control limit lines을 그린다. 그리고 측정된 순서에 따라 20~30개의 점들을 찍고 점들을 실선으로 연결한다.

관리도에는 대부분의 경우 제품 하나 하나로부터 측정된 값을 그대로 타점하지 않는다. 여러 개 제품의 측정값들을 하나의 묶음(그룹)으로 만들어 이 묶음으로부터 계산한 통계값을 타점한다. 이러한 묶음 또는 그룹을 실제로는 샘플이지만 특별히 서브그룹subgroup이라 부른다. 이렇게 하는 이유는 서브그룹의 통계값들이 보다 효율적으로 공정의 주요 두 가지 특성, 즉 중심성과 산포성을 보여주기 때문이다.

**예 1** 오전 8시부터 매 시 초기에 5개 부하를 무작위로 선택하여 이들에 대한 저항을 측정하고, 이들 5개를 하나의 서브그룹으로 만들어 각 서브그룹마다 평균을 계산하여 그 값을 관리도상에 시간 순서대로 타점한다.

관리도에서 보기 원하는 것은 시간의 순서에 따라 타점된 점들이 중앙선 위아래로 무작위하게 놓이는 현상이다. 이러한 무작위한 산포는 공정이 관리상태임을, 즉 무작위 변동만이 존재하고 특별원인이 없는 상태임을 보여준다.

점들이 무작위하지 않다는 것을 우리는 어떻게 알 수 있는가? 다음의 두 가지 판단을 사용한다.

(1) 관리도에 찍힌 점들 중 관리 한계선을 벗어나는 것이 하나라도 있다.
(2) 점들이 관리 한계선 안에 모두 위치해 있지만 어떤 일정한 패턴을 보인다. 예를 들면, 경향성trend, 런runs, 사이클cycles 등.

그러므로 (1) 또는 (2) 중 어느 한 가지가 발생하거나, (1)과 (2)가 동시에 발생하거나 하면 공정상에 특별원인이 있음을 의미한다.

여기서 한 가지 짚고 넘어가야 할 사항은 관리 한계control limits와 규격 한계specification limits는 다른 내용이란 점이다. 규격 한계는 제품 또는 부품의 치수에 관한 규격으로 보통 설계 부문이나 또는 경영 부문으로부터 주어진다. 그러나 관리 한계는 공정상태를 파악하기 위한 관리도 작성을 목적으로 통계 이론을 토대로 계산된다.

관리 한계와 관련된 통계 이론(가설 검정론)은 대략 다음과 같다. 랜덤원인에 의한 변동만으로는 타점된 점들이 관리 한계선을 벗어날 확률이 매우 작도록 관리 한계선들을 설정한다. 따라서 만일 한 점이라도 관리 한계선을 벗어나면, 그 점은 랜덤원인 때문에 발생했다기보다는 차라리 특별원인 때문에 발생했다고 판단함이 더 현명하다. 왜냐하면 이 경우 후자의 가능성이 전자의 것보다 크다고 판단되기 때문이다. 마찬가지 이유로, 공정이 관리상태라고 하더라도 이 공정에 특별원인이 없다고 말해서는 안 된다. 그보다는 특별원인의 존재에 대한 확고한 증거가 없으므로 어떠한 조치도 취해서는 안 된다고 말하는 것으로 보아야 한다(있다고 생각하기에는 확률이 너무 작다.).

물론, 특별원인이 지적되면 그 원인이 파악되어야 한다. 많은 경우 관리도상의 점들이 관리 한계선을 벗어나게 되면 생산 라인을 즉시 멈춘다.

## 10.3 관리도의 패턴

관리도에서는 타점된 점들의 패턴에 대해 주목한다. 공정에 대한 관리가 제대로 되어 있으면, 즉 특별원인이 공정에 작용하지 않는다면, 공정의 패턴은 점들이 무작위적으로 변동하는 매우 자연스러운 변동의 모습을 보여줄 것이다. 이를 자연변동이라고도 하는데 이에서 벗어나는 어떠한 형태라도 특별원인의 존재성을 강력히 암시하고 있다. 따라서 이때는 공정에 대한 즉각적인 조처가 필요하다. 공정에서 발생하는 다양한 패턴과 이들의 특징에 대해 살펴보자.

### 10.3.1 자연변동

**그림 10-4**는 점들이 랜덤하게 움직이는 자연스러운 패턴의 모습을 보여준다. 타점된 점들은 중심성과 산포성을 지니는 하나의 통계량으로서 중심 가까이에 밀집되어 놓이고 이에서 멀어질수록 그 빈도가 작아진다. 또한 자주 쓰이는 통계량들의 분포는 좌우 대칭인 경우가 많으므로 관리도 중앙선의 위쪽과 아래쪽 점들의 빈도가 거의 비슷하게 나타난다. 마지막으로 관리 한계선들은 중앙선으로부터 충분히 멀리 떨어져 있기 때문에 한계선들 가까이 놓이는 점들은 그 수가 매우 적어진다. 다음과 같이 자연변동의 패턴을 정리할 수 있다.

■ **특징**

1. 패턴이 안정적이다.
2. 아무런 경향, 런, 수준 변화, 반복적 상하 움직임이 없다.

3. 관리 한계선을 넘어가는 점들이 거의 없다.
4. 대부분의 점들이 중앙선 가까이 놓여 있다.
5. 소수의 점들이 퍼져서 관리 한계선에 가까이 접근한다.

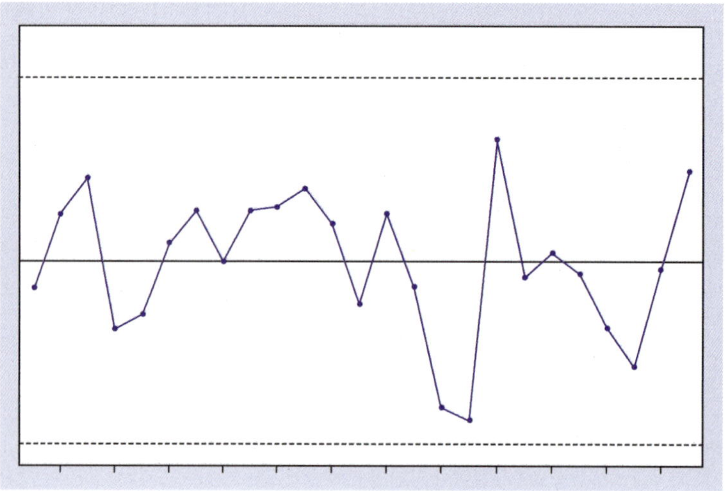

그림 10-4 자연 변동

### 10.3.2 급격한 수준 변화

그림 10-5는 수준이 급격히 변화된 모습을 보여준다.

■ **특징**

1. 급격한 수준의 변화가 있으며 변화된 수준을 지속적으로 유지한다.

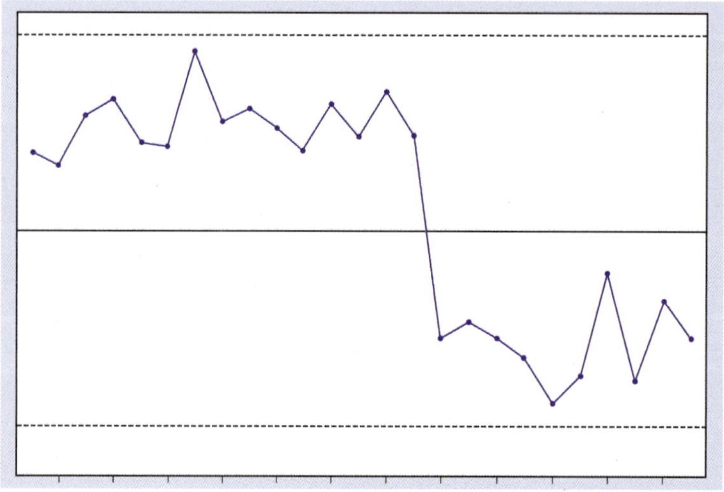

그림 10-5 급격한 수준 변화

### 10.3.3 복합 변동

그림 10-6은 두 개의 요인에 의해 영향을 받는 복합변동의 모습이다.

■ 특징

1. 데이터가 중앙에 별로 없고, 위쪽 또는 아래쪽에 양극으로만 위치한다.
2. 높은 수준의 데이터와 낮은 수준의 데이터가 번갈아 가며 생성되고 있다. 이는 두 개의 다른 분포들이 결합되었기 때문이다.

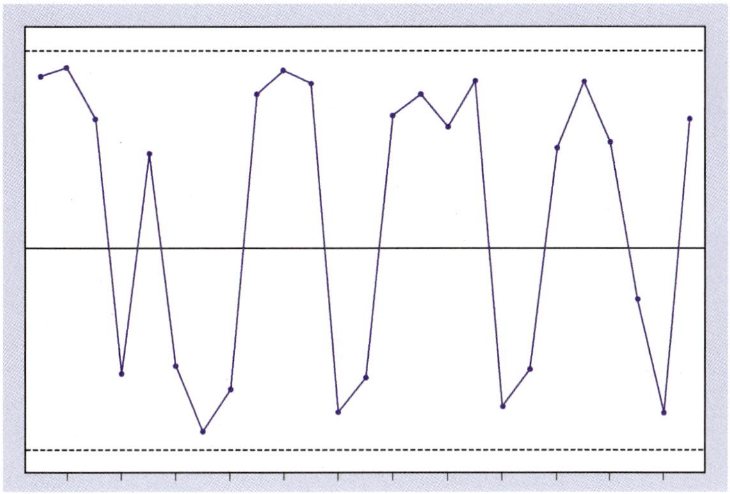

그림 10-6 복합 변동

### 10.3.4 층 변동

그림 10-7은 폭이 좁은 구간 안에 점들이 놓여 있어 일견 바람직한 변동의 모습인 것 같으나 실상은 관리선들이 현재의 개선된 공정의 상황을 반영 못하거나 다른 공정에서 측정한 데이터를 타점하는 등의 가능성을 살펴보아야 한다.

■ 특징

1. 많은 점들이 중앙에 몰려 있고 소수의 점만이 중앙에서 떨어져 발생한다.
2. 동일할 것으로 판단되는 그러나 실제로는 다른 분포들로부터 샘플이 추출된 결과이다.

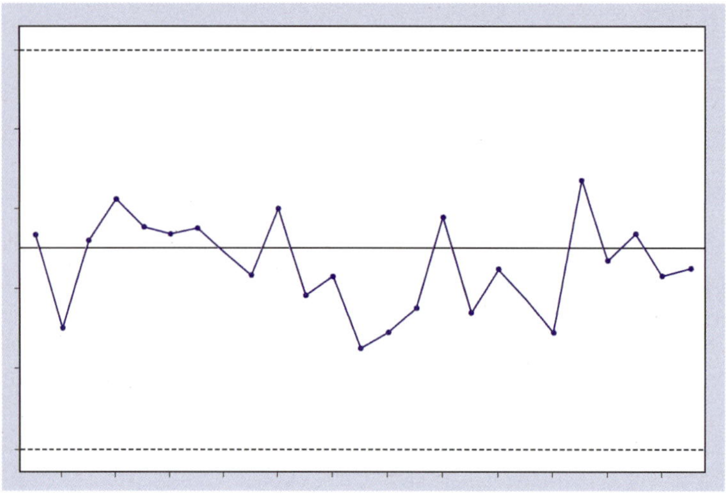

그림 10-7 층 변동

### 10.3.5 경향

**그림 10-8**은 **그림 10-2**와 유사한 패턴을 보이고 있다. 그러나 **그림 10-2**의 런 차트에서는 개별 측정값을 타점하고 있으나 관리도에서는 서브그룹으로부터 계산된 통계값을 타점한다.

■ **특징**

1. 지속적으로 상향하든지 하향하는 추세가 나타난다.
2. 공정에 점차적으로 영향을 미치는 원인으로 발생한다.

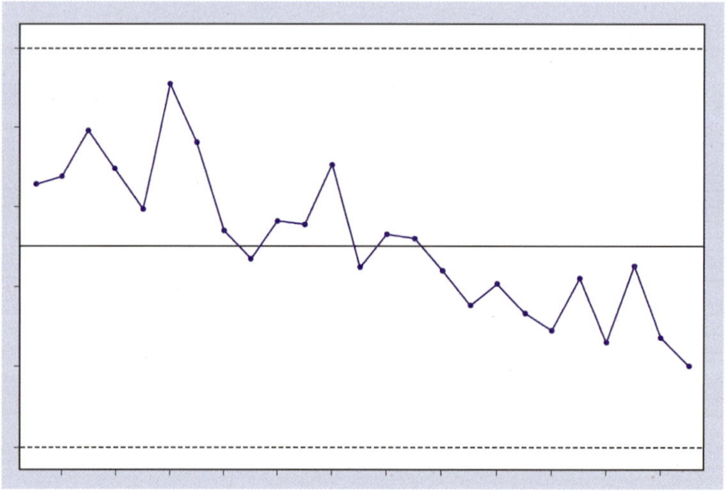

그림 10-8 경향

### 10.3.6 주기적 패턴

그림 10-9는 주기적으로 패턴이 반복되는 모습을 보여준다. 매일 반복되는 교대작업에서 또는 계절적 요인 등으로 나타난다.

■ **특징**

1. 패턴이 예측 가능하다. 이는 자연변동이 아니고 특별원인이 존재하기 때문이다.

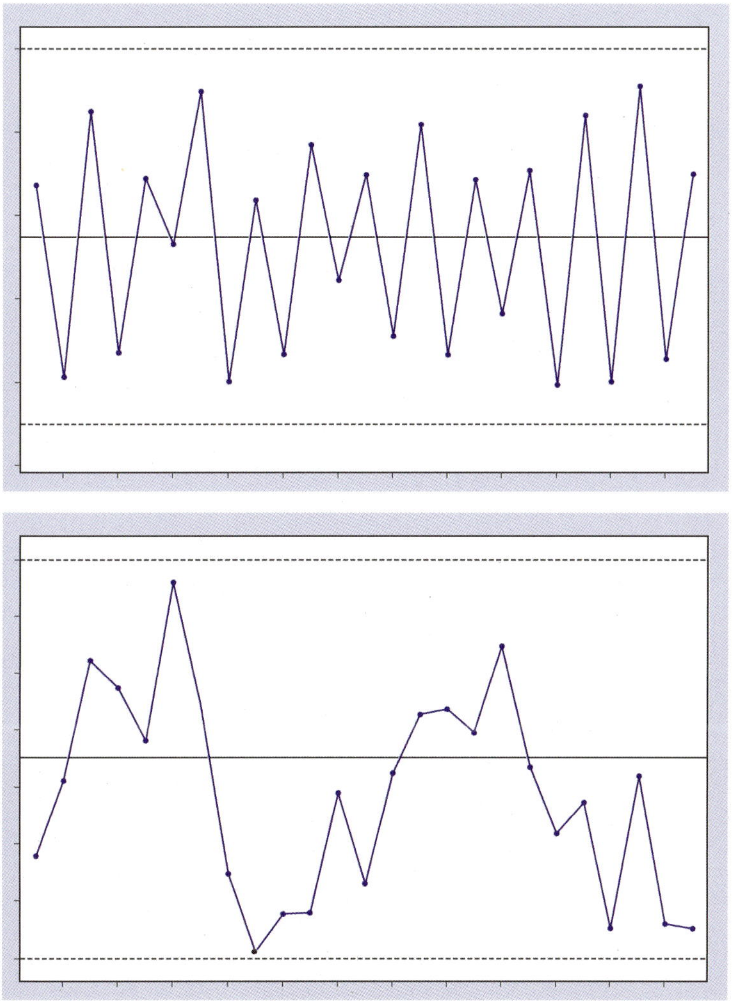

그림 10-9 주기적 패턴

### 10.3.7 유사 패턴

그림 10-10은 비슷한 패턴이 차트들 간에 동시에 또는 시간적 차이를 두면서 발생하는 모습을 보여준다.

■ 특징

1. 차트 패턴들의 상승과 하강이 비록 똑같지는 않지만, 서로 유사하게 움직인다.
2. 차트들이 유사한 특성들의 움직임을 같이 플로팅하고 있다.
3. 변수들 간 인과관계의 특성이 있거나 또는 제3의 변수와 상호 관련이 있다.

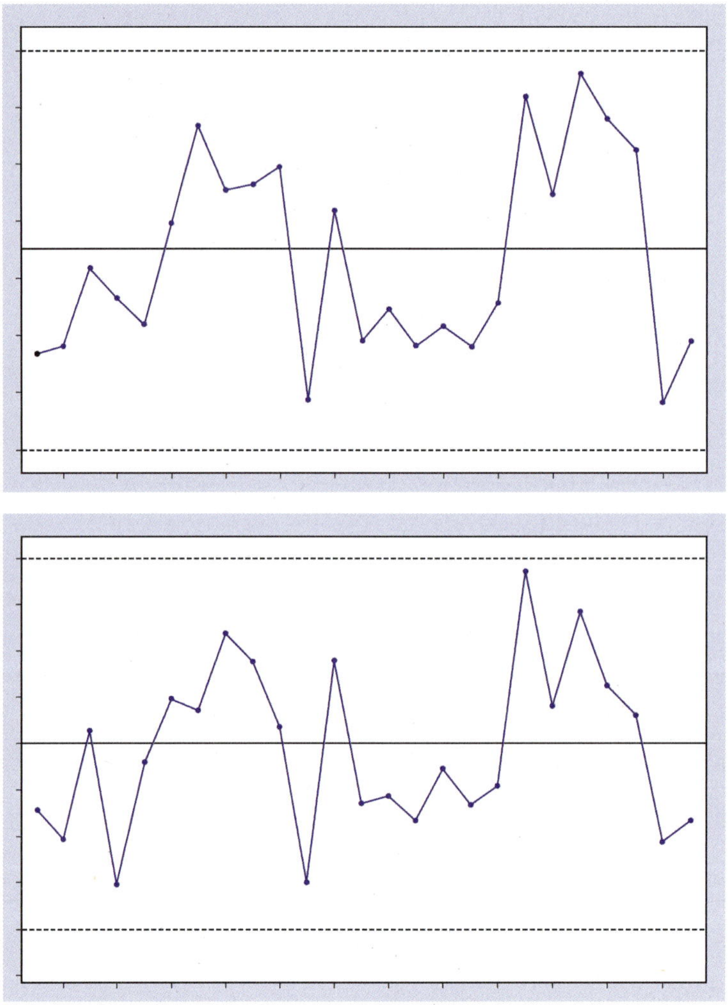

그림 10-10 유사 패턴

### 10.3.8 불안정 패턴

**그림 10-11**은 공정이 매우 불안정한 상태임을 보여준다.

■ **특징**

1. 패턴이 불안정하게 움직인다.
2. 매우 심한 변동으로 양쪽 관리 한계선들 밖으로 널뛰기한다.
3. 하나 또는 복합적 원인들에 의해 변동의 중심 및 산포가 영향을 받고 있다.

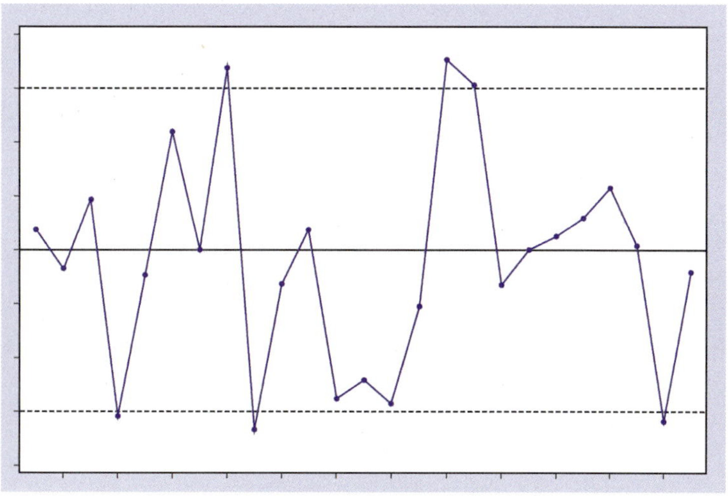

**그림 10-11** 불안정 패턴

## 10.4 관리도에 대한 추가 사항

관리도는 공정의 변동에 대해 특별원인의 존재를 가장 민감하게 파악할 수 있는 도구이다. 다양한 종류의 특별원인이 만들어 내는 변동에 좀 더 민감하게 관리도가 반응하기 위해 다음과 같은 방법들이 사용된다.

### 10.4.1 관리도 영역의 분할

관리도가 보여주는 다양한 패턴들을 보다 정확하게 파악하기 위하여 중앙선과 관리 한계선들 까지의 영역(3×통계량 샘플링분포의 표준편차)을 **그림 10-12**와 같이 중앙선 위 아래로 동일한 폭을 갖는 3개의 구간으로 나눈다. 이 중간의 구간들은 관리도 상에 실제로 선분으로 표시되기 보다는 마음속에서 대략적으로 구분을 짓는다. 이 구간들은 중앙선center line 가까이로부터 구간 C, 구간 B 및 구간 A로 구분된다.

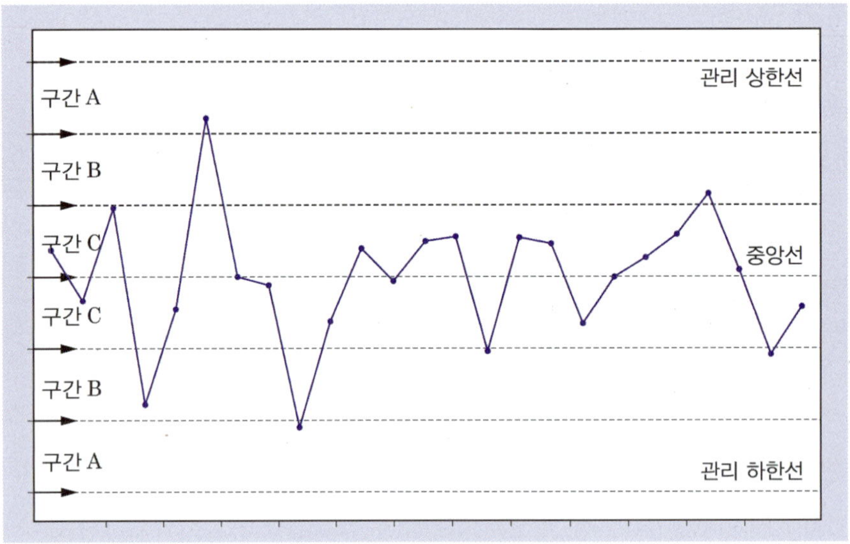


그림 10-12 관리도 구간 설정

이들 각 구간의 폭은 타점되는 통계량의 분포로부터 결정된다. 즉, 통계량의 샘플링 분포로부터 구한 표준편차의 크기에 해당한다. 샘플링 분포가 정규분포에 따른다면 한쪽 구간 C 영역의 확률이 0.3413, 구간 B는 0.1360, 구간 A는 0.02135의 확률을 가지며 관리 상한선 밖의 확률은 0.00135에 해당한다. 따라서 점들이 각 구역에 어느 정도의 빈도로 나타나는지를 파악하면 다양한 패턴의 발생을 보다 정밀하게 살펴볼 수 있다.

### 10.4.2 통계량의 선택

관리도에서 타점되는 점들은 보통 개별 측정값들을 사용하기 보다는 데이터로부터 계산된 통계량의 값들이다. 통계량을 사용하는 이유는 이들이 부자연스러운 공정 변동의 움직임에 개별 측정값보다 민감하게 반응하기 때문이다. 또한 민감성을 높이기 위해 통계량을 구성하는 샘플의 크기를 작게 한다. 샘플의 크기가 작을수록 샘플링하는 시간과 측정에 들어가는 시간이 단축되고 더 나아가 통계량 계산도 빨리 할 수 있다. 결과적으로 공정에 특별원인이 발생할 경우 시간적으로 보다 빠른 대처가 가능해진다. 크기가 작은 샘플에 대해 부자연스러운 변동에 대한 반응이 민감한 순서에 따라 통계량들을 배열해 보면 다음과 같다.

#### (1) 범위

작은 크기의 샘플에서 가장 큰 값과 가장 작은 값을 쉽게 찾을 수 있고, 이 둘의 차이를 쉽게 계산할 수 있다. 특별원인에 의해 변동의 폭이 불규칙해지면 이 둘의 값이 가장 쉽게 영향을 받는다.

#### (2) 평균

역시 작은 크기의 샘플에서 평균은 쉽게 구할 수 있을 뿐만 아니라 특별원인에 의해 중심성이 변할 경우 평균은 가장 빨리 반응하는 통계량이다.

#### (3) 백분율 또는 발생 횟수

실제 측정값들을 사용하지 않고, 관심 대상이 되는 특성이 있는지 없는지 만을 세어본다. 샘플의 크기가 50 또는 100 단위로 크다. 문제가 복합적 원인에 의해 발생할 때 원인을 찾기가 쉽지 않다.

#### (4) 개별 측정값

중심성이나 산포성에 대한 신뢰할 만한 정보 파악이 어렵다.

위와 같은 이유로 평균을 타점하는 $\overline{X}$ 관리도와 범위를 타점하는 R 관리도가 공정 변동의 중심성과 산포성에 영향을 주는 공정의 문제들을 밝혀 내는데 가장 선호되고 있다. 다음으로 $p$ 관리도가 사용되며, 개별측정값을 사용하는 관리도는 측정시점에 하나의 기록된 숫자만이 가능할 경우 — 예를 들면 회계 장부나 온도, 압력 등 — 에 사용된다.

### 10.4.3 서브그룹subgroup의 형성

타점될 통계량 값들을 계산하기 위해 수집되는 샘플들은 관찰하고자 하는 특별원인 이외의 요인들의 의한 변동은 최소화할 수 있도록 선정되어야 한다. 이를 위해 관리도를 시작하기 전에 샘플을 어떻게 수집할 것인가에 대한 계획이 필요하다. 샘플링 기법 중 가장 많이 쓰이는 방법이 랜덤샘플링인데 이보다는 합리적 서브그룹rational subgroup을 취하는 것이 보다 효과적이다. 랜덤샘플은 모집단을 구성하는 모든 개체가 동일한 조건 속에서 동일한 확률로 샘플에 선정될 수 있도록, 따라서 이들 샘플이 모집단의 특성을 대표할 수 있도록 최대한 보장하는 방법이다. 그러나 합리적 서브그룹에서는 특별원인이 존재할 경우, 합리적 또는 논리적으로, 이를 가장 빨리 파악할 수 있도록 샘플을 구성하는 방법이다. 이는 시간과 공간적으로 최대한 현장 가까이에서 개체를 선정함으로써 달성될 수 있다. 다음의 그림 10-13 예에서는 9시부터 매 시간 마다 4개의 개체를 선정하는데 랜덤샘플에서는 매 시간 마다 랜덤한 시각에 하나씩 개체를 선정하여 4개로 이루어진 하나의 샘플을 구성한다. 반면에 합리적 서브그룹에서는 매 시간 중간에 4개의 개체를 연속하여 선정하고 있다.

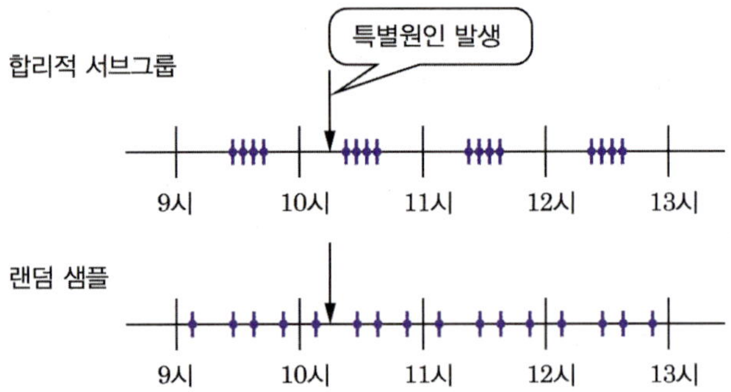


그림 10-13 **랜덤샘플 대 합리적 서브그룹**

예를 들어 그림처럼 특별원인이 10시를 조금 넘겨 공정에 발생하였다 하자. 10시 반에 취한 합리적 서브그룹에는 이 특별원인에 의한 영향을 4개의 개체가 모두 받고 있다. 따라서 이 서브그룹으로부터 계산된 통계량 값은 이전의 값들과는 다른 움직임을 모일 것이다. 그러나 10시부터 11시 사이에 취한 랜덤샘플에서는 첫 번째 개체를 제외한 3개의 개체만이 영향을 받아 그 움직임이 충분히 노출되지 않을 수 있다. 이 경우에는 12시가 거의 되어서야 특별원인의 존재를 알게 될 것이다.

### 10.4.4 관리도의 종류

관리도는 타점되는 점들의 데이터 형태에 따라 계량형measurement (또는 변수형 variables) 관리도와 계수형counting(또는 속성형attributes) 관리도로 구분된다. 많이 쓰이는 관리도에는 다음의 것들이 있다.

**계량형 관리도**

관리도에 찍히는 점들이 연속형 통계량 값들이다.

1. $\overline{X}$-차트. 관리도에 찍히는 점은 해당 서브그룹의 평균값이다.
2. R-차트. 관리도에 찍히는 점은 서브그룹의 범위 값이다. 서브그룹의 크기가 4 또는 5

이다. R-차트는 $\overline{X}$와 함께 사용된다.

3. $S$-차트. 관리도에 찍히는 점은 해당 서브그룹의 표준편차 값이다. 이 차트는 서브그룹의 크기가 10 이상일 때 추천된다. 그렇지 않으면, R-차트가 선호된다. $S$-차트는 $\overline{X}$와 함께 사용된다.

이 외에도 많은 차트들이 특별한 상황 속에서 쓰인다. 개별 측정값을 사용하는 X-차트, 이동 범위moving range 값을 사용하는 mR-차트, 중앙값median 차트, 큐섬cusum 차트 등이 있다.

### 계수형 관리도

관리도에 찍히는 점들이 이산형 통계량 값들이다.

1. $p$-차트. 관리도에 찍히는 점은 해당 서브그룹의 불량률 값이다.
2. $np$-차트. $p$-차트와 같으나 여기서는 서브그룹에 있는 불량 품수를 찍는다.
3. $c$-차트. 관리도에 찍히는 점은 해당 서브그룹의 전체 결점수나 불일치수로, 한 품목당 결점 수에 상한upper limit이 없거나 결점수가 상한과 비교해서 매우 작을 때 쓰인다(포와송 예를 상기하라).
4. $u$-차트. $c$-차트와 같다. 여기서는 한 서브그룹의 전체 결점수 대신에 서브그룹에 있는 품목당 결함수이다. 즉, (해당 서브그룹의 전체 결점수)/(서브그룹 크기)이다.

# 제11장 $p$ 관리도

A phenomenon will be said to be controlled when, through the use of past experience, we can predict, at least within limits, how the phenomenon may be expected to vary in the future.

— W. A. Shewhart —

관리도에는 타점되는 통계량들의 특성에 따라 속성형(계수형) 관리도와 변수형(계량형) 관리도로 구분된다. 본 장에서는 대표적 속성형 관리도인 불량률 관리도(또는 $p$-차트)에 대해 기술한다.

- 속성형(계수형) 관리도: 불량률 관리도
  기타 속성형 관리도: $np$-차트, $c$-차트 및 $u$-차트
- 목적에 따른 관리도 분류
  관리도를 구축하는 목적에 따라 기준 부여 관리도와 기준 미부여 관리도로 구분한다.

# 11.1 $p$ 관리도

표 11-1에 있는 데이터는 특정 마이크로컴퓨터 부품의 월간 생산량의 불량률이다. 불량률은 매일의 생산량 중 500개를 랜덤샘플로 취하여 다음과 같이 계산하였다.

$$p = \frac{\text{샘플에 있는 불량품 수}}{500}$$

표 11-1 한 달에 걸친 마이크로컴퓨터 부품의 불량률(p)

| 일 | 불량률 | 일 | 불량률 | 일 | 불량률 | 일 | 불량률 | 일 | 불량률 | 일 | 불량률 |
|---|---|---|---|---|---|---|---|---|---|---|---|
| 2 | 0.038 | 7 | 0.056 | 13 | 0.026 | 19 | 0.044 | 25 | 0.038 | 31 | 0.03 |
| 3 | 0.052 | 9 | 0.032 | 14 | 0.04 | 20 | 0.04 | 26 | 0.028 | | |
| 4 | 0.042 | 10 | 0.068 | 16 | 0.044 | 21 | 0.036 | 27 | 0.034 | | |
| 5 | 0.052 | 11 | 0.010 | 17 | 0.028 | 23 | 0.038 | 28 | 0.066 | | |
| 6 | 0.032 | 12 | 0.068 | 18 | 0.048 | 24 | 0.02 | 30 | 0.030 | | |

$\bar{p} = 0.40$

제조 순서에 따라 불량률을 간단히 타점하여 그림 11-1과 같은 런 차트를 얻었다.

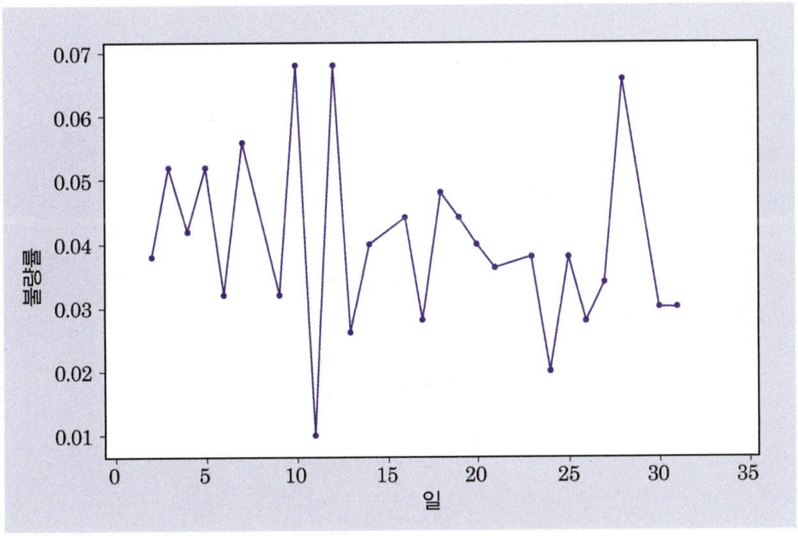


그림 11-1 마이크로컴퓨터 부품의 불량률 런 차트

이 차트상에는 별다른 현상이 보이지 않는다. 그저 무작위한 공정 불량률을 보이고 있을 따름이다.

아래 **그림 11-2**는 앞의 런 차트에 관리 상한upper control limit(UCL), 하한lower control limit(LCL) 및 중앙선center line(CL)을 첨가한 그림, 즉 관리도이다. 이 관리도를 불량률 관리도*p*-chart라 한다.

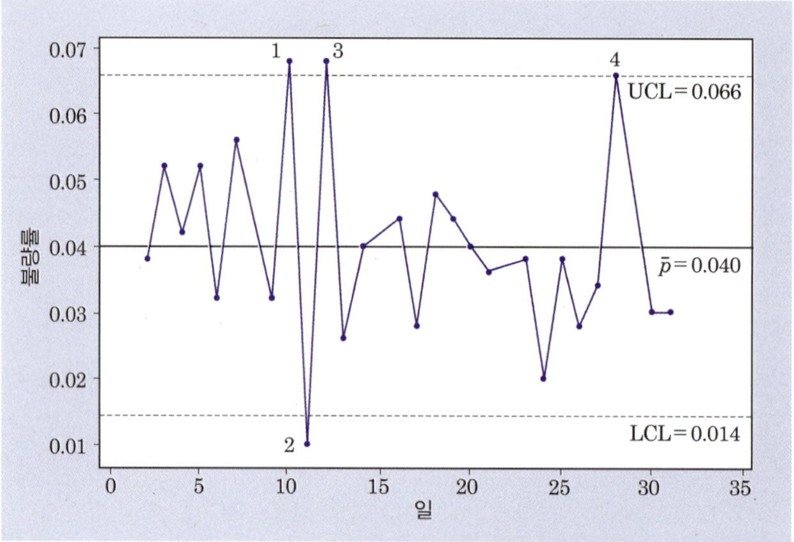


**그림 11-2 마이크로컴퓨터 부품의 불량률 관리도**

런 차트에서와는 달리 위의 관리도에서는 4개의 점들이 관리 한계를 벗어나는 것으로 지적되고 있다. 따라서 이들에 대한 특별원인을 찾아야 한다. 관리 상한을 넘어가는 (1, 3, 4)는 나쁜 특별원인으로 여겨지며, 아래 점(2)은 좋은 원인으로 (검사 잘못만 아니라면) 여겨질 수 있다.

불량률 관리도의 선들은 다음과 같이 계산된다.

$$CL = \bar{p} = \text{모든 } p\text{값들의 평균}$$

$$UCL = \bar{p} + 3\sqrt{\frac{\bar{p}(1-\bar{p})}{n}}$$

$$LCL = \bar{p} - 3\sqrt{\frac{\bar{p}(1-\bar{p})}{n}}$$

여기서 $n = 500$이다. 일반적으로, $n$은 매일매일의 샘플 크기를 말한다. 샘플 크기는 일정하다고 가정하지만, 일정하지 않은 경우에는 샘플 크기들 간의 차이가 크지 않다면 샘플 크기들의 평균을 사용하는 등의 방법을 적용한다. 관리 상한선과 하한선은 정규 확률밀도함수에서 $\mu$로부터 $\pm 3\sigma$ 범위 내에 해당하는 영역의 크기인 99.7%의 생각과 일치한다. 여기서 $\bar{p}$는 매일매일의 불량률인 $p$에 대한 추정값이다. 중심극한정리에 따르면 $\bar{p}$는 근사적으로 정규분포에 따른다($n \geq 30$이고 $p$가 0이나 1에 가까운 값이 아닌 경우). 관리도상에 있는 점들은 주로 개별 데이터의 묶음(그룹), 즉 샘플로부터 구한 값이다 라고 말했음을 기억하라. 위의 $p$-차트에서 각 점은 일일 샘플 크기 500개 속에 포함된 불량률을 나타내고 있다. 개별 데이터 값보다 샘플 특성 값(통계값)을 찍는 이유는 개별 데이터의 변동보다 작고, 중심극한정리에 따라 근사적으로 정규분포를 따르기 때문이다.

다른 계수형 관리도들의 관리선들은 다음과 같다.

**$np$-차트**

$p$-차트에 타점되는 샘플들이 모두 동일한 샘플 크기라면 불량비율과 같이 소수점이 있는 데이터를 사용하는 것보다 각 샘플 속에서 발견된 불량품 수를 타점하는 것이 보다 단순하다. 이런 경우에 $p$-차트라 하지 않고 $np$-차트라 한다. $np$-차트의 관리 한계값들은 다음과 같다.

$$CL = n\bar{p}$$
$$UCL = n\bar{p} + 3\sqrt{n\bar{p}(1-\bar{p})}$$
$$LCL = n\bar{p} - 3\sqrt{n\bar{p}(1-\bar{p})}$$

관리도에 비율이나 백분율 대신 불량품 수를 타점하는 것 말고는 $p$-차트와 동일하다.

**$c$-차트**

$c$-차트에는 불량품 수 대신에 결함 수를 사용한다. 불량품과 결함의 차이는 결함이 하나의 요구사항을 충족시키지 못하는 개별적 실패 사항이라면 불량품은 한 개 또는 그 이상의 결함을 포함하는 제품의 단위를 말한다. 한 개의 제품 속에 많은 결함들이 있어도 하나의 불량품으로 처리된다. $c$-차트는 포와송분포에 근거하므로 포와송분포를 하는 확률변수가 가져야 할 조건들을 충족시켜야 한다. 즉 결함의 가능성은 무한대로 많고 어느 한 곳에서 결함이 발생할 확률은 매우 작아야 한다. 항상 동일한 길이나 면적 및 양에 대해 결함수가 파악되어야 한다.

$c$를 각각의 동일한 샘플에 있는 결함 수라 하자.

$$CL = \bar{c}$$

$$UCL = \bar{c} + 3\sqrt{\bar{c}}$$

$$LCL = \bar{c} - 3\sqrt{\bar{c}}$$

### $u$-차트

$u$-차트는 $c$-차트의 변형이다. 결함 수를 세는 하나의 샘플 속에 $n$개의 품목이 들어 있을 때 하나의 품목 당 결함 수, 즉 평균 결함 수를 타점한다. 샘플 속에 있는 각 품목은 $c$-차트의 조건을 충족시켜야 하지만 샘플들마다 동일한 수의 품목이 있을 필요는 없다.

$u$를 다음처럼 정하자.

$$u = \frac{\text{결함 수}}{n(\text{동일한 품목 수})}$$

$$CL = \bar{u}$$

$$UCL = \bar{u} + 3\sqrt{\frac{\bar{u}}{n}}$$

$$LCL = \bar{u} - 3\sqrt{\frac{\bar{u}}{n}}$$

만일 샘플 속에 있는 품목 수가 일정하지 않다면, $n$의 평균값을 취한다.

공정에서 출력되는 제품에 대해서 '좋다', '나쁘다' 또는 '합격', '불합격' 또는 '예', '아니요'와 같이 품질에 대해 이분법적으로 판단을 내리는 일은 실제로 제품의 특성을 측정하여 판단하는 것보다 쉽다. 전자의 답변은 각 샘플 속에서 몇 번 같은 판단을 내리는가만을 세면 앞에서 설명한 계수형(또는 속성형) $p$-차트를 사용하는데 무리가 없다. 그러나 제품이 소형화, 다기능화가 진행되면서 또한 공정이 복잡하여지면 단순한 이분법적 답변만으로는 공정이나 제품의 문제점을 파악하기가 어려워진다. 단순히 좋다, 나쁘다 라는 판단 속에서 파악할 수 있는 정보는 매우 제한적이어서 실질적 개선을 취하기 위해서는 얼마나 좋고 얼마나 나쁜지 또는 얼마나 기준에서 떨어져 있는지에 대한 정확한 답변이 필요하다. 따라서 좋다 나쁘다 보다는 좋다 보통이다 나쁘다가 더 많은 정보를 지니며 이는 세분화가 될수록 더 정확한 정보를 지니게 된다. 예를 들면, 제품의 품질에 대해 매우 좋다, 좋다, 보통이다, 나쁘다, 매우 나쁘다로 다섯 등급으로 판단하면 보다 품질에 대한 정확한 수준을 파악할 수 있게 된다. 등급으로 판단하지 않고 품질특성에 대한 측정이 이루어진다면 이때 가장 정확하게 품질을 파악할 수 있게 된다. 따라서 가능한 공정에서는 측정에 의한 연속형 데이터로부터 공정의 상태를 파악하고 나아가 상태가 악화될 때 그 원인까지 파악하기가 수월한 계량형(또는 변수형) 관리도를 사용함이 공정 및 제품의 품질개선에 더욱 유리해 진다.

## 11.2 목적에 따른 관리도의 분류

관리도는 다음과 같은 두 가지 목적으로 구분하여 사용된다.

1. 현재 관리 상태를 평가하기 위해 과거 품질 데이터를 분석한다. 관리도 상의 중앙선과 관리 한계선들은 현재 보유 중이거나 측정된 데이터로부터 계산된 중심성 및 산포성 수치들로 결정된다. 이 경우 구축된 관리도를 기준이 주어지지 않은(또는 부여되지 않은) 관리도no standard given control chart라 하여 기준 미부여 관리도라 부른다.
2. 공정 목표에 따라 통계적 관리 상태를 유지할 목적으로 관리도를 구축하는데 이 경우에는 관리도 구축에 필요한 공정의 수치들이 미리 알려져 있거나 요구에 의해 사전에 설정된 목표값들로 정해진다. 이렇게 구축된 관리도는 기준이 주어진(또는 부여된) 관리도standard given라 하여 기준 부여 관리도라 한다. 이 후 이 관리도를 이용하여 진행 중인 공정으로부터 관찰한 결과를 상호 비교한다.

기준 미부여 관리도는 이전에 조사된 적이 없는 공정이거나, 대규모로 변경이 이루어진 공정이거나, 예비적으로 행한 빈도분포 분석에서 초기 관리가 확인된 후 지속적으로 관리를 유지하기 위한 공정 등에 대해 관리 상태를 조사하기 위해 사용된다. 이러한 목적에서 제품이나 공정의 품질특성에 대해 측정이 이루어지고 분석이 행해진다. 이 분석의 일환으로 관리한계와 중심성에 대한 값들이 계산되고, 이 값들이 지속적으로 관리를 유지하기 위해 구축되는 관리도에 사용된다.

반면에, 기준 부여 관리도는 중심성과 산포성에 대한 값들이 처음부터 정해진 경우의 관리도를 말한다. 이 경우에는 공정이 이 기준 값들의 수준에서 작동될 수 있고, 사용가능한 이전 데이터 — 때로는 기준이 부여되지 않은 관리도 작성에 필요한 데이터를 포함하여 — 로부터 공정의 관리 상태가 확인되었음을 전제로 한다. 그러나 이 기준 값들은 제조나 서비스 상의 필요에 의해서나 요구사항이나 규격specification에 의해 지시된 목표 등에 근거한 상황에서나, 또는 경제적 상황에 근거하여 비교적 임의적으로 구축되기도 한다.

앞에서 설명한 $p$-차트는 기준이 부여되지 않은 관리도의 예다. 중심선, 관리상한 및 하한선들은 모두 과거에 측정되어 현재 보유 중인 데이터로부터 계산되었다. 초기의 기준이 부여되지 않은 차트를 구축한 후, 첫 번째 단계는 제거할 목적으로 나쁜 특별원인을 찾는데 있다. 그 다음에는, 찾아서 제거된 특별원인 때문에 발생한 점들과 관련된 측정값들을 데이터에서 없애 버린다. 그런 후 새로운 중심선 및 관리 한계선들을 다시 계산한다. 한 가지 명심할 사항은 비록 각 개별 점들이 관리 선 안에 모두 있을지라도, 이들이 어떤 특별한 패턴을 보이면 이는 특별원인의 존재를 알려주고 있다는 사실이다. 예를 들면, 런, 갑작스런 수준 상의 변화 또는 경향성 등의 패턴을 말한다. 궁극에 가서는, 더 이상의 개선이 필요없는 관리도가 만들어 질 것이며 따라서 이때부터 다음 한두 달 정도에 해당하는 짧은 기간 동안 생산 공정을 관리하는 표준으로 사용될 수 있다. 다시 말해서, 관리가 어느 정도 잘 이루어지고 있을 때 취합된 데이터에 근거해서 최종 관리도가 구축되어 져야 한다. 그러면 이제야 비로써 관리도를 사용하여 공정의 안정 상태를 유지하는 행동을 취할 수 있게 된다. 이때는 정해진 시점마다 일정한 수의 샘플로부터 데이터를 얻자마자 즉시 점들을 찍어 나간다. 점들이 관리선을 벗어나게 되거나 특별한 패턴이 보이게 되면 즉, 특별원인이 지적되면 제조를 멈추는 일이 있더라도 즉각적으로 원인을 파악하여 필요한 조처를 취하여야 한다.

그러나 때로는 공정의 안정 상태를 유지하는 것만으로 충분하지 않을 때가 많다. 오늘날의 극심한 경쟁에서 기업이 살아남기 위해서 현재의 불량률은 지나치게 높을 수가 있다. 품질 부서에서는 현재의 평균 불량률 대신 새로운 불량률 평균 목표값을 설정하고 새로이 관리도를 구축한다. 설정된 평균 목표 불량률을 $p_0$라 하자. 그러면 새로이 구축되는 관리도는 기준 부여 관리도가 되며 한계선들은 다음과 같이 설정된다.

$$CL = p_0 = \text{평균 목표 불량률}$$

$$UCL = p_0 + 3\sqrt{\frac{p_0(1-p_0)}{n}}$$

$$LCL = p_0 - 3\sqrt{\frac{p_0(1-p_0)}{n}}$$

이와 같이 기준이 부여된 관리도는 다른 계수형 및 계량형 관리도들에도 동일하게 적용된다.

# 제12장 $\overline{X}-R$ 관리도

"조직의 많은 사람들이 관리도가 지시하는 대로 따라 행동하면,
조직은 놀랄 만한 변화를 맞이하게 될 것이다."

본 장에서는 변수형(계량형) 관리도로서 $\overline{X}-R$ 관리도를 기술한다. 예시를 통해 $\overline{X}-R$ 관리도와 필요한 계산을 돕기 위한 계산 용지를 제시한다.

- 변수형(계량형) 관리도: 평균-범위 관리도
- 사례: 데이터 카트리지용 구동벨트의 롤링작업 공정

## 12.1 평균-범위 ($\overline{X}-R$) 관리도

품질특성의 측정값이 연속형 값을 취할 때 쓰이는 관리도를 계량형measurement 또는 변수형 관리도variables control charts라 한다. 변수형 관리도에는 $\overline{X}$와 $R$ 또는 $S$ 차트 등이 있으며, $\overline{X}$ 차트는 공정 중심으로부터 평균들의 산포성을 보여주며, $R$과 $S$ 차트는 공정의 산포성을 보여주는 수치지표의 움직임을 보여준다(산포성 수치지표의 산포성). 따라서 공정의 주요 두 특성인 중심성과 산포성을 동시에 관리하기 위해 이들은 $\overline{X}$와 $R$ 또는 $\overline{X}$와 $S$ 차트같이 쌍으로 구축된다.

먼저 $\overline{X}$ 차트에 관해 알아보자.

관리도상의 점들은 서브그룹이라 불리는 측정값들의 그룹이 지니고 있는 정보를 요약하고 있다는 사실을 상기하라. $\overline{X}$ 차트의 경우에는 찍힌 점들이 서브그룹들의 평균값들이다.

구체적으로 관리도 구축에 사용할 데이터의 전체 샘플 크기를 $nk$라 하자. 이 전체 샘플을 각각 크기 $n$인 $k$개의 서브그룹으로 나누는데, 보통 제조 순서에 따라 나눈다. 그러면, $i$번째 찍히는 점은 $i$번째 서브그룹에 있는 $n$개의 데이터의 평균, 즉 $\overline{X}_i$이다. 이제 해당 공정의 분포(모집단)가 모집단 평균이 $\mu$이고 표준편차가 $\sigma$인 정규분포에 적어도 근사적으로 접근한다고 가정하자. 그러면, 중심극한정리에 있는 결과 2(또는 결과 3)에 따르면 각 $\overline{X}_i$는 (적어도 근사적으로) 평균이 $\mu$이고 표준편차가 $\sigma/\sqrt{n}$인 정규분포를 한다.

그러면, 각 $\overline{X}_i$에 대해

$$P[\mu-3\frac{\sigma}{\sqrt{n}} \leq \overline{X}_i \leq \mu+3\frac{\sigma}{\sqrt{n}}]=0.997$$

이므로, 중심선을 $\mu$에 그리고 관리 상한과 하한을

$$\mu \pm 3\frac{\sigma}{\sqrt{n}}$$

의 위치에 그려 관리도를 작성함이 매우 타당해 보인다. 여기서 $\mu$와 $\sigma$에 대한 정확한 값은 모르지만 그들을 추정하는 것은 가능하다. $\mu$에 대한 추정값을 $\hat{\mu}$라 표현하면 전체 평균을 다음처럼 구하여 추정한다.

$$\overline{\overline{X}}=(\overline{X}_1+\overline{X}_2+\cdots+\overline{X}_k)/k$$

위의 추정에서 사실, $\overline{\overline{X}}$는 $nk$ 데이터 값들의 전체 평균을 말하며, 따라서 모집단 평균을 샘플평균으로 추정한다는 원리를 그대로 적용하고 있다.

그러나 모집단의 표준편차는 $\overline{X}$ 차트와 함께 사용되는 관리도가 $R$ 차트인 경우에 서브그룹의 범위들을 이용하여 추정하며, $S$ 차트인 경우에는 서브그룹의 표준편차들을 사용하여 추정한다. 예를 들면, $R_i$와 $S_i$가 $i$번째 서브그룹의 범위와 표준편차라 하자. $\sigma$를 추정하는 전통적 방법은 모든 서브그룹들에 대하여 $R_i$ 또는 $S_i$들을 구하고 이들의 평균을 취하는 것이다. 즉,

$$\overline{R} = (R_1 + R_2 + \cdots + R_k)/k$$

또는

$$\overline{S} = (S_1 + S_2 + \cdots + S_k)/k$$

로 $\sigma$를 추정한다. 위에서 $k$는 서브그룹들의 총 수를 말하며, $n$은 각 서브그룹에 속한 측정값들의 수로 서브그룹의 크기라 말한다.

실제적으로는 $\sigma$와 $\overline{R}$ 또는 $\overline{S}$ 사이에 발생하는 약간의 차이를 없애주기 위해 이 추정값을 좀 더 조정하여 사용한다.

$$\hat{\sigma} = \frac{\overline{R}}{d_2} \quad \text{또는} \quad \hat{\sigma} = \frac{\overline{s}}{c_4}$$

계수 $d_2$와 $c_4$는 부록 표 A에서 서브그룹의 크기 $n$의 함수로 찾는다.

어떤 방법을 사용하든 $\sigma$의 추정값을 $\hat{\sigma}$로 표현하자. 그러면 관리도의 중앙선은 $\overline{\overline{X}}$에, 그리고 관리 한계선들은

$$\overline{\overline{X}} \pm 3\frac{\hat{\sigma}}{\sqrt{n}}$$

에 그린다. 여기서 $n$은 서브그룹의 크기이다. 계산의 편의성을 높이기 위해 다음과 같은 부호들을 사용하여 기준 미부여 관리도의 관리 상하 한계선들의 값을 구한다.

먼저 $\overline{R}$를 사용하여 $\sigma$를 추정한 경우를 살펴보자.

평균 관리도인 $\overline{X}$ 차트의 중앙선center line(CL), 관리 상한upper control limit(UCL) 및 관리 하한lower control limit(LCL)은 다음과 같다.

$$CL_{\overline{X}} = \overline{\overline{X}}$$
$$UCL_{\overline{X}} = \overline{\overline{X}} + A_2\overline{R}$$
$$LCL_{\overline{X}} = \overline{\overline{X}} - A_2\overline{R}$$

$\overline{X}$ 차트의 관리 한계선들이 중심극한정리에 의해 정규분포를 이용하는 바와는 다르게 $R$ 차트의 관리 한계선들은 $R$ 분포를 사용한다. 정규분포는 대칭성을 가지고 있지만 $R$ 분포는 오른쪽으로 긴 꼬리를 가진 비대칭성을 보여준다.

범위 관리도인 $R$ 차트의 관리선들은 다음과 같다.

$$CL_R = \overline{R}$$
$$UCL_R = D_4\overline{R}$$
$$LCL_R = D_3\overline{R}$$

이제 $\overline{S}$를 사용하여 $\sigma$를 추정한 경우를 살펴보자.

$\overline{X}$ 차트의 관리선들은 다음과 같다.

$$CL_{\overline{X}} = \overline{\overline{X}}$$
$$UCL_{\overline{X}} = \overline{\overline{X}} + A_3\overline{S}$$
$$LCL_{\overline{X}} = \overline{\overline{X}} - A_3\overline{S}$$

표준편차 관리도인 $S$ 차트의 관리선들은 다음과 같다.

$$CL_S = \overline{S}$$
$$UCL_S = B_4\overline{S}$$
$$LCL_S = B_3\overline{S}$$

위의 공식에서 사용된 부호들의 값은 부록의 표 A에서 찾을 수 있는데 서브그룹의 크기에 따라 변한다.

관리상태에 있는 공정에 대해서는 공정의 산포성 자체가 통계적 규칙성을 보여준다. 이 규칙성은 특별원인으로 말미암아 깨질 수가 있다. 특히, 하나의 특별원인이 공정의 중심 및 공정의 변동성 모두에 영향을 미칠 수 있다. $\overline{X}$와 $R$(또는 $S$) 차트들을 같이 사용하면 특별원인의 특징에 대한 실마리를 얻을 수 있다.

$R$(또는 $S$ 차트)에 찍히는 점들은 서브그룹의 샘플범위(또는 샘플표준편차)들이다. 산포성을 보여주는 차트들의 중앙선 및 관리 한계선들은 $\overline{X}$ 차트에서 사용된 것과 유사한 방법으로 $R$ 또는 $S$의 분포적 특성을 이용하여 구축된다. $\overline{X}$ 차트에서는 $\overline{X}$에 관한 통계적 이론인 중심극한정리가 사용되었다.

위에 언급한 구축 방법은 실제로는 사전 절차에 해당하며, 기준 미부여 관리도를 사용하는 완전한 절차는 다음과 같다.

1. 위의 사전 절차를 따른다. 주시해야 할 점은 중앙선과 관리 한계선들 모두 데이터 자체로부터만 결정된다는 것이다. 이 데이터는 차트에 점을 찍는 데 사용되는 데이터와 동일한 것이다.
2. 공정이 애초부터 관리상태에 있지 않았다면 몇몇 점들은 관리 한계선들 밖에 놓일 것이다. 관리 한계선 밖에 위치한 점을 비관리점이라 한다.
3. 아마도 이 비관리점들은 특별원인들을 가지고 있을 것이다. 이 원인들을 파악하여 제거하고, 비관리점들에 해당하는 데이터를 빼 버린다. 그런 후 중앙선 및 관리 한계선 값들을 다시 계산한다. 이 과정을 반복해 가며 더 이상의 교정이 필요 없을 때까지 한다. 필요하면 추가 측정을 실시하여 데이터를 보강한다.
4. 이 비관리점들 외에 런, 경향 또는 기타 체계적 (랜덤하지 않은) 패턴과 같은 특별원인의 존재를 나타내는 것들이 있는지 살펴본다. 이들 역시 비관리점들로 처리하라. 즉, 특별원인들을 파악하여 제거하고, 중앙선 및 관리 한계선들을 다시 계산한다.
5. 최종적으로 나오는 차트를 가지고 관리도를 완성하며, 이 관리도는 앞으로의 생산을 관리하는, 즉 행동을 취하기 위한 관리도로 사용된다.

예를 들어, 강봉 데이터를 사용하여 기준 미부여 관리도를 구축한다. 서브그룹 크기 $n=5$, 서브그룹 수 $k=20$으로 하였다.

기준 미부여 관리도 구축에 필요한 계산 및 관리도는 다음과 같다.[**표 12-1**, **그림 12-1**].

$$CL_{\overline{X}} = \overline{\overline{X}} = 2.3441$$

$$UCL_{\overline{X}} = \overline{\overline{X}} + A_2\overline{R} = 2.3441 - 0.577(0.07) = 2.3441 + 0.0404 = 2.3845$$

$$LCL_{\overline{X}} = \overline{\overline{X}} - A_2\overline{R} = 2.3441 - 0.577(0.07) = 2.3441 - 0.0404 = 2.3037$$

**표 12-1** 강봉 데이터의 관리도 구축에 필요한 자료

| 그룹 번호 | $\overline{X}_i$ | $R_j$ | 그룹 번호 | $\overline{X}_i$ | $R_j$ | 그룹 번호 | $\overline{X}_i$ | $R_j$ |
|---|---|---|---|---|---|---|---|---|
| 1 | 2.348 | 0.06 | 8 | 2.334 | 0.07 | 15 | 2.336 | 0.04 |
| 2 | 2.320 | 0.06 | 9 | 2.374 | 0.11 | 16 | 2.346 | 0.06 |
| 3 | 2.318 | 0.07 | 10 | 2.328 | 0.07 | 17 | 2.358 | 0.08 |
| 4 | 2.354 | 0.05 | 11 | 2.346 | 0.09 | 18 | 2.348 | 0.07 |
| 5 | 2.332 | 0.06 | 12 | 2.360 | 0.08 | 19 | 2.344 | 0.08 |
| 6 | 2.348 | 0.06 | 13 | 2.348 | 0.14 | 20 | 2.328 | 0.05 |
| 7 | 2.354 | 0.06 | 14 | 2.358 | 0.04 | 합 | 46.882 | 1.40 |

$$\sum_{i=1}^{k=20} \overline{X}_i = 46.882 \qquad \sum_{i=1}^{k=20} R_i = 1.40$$

$$\overline{\overline{X}} = 46.882/20 = 2.3441 \qquad \overline{R} = 1.40/20 = 0.07$$

$$CL_R = \overline{R} = 0.07$$
$$UCL_R = D_4\overline{R} = 2.114(0.07) = 0.1480$$
$$LCL_R = D_3\overline{R} = 0(0.07) = 0$$

관리도에서 특별원인의 존재성은 파악되지 않는다. 이제 강봉 제조공정에서 생산되는 강봉 직경의 분포에 대한 모수값들을 추정하며

$$\hat{u} = \overline{\overline{X}} = 2.34$$
$$\hat{\sigma} = \overline{R}/d_2 = 0.07/2.326 = 0.030$$

**그림 12-1**의 관리도는 앞으로의 단기간 동안 공정의 안정성을 유지하는 데 사용된다. 정기적으로 공정에서 5개의 강봉을 선택하여 직경을 측정하고 평균과 범위를 구한 다음 관리도에 지속적으로 타점한다. 관리한계를 넘어가거나 특별한 패턴이 관찰된다면 즉각적으로 원인을 찾고 수정 조치를 취한다.

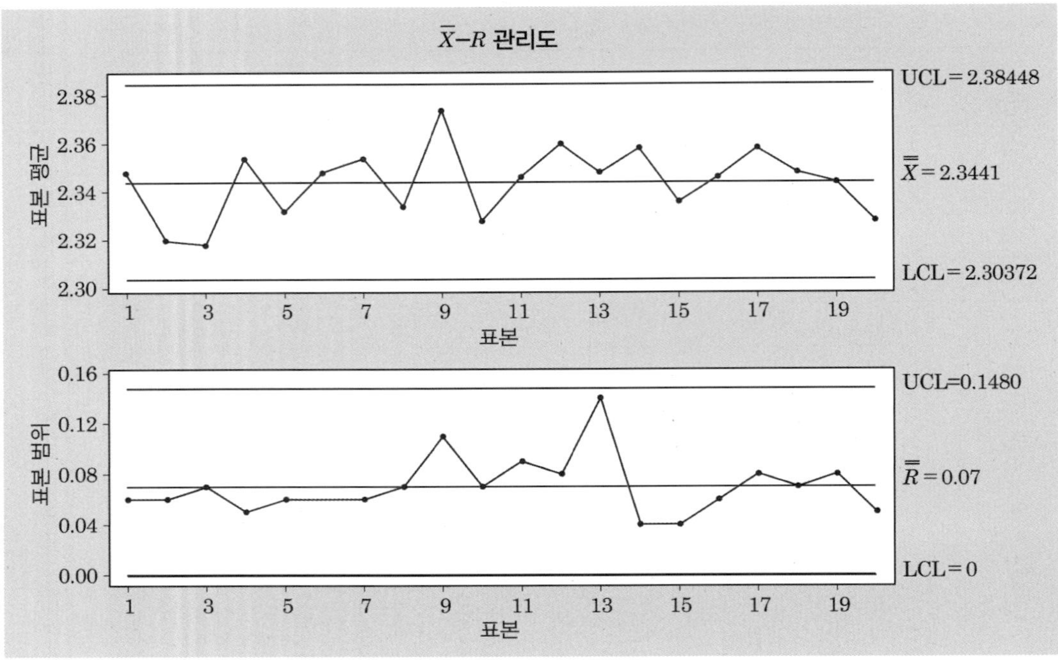


**그림 12-1** **강봉 데이터의 관리도**

이제까지 기준 미부여 관리도 구축에 관한 이론적 사항들을 살펴보았다. 기준 부여 관리도에서는 필요한 값들이 측정된 데이터로부터 계산되지 않고 외부로부터 채택된 또는 부여된 값들을 사용한다. 다음과 같이 이 값들을 정의하자.

$\overline{X_0}$ = 관리 중앙선 및 한계선들을 계산하기 위해 채택된 범위값

$R_0$ = 관리 중앙선 및 한계선들을 계산하기 위해 채택된 범위값

$S_0$ = 관리 중앙선 및 한계선들을 계산하기 위해 채택된 표준편차값

$\sigma_0$ = 관리 중앙선 및 한계선들을 계산하기 위해 채택된 모 표준편차값

평균 관리도인 $\overline{X}_0$ 차트의 관리값들은 다음과 같다.

$$
\begin{aligned}
CL_{\overline{X_0}} &= \overline{X_0} \\
UCL_{\overline{X_0}} &= \overline{X_0} + A\sigma_0 \\
LCL_{\overline{X_0}} &= \overline{X_0} - A\sigma_0
\end{aligned}
$$

범위 관리도인 $R_0$ 차트의 관리선들은 다음과 같다.

$$CL_{R_0} = R_0(\text{또는 } d_2\sigma_0)$$

$$UCL_{R_0} = D_2\sigma_0$$

$$LCL_{R_0} = D_1\sigma_0$$

표준편차 관리도인 $S_0$ 차트의 관리선들은 다음과 같다.

$$CL_{S_0} = S_0(\text{또는 } c_4\sigma_0)$$

$$UCL_{S_0} = B_6\sigma_0$$

$$LCL_{S_0} = B_5\sigma_0$$

위의 공식에서 사용된 부호들의 값은 부록 표 A에서 찾을 수 있는데 서브그룹의 크기에 따라 변한다. 이제 이들 관리도가 구축되면 공정으로부터 정기적으로 적절한 크기의 서브그룹들을 측정하고 필요한 통계량들을 계산하여 관리도에 타점하면서 필요한 경우 개선 조처를 취한다.

## 12.2 데이터 카트리지용 구동벨트의 롤링 작업 공정

데이터 카트리지용 구동벨트를 생산하는 공장에서 한 번에 500개씩 벨트를 생산하고 있다. 이 공장에서 다음과 같은 문제점이 발생하고 있다.

1. 규격에 미달한 많은 불량품이 발생한다. 블랭크(벨트를 만들기 위해 잘라 놓은 조각)의 두께 규격은 0.00475~0.00625 cm이다.
2. 또한 벨트가 너무 얇아 시험 중 고장이 발생한다.

조사 결과, 최종 작업인 두께 균일성 유지 및 마지막 치수 맞춤을 위한 롤링 작업이 이 문제 발생에 매우 중요한 역할을 하고 있음을 알았다. 자료수집과 관리도를 작성하기 위해 다음과 같이 측정을 실시하기로 결정하였다.

- 모든 측정은 제조 현장에서 실시한다.
- 대략 생산된 벨트 5개당 1개꼴로 측정하며, 제조된 순서에 따라 각각 5개씩 20개의 서브그룹을 취한다.

- 블랭크의 두께를 100,000분의 0.5 cm까지 측정한다.
- 만일, 연속된 두 개의 서브그룹들 속에 0.0062 cm 이상인 측정값이 두 개 이상 나온다면(또는 0.0048 이하), 작업자는 롤러의 텐션을 증가(또는 감소)시킨다.

### 측정 결과

그림 12-2와 표 12-2 및 계산 작업지 그림 12-3과 그림 12-4를 보라. 단위는 1000분의 1 cm이다. 작업지에서 계산한 관리 한계값들을 사용하여 평균-범위 관리도를 작성하였다. 그림 12-5의 $\overline{X}$ 차트에는 모두 3개의 점들(점 9, 11 및 12)이 관리 한계를 벗어나고 있다.

두 번째 계산에서는 서브그룹 11 및 12를 배제하고 있다. 이들의 특별원인은 지나친 조정 때문이었다. 점 11 및 12를 제거하니 공정은 양호한 관리상태임을 보여준다[그림 12-6]. 서브그룹 9에서는 특별한 원인이 발견되지 않았다. 앞의 두 서브그룹을 제거하니 관리 상한 안으로 들어왔다.

이제 공정능력 계산을 수행한다. $\overline{R}$에 근거해서 $\sigma$를 추정한다. 즉, $S = \overline{R}/d_2 = 0.82/2.326 = 0.35$이다. 여기서 허용차 범위는 규격 상한 − 규격 하한 = 6.25 − 4.75 = 1.50이고, 공정능력은 $6S = 2.12$이다. 이 공정은 규격을 맞추기가 어려운 상황이다. 만일 규격을 충분히 맞출 수 있다면 앞으로 한두 달가량 공정의 안정성을 확보하는 기준 미부여 관리도로서 역할을 수행할 수 있었을 것이다.

그러나 규격에 비해 공정능력이 너무 커서 기준 부여 관리도를 구축하기로 하고 다음과 같은 조치들이 시행되었다.

### 조처

(1) 규격 하한lower spec(LS)이 규격 상한upper spec(US)보다 훨씬 중요하다. 사실상, 규격 상한이 부적절하게 너무 낮다. 따라서 규격 조정을 통하여 상한을 0.00650 cm로 상향한다.

(2) 공정의 중심 목표를 0.00575 cm로 조정한다.

(3) $\mu = 5.75$ 그리고 $S = 0.35$라 가정하면, 생산품의 0.2%는 0.00475 cm 미만이 되며, 1.6%는 0.00650 cm 이상이 될 것이다[그림 12-7 공정능력 #1].

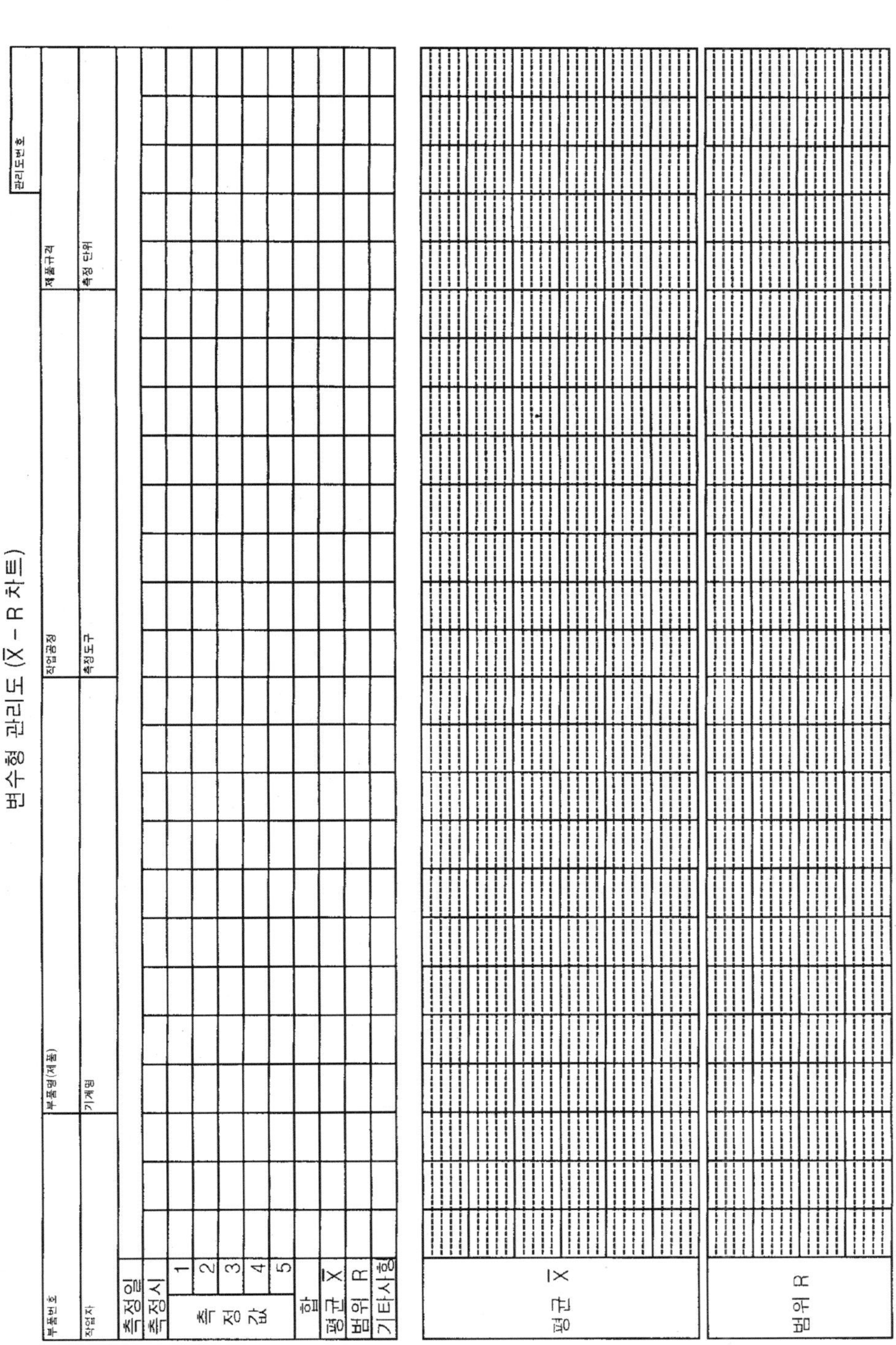


그림 12-2 변수형 관리도($\overline{X}-R$ 차트)

관리 한계(Control Limits)

서브그룹 사용 모두 제거

$\overline{R} = \frac{\Sigma R}{k} =$ $=$ $=$

$\overline{\overline{X}} = \frac{\Sigma \overline{X}}{k} =$ $=$ $=$

$A_2 \overline{R} =$ $\times$ $=$ $\times$ $=$

관리 한계 계산

$UCL_{\overline{X}} = \overline{\overline{X}} A_2 \overline{R} =$ $=$ $=$

$LCL_{\overline{X}} = \overline{\overline{X}} A_2 \overline{R} =$ $=$ $=$

$UCL_R = D_4 \overline{R}_X =$ $=$ $\times$ $=$

개별 한계(Limits for Individuals)

$\overline{\overline{X}} =$ $=$

$\frac{3}{d_2} \overline{R} =$ $=$

$UL_{\overline{X}} = \overline{\overline{X}} + \frac{3}{d_2} \overline{R} =$ $=$

$UL_{\overline{X}} = \overline{\overline{X}} - \frac{3}{d_2} \overline{R} =$ $=$

규격 또는 허용 한계와 비교하기

$US =$ $=$

$LS =$ $=$

$US - LS =$ $=$

$6\sigma = \frac{6}{d_2} \overline{R} =$ $=$

관리 한계 계산용 상수

| $n$ | $A_2$ | $D_4$ | $d_2$ | $3/d_2$ |
|---|---|---|---|---|
| 2 | 1.880 | 3.268 | 1.128 | 2.659 |
| 3 | 1.023 | 2.574 | 1.693 | 1.772 |
| 4 | 0.729 | 2.282 | 2.059 | 1.457 |
| 5 | 0.577 | 2.114 | 2.326 | 1.290 |
| 6 | 0.483 | 2.004 | 2.534 | 1.184 |

**그림 12-3 평균-범위 관리도용 계산지**

변수형 관리도 ($\bar{X}$ - R 차트)

| 관리도번호 | 1 |
|---|---|

| 부품번호 | XXXX | 부품명(제품) | XXXX의 구동벨트 용 블랭크 | 작업공정 | 데이터 카트리지 롤링 작업 | 제품규격 | 4.75 - 6.25 |
|---|---|---|---|---|---|---|---|
| 작업자 | 아무개 | 기계명 | CS 570 | 측정도구 | | 측정 단위 | $10^{-3}$ cm |

| 측정일 | | | | | | | | | | | | | | | | | | | | | | | | | | |
|---|---|---|---|---|---|---|---|---|---|---|---|---|---|---|---|---|---|---|---|---|---|---|---|---|---|---|
| 측정시 | | 1 | 2 | 3 | 4 | 5 | 6 | 7 | 8 | 9 | 10 | 11 | 12 | 13 | 14 | 15 | 16 | 17 | 18 | 19 | 20 | | | | | |
| 측정값 | 1 | 5 | 6 | 5.9 | 5.8 | 5.6 | 6.3 | 5 | 5.8 | 6 | 6.2 | 4.1 | 4.2 | 5.5 | 6 | 5.4 | 6.1 | 6 | 5.7 | 5.8 | 6.1 | | | | | |
| | 2 | 6 | 5.4 | 6.1 | 5.5 | 6.2 | 6.1 | 5.5 | 6.5 | 6.1 | 5.7 | 4.4 | 4.5 | 5.6 | 6.2 | 5.7 | 5.6 | 6.2 | 5.2 | 5.7 | 6 | | | | | |
| | 3 | 5.3 | 5.6 | 6.3 | 5.8 | 5.3 | 6.1 | 5.2 | 5.6 | 6.2 | 5.6 | 4.9 | 4.9 | 5.3 | 5 | 5 | 5.4 | 5.9 | 5.2 | 6.2 | 5.8 | | | | | |
| | 4 | 5.7 | 5 | 5.3 | 5 | 5.4 | 5.9 | 5.2 | 6.3 | 5.9 | 5.4 | 4.5 | 4.8 | 5.5 | 5 | 5.9 | 5.7 | 5.4 | 5.6 | 6 | 5.7 | | | | | |
| | 5 | 5.3 | 5.6 | 4.8 | 5.9 | 5.8 | 5.5 | 5.5 | 5.9 | 6.3 | 6 | 4.6 | 5 | 5.6 | 4.9 | 5.6 | 5.9 | 5.6 | 5.8 | 5.9 | 5.1 | | | | | |
| 합 | | 27 | 28 | 28 | 28 | 28 | 30 | 26 | 30 | 31 | 29 | 23 | 23 | 28 | 27 | 28 | 29 | 29 | 28 | 30 | 29 | | | | | |
| 평균 $\bar{X}$ | | 5.5 | 5.5 | 5.7 | 5.6 | 5.7 | 6 | 5.3 | 6 | 6.1 | 5.8 | 4.5 | 4.7 | 5.5 | 5.4 | 5.5 | 5.7 | 5.8 | 5.5 | 5.9 | 5.7 | | | | | |
| 범위 R | | 1 | 1 | 1.5 | 0.9 | 0.9 | 0.8 | 0.5 | 0.9 | 0.4 | 0.8 | 0.8 | 0.8 | 0.3 | 1.3 | 0.9 | 0.7 | 0.8 | 0.6 | 0.5 | 1 | | | | | |
| 기타사항 | | | | | | | | | + | + | + | * | * | | | | | | | | | | | | | |

**표 12-2** 데이터 카트리지 롤링 작업 측정데이터

### 관리 한계(Control Limits)

| 서브그룹 사용 | 모두 | 11, 12 제거 |
|---|---|---|
| $\overline{R}=\dfrac{\Sigma R}{k}=$ | 16.4/20=0.82 | 14.8/18=0.82 |
| $\overline{\overline{X}}=\dfrac{\Sigma \overline{X}}{k}=$ | 111.42/20=5.57 | 102.24/18=5.68 |
| $A_2\overline{R}=0.577\times 0.82$ | =0.47 | 0.577×0.82=0.47 |

### 관리 한계 계산

| | | |
|---|---|---|
| $UCL_{\overline{X}}=\overline{\overline{X}}+A_2\overline{R}=$ | =6.04 | =6.15 |
| $LCL_{\overline{X}}=\overline{\overline{X}}-A_2\overline{R}=$ | =5.10 | =5.21 |
| $UCL_R=D_4\overline{R}_X=$ | 2.114×.82=1.73 | 2.114×.82=1.73 |

### 개별한계(Limits for Individuals)

| | |
|---|---|
| $\overline{\overline{X}}=$ | =5.68 |
| $\dfrac{3}{d_2}\overline{R}=1.120\times .82$ | =1.06 |
| $UL_{\overline{X}}=\overline{\overline{X}}+\dfrac{3}{d_2}\overline{R}=$ | =6.74 |
| $UL_{\overline{X}}=\overline{\overline{X}}-\dfrac{3}{d_2}\overline{R}=$ | =4.62 |

### 규격 또는 허용 한계와 비교하기

| | |
|---|---|
| $US=$ | =6.25 |
| $LS=$ | =4.75 |
| $US-LS=$ | =1.50 |
| $6\sigma=\dfrac{6}{d_2}\overline{R}=$ | =2.12 |

| 관리 한계 계산용 상수 | | | | |
|---|---|---|---|---|
| $n$ | $A_2$ | $D_4$ | $d_2$ | $3/d_2$ |
| 2 | 1.880 | 3.268 | 1.128 | 2.659 |
| 3 | 1.023 | 2.574 | 1.693 | 1.772 |
| 4 | 0.729 | 2.282 | 2.059 | 1.457 |
| 5 | 0.577 | 2.114 | 2.326 | 1.290 |
| 6 | 0.483 | 2.004 | 2.534 | 1.184 |

**참고**

+++ 8, 9 서브그룹들이 2개의 6.2 이상 측정값들을 보유하고 있다. 따라서 서브그룹 10에서 조정을 하였다.

** 11, 12 서브그룹들이 적어도 2개 이상의 4.8 이하 측정값을 보유하고 있다. 인장력을 즉시 원상태로 하였다.

보충설명: 벨트가 너무 얇아서 불량이 발생함을 아는 작업자가 공정 중심을 규격 중심인 5.5보다는 대략 5.6~5.7에 맞추고 있다. 작업자는 또한 서브그룹 10에서 지나치게 많이 조정하였음을 알았다. 인장력을 이전 값으로 되돌렸다.

**그림 12-4** 데이터 커트리지 롤링 작업 평균-범위 관리도용 계산

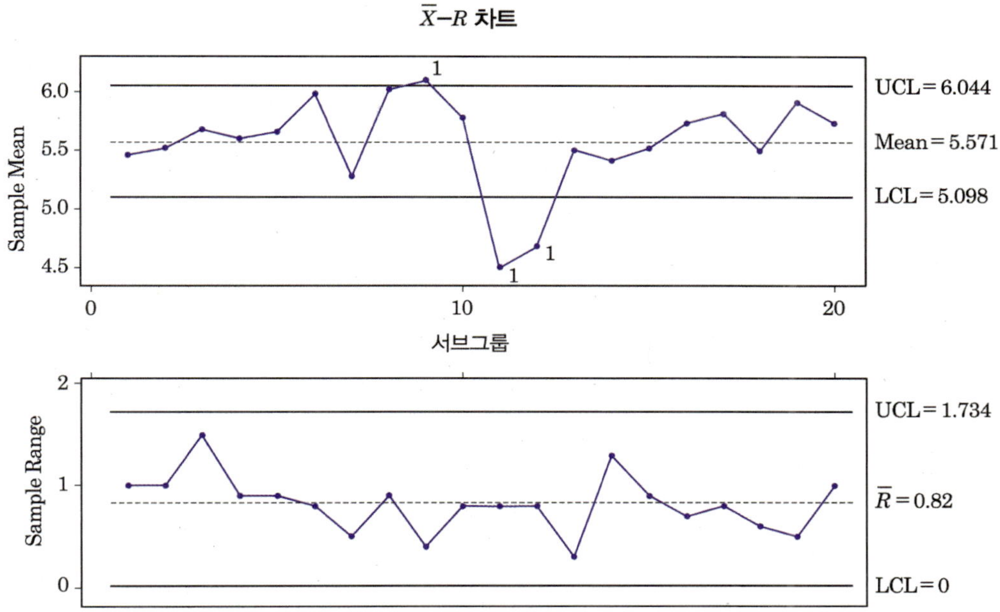


그림 12-5 데이터 카트리지 롤링 작업 평균-범위 관리도 I

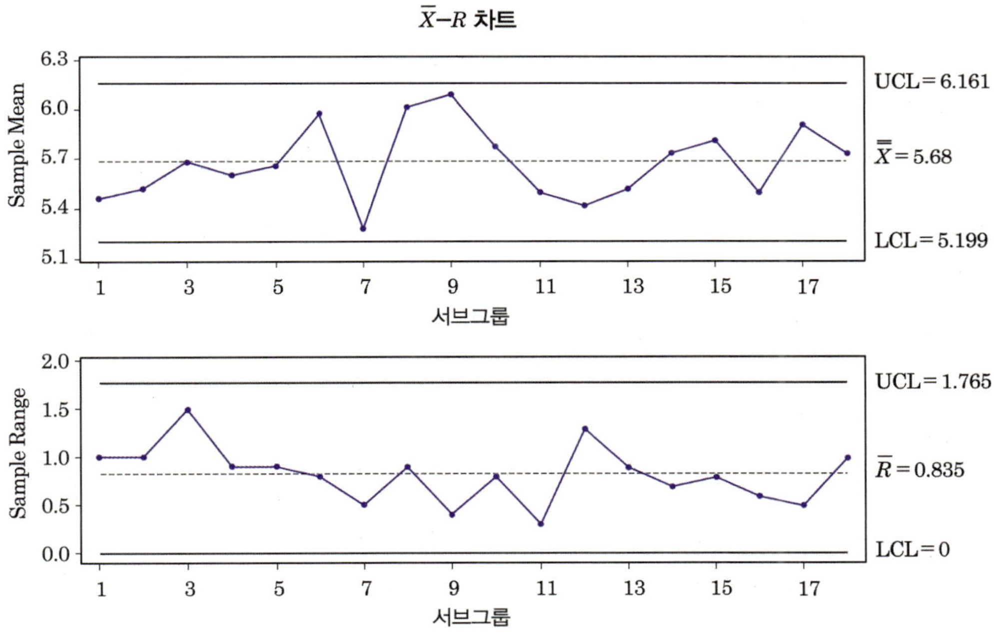


그림 12-6 데이터 카트리지 롤링 작업 평균-범위 관리도 II

**공정능력(Process Capability) #1**

| | | | |
|---|---|---|---|
| Mean | = 5.7500 | Standard Deviation | = 0.3500 |
| Lower Tolerance Limit | = 4.7500 | Upper tolerance Limit | = 6.5000 |
| $\mu - 3\sigma$ | = 4.7000 | $\mu + 3\sigma$ | = 6.8000 |
| Process Capability($6\sigma$) | = 2.1000 | | |
| Process Capability Index (CPI) | = 0.8333 | CPK Index | = 0.7143 |
| Pr(X < Lower Tolerance Limit) | = 0.0021 | Pr(X > Upper Tolerance Limit) | = 0.0161 |

**공정능력(Process Capability) #2**

| | | | |
|---|---|---|---|
| Mean | = 5.7500 | Standard Deviation | = 0.2800 |
| Lower Tolerance Limit | = 4.7500 | Upper tolerance Limit | = 6.5000 |
| $\mu - 3\sigma$ | = 4.9100 | $\mu + 3\sigma$ | = 6.5900 |
| Process Capability($6\sigma$) | = 1.6800 | | |
| Process Capability Index (CPI) | = 1.0417 | CPK Index | = 0.8929 |
| Pr(X < Lower Tolerance Limit) | = 0.0002 | Pr(X > Upper Tolerance Limit) | = 0.0037 |

**공정능력(Process Capability) #3**

| | | | |
|---|---|---|---|
| Mean | = 5.6250 | Standard Deviation | = 0.2000 |
| Lower Tolerance Limit | = 4.7500 | Upper tolerance Limit | = 6.5000 |
| $\mu - 3\sigma$ | = 5.0250 | $\mu + 3\sigma$ | = 6.2250 |
| Process Capability($6\sigma$) | = 1.2000 | | |
| Process Capability Index (CPI) | = 1.4583 | CPK Index | = 1.4583 |
| Pr(X < Lower Tolerance Limit) | = 0.0000 | Pr(X > Upper Tolerance Limit) | = 0.0000 |

그림 12-7 공정능력 계산

(4) 이제 기준 부여 관리도를 구축하여 다음 제조에 사용한다. 이때 $\mu' = 5.75$ $\sigma' = 0.35$이다.

(5) 부록 표 A를 사용하여 기준 부여 관리도에 필요한 계산을 다음과 같이 한다.

$$
\begin{aligned}
UCL_{\overline{X}} &= \mu' + A\sigma' \\
&= 5.75 + (1.342)(0.35) \\
&= 6.23 \\
LCL_{\overline{X}} &= 5.75 - (1.342)(0.35) \\
&= 5.28 \\
R_N' &= d_2\sigma' = (2.326)(0.35) = 0.82 \\
UCL_R &= D_2\sigma' = 4.918(0.35) = 1.72 \\
LCL_R &= D_1\sigma' = 0
\end{aligned}
$$

이 후에 제조되는 제품들은 제조 순서에 따라 위의 차트에 점을 찍어 나간다.

(6) 특별원인이 나타나면 생산을 멈춘다(그러나 (7) 참조).

(7) 특별원인의 분석 결과 조정이 필요하다고 판정되지 않는 한 작업자에게는 인장력(텐션)을 조정하지 않도록 지시한다. 관리도의 패턴이 힌트가 된다. 즉, 상향 경향은 롤러의 마모를 뜻한다.

(8) 공정 변동의 감소 성향에 대해 면밀히 공정을 살펴본다.

(9) 만일 공정 변동의 크기가 줄어들지 않으면 공정 재설계에 대한 경제적 가능성을 연구해 본다.

**지속적 개선**

(1) 작업자들이 관리도 사용법에 익숙해지고 정보 교환이 원활해지자, 공정 표준편차가 0.35에서 0.28로 감소했다.

(2) 공정 목표가 5.75에 그리고 공정 표준편차가 0.28일 때, 단지 0.02%의 제품이 규격 하한인 4.75 이하이고 규격 상한인 6.5 이상인 것이 0.37%에 이른다. 이 경우 $US - LS = 1.75$이고 $6\sigma = 1.68$이다. 공정은 간신히 능력을 갖추게 된다[**그림 12-7** 공정능력 #2].

(3) 일반적으로 롤러 텐션은 느슨해지며 따라서 너무 두꺼운 벨트를 생산해 내는 경향이 있다고 알려져 있다. 작업자들은 가끔씩 텐션을 상향조정하곤 했다.

(4) 엔지니어와 함께 일하던 작업자가 값싼 롤러 슬리브를 디자인했다. 이제 새로운 슬리브가 생산 개시 전에 설치되고, 생산 후에는 제거되게 되었다.

(5) 결과: 더 이상 작업자가 롤러 마모에 대해 조정할 필요가 없어졌다. 그러자 공정 표준편차가 0.20으로 떨어졌다.

(6) 공정이 이제 능력을 갖게 되었다. 공정 중심을 허용차 중간인 $(US - LS)/2 = 5.625$에 맞추자, 규격을 벗어나는 제품이 위아래 모두 0.00%에 불과하게 되었다 [**그림 12-7** 공정능력 #3].

(7) 새로운 조처들이 다음과 같이 취해졌다.

  1. 생산량이 1회 생산(런)에 600개로 증가했다.
  2. 매 생산마다 90개를 측정하고 서브그룹의 크기를 3으로 한다(90/600 = 0.15 대 100/500 = 0.20). 적은 수의 측정치들로 관리도 상에는 더 많은 점을 찍는다. (점 30개 대 점 20개).
  3. 관리도 작성이나 이따금씩 감사에 필요한 측정 외에는 검사가 더 이상 필요치 않는다.

(8) 관리도를 지속적으로 구축하여 실행한 결과 다음과 같은 이점을 얻게 되었다.

  1. 충분한 공정능력을 조그만 자본 투자로 얻게 되었다.
  2. 생산 시 측정 횟수가 줄고 생산 후 검사와 테스트가 없어지므로 추가적인 비용 절약이 가능해졌다.
  3. 작업자 사기가 한층 높아졌다. 작업자가 어찌할 수 없었던 제도적 문제에 대해 더 이상 비난받지 않게 되었다. 작업자들은 이제 이 공정뿐 아니라 다른 공정에서도 개선을 생각하고 있다.
  4. 이 제품의 경쟁력이 한층 강화되었다.

## 12.3 두 마디의 결언

마지막으로 다음의 두 마디로 관리도에 대한 결론을 맺는다.

1. 관리 한계선들은 차트에 찍히는 점들에 관한 통계 이론에 기초한다. 이 선들은 제품 규격과는 직접 관련성이 없다.

공정이 관리상태에 있어야만 공정능력을 파악할 수 있다. 그런 다음에서야 규격에 신경을 써라.

2. 관리도는 일단 구축이 되면 행동을 취하는 데 사용해야지 단지 정보의 제시만으로 끝나서는 아니 된다. 따라서 관리도는 가능한 한 제조현장 가까이에서 구축되고 사용되어야 한다.

# 제13장 검사공정 I

"제품에 대한 최종 검사는 불량품이 고객에게 전달되지 않도록 기업 영역 안에서 벌일 수 있는 마지막 단계의 품질 활동이다."

제조공정에서의 관리활동이 제대로 이루어진다면, 제품은 문제 없이 고객에게 전달될 수 있을 것이다. 그러나 공정에 대한 관리가 제대로 이루어지지 않는다면, 검사를 강화하여 불량품이 고객에게 전달되지 못하게 조처를 취해야 한다. 이러한 검사활동은 제품 생산공정과는 독립적으로 이루어져야 한다.

- 검사의 역할
- 검사의 종류
- 수락샘플링 검사

등에 대해 살펴본다.

# 13.1 검사의 역할

기업의 품질시스템은 우선적으로 공정에 대한 개선이나 관리를 통해 제품 결함을 방지하려는 활동들 위주로 구성된다. 이러한 활동들로서 제조현장에서는 보통 정기적 점검을 실시하여 공정에 대한 관리의 근거로 이용한다. 즉, 공정을 현 상태 그대로 두어야 하는지 아니면 바람직하지 못한 상태를 고치기 위해 어떠한 행동을 취해야 하는지를 파악하고 결정한다. 각 공정에서의 이러한 품질 활동들은 제품품질의 지속적 개선과 생산비용의 지속적 절감을 동시에 이루게 해준다.

그러나 전반적인 기업의 품질시스템에서는 공정에 대한 점검 이상의 것을 요구한다. 아무리 공정에 대한 관리를 철저히 한다 하더라도 공정 속에는 항상 변동이 존재하며 이 변동으로 인한 비규격품의 발생 가능성은 언제든지 고객 만족을 저해하는 요소로서 기업 경쟁력을 위협할 수 있다. 그러므로 기업으로서는 만족스러운 품질 목표를 최소 비용으로 달성하기 위한 적절한 검사 활동을 품질시스템 속에 포함시키는 것이 필요하다[그림 13-1].

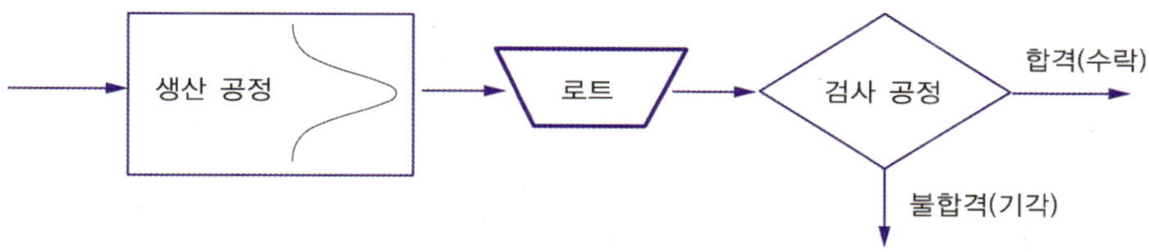


그림 13-1 검사 공정

품질시스템에서 주요한 검사활동들로는 원재료나 부품을 공정에 투입하기 전에 이의 적절성을 판정하기 위한 입고검사, 공정 내에서 품질개선에 필요한 공정검사, 그리고 공정의 출력물들의 처리와 관련된 출하검사가 있다. 또한 부품 및 제품의 신뢰도 측정 및 예측을 위한 신뢰도검사, 제품에 대한 고객의 만족도검사 및 품질시스템 운영과 관련된 내부감사 등이 있다. 이처럼 기업 내에는 다양한 검사활동들이 존재하는데 이 활동들에 가장 기본이 되는 검사방법으로 수락검사가 있다. 이 검사는 공정에서 생산된 출력물이 기준과 일치하는지 그래서 후공정 또는 고객에게 수락될 수 있는지를 판정하기 때문에 수락검사acceptance inspection라 불린다. 입고검사와 출하검사는 기본적으로 제품 수락에 대한 판정을 위한 검사이기 때문에 수락검사를 기본으로 하고 있다. 본 장에서는 수락검사에 대해 기술한다.

기업의 품질 시스템에서 공정의 출력물에 대해 실시되는 검사, 즉 수락검사는 사실상 공정에 대한 관리활동들의 적합성에 대한 점검 역할을 한다. 만일 공정이 현장활동과 엔지니어링활동에 의해 만족스럽게 관리되고 있다면, 제품은 문제가 발생하거나 지연되는 일 없이 검사를 통과할 것이다. 반면, 공정에 대한 관리가 제대로 되고 있지 않다면 검사활동이 끼어들게 되어 검사대를 설치하고 심사를 강화하여 불량 제품이 빠져 나가는 것을 가능한 효과적으로 막는 비상조치를 취하게 된다. 그러나 이처럼 비상적으로 실시되는 검사는 거의 경제적 타당성을 갖지 못한다. 따라서 검사를 계획할 때는 정상 상황에서는 낮은 비용으로 검사가 수행되어야 하고, 비상 상황에서는 검사에 걸리는 시간을 최소화할 수 있도록 해야 한다. 공정에 대한 관리가 잘되면 잘될수록 비상조치에 필요한 시간이 줄어들고 짧아진다.

기업의 품질시스템에서 검사가 기여하는 또 다른 역할이 있다. 제품 생산공정 운영의 초기 단계에서 실시되는 공정에 대한 검사 결과는 문제가 있는 부분들을 지적하고 공정에 대한 관리가 필요한 부분을 결정하는 데 빈번히 이용된다. 검사 요원들이 초기 측정을 하거나 초기 관리도를 작성하는 데 때로는 적극적 역할을 감당하기도 한다. 그러나 현장에서의 품질시스템 운영은 현장부서나 엔지니어링의 손에 가능한 조기에 넘겨야 한다. 검사는 공정의 결과물을 평가하는 데만 국한하는 완전히 분리된 기능으로서 정립되어야 한다.

품질시스템에서 검사활동은 공정 내에서의 관리활동을 강화함으로써 가능한 축소하거나 최소화할 필요가 있다. 그러나 검사를 완전히 제거하는 일은 결코 가능하지 않다. 그것은 검사가 다른 누군가에게 위임될 수 없는 어떤 책임들을 가지고 있기 때문이다. 이 중 하나는 작업 평가의 기능으로 작업의 결과로 나오는 제품의 양이나 질을 증명하는 책임이다. 이러한 책임은 제품 생산의 책임을 지는 공정과는 별개의 공정에서 맡아져야 한다. 검사는 또한 사용자를 대표하는 역할을 담당해야 한다. 사용자는 후속되는 또 다른 공정이 될 수도 있고 최종 고객이 될 수도 있다. 현 공정을 완전히 떠나기 전에 제품에 대한 합격이나 기각 결정은 사용자가 후에 자체 검사를 실시하여 일어날 수 있는 방대한 취급 및 협상의 문제를 제거시킬 수 있다.

검사활동은 일반적으로 측정, 비교 및 결정의 세 단계를 포함한다. 첫째 단계인 측정에서는 공정에서 생산된 제품이 제품에 요구되는 기준 또는 규격과 일치하는지를 판단한다. 규격과의 일치성 내지는 적합성을 판단하기 위해서 제품 전부 또는 일부에 대한 측정이 이루어진다. 측정은 검사자의 오감(시각, 촉각, 미각, 청각, 후각)을 이용하거나 게이지나 측정기구가 사용된다. 검사는 검사자나 작업자에 의해 실시되는데, 이들에게는 제품에 대한 이해, 기준, 그리고 측정도구 사용법에 대한 훈련이 주어진다. 오늘날 많은 검사공정이 자동화되어 사람에 의한 검사를 대신한다.

# 13.2 검사의 종류

## 13.2.1 수락검사

제품의 품질에 영향을 미치는 여러 특성들의 변동성을 관리하기 위한 공정 내에서의 품질 활동에 대해서는 이미 기술하였다. 특히 품질특성에 나타나는 공정 변동성의 특징을 파악하고 이의 안정성을 확보하는 통계적 활동에 대해 언급하였다. 공정의 안정성을 통하여 각 공정이 지니고 있는 고유변동에 이를 수 있으며, 이때야 비로소 최소 변동의 크기로 품질 특성을 관리할 수 있게 된다. 그러나 공정의 안정성은 단순히 공정 속에 특별원인이 있을 가능성이 매우 희박하다는 주장을 뒷받침하고 있을 뿐이지 변동이 아예 없다거나 특성에 부여된 제품규격을 모두 만족시킬 수 있음을 뜻하지는 않는다.

일례로, 극단적인 경우일지는 모르나, 안정된 공정 속에서 출력되는 제품일지라도 모두 비규격품으로 처리될 수도 있다. 또한 최소 변동으로 공정이 운영될 지라도 주어진 규격의 크기에 따라 규격을 벗어나는 비규격품은 언제든지 발생할 수 있다. 따라서 공정의 안정성은 제품 품질을 확보하기 위한 매우 중요한 전제사항임에도 불구하고 비규격품이 다음 공정에 전달되는 사고를 완전히 막을 수는 없다. 따라서 이러한 비규격품들이 현재의 공정을 벗어나 다음 공정으로 또는 고객에게 전달되는 것을 막기 위한 조치가 필요해진다.

이러한 목적으로 여느 제조공정이나 서비스 제공이 이루어진 다음에 수락검사공정이 기업 품질시스템의 한 요소로 등장하게 되는데, 주요 임무는 공정에서 출력된 제품이 부과된 기준이나 요구사항 및 규격을 만족시키는지를 판정한 후 이들 제품에 대한 처리 즉, 합격 또는 불합격을 결정하는 일이다. 특히 출하단계 직전에 이루어지는 검사활동은 제품의 품질을 확보하는 마지막 단계의 기업 내 활동으로 비규격품이 기업의 관리 영역을 벗어나 고객에게 인도되는 불상사를 막는 최후의 보루로서의 역할을 감당한다.

수락검사의 주 임무는 현 공정에서 자체의 기능을 올바로 수행했는지를 보증하고 불량품의 출하에 대한 충분한 안전판 역할을 하는 일이다. 이러한 임무는 제품 하나하나를 자세히 조사함으로 달성될 수 있는데 이러한 검사를 100% 또는 전수검사라 한다. 그러나 제품의 일부만을 조사한 후에 제품을 수락할 것이냐 또는 기각할 것이냐에 대한 결정에 도달함으로써 동일한 목적들을 달성할 수 있는데 이러한 검사를 샘플링검사라 한다.

### (1) 전수검사

공정으로부터 출력된 제품을 하나씩 하나씩 다 검사하여 비규격품을 골라내는 검사를 전수검사screening 또는 100% 검사라 한다. 전수검사에는 많은 비용이 수반되어 경제성이 떨어지나, 제품 기능에 치명적 영향을 주는 중요 부품이거나, 공정에서 정상적으로 출력되는 품목이 비교적 높은 불량률을 만들어 내고 있다거나, 고객으로부터 높은 수준의 품질보증이 요구되는 제품들의 경우에는 일반적으로 선호되고 있다.

또한 품질시스템을 운영하는 초기에 검사공정에서는 다음과 같은 상황에서 흔히 전수검사를 실시한다. 첫째, 제품 생산이 이제 막 시작되려는 시점에서나 생산이 극도로 제한적으로 이루어지는 상황에서는 샘플링을 취하는 일이 실제적이지 않을 수 있다. 둘째, 요구사항이 매우 엄중하여 제품 하나하나가 조사되어야 한다고 인식되는 곳에서는 전수검사를 실시한다. 예를 들면, 하나의 결함이 사람의 상해를 초래할 수도 있다. 셋째, 공정으로부터 결함이 있는 것들을 지속적으로 분류해 내어야 허용할 만한 수준의 제품 품질을 달성할 수 있는 곳에서 전수검사를 실시한다. 즉, 분류작업sorting이 품질개선에 필요한 경우이다.

기업에서 실시되는 전수검사의 대부분은 셋째 이유로 실시되고 있다. 품질시스템 운영에서는 첫 번째나 두 번째 때문에 전수검사를 실시함이 적합한 것으로 여겨진다. 하지만 마지막 경우처럼 분류작업이 품질을 개선하기 위해 실시되는 곳에서는 제조공정에서 분류작업을 해야 하고 검사공정에서는 샘플링검사만을 실시해야 한다. 이렇게 함으로써 제조공정으로 하여금 품질에 책임을 갖도록 할 수 있으며, 작업자가 분류작업을 하지 않도록 동기를 제공함으로써 공정개선이 신속히 이루어지게 할 수 있다.

제조공정에서 분류작업을 실시할 때 필요하거나 불가피한 분류작업necessary or unavoidable sorting과 불필요하거나 피할 수 있는 분류작업unnecessary or avoidable sorting을 구별해야 한다. 전자는 제조능력이 불충분할 때 발생하며, 후자는 일을 제대로 하지 못할 때 일어난다. 양자를 구별할 때 공정능력에 대한 연구가 중요하게 사용된다. 공정능력 연구에서 공정이 만족할 만한 품질의 제품을 생산해 낼 수 없다고 보여지면 공정이 제대로 운영되고 있음에도 불구하고 분류작업을 실시하여 불량품들을 솎아 내야 한다. 이러한 형태의 분류작업을 작업상 분류작업operational sorting이라 한다. 왜냐하면 이는 작업 수행 중 필요한 부분으로 보여지기 때문이다.

반면, 공정이 만족할 만한 품질의 제품을 생산할 능력이 있음에도 불구하고 공정을 제대로 운영하지 못하거나 작업을 잘못하여 불량이 발생한다면, 이들을 제거하기 위해 분류작업이 필요하며 이 형태의 분류작업을 피할 수 있는 분류작업avoidable sorting 또는 시정 분류작업corrective sorting이라 한다. 예를 들어, 정상적으로 3% 정도가 불량인 공정에서 부주의나 미숙련으로 인해 15%의 불량을 만들어 낸다면, 불필요한 12%를 제거하기 위한 분류작업이 이에 해당한다.

품질시스템의 임무로 작업상 분류작업을 공정개선을 통해 가능한 빨리 제거시키는 일이 포함되어야 한다. 작업상 분류작업을 실시하는 데는 많은 경비와 시간이 소요되기 때문에 이에 대한 결정에는 신중을 기할 필요가 있다. 다음의 절차에 따라 필요성을 결정한다.

**1단계**: 공정의 정상상태를 파악하기 위해 공정능력연구를 실시한다. 공정을 올바르게 운영하지 못해서 생기는 가피 원인들assignable causes을 가능한 제거한다. 만일 공정능력이 필요한 품질수준을 달성시키기에 충분하다면, 작업상 분류작업은 필요하지 않다.

**2단계**: 만일 정상적인 공정능력이 요구되는 품질수준을 달성시키기에 충분하지 않다면, 먼저 필요한 개선을 취할 수 있는 것을 찾아 시행한다. 때로는 필요한 변화가 매우 단순한 방법들에 의해 쉽게 이루어질 수는 있는 경우가 있다. 그래서 충분한 개선이 매우 짧은 시간 내에 이루어질 수 있다면, 작업상 분류작업에 대한 준비를 할 필요가 없다.

**3단계**: 만일 현재 공정능력이 품질수준을 충족시킬 수 없고 즉시 개선도 어렵다면, 공정이 개선될 때까지 작업상 분류작업이 임시 조처로서 실시되어야 한다. 따라서 공정능력 연구에 의한 불량률을 계산한다.

보통 어떤 다른 검사방법보다 전수검사에 대한 믿음이 각별히 높은데, 이는 생산된 제품을 모두 검사할 때만이 불량품을 완전히 제거할 수 있으리라는 상식에서 비롯된다. 하지만 100% 검사라 할지라도 완전히 양품을 보장할 수 있지 못한다는 사실이 밝혀졌다. 대단위 제품들에 대한 반복된 검사행위로 인한 단조로움은 피로를 불러일으키고, 이는 다시 집중력의 저하를 초래하여 검사자가 불량품을 완전히 걸러내는 데는 한계가 있을 수밖에 없다. 검사자는 종종 무언가를 빠뜨리게 되고 어떤 때는 예상한 것보다 훨씬 많은 실수를 저지를 수도 있다. 이러한 실수를 만회하기 위해서는 적어도 두 번, 세 번의 전수검사를 실시하거나 완전 자동화된 검사장비를 사용하는 수밖에 없다.

대부분의 대량 생산체제하에서 전수검사는 경비가 많이 들고 시간이 많이 소모되어 작업의 흐름을 방해할 수 있기 때문에 흔히 사용되지는 않고 있다. 더구나 검사가 파괴검사를 수반한다면 전수검사는 100% 제품의 파괴로 귀결될 수도 있다. 이러한 파괴검사로는 자동차 충돌시험에서 자동차의 안전성을 시험한다든지, 전선의 인장강도를 시험하기 위해 전선을 잡아당긴다든지, 포탄시험을 위해 포탄을 발사하는 행위 등이 해당한다. 따라서 이러한 제품들의 경우 비파괴검사가 개발되지 않는 한 샘플링검사에 의존하지 않을 수 없다.

### (2) 샘플링검사

전수검사의 높은 비용을 줄이기 위한 방법으로 샘플링검사가 개발되었다. 샘플링검사를 하기 위해서 제품은 많은 수가 모아져야 하는데 이렇게 모인 많은 수의 한 묶음의 제품들을, 즉 대단위로 이루어진 한 묶음의 제품들을 로트lot라 한다. 이러한 제품들의 집적은 수입 자재, 공정 내에서의 반제품 또는 반조립품, 공정에서 출력되는 출력품, 그리고 고객에게 인도되기 위한 완제품 등에서 형성될 수 있다. 그리고 로트를 구성하는 각 제품은 개별적으로 파악될 수 있고, 로트에 있는 다른 제품과 분리될 수 있어야 하며, 샘플에 선정될 가능성이 모두 동일해야 한다. 또한 각 제품은 수치적으로 셀 수 있어야 하며, 기준에 적합한지 적합하지 않은지를 구별할 수 있도록 측정되거나 분류될 수 있는 구체적 특성이 있어야 한다. 이제 검사자는 로트에 있는 각 제품을 하나하나 모두 검사하는 대신에 비교적 적은 수의 제품들만을 로트에서 선택하여 하나의 샘플을 구성하고 이 샘플에 선정된 제품들만을 검사하여 얻은 정보로 로트 전체의 운명, 즉 수락 여부를 결정한다.

로트를 수락할 것이냐 기각할 것이냐에 대한 판단을 할 때 샘플링검사는 전수검사와 비교하여 기존의 책임이 있는 제조공정 부서에 품질에 대한 책임을 맡기게 되고, 검사비용 측면에서 훨씬 경제적이며, 전수검사 때보다 공정에 대한 신속한 개선을 유도하고, 샘플링검사가 전수검사보다 보통 더 정확할 수도 있게 되는 이점들을 가진다.

**생각할 문제**

검사공정에서 샘플링검사를 실시하면 전수검사를 실시하는 경우보다 제조공정의 손에 품질에 대한 책임을 맡기게 되는데 그 이유는 무엇인가?

샘플링검사가 전수검사보다 보통 더 정확할 수도 있는 이유는 전수검사 때보다 검사의 피로로 인한 검사오류의 기회가 줄어들기 때문이다. 예를 들어, 100% 전수검사에서 합격한 제품에 놀랄 만큼 많은 수의 결함이 포함되는 경우가 때로 발견되기도 한다.

이 샘플링검사 방법의 약점은 로트에서 선택된 품목들, 즉 샘플로부터 얻은 정보가 로트 전체의 정보와 일치하지 않을 수 있다는 사실이다. 예를 들면, 불량률이 매우 높은 공정에서 생산된 출력품으로 이루어진 로트 속에는 매우 많은 불량품이 포함되어 있을 것이다. 그런데 이 로트에서 검사를 하기 위해 적은 수의 제품을 샘플링하여 하나의 샘플을 구성할 때 운 좋게도 양품들만을 선택할 수 있는데, 그러면 로트 전체는 많은 불량품을 포함하고 있는데도 불구하고 로트가 수락(합격)되는 일이 벌어질 수 있다. 반대로, 로트 속에 불량품이 별로 없는데 운 나쁘게도 이들이 샘플 속에 많이 뽑혀, 그 결과 로트 전체가 기각(불합격)되는 일이 벌어질 수도 있다. 이렇게 샘플링으로 인하여 로트 판정에 잘못된 결과들이 발생할 수 있는데 이를 샘플링 에러sampling errors라 한다.

### 13.2.2 공정검사

공정에서의 작업이 주어진 작업지시서에 따라 원재료 또는 공급된 부품으로부터 목표로 하는 완제품으로 잘 전환되고 있는지, 장비 상태는 이상이 없는지, 작업방법에는 하자가 없는지 등을 검사하면서, 공정 내의 작업장소를 이리저리 돌아다니며 관찰하는 행위를 공정검사process inspection라 한다. 공정검사에서 하는 주된 임무는 불량품이 언제 어디서 나타나는지를 찾아내어 즉각적으로 수정조치를 취하는 일이다. 따라서 검사의 대상도 공정 내의 작업자, 작업, 장비, 또는 원자재에 이르기까지 모든 불량품 발생의 원인들을 망라한다.

그러나 공정검사 실시 중에는 검사자가 모든 장비에 상주하면서 모든 작업들을 동시에 관찰하고 있을 수는 없다. 검사자는 주어진 일정에 따라 주어진 장비나 작업을 일정한 시간 간격에 따라 방문을 하게 되고, 따라서 만일 한 작업장소에서 불량이 발생하게 되면 다음 방문 시까지 상당한 양의 불량 작업품이 계속 발생하고 있을 것이다. 이러한 일들은 비교적 작업 관리가 어려운, 정교한 기계가공이나 복잡한 화학공정 등에서 발생한다. 여기저기를 돌아다니던 검사자는 불량작업으로 인한 피해가 이미 상당량 발생한 후에라야 잘못된 작업을 발견하게 된다. 이러한 일들을 예방하기 위해서는 무언가가 잘못되거나 잘못되어가고 있다는 사실을, 때로는 불량품이 그 모습을 드러내기 전에 신속히 보여줄 수 있는 방법이 필요하다. 이러한 목적으로 통계적 관리도가 개발되어 공정검사에 효율적으로 적용되고 있다.

### 13.2.3 신뢰성검사

오늘날의 기기들은 점점 정교해지고, 소형화하며, 복잡한 기능들이 요구되고 있다. 또한 우주선을 쏘아 올리는 로켓에서부터 국가의 많은 에너지를 제공하는 원자력 발전소에 이르기까지 수많은 정교한 부품들이 안전하게 작동될 것을 요구받고 있다. 이러한 기기들을 설계하거나 운용할 때 가장 문제가 되는 염려사항은 각 부품들이 얼마나 오랫동안 고장 없이 제 기능을 담당할 것인가 하는 점이다. 이를 정확히 예측하는 일은 할 수 없지만, 평균적으로 예상되는 수명에 대해서는 확률적 예측, 즉 부품의 신뢰도 예측이 가능하다. 이러한 부품의 신뢰도를 얻기 위한 부품에 대한 시험을 신뢰성검사라 한다. 부품에 대한 신뢰성이 확보되면, 이러한 부품들로 구성된 시스템이나 완제품에 대한 신뢰도 예측도 가능해진다.

# 13.3 수락 샘플링검사

일반적으로 로트의 수락 여부를 판단하기 위한 샘플링검사에서는 랜덤샘플링을 기본으로 하여 샘플링검사에 대한 계획을 세우는데, 이 계획을 수락 샘플링 계획acceptance sampling plan이라 한다. 수락 샘플링 계획은 일련의 규칙들을 말하는데, 로트를 검사하는 규칙 및 로트의 수락 여부를 판단하는 규칙으로 구성된다.

일반적으로 로트는 많은 품목으로 구성되어 있어 로트의 수락 여부를 결정하기 위해 로트 속의 제품을 모두 검사하여 결정하기보다는 로트로부터 하나의 샘플을 뽑아 이 샘플 속의 제품만을 검사하여 판단한다. 이때 샘플 속에 선정될 제품은 무작위로 로트로부터 선정되며 수락 샘플링 계획에서는 샘플에 선정될 제품의 수, 즉 샘플의 크기를 규정하는 규칙이 설정되어야 한다. 또한 샘플에 선정된 제품들을 모두 검사한 결과를 하나의 기준과 비교하여 로트의 수락 또는 비수락(또는 기각)에 대한 판정을 내리게 되는데, 이 판정 기준 역시 수락 샘플링 계획에서 하나의 규칙으로 규정되어야 한다. 이러한 일련의 규칙들을 정하는 데 필요한 다음 사항들을 살펴보자.

- 수락 샘플링 계획과 수락 확률
- OC 곡선과 OC 곡선의 경제적 중요성

## 13.3.1 샘플링 계획과 수락 확률

공정 불량률이 $p$%인 공정으로부터 검사를 위해 로트를 구성한다면 로트 역시 $p$%의 불량률을 함유하고 있을 것이다. 이제 예를 들어 불량률 3%를 함유한 로트에서 제품 120개를 랜덤하게 취하여 하나의 샘플을 구성한다고 생각하자. 만일 샘플이 정확히 제품의 대표성을 확보하고 있다면, 샘플 속에서 3~4개의 불량품이 발견될 것으로 예상된다. 그렇지만 실제적으로 샘플은 이들보다 약간 많거나 적은 수의 불량품들을 포함할 것이다. **표 13-1**은 3% 불량으로 알려진 제품 속에서 120개로 이루어진 샘플을 몇 번에 걸쳐 조사하였을 때 얻어진 기록이다.

**표 13-1 120개로 구성된 샘플들 속에 포함된 불량품 수**

| 제조공정 | 공정 불량률 3% | | | | | | | | | |
|---|---|---|---|---|---|---|---|---|---|---|
| 로트번호 ($N$= 2400) | 1 | 2 | 3 | 4 | 5 | 6 | 7 | 8 | 9 | 10 |
| 샘플번호 ($n$ =120) | 1 | 2 | 3 | 4 | 5 | 6 | 7 | 8 | 9 | 10 |
| 불량품 수 | 5 | 6 | 0 | 5 | 3 | 7 | 4 | 5 | 3 | 5 |

위의 기록에서 보면 샘플마다 불량품의 수가 다름을, 즉 변동하고 있음을 알 수 있다. 이들 중 샘플번호 3번 속에서는 불량품이 하나도 없으며, 6번 샘플 속에는 7개의 불량품이 들어 있다.

샘플링 계획에서는 수락 기준수acceptable number라 불리는 일종의 경계 값을 설정한다. 이 수는 하나의 샘플 속에 들어 있을 수 있는 최대의 허용 불량품 수를 말한다. 이 수를 이용하여 샘플링 계획을 다음과 같이 세울 수 있다. 즉,

1. 샘플 속의 불량품 수가 수락 기준수보다 크면(초과하면), 검사자는 제품 전체(로트)를 기각한다.
2. 샘플 속의 불량품 수가 수락 기준수보다 작거나 같으면(초과하지 않으면), 검사자는 제품 전체(로트)를 수락한다.

공정의 불량률이 높고 낮음에 따라 이 공정으로부터 형성된 로트들은 그 크기가 매우 크기 때문에 공정의 불량률을 그대로 반영하는 불량품 수를 포함하게 될 것이고, 이들로부터 랜덤하게 선정된 샘플들은 공정의 불량률 수준에 따라 각기 다른 불량품 수의 변동 패턴을 만들어 낼 것이다. 수락 기준수를 이용한 샘플링 계획은 품질 수준이 나쁜 공정으로부터 출력되는 로트들을 더 많이 기각하게 될 것이다.

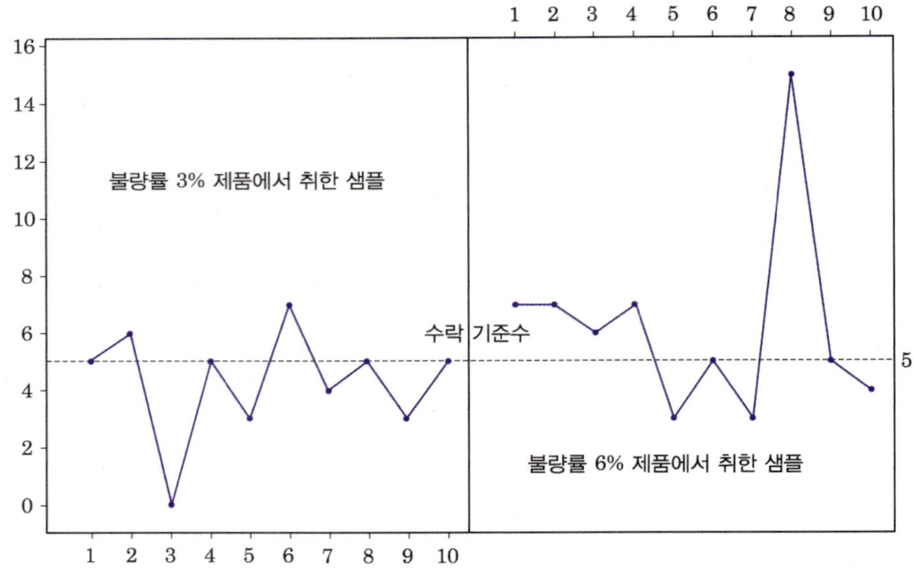


**그림 13-2** 불량률이 악화되고 있을 때 수락 기준수의 기능

**예제 1** 그림 13-2의 그래프는 불량률의 수준이 3%에서 6%로 악화되는 공정으로부터 수집된 각각 10 집단의 로트들로부터 샘플을 조사한 그림이다.

(1) 수락 기준수를 5로 하면 불량률 3% 제품은 몇 번이나 기각되는가? 불량률 6% 제품은 몇 번이나 기각되는가?

(2) 수락 기준수를 4로 하면 불량률 3% 제품은 몇 번이나 기각되는가? 불량률 6% 제품은 몇 번이나 기각되는가?

답 (1) 2/10, 5/10 (2) 6/10, 7/10

위의 질문에서 보면, 공정의 품질이 나빠진다고 해서 샘플링 계획이 모든 로트들을 반드시 기각하지는 않는다. 나빠진 로트들에 대해서는 더 많이 기각할 뿐이다. 또한, 개별 로트의 경우에 샘플링 계획에 의해 기각된 로트라 하더라도 수락된 로트보다 반드시 품질이 나쁜 것은 아닐 수 있다.

샘플링 계획을 세우기 위해서는 샘플의 크기와 수락 기준수를 설정하여야 한다. 이들을 샘플링 계획의 모수들parameters이라 하며 다음과 같은 부호들이 사용된다.

### 샘플링 계획의 모수들

$n$: 하나의 로트로부터 검사받기 위해 선정된 제품의 수로 샘플 크기라 불린다.

$c$: 해당 로트를 수락할 수 있게 허용하는, 샘플 속에 있는 최대 불량품 수로 수락 기준수라 불린다.

샘플의 크기와 수락 기준수는 함께 일정한 품질 수준의 제품이 장기간에 걸쳐 어느 정도 수락되고 기각될지를 결정한다.

일단 샘플링 계획에 의해 샘플 크기 $n$과 수락 기준수 $c$가 결정되면, 다음과 같은 확률을 구할 수 있다.

### 수락 확률

$P_a$: 하나의 샘플링 계획에 의해 로트가 수락될 확률을 말하며 수락 확률이라 한다.

수락 확률은 장기간에 걸쳐 취하여진 샘플들 중 샘플이 취해진 로트들을 수락하게 허용한 샘플들의 비율로서 백분율이나 소수점 이하의 수로 표시된다. 앞의 예제에서 공정 불량률이 3%일 때, 샘플 크기가 120이고 수락 기준수가 5인 샘플링 계획을 실시하면 10 집단의 로트들 중 8 로트들을 수락한다. 그러면 수락 확률은 대략 80% 또는 0.8이라 할 수 있다. 장기적으로 보다 많이 동일한 샘플링 계획을 실시하면 보다 정확한 수락 확률을 구할 수 있을 것이다. 그렇지만 결과론적으로 장기적인 샘플링검사를 통해 수락 확률을 구하기 전에 이를 이론적으로 예측하는 방법에 대해 살펴보자.

**예제 2** (1) 제품이 3% 불량률을 지니고 있다. 크기가 120인 샘플들을 취하고 수락 기준수를 5로 한다고 하자. 그러면

$c = 5$

$n = 120$

인 샘플링 계획이 된다. 이 계획에 따라 검사를 하면 장기적으로 84.4%가량 제품을 수락할 것이다. 즉, 제품의 수락 확률은 84.4% 또는 0.844이 된다.

$P_a = 0.844$

(2) 제품이 6% 불량률을 지니고 있다. 크기가 120인 샘플들을 취하고 수락 기준수를 4로 한다고 하자. 그러면

$c = 4$

$n = 120$

인 샘플링 계획이 된다. 이 계획에 따라 검사를 하면, 장기적으로 15.6%가량 제품을

수락할 것이다. 그러면 제품의 수락 확률은 15.6% 또는 0.156가 된다. 즉,

$$P_a = 0.156$$

위의 예제에서 두 가지 샘플링 계획에 대한 수락확률을 구할 수 있었다. 이처럼 이론적 예측의 장점은 다양한 샘플링 계획에 대해 수락확률을 계산할 수 있게 하여 준다는 점에 있다.

이제 위의 예제에서 수락 확률을 계산한 방법에 대해 살펴보자.

### 13.3.2 OC 곡선

임의의 공정품질 수준, 즉 제품의 품질에 대해서도 샘플의 크기와 수락 기준수의 조합에 따라 제품의(또는 로트의) 수락 확률을 계산할 수 있다. 이와 같이, 주어진 샘플의 크기와 수락 기준수의 조합에 따라 제품의 가능한 모든 불량률에 대한 제품의 수락 확률을 그린 곡선을 OC 곡선Operating Characteristic curve이라 한다[그림 13-3].

OC 곡선에 따르면, 어느 샘플링 계획이든지 제품의 품질, 즉 공정의 품질 수준(공정의 불량률로 표현되는)이 매우 좋으면 수락 확률이 높고, 품질이 나빠지면 수락 확률이 작아지는 특성을 가지고 있다. 이는 매우 당연한 특성으로 공정의 불량률이 낮으면 로트 속에 불량품이 적게 포함될 것이고, 이로부터 선정된 샘플 속의 불량품 수도 적을 것이므로 로트가 수락될 가능성이 높아진다. 이러한 이유로 불량률이 0인 로트의 수락 확률은 1이 된다. 반대로 불량률이 높으면, 로트의 수락 확률은 낮아진다.

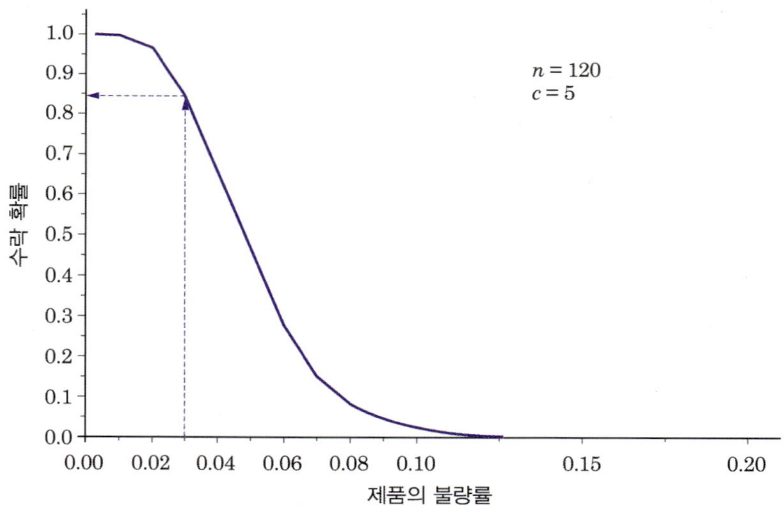


그림 13-3 샘플링 계획 $n$=120, $c$=5 경우의 OC 곡선

위의 OC 곡선에서 제품의 불량률이 3%일 때 수락될 제품의 확률을 구하기 위해, 먼저 곡선의 $x$-축에서 0.03을 찾는다. 그런 다음, 수직선을 위로 그어 곡선에 도달한다. 마지막으로 왼쪽으로 수평선을 그어 $y$-축 상의 수치, 즉 수락 확률을 파악한다. 3% 불량률이 있는 제품이라면 위의 샘플링 계획에서는 0.84인 수락 확률을 갖는다. 이 샘플링 계획에 따라 검사를 하게 되면, 장기간에 걸쳐 이 제품은 84% 정도가 수락될 것이고 16% 정도 기각될 것이다.

**예제 3** 그림 13-3의 OC 곡선에서

(1) 제조공정에서 나온 제품의 불량률이 2%라면, 몇 %의 제품이 수락될 것인가? 또 몇 %의 제품이 기각될 것인가?

(2) 제조공정에서 나온 제품의 불량률이 8%라면, 몇 %의 제품이 수락될 것인가? 또 몇 %의 제품이 기각될 것인가

OC 곡선에서 보이는 수락 확률은 샘플이 제품(로트) 속에서 무작위(랜덤, random)로 취하여진다는 가정에 기반을 두고 있다. 만일 무작위로 취하지 않을 때는 수락 확률이 적용되어서는 안 된다. 무작위 샘플(랜덤샘플random sample)이란 샘플을 선정하는 방식으로, 제품 속에 있는 품목 하나하나가 동일한 확률로 샘플에 선정되는 방식을 말한다.

샘플의 크기와 수락 기준수를 적절히 조합하면, 기각하고 싶어하는 수준의 품질을 지닌 제품이라면 대다수를 기각하고, 수락하고 싶은 수준의 품질수준이라면 제품 대부분을 수락하는 샘플링 계획을 고안해 낼 수 있다. 대부분의 경우에 샘플링 계획 선정 시 수락 및 기각 확률은 물론 경제적 상황을 고려하여 정한다.

OC 곡선의 수락확률을 계산하기 위해서는 확률분포를 선정해야 한다. 일반적으로 샘플링 검사에서는 검사 대상 제품(로트)으로부터 랜덤하게 샘플로 선정된 품목을 하나씩 검사하여 불량인지 아닌지 분류한 후, 샘플에서 파악된 불량 개수를 샘플링 계획에서 정한 수락 기준수와 비교한다. 이처럼 무작위로 선정된 제품을 단순히 불량이냐 아니냐로 분류하여 검사를 할 때 수락 확률을 계산하는 분포로는 초기하 분포, 이항분포 및 포와송분포가 있다. 이들 중 포와송분포가 가장 널리 사용된다. 이 분포는 약간의 제한이 있기는 하지만, 검사원이 불량품 수를 셀 때뿐 아니라 하나의 제품 속에 들어 있는 결함 수 또는 결점 수를 셀 때에도 사용될 수 있기 때문에 현장에서 널리 이용될 수 있다. 본 고에서는 수락 확률을 계산할 때 포와송분포를 사용한다.

포와송분포 식을 사용하여 수락 확률을 계산할 때 먼저

$n$: 샘플의 크기

$p$: 제품의 불량률(또는 결함률)

$c$: 수락 기준수

를 정해야 한다. 그러면, 수락 확률 $p_a$는

$$P_a = \sum_{i=0}^{c} \frac{m^i e^{-m}}{i!}$$

로 계산되는데, 이 식에서 $m = p \times n$으로 샘플의 평균 불량품 수(또는 평균 결함 수)이다.

**예제 4** $n = 100$, $c = 5$인 샘플링 계획에서 $p = 0.08$일 때의 수락 확률을 부록 표 B 포와송분포표를 이용하여 구하라.

**답** 0.191 (또는 19.1%)

이제 주어진 제품의 불량률에 대하여 포와송분포를 이용한 수락 확률을 구할 수 있게 되면 다음의 순서에 따라 OC 곡선을 그린다.

(1) 여러 값의 불량률 $p$를 첫째 열에 배치한 표를 만든다. 이때 불량률은 소수로 표현하며 높은 불량률과 낮은 불량률을 고려한 범위에서 값들을 나열한다.

(2) 표의 두 번째 열에 $p$와 $n$을 곱한 값 $m$을 적는다.

(3) 포와송 확률분포 식을 사용하여 수락 확률 $P_a$를 계산한다.

(4) 각각의 $p$값에 대응되는 수락 확률 값을 타점한다.

(5) 타점들을 부드러운 곡선으로 연결한다.

표 13-2와 그림 13-4는 위의 순서에 따라 $n = 120$, $c = 5$인 샘플링 계획의 OC 곡선이다.

**표 13-2** OC 곡선 표($n$=120)

| $p$ | $m$ | $P_a$ | $p$ | $m$ | $P_a$ |
|---|---|---|---|---|---|
| 0.00 | 0.0 | 1.00000 | 0.07 | 8.4 | 0.15728 |
| 0.01 | 1.2 | 0.99850 | 0.08 | 9.6 | 0.08381 |
| 0.02 | 2.4 | 0.96433 | 0.09 | 10.8 | 0.04226 |
| 0.03 | 3.6 | 0.84412 | 0.10 | 12.0 | 0.02034 |
| 0.04 | 4.8 | 0.65101 | 0.11 | 13.2 | 0.00942 |
| 0.05 | 6.0 | 0.44568 | 0.12 | 14.4 | 0.00422 |
| 0.06 | 7.2 | 0.27590 | 0.13 | 15.6 | 0.00184 |

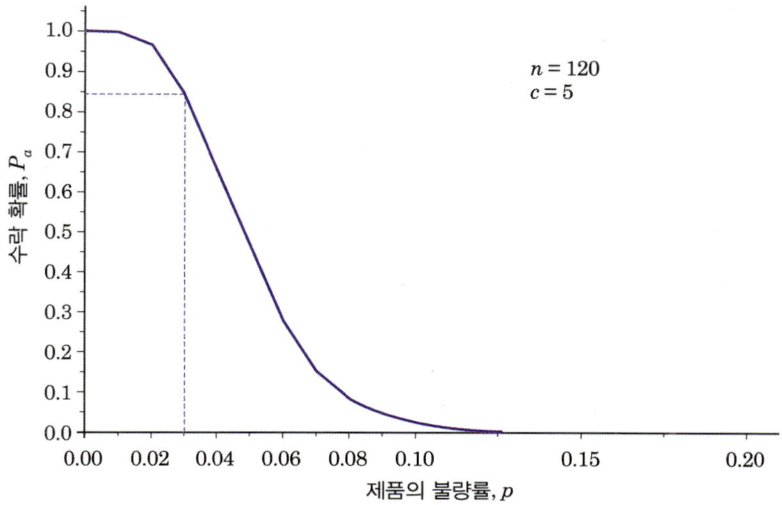


**그림 13-4** OC 곡선($n$=120, $c$=5)

OC 곡선은 샘플 크기 $n$ 및 수락 기준수 $c$의 어느 조합에 대해서도 그려질 수 있으며 이때마다 각각 다른 곡선이 얻어진다. 일반적으로 OC 곡선은 다음과 같은 특성을 갖는다.

1. 샘플 크기가 커지면 곡선의 기울기가 급격히 가파르게 된다.
   샘플의 크기가 커지면 샘플의 크기가 작고 완만한(기울기가 작은) 곡선을 지닌 계획들보다 분별력이 더 많아진다. 즉, 좋은 품질의 제품과 나쁜 품질의 제품을 구별하는 능력이 커진다. 좋은 품질의 제품을 수락하는 확률은 커지고 나쁜 품질의 제품을 수락하는 확률은 낮아진다.
   **그림 13-5**에서 $n=180$, $c=5$ 계획과 $n=60$, $c=5$를 비교하면, 전자의 계획은 상이한 불량률을 갖는 제품들 사이를 보다 분명히 구별시켜 주고 있다.
2. 수락 기준수가 커지면 곡선의 모양이 위(곡선의 어깨 부분이라 불림)에서 평평하고 아래(곡선의 꼬리 부분이라 불림)에서 낮은 꼬리를 갖는다.
   **그림 13-6**에서 $n=120$, $c=10$ 계획은 $n=120$, $c=5$나 $n=120$, $c=0$보다 현저히 평평한 어깨 부분을 갖는다.
3. 보통 곡선은 불량률 0에서 시작하여 곡선의 끝(꼬리)이 $x$축에 가까이 도달하는 데까지 그려진다.
   **그림 13-5**에서 $n=180$, $c=5$계획의 곡선은 대략 8% 불량률까지 그려지고 있으나 $n=60$, $c=5$계획의 곡선은 그림의 불량률 한계를 지나 계속되어야 함에도 20% 불량률까지만 그려져 있다.

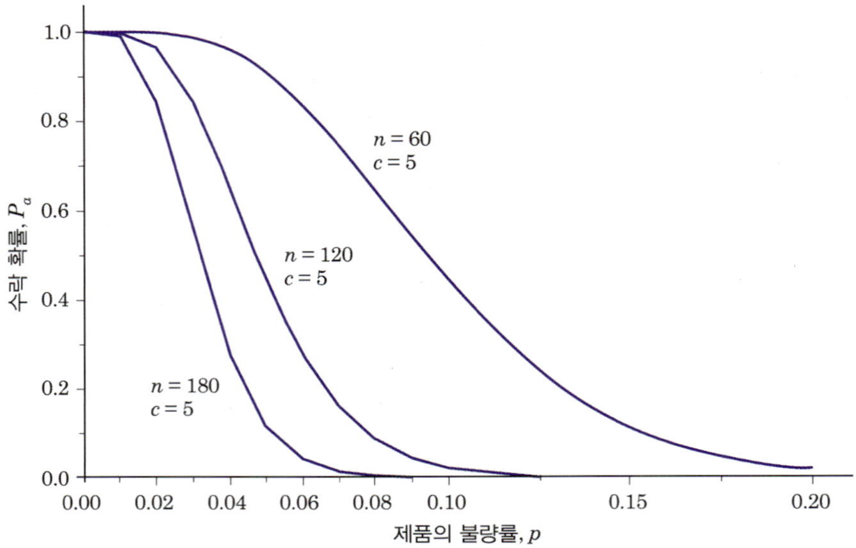


**그림 13-5** $n$=60, 120, 180, $c$=5 샘플링 계획의 OC 곡선

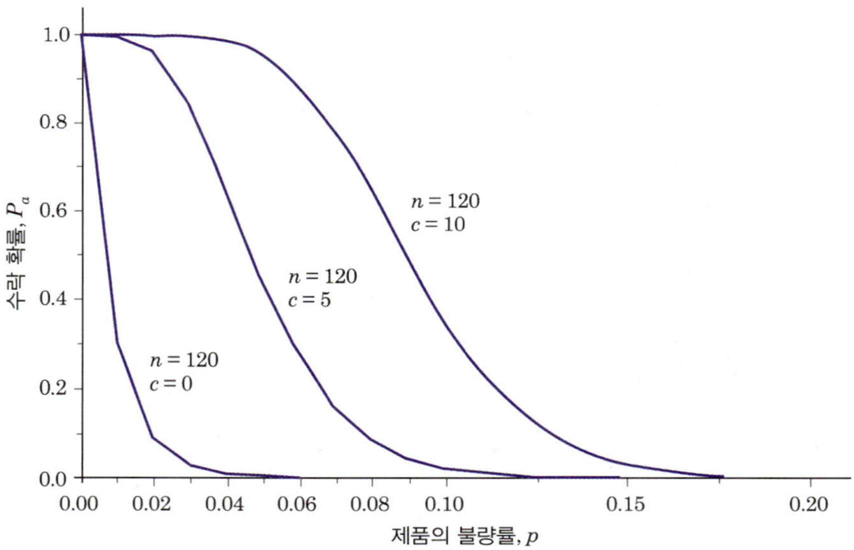


**그림 13-6** $n$=120, $c$=0, 5, 10 샘플링 계획의 OC 곡선

만일 샘플의 크기 $n$을 전체 제품의 크기 $N$(로트 크기)과 동일하게 한다면, 이론적으로 직사각형 모양의 OC가 불량률 $c/N$ 수준에서 만들어진다. 또한 수락 기준수 $c$를 샘플의 크기 $n$과 같게 한다면, 어느 불량률에서든 수락 확률은 1이 된다.

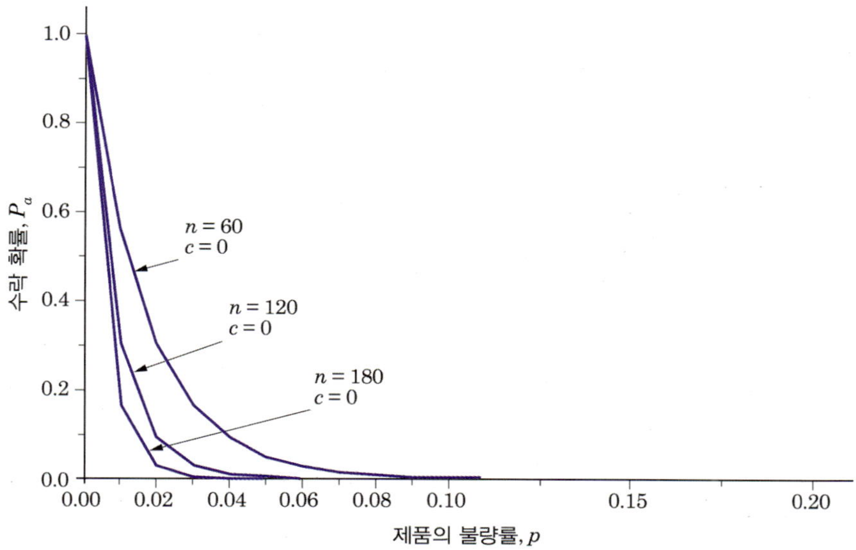


**그림 13-7** $n$=60, 120, 180, $c$=0 샘플링 계획의 OC 곡선

OC 곡선들을 구별하는 방안으로 곡선의 3개 부분에 관심을 집중할 필요가 있다. 이들은 각각 위의 어깨 부분, 아래 꼬리의 엷은 부분, 그리고 곡선의 중간 부분이다.

1. 위의 어깨 부분
   **그림 13-6**에 있는 $n=120$, $c=10$ 계획이나 **그림 13-5**에 있는 $n=60$, $c=5$에서처럼 거리가 어느 정도 눈에 보이는 평평한 부분과 **그림 13-6**의 $n=120$, $c=0$이나 **그림 13-7**에서처럼 뾰족한 부분이 있다. 이 부분은 샘플링 계획에 의해 거의 수락이 확실시되는 제품의 품질 수준을 보여준다. **그림 13-6**의 $n=120$, $c=10$ 계획에서는 4%의 불량수준까지, $n=120$, $c=5$ 계획에서는 1% 불량까지 거의 모든 제품이 수락된다. 그리고 $n=120$, $c=0$ 계획에서는 불량률 0%가 아니면 제품의 일정부분이 기각된다.
2. 아래 꼬리의 엷은 부분
   **그림 13-7**에서 $c=0$인 계획이거나 **그림 13-5**에서 $n=180$, $c=5$에서는 짧고 급격한 모습을, **그림 13-6**의 계획 $n=120$, $c=10$이나 **그림 13-5**의 $n=60$, $c=5$에서는 상당히 멀리까지 펼쳐지고 있다. 이 부분은 계획에 의해 거의 확실하게 기각되는 제품의 품질 수준을 보여준다. **그림 13-7**의 계획 $n=120$, $c=0$에서는 불량률 3% 제품이라면 거의 모두 기각된다. **그림 13-5**의 계획 $n=60$, $c=5$에서는 불량률 20%를 넘어가지 않는 한 상당한 양의 제품이 기각되지 않는다.

3. 어깨와 꼬리 사이의 중간 부분

곡선의 중간은 수락 확률 50%가 되는 지점인데, 이에 상응하는 품질 수준을 지닌 제품은 기각되거나 수락될 확률이 반반씩이다.

**예제 5** (1) 검사 계획 $n$=120, $c$=5가 사용되면, 불량률 4.7%인 제품은 수락될 확률이 약 50-대-50이다.

(2) 검사 계획 $n$=60, $c$=5가 사용되면, 불량률 9.5%인 제품은 수락될 확률이 약 50-대-50이다.

위의 예제는 샘플링 계획을 선정할 때 OC 곡선을 이해함이 중요하다는 사실을 보여주고 있다. 일반적으로, 곡선의 어깨 부분은 기꺼이 수락할 만한 제품의 품질 수준에 해당하며, 곡선의 꼬리 부분은 기각하고 싶은 품질 수준에 해당한다. 최고의 경제성은 공정이 공정능력 수준에서 운영되고 이 능력이 사용될 OC 곡선의 어깨 부분에 상응할 때 얻어질 수 있다. 이 수준으로 생산되는 제품의 대부분은 사용되는 검사 계획에 의해 수락될 확률이 매우 높다.

### 13.3.3 OC 곡선의 경제적 중요성

샘플링 계획에 따라 제품의 수락여부를 판정하면 이 판정에는 항상 두 종류의 위험성을 내포하게 된다. 하나는 좋은 품질의 제품으로서 수락하고 싶은 품질 수준인데 기각시키는 위험성과 또 다른 하나는 기각시키고 싶은 품질 수준인데 수락시키는 위험성이다. 이 양자는 모두 샘플을 취하여 제품 전체의 수락 여부를 판단하는 데서 오는 위험성이다. 전자를 생산자 위험producer's risk이라 하고 후자를 소비자 위험consumer's risk이라 한다.

생산자 위험은 로트의 제품 품질이 비교적 좋을 때 제품을 기각하는 위험으로서 확률로 표시된다. 관리가 잘되고 있는 제조공정에 의해 정상적으로 만들어진 제품인데도 검사에 의해 기각되는 위험이다. 제조공정의 입장에서 보면 가급적 생산자의 위험성이 작도록 하고 싶어한다.

$$\begin{aligned}\text{생산자 위험} &= 1 - \text{정상적 불량 수준에서 수락될 확률}\\ &= 1 - P_a(p = \text{정상적 불량률 } p_0)\end{aligned}$$

생산자 위험은 다음 순서로 추정한다.

1. 샘플링 계획에 대한 OC 곡선을 그린다.

2. 공정이 공정능력 수준에서 운영될 때 공정의 불량률을 구한다.
3. OC 곡선의 $x$-축에서 공정의 불량률에 해당하는 위치를 파악하고 곡선으로부터 수락 확률을 찾아 읽는다.
4. 1에서 이 수락 확률을 뺀다.

**예제 6** 그림 13-5의 $n$=120, $c$=5인 샘플링 계획의 OC 곡선을 참조한다. 3%의 불량률로 정상적으로 제조공정이 운영되고 있다고 한다. 이 공정의 생산자 위험은 얼마인가?

소비자 위험은 로트의 제품 품질이 나쁠 때 제품을 수락하는 위험을 말하며 확률로서 표시된다. 검사는 생산자의 입장뿐 아니라 소비자의 입장에서 나쁜 품질의 제품이 소비자에게 전달되지 않도록 하여야 한다. 따라서 고객에게 만족스럽지 못한 제품이 검사에서 수락될 위험이 가능한 작게 되도록 노력해야 한다. 다음과 같은 순서로 소비자 위험을 추정한다.

1. 사용하고자 하는 샘플링 계획에 대한 OC 곡선을 그린다.
2. 소비자가 기각하고 싶은 품질의 수준, 즉 불량률을 정한다. 이 수준에서는 품질이 너무 나빠 소비자라면 매우 작은 확률만을 수락하기 원한다.
3. OC 곡선의 $x$-축 상에서 이 값을 찾고 이 값에 해당하는 수락 확률을 곡선으로부터 찾는다.

**예제 6** 그림 13-5의 $n$=120, $c$=5인 샘플링 계획의 OC 곡선을 참조하라. 소비자는 9%의 불량률인 제품이라면 기각하고 싶다. 실제 이정도의 품질 수준을 가진 제품을 검사한다면 소비자 위험은 얼마인가?

OC 곡선은 모든 면에서 비용과 관련되어 있다. 따라서 이 비용을 최소화하는 곡선을 선정할 필요가 있다. 많은 비용 중에서 생산자 위험과 관련된 비용이 가장 중요하다. 즉, 비교적 좋은 품질의 제품인데 기각된다면, 이와 관련된 비용이 상당히 증가한다. 관련된 비용은

1. 불필요하게 제품이 기각된다면, 재검사를 실시해야 함은 물론 싣고 내리고 그리고 여기저기로 움직여야 한다.
2. 기각된 제품을 보관해야 할 창고가 필요하다.
3. 불필요한 검사 및 재검사를 실시하기 위해 더 생산적인 일에 투입되어야 할 검사장비

를 붙들어 매놓게 된다.

4. 제조공정이 불필요하게 중지된다.
5. 반복된 취급과 검사로 말미암아 선정된 제품의 품질을 더 나쁘게 만들 수 있다.
6. 기각된 제품에 대한 전수검사가 제조부서에 의해 실시된다면, 제품 수락 이전에 추가적 검사가 실시되어야 한다.
7. 필요 부품을 공급받는 경우라면, 지연으로 말미암은 비용이 발생할 것이다.
8. 일반적으로 정상 제품을 기각한다면 공정의 안정성을 증진시키지 못하게 된다.

불만족스러운 제품을 수락하는 소비자 위험과 관련된 비용도 발생한다. 이에는

1. 고객의 좋은 의도에 나쁜 영향을 줄 수 있다.
2. 고객의 불편불만을 처리하는 비용이 증가한다.
3. 조사 및 회의 비용이 늘어난다.
4. 전체적인 품질 등급에 영향을 미칠 수 있다.
5. 기술적 문제를 해결하는 데 들어가는 노력과 시간으로 인한 추가 비용이 발생한다.

이 두 가지 비용을 고려하여 검사비용의 균형을 추구할 필요가 있다. 일반적으로 샘플의 크기를 크게 하고 수락 기준수를 크게 한다. 이 양자는 분별력을 크게 하는 데 도움이 된다. 그렇지만 샘플의 크기가 크면 값이 비싸지거나 비현실적일 수 있다. 큰 샘플을 피하기 위해 다음과 같은 일들이 취해질 수 있다.

1. 하나의 검사 수준보다는 두 개의 수준을 지닌 샘플링 계획을 세운다. 첫 번째 수준은 공정이 정상적으로 운영될 때 사용되고, 두 번째 수준은 품질이 엄중하게 위협받을 때 사용된다. 정상기간 동안에는 생산자 위험에 초점을 맞추고, 문제가 발생하는 기간에는 소비자 보호에 역점을 둔다.
2. 정상기간 동안에는 정식의 샘플링 계획보다 관리도를 구축한다. 품질이 만족스러울 때, 이 계획은 꽤 큰 소비자 위험 속에서 운영될 것이다. 그러나 품질이 불만족스러운 수준으로 떨어지게 되면, 이 상황이 관리도상에 하나의 패턴으로 나타날 것이다. 그러면 미리 정해진 행동에 따라 조치를 취하게 되고 결국은 소비자에게 추가적 보호를 제공하게 될 것이다. 예를 들면, 비정상적 기간이 끝날 때까지 표준형 샘플링 계획으로 복귀할 수도 있다.

# 제14장 검사공정 II

Several types of sampling systems, schemes and plans are available. However, it is often difficult to decide on the most appropriate procedure for use in a particular situation.

— ISO/TR 8550-1:2007(E) —

샘플링 검사는 검사 목적, 대상 및 방법에 따라 다양하게 분류된다. 이들의 특성을 알고 적합한 검사 방법을 선택함이 필요하다.

본 장에서는

- 샘플링 계획의 분류
- 샘플링 계획의 형태
- 샘플링 전략과 검사 수준
- 속성형 대 변수형 수락 샘플링검사
- 검사 시스템 구축

에 대해 기술한다.

# 14.1 샘플링 계획의 분류

샘플링 계획들을 OC 곡선의 특성에 따라 여러 방법으로 분류해 볼 수 있다. 분류방법에 따라 AQL, LTPD, AOQL 등이 있다.

## 14.1.1 AQL 샘플링 계획

예를 들어, 2% 불량률 수준에서 높은 수락 확률을 지니는 OC 곡선들을 하나의 동일 무리로 분류할 수 있다. 이 계획에 속하는 곡선들은 높은 수락 확률을 갖는 어깨 부분에서 비슷하지만 기각 확률을 보이는 꼬리 부분에서는 비슷하지 않다. 이처럼 OC 곡선의 어깨 부분에 따라 분류된 계획들은 유사점이 수락될 제품의 품질 수준에 있기 때문에 AQL acceptable quality level(수락품질 수준) 샘플링 계획이라 한다.

AQL은 공정평균으로서 만족스러운 수준으로 여겨질 수 있는 최대 불량률로 정의된다. 즉, 검사에 의해 정상적으로 수락될 수 있는 최대의 불량률 또는 수락 확률이 매우 높은 최대 불량률이란 의미이다. 예를 들어 2%의 AQL 샘플링 계획을 선택하면, 2% 불량률을 지닌 제품의 경우 정기적으로 수락될 계획을 선택하는 것이다.

## 14.1.2 LTPD 샘플링 계획

수락 확률이 낮은 곡선들을 하나의 무리로 짓는다. 이 계획에 속하는 OC 곡선들은 기각하고 싶은 수준인 꼬리 부분에서 유사하며, 수락하고 싶은 수준인 어깨 부분에서 다르다. 이 계획들을 LTPD lot tolerance percent defective 샘플링 계획이라 하는데, 이는 이 정도의 나쁜 품질 수준 또는 높은 불량률에서는 제품이 수락될 확률이 조금만 용인될 수 있는(be tolerated) 수준에 유사점이 있기 때문이다. LTPD는 허용할 수 있는 불량률로서 만족스러운 품질 수준과 불만족스러운 수준 사이의 경계선으로 여겨질 수 있는 수치이며, 검사에 의해 주기적으로 기각되는 불량률 또는 수락 확률이 매우 낮은 품질 수준을 말한다. 2% LTPD 샘플링 계획을 선택하면, 이 계획 하에서는 2% 불량률의 제품이라면 정기적으로 기각시킨다. 그러나 이 계획은 정기적으로 수락되는 제품에 대해서는 어떤 정보도 말해 주지 않는다. 때로 고객들은 특정 제품에 대해 특정한 LTPD 값을 요구한다.

### 14.1.3 AOQL 샘플링 계획

AOQL average outgoing quality limit 은 어느 샘플링 계획에 대해서도 계산될 수 있는 값인데, 이 계획에서는 만일 필요하다면 100% 검사를 실시할 수 있는 제품에 대해 사용된다. AOQL은 어떤 샘플링 계획에 의해 기각되는 모든 제품에 대해 즉각 100% 검사를 실시하는 경우의 한계 불량률이다. 샘플링 계획에 의해 기각되는 모든 로트들은 100% 검사가 시행된다. 이 검사에서 발견되는 불량품은 양품으로 교체된다. 이 로트들은 합격된 로트들과 합하여져 전체 제품을 구성한다. 즉,

출하된 전체 제품 = 수락된 로트들 + 불량품을 양품으로 교체시킨 기각된 로트들

그러면 출하된 전체 제품의 불량률은 어떻게 될까?

**평균출하품질average outgoing quality 식**

수락된 로트의 경우,

$P_a$의 확률로 $p(N-n)$개의 불량품이 포함될 것이다.

기각된 로트의 경우,

$1-P_a$의 확률로 0개의 불량품이 있을 것이다.

따라서, 검사 후의 로트 속에는

$P_a \times p(N-n)$개의 불량품이 있을 것이다.

그러므로, 검사 후 로트 속에 있는 평균 불량률은

$$\text{AOQ} = \frac{P_a \times p(N-n)}{N}$$

위 식에서

AOQ = 평균출하품질average outgoing quality
$p$ = 불량률
$P_a$ = 수락 확률

$n=$ 샘플 크기

$N=$ 로트 크기

이다. 위 식은 임의의 샘플링 계획과 불량률 값에 대해 AOQ 값을 계산하는 데 사용될 수 있다.

AOQ 곡선은 최고점에 도달할 때까지 증가하고 그 후에 감소하는데 이는 불량률이 나쁠수록 100% 전수검사를 받게 되기 때문이다. AOQL은 AOQ 곡선의 최고점의 값을 말한다. 다시 말해서, AOQL은 AOQ의 최댓값으로 기각된 로트에 대해서는 100% 검사를 실시하여 모든 불량품을 양품으로 교체한 후 출하되는 제품 속에 존재할 수 있는 장기적인 관점에서의 최악의 평균 품질이다.

예를 들어, 2% AOQL 샘플링 계획을 선택하면, 장기적으로 평균 2% 또는 이하로 출하 제품의 품질을 제한하는 계획을 선택하는 것이다.

## 14.2 샘플링 계획의 형태

세 가지 형태의 샘플링 계획이 있다.

1. 연속 공정을 위한 계획
2. 로트별 공정을 위한 계획
3. 특별 계획

### 14.2.1 연속 공정 샘플링 계획

연속 공정 샘플링 계획은 제품을 로트별로 생산할 수 없는 제조공정에 사용되며, 모든 연속 샘플링 계획은 AOQL 형태이다. 4% 불량률을 가진 공정에서 연속으로 제품을 생산하고 있다 하자. 이 제품을 검사하여 각각을 불량품 또는 양품으로 순서대로 분류한다.

로트별 검사에서는 주어진 로트로부터 뽑힌 샘플 속에 있는 불량품의 수를 센다. 연속 검사에는 분명히 구별되는 로트가 없다. 따라서 불량품의 수를 세는 대신에 연속한 두 개의 불량품 사이에 있는 양품들의 수를 센다. 그러면, 연속된 양품들의 수로 샘플링 계획에 대한 수락 표준을 만들 수 있다.

### 14.2.2 로트별 검사를 위한 샘플링 계획

검사 대상인 제품이 쉽게 로트 단위로 만들어질 수 있을 때 사용되는 샘플링 계획이다. 여기서 로트는 검사를 받기 위해 한꺼번에 제출되는 유사품들의 집합체를 말한다. 이 로트에 있는 제품들의 수를 로트 크기라 하며, 운송표에 명시된 숫자, 한 시간 동안 또는 한 교대근무 동안 생산된 수, 또는 자연스럽게 설정된 시간 동안 생산된 제품의 수를 말한다. 로트별 계획들에는 로트에 대한 판정, 즉 수락할 것인가 기각할 것인가를 판정 내리기 위해 얼마나 많은 샘플들이 요구되는가에 따라 단순 샘플링, 복수 또는 다수 샘플링 계획들로 불린다. 이 계획들에서는 샘플 크기 $n$과 수락 기준수 $c$가 필요하다.

#### 1. 단순 샘플링 계획single sampling plan

수락이냐 기각이냐의 결정이 하나의 샘플을 검사하여 이루어진다. 기각 수는 수락 기준수보다 하나가 더 많다.

#### 2. 복수 샘플링 계획double sampling plan

첫 번째 샘플을 검사하여 수락할 것인가, 기각할 것인가 또는 두 번째 샘플을 취할 것인가가 결정된다. 필요한 경우 두 번째 샘플을 검사하여 수락이냐 기각이냐를 결정한다. 이 계획에서는 두 개의 샘플 크기들(n1, n2)과 두 개의 수락 기준수(c1, c2)가 주어진다. 두 번째 수락 기준수 c2는 두 개의 샘플을 합하여 적용된다.

기각 수는 합산된 샘플의 수락 기준수보다 하나 더 많다.

#### 3. 축차 샘플링 계획sequential sampling plan

축차는 차례를 따라 함이란 뜻으로 축차 샘플링 계획에서는 각각의 제품이 검사된 후에 수락할 것인가 기각할 것인가 아니면 또 다른 제품을 검사할 것인지를 결정한다. 최종적으로 수락이냐 기각이냐가 결정될 때까지 필요한 만큼 검사가 지속된다. 어떤 경우에는 개별 제품보다 일련의 묶음들을 연속적으로 택하는 경우가 있다. 이때는 그룹 축차 샘플링group sequential sampling plan이라 한다.

#### 4. 다수 샘플링 계획multiple sampling plan

일종의 그룹 축차 샘플링으로 수락이냐 기각이냐의 결정에 도달하기 위해 검사될 그룹의 최대 한계를 설정한다.

단순 샘플링 계획은 다른 샘플링 계획들에 비해 일정한 검사 부하, 업무의 단순성, 검사 속도에 대한 관리 용이, 샘플 선정 비용의 저렴, 최소의 기록 보관량과 같은 장점들을 가지고 있다. 이에 비해 복수, 축차 샘플링 계획들은 평균 검사량의 감소 — 특히 제품의 질이 매우 좋거나 매우 나쁠 때 — 그리고 로트에 대해 두 번째 기회를 준다는 생각과 관련된 심리적 이점 등이 있다. 일반적으로 축차 샘플링이 장기에 걸쳐 최소의 평균 검사량을 요구한다. 단순, 복수 및 다수 샘플링 계획들을 비교할 때, 비교되는 계획들이 유사한 OC 곡선을 가져야 함을 명심해야 한다. 어떤 특정 계획이 분명한 이점을 가지고 있더라도 생산자 또는 소비자, 또는 양자를 보호하지 못하는 대가를 치러야 하기도 한다.

### 14.2.3 특별한 형태의 샘플링 계획들

지금까지 설명한 계획들 외에도 연쇄 샘플링 계획chain sampling plans, skip-lot 샘플링 계획, 변수형 수락 계획variables acceptance plans, 관리도 샘플링 계획 등이 있다. 마지막의 관리도를 이용한 샘플링 계획에서는 공정을 관리하기 위한 목적보다 수락이냐 기각이냐의 목적으로 관리도를 사용한다.

## 14.3 AQL 샘플링 표

다양한 형태의 샘플링 계획이 산업 현장에서 응용되고 있는데, 이들의 사용을 보다 쉽게 하기 위해 많은 종류의 표들이 개발되어 있다. 이들 중 가장 일반적으로 사용되는 AQL 샘플링 표를 사용하는 예를 들어본다.

AQL 샘플링 표를 사용하여 샘플링 계획에 필요한 샘플의 크기와 수락 기준수를 결정하기 위해 부록에 있는 표 G의 샘플크기 코드 문자표와 표 H의 AQL 샘플링 계획표를 참조한다. 이들 표를 사용하기 위해서는 사전 준비가 필요한데, 검사를 위한 로트 크기lot size, 샘플링 계획의 형태types of sampling plans, 검사수준inspection level 및 AQL 값이 결정되어야 한다.

검사를 위한 로트의 크기는 책임자에 의해 또는 계약 당사자 간의 협의로 결정되며, 샘플링 계획의 형태는 단순single, 이중double 및 다수multiple 샘플링 형태들에 대한 표들이 있는데, 이들 중 행정적 간편성과 샘플 크기의 대소에 따라 선택한다. 행정적으로 가장 간편한 계획은 단순 샘플링 계획이며 샘플 크기가 평균적으로 작게 선정되는 계획은 다수 샘플링 계획이다.

검사수준은 검사에 소요되는 양과 판별력에 따라 일반 검사수준과 특별 검사수준으로 분류된다. 일반 검사수준은 다시 세 개의 수준 I, II, III으로 나뉘는데 보통 II수준이 사용된다. 로트에 대한 판별력이 다소 떨어져도 되는 경우에 I수준이, 로트에 대한 판별력이 더 높아져야 하는 경우에 III수준이 선정된다. 특별 검사수준에는 S-1부터 S-4까지 네 개의 수준이 있다. 비교적 작은 샘플 크기가 필요하고 샘플링 위험이 보다 커짐을 용인할 수 있는 특별한 상황에서 사용된다.

AQL은 계약에서 지정되거나 책임자에 의해 결정되는 품질수준quality level으로 부적합 품 퍼센트percent of nonconforming items나 100품목당 부적합 수로 지정된다. 퍼센트인 경우는 0.010퍼센트부터 10퍼센트까지 그리고 부적합 수인 경우 15부터 1000까지 범위에서 일련의 값들이 표에 지정되어 있다. 표에 나와있지 않은 품질수준에 대해서 표는 적용되지 않는다.

위의 사항들에 대한 정보가 준비되면 표를 통해 샘플 크기와 수락 기준수를 다음과 같이 결정한다. 먼저, 표 G의 코드 문자 표에서 해당하는 로트 크기의 행과 일반 검사수준 inspection level II의 열이 서로 만나는 지점의 문자를 파악한다. 다음에, 적절한 형태의 AQL 샘플링 표를 참조하여 앞서 파악된 문자를 사용하여 필요한 샘플 크기와 수락 기준수를 찾는다.

다음과 같은 예를 들어 보자.

> 기업이 휴대폰을 해외에 수출하는 계약을 체결하였다. 선적 규모는 한 번에 1,000대씩 보내기로 하고, 검사는 단순 샘플링 계획을 채택하기로 하였다. 수락품질수준(AQL)은 1.0%로 설정하고, 일반 검사수준 II를 적용하기로 하였다. 검사에 필요한 샘플 크기와 수락 기준 수를 단순 샘플링 계획표에 따라 설정하여 보자.

표 G로부터 로트 크기 1000과 일반 검사수준 II가 만나는 곳의 문자 코드는 J이다. 표 H-1에서 첫 번째 열에서 J를 찾고 두 번째 열에서 샘플 크기 80을 읽는다. 그 다음 AQL 행에서 1.0을 찾아 J열과 만나는 곳의 수락 기준수 Ac값 2를 읽는다. Re는 기각수를 말하며, 단순 샘플링 계획에서는 수락 기준수보다 1이 더 크다. 따라서 검사 계획은 $n=80$, $c=2$로 설정된다.

단순 샘플링 계획을 사용할 때 로트 크기 1000 및 AQL 1.0%인 경우 검사수준에 따라 샘플의 크기와 수락 기준수는 **표 14-1**과 같다.

**표 14-1** 검사수준에 따른 샘플크기와 수락 기준수의 변화

(단순 샘플링 계획, 로트 크기=1000, AQL=1.0%)

| 분류 | 특별 검사수준 | | | | 일반 검사수준 | | |
|---|---|---|---|---|---|---|---|
| 검사수준 | S-1 | S-2 | S-3 | S-4 | I | II | III |
| 코드 문자 | C | C | E | F | G | J | K |
| 샘플 크기 | 5 | 5 | 13 | 20 | 32 | 80 | 125 |
| 수락 기준수 | 0 | 0 | 0 | 0 | 1 | 2 | 3 |

위의 **표 14-1**에서 보면, 특별검사에서 일반검사로 갈수록 샘플의 크기가 증가하며 수락 기준수 또한 증가함을 볼 수 있다.

앞에서 기술한 바와 같이 AQL 샘플링 표는 단순single, 이중double 및 다수multiple 샘플링 형태 등 여러 가지 형태들에 관한 표들이 준비되어 있어 복잡한 계산없이 쉽게 계획에 필요한 수치들을 구할 수 있다. 이들은, 또한, 각각 공급자의 품질수준 변화에 따라 탄력적으로 샘플링 계획을 변환시킬 수 있도록 검사의 엄격성severity에 따라 표 H-1의 보통normal, 표 H-2의 엄격한(까다로운)tightened, 표 H-3의 완화된(수월한)reduced 검사로 나누고 있다. 일반적으로 보통 검사로부터 시작하여 전환규칙switching rules(ISO 2859-1:1999, 또는 KS Q ISO 2859-1 참조)에 따라 적용된다.

다음은 전환규칙에 대한 설명이다.

1. (검사의 시작) 검사 초기에 보통 검사를 실시한다.
2. (보통 검사에서 엄격한 검사로) 보통 검사가 시행되는 동안 연속되는 다섯 (또는 다섯 미만) 로트들 중에서 두 개가 최초 검사에서 수락되지 못하면(재 검사받는 로트는 무시하고), 즉시 엄격한(까다로운) 검사로 전환된다.
3. (엄격한 검사에서 보통 검사로) 엄격한 검사가 시행되는 동안 다섯 로트들이 최초 검사에서 수락되면 보통 검사로 전환된다.
4. (보통 검사에서 완화된 검사로) 보통 검사가 시행되는 동안 다음 조건이 모두 충족되면 완화된(수월한) 검사로 전환된다.
   - 전환점수switching score가 적어도 30점에 이른다.
     전환점수는 보통 검사 시작과 함께 0으로 설정되며, 후속되는 로트의 처음 검사에 따라 매번 갱신된다.
   - 설비고장이나 자재부족 등의 문제없이 생산이 안정적으로 이루어진다.

- 책임자에 의해 완화된 검사가 바람직하다고 여겨진다.

5. (완화된 검사에서 보통 검사로) 완화된 검사가 시행되는 동안 로트가 하나라도 수락되지 않거나, 생산이 불규칙 또는 지연되거나, 보통 검사가 재 시행됨이 타당하다고 인정되는 상황이 발생하면 보통 검사가 재 시행된다.
6. (검사의 중단) 최초 엄격한 검사에서 일련의 연속된 로트들에서 수락되지 못한 로트의 수가 누적하여 다섯에 이르면, 제시된 제품의 품질이 공급자에 의해 개선될 때까지 재개되지 않는다. 이후 규칙 2가 발생된 것처럼 엄격한 검사가 사용된다.

**표 14-2**는 로트 크기가 1000, 코드 문자는 J, AQL은 1.0%일 때, 일반 검사수준 II에서 샘플링 형태 및 검사 정도에 따른 샘플크기와 수락 기준수의 변화를 보여주고 있다.

**표 14-2 일반 검사수준 II에서 샘플링 형태 및 검사 정도에 따른 샘플크기와 수락 기준수의 변화**

**(로트 크기=1000, 코드 문자=J, AQL=1.0%)**

| 검사 정도 | 완화된 (수월한)검사 | 보통 검사 | 엄격한(까다로운) 검사 |
|---|---|---|---|
| 단순 샘플링 | n=32, Ac=1 Re=2 | n=80, Ac=2 Re=3 | n=80, Ac=1 Re=2 |
| 이중 샘플링 | n1=20, Ac=0 Re=2<br>n2=20, Ac=1 Re=2 | n1=50, Ac=0 Re=3<br>n2=50, Ac=3 Re=4 | n1=50, Ac=0 Re=2<br>n2=50, Ac=1 Re=2 |
| 다수 샘플링 | n1=8, Ac=# Re=2<br>n2=8, Ac=2 Re=2<br>n3=8, Ac=0 Re=2<br>n4=8, Ac=0 Re=2<br>n5=8, Ac=1 Re=2 | n1=20, Ac=# Re=2<br>n2=20, Ac=0 Re=3<br>n3=20, Ac=0 Re=3<br>n4=20, Ac=1 Re=3<br>n5=20, Ac=3 Re=4 | n1=20, Ac=# Re=2<br>n2=20, Ac=0 Re=2<br>n3=20, Ac=0 Re=2<br>n4=20, Ac=0 Re=2<br>n5=20, Ac=1 Re=2 |

Ac = 수락 기준수, Re = 기각 기준수
\# = 이 샘플 크기에서 로트에 대한 수락은 허용되지 않는다.

**표 14-2**에서 보면, 보통검사에서 엄격한 검사로 전환되면 샘플크기는 동일하나 수락 기준수가 작아지고, 완화된 검사로 전환되면 샘플크기가 작아지고 수락 기준수도 작아진다. 또한 단순 샘플링의 샘플 크기가 이중이나 다수 샘플링 형태들에 비해 작은 것처럼 보이나 로트 판정에 이르기까지 평균적으로 사용되는 샘플의 크기는 가장 크다. 다수 샘플링에서 마지막 다섯 번째까지 샘플링을 할 가능성은 상대적으로 작기 때문이다.

AQL 값은 제조공정의 품질수준quality level과는 다른 값으로 로트가 연속적으로 수락 샘플링 판정을 위해 제공될 때 허용될 수 있는 최악의 공정평균process average에 해당하는 품질수준을 말한다. 공정평균은 일정 기간에 걸쳐 또는 일정한 양에 대해 평균적으로 취해지는 제조공정의 품질수준을 말한다. 제조공정의 품질수준이 AQL수준에서 작동된다면, 이 공정에서 제공되는 개별 로트들은 비록 수락될 확률이 꽤 높을지 모르지만 전환규칙switching rules 및 샘플링 검사 중단에 의한 규칙 등으로 말미암아 공급자는 AQL보다는 나은 품질수준을 지속적으로 유지하는 것이 바람직하다.

## 14.4 속성형 대 변수형 수락 샘플링검사

수락 샘플링검사는 일반적으로 속성형검사inspection by attributes와 변수형검사inspection by variables로 구분된다. 샘플링 계획에서 어느 검사 방법을 선택할 것인가는 중요한 문제가 된다.

일단 변수형 검사에 대한 가정이 충족된다면, 잘못된 결정에 대해 주어진 수준의 보호를 받기 위해서는 변수형 방법이 속성형 방법보다 샘플의 크기에서 작아진다는 이점을 지닌다. 또한 제품의 품질이 공정의 평균이나 산포 또는 양자에 의해 악영향을 받고 있는지에 대한 정보도 더 많이 얻을 수 있다.

속성형 방법은 분포 모습에 대한 가정에 영향을 받지 않아 사용하기가 간편하다는 이점을 가진다. 따라서 속성형 샘플링검사에 따른 샘플의 크기 증가와 이에 따른 검사비용의 증가가 상쇄될 수 있다. 더 나아가 속성형 검사가 검사자에 의해 쉽게 이해될 수 있고 수용될 수 있는 장점이 있다. 생산량이 많지 않은 경우나 단발성 로트의 경우 조사하고자 하는 품질특성의 정규성에 대한 가정이나 이에 대한 검정이 사실상 쉽지 않다는 점을 고려한다면 변수형 검사를 위해 측정을 하였다 하더라도 이를 속성형 값으로 변환하여 속성형 샘플링검사를 실시함이 권장된다.

그러나 품질특성이 정규분포를 하거나 적어도 정규성으로부터 크게 벗어나지 않고 특히 파괴 검사와 같이 검사비용이 매우 비싼 경우 변수형 검사가 보다 유리할 것이다. 정규성으로부터 벗어난 측정값들이더라도 로그를 취하거나 루트를 취하면 정규분포로 또는 근사적으로라도 변환이 가능한 경우가 종종 있다.

## 14.5 검사 시스템 구축

제조현장에서의 검사활동은 하나의 시스템으로 구축되고 있다. 다양한 공정들을 포함해서 어느 곳에서 전수검사가 필요한지, 샘플링검사가 적용될 수 있는 분야는 어디인지, 그리고 어느 장소에서 관리도 기법을 적용해야 할 것인지를 종합적으로 살펴보고 의사결정을 내려야 한다. 또한, 입고 자재에 대한 수락 여부와 출하 제품에 대한 검토가 필요하다. 매 단계마다 검사 비용이 계산되어야 하고 그로 말미암아 예상되는 혜택과도 비교하여야 한다.

검사기록에 대한 관리도 전반적인 품질관리 시스템을 효율적으로 가동하기 위해 철저히 이루어져야 한다. 각 작업에 대한 품질 이력에 대한 정보로부터 정상적으로 이루어져야 하는 작업에 대한 표준과 허용차 설정에 대한 객관적 판단이 가능해진다. 또한 고객의 요구사항이 충족될 수 있는지, 장비를 수리해야 하는지 아니면 교체해야 하는지, 제품 설계에 약간의 조정이 필요한지 등에 대한 판단이 검사 및 품질관리 기록으로부터 축적된 정보에 크게 의존된다. 또한 복잡한 장비에 대한 신뢰성이 보장되어야 할 경우, 예상되는 제품 성능에 대한 유효한 평가를 위해서도 과거 성능에 대한 데이터 확보가 필수적으로 요구된다. 데이터의 축적, 보관 및 활용을 위한 전산처리 시스템이 필수적으로 요청되지만, 이들 데이터의 원천이 되는 검사, 품질기록 및 신뢰성 시험의 정확성 확보가 무엇보다도 중요하다.

전반적인 검사 시스템에는 품질에 근거한 제품처리에 관한 결정에 관한 사항도 고려될 필요가 있는데, 먼저 제품이 규격과 일치하는지 판단한다. 규격, 기준 및 요구사항에 맞지 않는 공정의 출력물, 제품을 비규격품으로 규정한다. 다음에 용도에 적합한지를 결정한다. 부적합 제품이지만 사용하기에는 별 문제가 없는지 결정한다. 사용하기에 또는 용도에 적합하지 못한 제품을 부적합품이라 한다. 마지막으로 대화가 필요하다. 내부자와 외부자들에게 어떠한 대화를 해야 할지 결정한다.

검사자가 많은 제품이 부적합이라고 판단하면, 그대로 출하하지 않도록 결정한다. 그리고 분류, 수리, 등급하락, 폐기 등의 최선의 처리방안을 찾는다. 그런데도 불구하고 출하하기를 결정할 수도 있다. 이때는 설계자에 의한 허락이나 고객에 의한 허락, 품질부서에 의한 허락, 관련 검토위원회에 의한 허락 또는 상위 경영층에 의한 허락 등이 있어야 한다. 그러나 허락에 의한 출하가 기업 문화로 정착될 수 있음을 유의해야 한다.

그리고 수정 조치를 취한다. 수정 조치를 취할 경우 분리되고 간헐적 변화에 대한 수정 조치가 적절한지 만성적으로 되풀이 되어 발생하는 사항에 대한 수정 조치가 필요한지를 결정한다.

전반적인 검사 시스템 구축 시 검사계획을 세우는데, 이 계획에는 검사가 이루어져야 할 장소 지정과 검사장소에서 실시해야 할 검사에 대한 지식과 검사시설에 대한 제공이 있어야 한다. 검사장소를 선택할 때는 주로 수입검사, 장비준비 승인, 공정검사, 로트 승인, 완제품 검사, 납땜이나 밀봉과 같이 되돌릴 수 없는 작업에 들어가기 전, 공정에서 자연스럽게 노출되어 있는 곳 등을 고려한다. 공정 흐름도process flow chart를 활용하면 보다 용이하게 장소를 선택하는 데 도움을 받을 수 있다. 어느 검사장소에서 어떠한 품질특성을 검사해야 하는가에 대한 품질특성 선택에 대한 고려도 필요하다. 이 활동을 통해 있을 수 있는 설계자 대 검사자 및 작업자 간의 제품 규격과 용도의 적합성 사이에서 인식 차이에 대한 간격을 메울 수 있다. 다음에는 로트의 합격을 결정하기 위한 검사의 규모를 무 검사에서부터 100% 전수 검사까지 다양하게 고려한다. 기업 간 경쟁으로 인한 비용절감에 대한 요구는 검사의 규모를 줄이도록 하는 압력으로 작용하는데, 이 경우에는 생산부서에 의한 자기검사self-inspection의 가능성을 모색한다. 그러나 자기검사가 가능하기 위해서 먼저 불량품 등에 의해 발생될 수 있는 높은 실패비용에 대한 위험성 제거 및 자기검사에 필요한 조건들이 충족되어야 한다.

마지막으로 검사 시스템 구축 시 도움이 될 만한 사전 지식들, 즉 과거의 품질이력, 제품 또는 부품의 중요성, 후행 작업에서 차지하는 중요성, 보증 사항, 공정능력 정보 등을 충분히 활용하도록 한다.

# 제15장 AQL의 설정 및 역할

AQL은 로트 속의 불량 수준을 나타내는 지표로서 허용할 수 있는 최대의 불량률을 말한다.

본 장에서는 구매 계약 체결 시 요구되는 품질 수준으로서 AQL을 설정하는 방안에 대해

- AQL
- 결함과 불량품
- AQL 설정
- 샘플링 변동으로 인한 영향

등에 대해 기술한다.

## 15.1 서론

제품구매에 있어 고객의 다양한 요구사항들 중 제품의 질은 구매 결정에 있어 가장 중요한 요소 중 하나이다. 구매 계약을 체결함에 있어서 제품의 품질을 일정수준 이상으로 확보하는 일은 고객에게 매우 중요한 일일 뿐 아니라, 기업으로서도 지속적 품질경쟁력을 갖춰 안정적 공급자로서의 위상을 유지하는 일이며, 오늘날의 국제 무역관계에서 매우 중요한 사항들이다.

제품의 질을 계약조건에 명시하기 위해서는 고객과 공급자(기업) 간에 다음 사항들에 대한 합의가 이루어져야 한다. 먼저 제품의 각 품목이 부합해야 하는 사양(명세서)specification이 있다. 이 사양 속에는 제품의 크기나 무게와 같은 물리적 특성, 전기적 특성은 물론 성능, 디자인 등 사용상 필요한 요구사항들과 함께 이들에 대한 충족 조건이 제시된다. 그리고 적합품(양품)과 부적합품(불량품)을 구별할 항목과 기준에 대한 합의가 있어야 한다. 다음으로 제품에 대한 수락이 개별적으로 이루어질 것인지 아니면 제품들의 집합, 즉 로트에 대한 검사를 통해 일괄적으로(로트 단위로) 이루어질 것인지에 대한 합의가 있어야 한다. 로트 단위로 일괄적으로 수락 여부를 판단하기 위해서는 개별 품목의 적합성에 대한 기준, 로트 단위 수락을 위한 기준, 로트의 비수락(기각) 기준, 적용할 수락 샘플링 시스템, scheme이나 plan에 대한 합의가 필요하다. 특히 수락 샘플링을 적용하기 위해서는 기업(생산자) 및 고객 모두에게 받아들여질 수 있는 위험요인risk factors을 고려해야 한다.

샘플링은 로트로부터 일정한 수만을 선정하기 때문에 기본적으로 샘플링에 근거한 로트의 수락 여부에 관한 판단에는 두 가지 실수가 항상 존재하는데 이를 각각 생산자 위험과 소비자 위험으로 부른다. 이들 위험은 구매계약 체결 시 요구되는 AQL 설정으로 결정된다. 본 장에서는 양자가 만족할 수 있는 품질 수준으로서 계약 시 제품 및 제조공정에 대한 요구사항으로 보편적으로 사용되는 AQL에 대해 살펴보고자 한다.

## 15.2 AQL

제품 분야에 따라 정도는 다르겠지만, 어느 공정이든 공정에서 출력된 제품들 속에는 불량품이 존재하고 있을 것이다. 기업에서는 완벽한 공정을 구현하는 일이 결코 쉽지 않다는 사실을 알고 있기에 매 제품을 검사하고 불량 제품을 찾아 재수리 내지는 양품으로 교체하여 적어도 고객에게 100% 양품만을 전달하려 하기도 하나 이러한 노력에도 한계가 있음을 경험을 통해 알 수 있다. 따라서 소량의 제품이거나 인명에 중대한 영향을 미칠 수 있는 제품의 경우가 아니라면 — 심지어는 이러한 경우들에서 조차도 — 기업이 무결점의 제품을 인도할 수 있으리라 기대할 수는 없는 상황이다. 그렇다면 고객(구매자)은 자신이 구매하고자 하는 제품들 속에 지나치게 많은 불량품이 포함되거나 결함이 많은 제품을 원하지 않기 때문에 구매품들의 품질을 관리할 필요가 제기된다. 100%의 완벽한 제품을 공급받을 수 없다면 어느 정도까지 불량품을 또는 결함을 허용할 수 있을 것인가? 자신이 구매하고자 하는 제품 단위(로트) 속에서 몇 개까지 또는 몇 %까지 결함이 있는 제품들을 허용할 것인가를 결정해야 하는 문제에 직면하게 된다.

물론 로트가 1개인 경우라든지 몇 개라도 일정한 크기로 요구될 수 있다면, 로트 속에 있는 불량품의 개수로 허용 불량품 수를 지정할 수도 있으나, 보다 일반적으로 로트가 포함하고 있을 불량품의 비율, 즉 불량률을 지정함이 마땅하다. 로트의 불량률을 로트의 품질 수준quality level이라 하며 또 다른 품질 수준으로 결함의 수 또는 결함률이 사용되기도 한다. 보관이나 운반에서 문제가 없다면 로트의 불량률은 공정의 불량률과 일치한다.

위의 문제를 해결하기 위한 방법의 일환으로 AQL이라는 지표가 개발되었다. AQL은 원래 하나의 로트 속에서 허용할 수 있는 최대의 불량률을 나타내는 지표acceptable quality Level로서 개발되었는데, 관용할 수 있는 최악의 품질 수준을 말한다. 그러나 오늘날 무결함zero defects을 요구하는 무한 경쟁시대에 품질 수준을 지속적으로 개선시켜야만 생존할 수 있다는 사실을 잘 인식하고 있는 기업들에게 약간의 불량률이라도 허용할 수 있다는 생각은 받아들여지기 어려운 경영개념이었다. 이에 따라 오늘날의 AQL은 로트에 대한 수락 여부를 판단하기 위해 수락 샘플링acceptance sampling 기법을 적용하기 위한 목적으로 받아들여질 수 있는 품질 수준임을 분명히 하기 위해 수락품질한계acceptance quality limit 의미로 정의되고 있다. 실제적으로 로트가 수락될 확률을 높이기 위해서 기업은 로트의 품질 수준을 요구된 AQL의 절반 이하의 품질 수준을 확보해야 한다.

어떠하든 AQL은 로트의 불량률을 말하는데 과연 어느 수준이 적절한가? 제품 구매 시 고객이 전체 구매량에서 또는 개별 로트에서 평균적으로 1.5% 이상의 불량률은 원하지 않는다 라고 하면 이때 고객이 원하는 AQL은 1.5%가 된다.

AQL을 설정함에 있어 AQL은 공정에서 요구되는 품질 수준임을 명심해야 한다. 기업은 AQL보다 나은 수준의 품질을 지닌 로트를 공급할 것을 요구받는다. 이 품질 수준은 한편으로 기업의 입장에서 보면 합리적으로 달성 가능해야 하지만 고객의 입장에서 보면 타당한 수준이어야 한다. 이는 고객이 원하는 품질과 그가 누릴 수 있는 품질 사이에서 타협이 필요함을 의미한다. 즉, 요구사항이 까다로울수록 기업이 요구사항을 충족시키기에는 더욱 더 어려워지며, 요구사항이 충족되는지를 보장하기 위한 검사에 들어가는 비용은 더 많게 될 것이다.

물론 주된 고려사항은 고객과의 약정이어야 하지만 고객 또한 현실적이어야 하고 진짜로 필요한 수준 이상의 품질을 요구해서는 안 된다는 점을 확실히 해야 할 필요가 있다. 구매하고자 하는 물품이 어디에서 어떻게 사용될 것인지 그리고 이 물품의 고장으로 인한 피해가 얼마나 클지를 모두 고려할 필요가 있다. 만일 물품들이 대단위 수량으로 쓰이고 고장이래 봤자 조립상의 고장에 불과하여 불량품을 옆에 던져버리고 다른 물품을 대신 그 자리에 쓰는 상황이라면 비교적 너그러운 AQL을 설정하여 어느 정도의 불량률을 용인할 수도 있을 것이다. 반면에 불량으로 인한 고장이 불량품에 대한 교체가 수월치 않은 시간과 장소에서 고가의 중요한 장비 일부의 기능에 대한 고장을 유발시킬 수 있다면 이 물품에 대한 AQL은 한층 더 엄격해야 할 것이다.

## 15.3 결함과 불량품

검사는 제품의 외관은 물론 특성, 치수, 속성이나 성능에 대한 항목들이 이들에 부여된 요구사항에 적합한지를 살펴보는 행위인데 어느 항목이라도 요구사항과 일치하지 않으면 해당 항목은 요구사항에 대한 미충족으로 판정되어 부적합nonconformity 평가를 받게 된다. 특히 의도되거나 명시된 제품의 사용intended or specified use과 관련된 요구사항에 대한 부적합인 경우 이를 결함defect이라 한다. 그리고 부적합품nonconforming item은 하나 또는 그 이상의 부적합 항목들을 보유한 제품을 그리고 불량품defective item은 결함 항목들을 지닌 제품을 말한다. 보다 분명히 이들의 의미를 명확히 하자면, 결함이나 불량 또는 결함제품이나 불량품이란 용어는 고객의 입장에서 제품 사용상에서의 적합성과 관련된 의미를 내포하고 있으며, 반면 적합이나 부적합 또는 적합품이나 부적합품은 요구사항에 대한 충족성 여부와 관련이 있다. 부적합이 있다고 해서 해당 제품이 의도된 목적으로 사용될 수 없음 즉, 불량을 의미하지는 않는다. 예를 들어, 정해진 치수범위를 약간 벗어난 의복은 비록 부적합품에 해당하지만 시장에서 팔리는 데에는 아무 문제가 없을 것이다. 따라서 불량품은 아닌 것이다. 그러나 본 교재에서는 이들 용어들을 구별하지 않고 사용한다.

요구사항은 명시되거나 일반적으로 암시되거나 강제적으로 필요성이 요구되는 또는 기대되는 사항으로 관련 당사자들, 즉 고객이나 기업, 공급자 또는 법 조항이나 관련 정부기관에 의해 제기될 수 있다.

### 결함의 분류

하나의 제품이 불량으로 판정날 때에는 그 제품 속에 하나 이상의 결함을 포함하고 있는데, 이때 결함은 하나의 항목 속에서만 나타날 수도 있고 각기 다른 항목 속에서 다른 유형의 결함으로 나타날 수도 있다. 만일 각 결함이 모두 동일한 중요성을 지니고 있고 하나의 결함이 제품의 불량으로 이어진다면, 불량품의 수를 세는 일이 한결 수월할 것이다. 예를 들어, 하나의 제품을 판정하기 위해 3종류의 항목을 검사한다고 하자. 첫 번째 항목에서만 결함이 발견된 제품이 둘이고, 두 번째 항목에서만 두 개의 제품이, 세 번째 항목에서는 한 개의 제품이, 그리고 첫 번째와 두 번째 항목에 결함이 있는 제품이 하나 있다면, 모두 네 개의 불량품이 발견된 것이다. 이렇게 다른 유형의 결함 항목들을 보유한 부적합품들을 단순히 합산하여 불량품 수를 세는 방법은 각각의 결함이 동일하거나 거의 같은 정도의 중요성을 지니고 있을 때만 타당성을 지닌다. 만일 결함 유형에 따라 중요성이 다르다면 발생 가능한 결함들을 구별하여 동일한 정도의 중요성을 갖는 결함 유형들을 묶어 하나의 그룹으로 만드는 작업이 필요하다. 그래서 동일 그룹에 있는 결함 유형들은 모두 비슷한 중요도를 갖도록 하여 다른 그룹에 속한 결함들과 중요도에 있어 차별하도록 한다.

보통 두 개의 그룹이면 충분한데, 하나는 중요 결함 유형들로 이루어진 A급 그룹과 이 보다는 낮은 정도의 결함들로 구성되는 B급 그룹으로 분류한다. 보다 분류를 정교하게 하기 위해 추가적으로 등급을 늘리거나 하나의 등급을 구분하여 하부 등급을 더 만들 수도 있다. 분류된 등급들 중 가장 중요한 등급에 치명적 결함들을 포함토록 한다. 치명적 결함은 제품 사용에 역으로 작용하여 극단적 경우에 제품을 매우 위험하게 만들거나 잠재적으로 위험하게 만드는 결함 유형들을 말한다.

일단은 치명적 결함을 하나의 특별한 등급으로 간주하고 두 개의 그룹 즉, 중요 등급과 하급 등급으로 구별한다고 하자. 그러면 이들 등급상의 차이를 반영하여 각기 다른 품질수준의 AQL을 적용함이 합리적이다. A등급의 그룹에 속하는 결함들에는 보다 엄격한 수준의 AQL을 부여하여 B급 그룹의 결함들보다 더 철저히 관리되도록 한다. 그러나 이들 등급상의 분류는 하나의 제품 속에서 각기 다른 유형의 결함들에 부여되는 상대적 중요성을 나타내기 때문에, 제품 자체의 중요성이 달라지면 이에 따라 결함의 중요성들도 변하게 될 것이다. 그러므로 어느 특정 등급에 따라 절대적으로 하나의 AQL만 부여되는 것은 아니다.

속성형 샘플링sampling by attributes의 경우 만일 하나의 제품 속에 둘 이상의 결함이 있고 결함들이 각기 다른 등급에 속해 있다면, 이 제품은 보다 주요한 등급의 부적합품으로 분류한다. 그러나 만일 검사가 부적합품 수 차원에서가 아니라 결함 수 차원에서 이루어진다면 샘플 속에 있는 각 결함은 각각 등급별로 계산된다.

치명적 결함은 사고를 유발하거나 안전 또는 사용상의 문제를 일으킨다. 이러한 결함들에 대해서는 아주 약간의 불량률이나마 허용한다는 생각 자체가 불합리하다. 비파괴검사의 경우 로트에 대한 전수검사가 일반적으로 시행된다. 그러나 여기서 전수검사란 제품 하나하나 검사하여 양품과 불량품을 구별하는 100% 분류작업을 의미하는 것이 아니라 불량품 자체가 하나도 없음을 확인하는 작업을 말한다. 만일 제품에서 하나의 치명적 결함이 발견되었을 때 이 제품을 다른 쪽으로 던져버리고 검사를 계속하는 것이 아니라 로트 전체를 기각함을 말한다. 그러므로 이때는 샘플의 크기가 로트의 크기와 동일하게 되고 수락 기준수가 0이 되는 수락 샘플링검사가 된다. 가능하다면 생산을 중단시키고 이 결함이 어떻게 발생되었는지를 밝혀내고 재발을 방지하기 위한 방법을 찾도록 전반적 검사가 실시되어야 한다. 이렇게 일을 진행시켜야 하는 이유는 심각한 결함을 지닌 제품들이 만들어짐을 방지하고, 또 이러한 제품들이 만들어져도 검사원이 어차피 골라낼 것이기 때문에 그리 큰 문제가 될 수 없다는 인식을 기업으로 하여금 갖지 않도록 하기 위해서다. 아무리 훌륭한 검사원이라 하더라도 간혹 결함을 놓칠 수도 있으며, 따라서 고객에게 이러한 제품이 전달되지 않도록 하기 위해서는 아예 치명적 결함이 발생되지 않도록 하는 길뿐이다. 파괴 검사의 경우 모든 제품을 다 검사함이 불가하기 때문에 샘플의 크기를 정하는 방법을 정해야 한다. [샘플의 크기를 정하는 방법에 대해서는 ISO/TR 8550-1:2007을 참조하라].

일정 수량으로 이루어진 제품군에 대한 품질은 불량품 퍼센트percent defectives(또는 부적합품 퍼센트percent nonconforming)나 100개 품목(제품)당 결함 수number of defects(또는 부적합 수number of nonconformities)로 표시된다. 하나의 품목 속에 하나의 결함만이 있으면 이 둘은 서로 상호 변환이 가능하나 하나의 품목이 다수의 결함을 보유할 경우 한 가지 방법으로 품질수준을 표시함이 필요하다. 속성형 샘플링의 경우 샘플링 계획sampling plans은 부적합품 백분율percent nonconforming(불량품 백분율)이나 100 품목(제품)당 부적합 수(결함 수)에 대한 표가 개발되어 있다.

**예제 1** 보고서 50편로 이루어진 하나의 로트를 조사한 결과 44편에는 전혀 오타가 발견되지 않았고, 3편에는 1개씩의 오타가, 2편에는 3개씩의 오타가, 그리고 1편에는 6개의 오타가 발견되었다.

이 로트의 불량품 백분율은

$$\text{불량품 백분율} = \frac{\text{불량품 수}}{\text{전체 제품 수}} \times 100$$
$$= \frac{6}{50} \times 100 = 12\ \%$$

이다. 그러므로 이 로트는 12%의 부적합품 백분율을 보이고 있다. 100품목당 부적합의 수는

$$\text{100품목당 결함 수} = \frac{\text{결함 수}}{\text{전체 제품 수}} \times 100$$
$$= \frac{3 \times 1 + 2 \times 3 + 1 \times 6}{50} \times 100$$
$$= \frac{15}{50} \times 100$$
$$= 30$$

이다.

## 15.4 AQL 설정

AQL은 고객이 요구하는 제품에 대한 품질 요구사항으로서 기업의 제조공정에서 달성해야 하는 평균 품질수준에 대한 하나의 지표로 사용될 수 있다. 최소한 AQL 수준보다 나은 평균 품질수준으로 기업에서는 로트를 생산하도록 요구된다. 기업의 입장에서 이 수준은 무리 없이 달성할 수 있는 수준이어야 하지만, 고객의 입장에서도 만족할 만한 수준이어야 한다. 따라서 고객은 자신이 원하는 수준과 실제로 자신이 누릴 수 있는 품질 사이에서 타협의 필요성을 인지해야 한다. 품질에 대한 요구사항이 엄격하면 엄격할수록 기업이 충족시키기가 어려워지며, 따라서 품질에 대한 보장을 확인하기 위한 검사 비용도 증대될 것이다.

물론 품질에 대한 제일의 고려 사항은 고객이 요구하는 수준이어야 하지만 고객도 현실적이어야 하고 실제로 필요한 수준 이상으로 요구하지 않도록 함이 필요하다. 지나치게 높은 품질을 요구하면, 어느 기업도 쉽사리 계약에 응하려 하지 않을 것이기 때문이다.

### 1. 시장에서 요구되는 품질 수준을 참고한다.

일반적 소비재의 경우 제품결함의 중요성에 따라 요구되는 품질을 다르게 설정한다. 먼저 결함의 종류에 따라 중요도가 높은 중요결함major defects은 낮은 경미결함minor defects보다 높은 품질 수준을, 즉 낮은 AQL을 선정한다. 여기서 간단하게 결함의 중요성을 구분하는 방

법으로는 최종고객end users의 만족도를 이용할 수 있다. 제품에 대해 완전히 불만족스러워하거나 제품을 구매한 후 이를 반환으로 이어지게 할 가능성이 높은 항목은 어느 것이나 중요결함으로 분류한다. 반면 경미결함은 고객이 약간은 불만족스러워할 것이나 이로 인해 반환까지는 하지 않을 것으로 여겨지는 결함을 말한다.

중요결함의 경우 상품 분류에 따라 2.5%에서 0.4%, 그리고 경미결함의 경우 6.5%에서 1.0%까지 AQL이 사용된다. 미국의 대규모 소매업체, 예를 들면 K-Mart, Wall-Mart 및 Target 등에서 일반적 상품에 대해 요구하는 AQL은 중대결함=2.5, 경미결함=4.0 또는 6.5를, 고가의 취사용품인 경우에는 중대결함=1.0 또는 1.5, 경미결함=2.5, 4.0 또는 6.5를, 유아용품이나 고가의 전자품인 경우에는 중대결함=0.4 또는 0.65, 경미결함=1.0 또는 1.5를 요구한다[표 15-1]. 한편, 최종고객에게 직접 파는 경우가 아니라면, 자신의 고객이 요구하는 수준보다 한 단계 엄한 AQL을 채택하기 원한다. 대규모 업체에서 요구하는 검사수준이 중대결함=2.5 그리고 경미결함=6.5라면 여기에 납품하고자 하는 중간 업자라면 중대결함=1.5, 경미결함=4.0으로 요구하여, 자신의 기준을 합격하면 대규모 업체에서의 요구기준도 어려움 없이 통과할 것이기 때문이다.

**표 15-1 대규모 소매업체(K-Mart, Wal-Mart, Target 등)에서 요구하는 AQL[Intouch]**

| | 중대결함 | 경미결함 |
|---|---|---|
| 일반 상품 | 2.5 | 4.0 또는 6.5 |
| 고가 취사용품 | 1.0 또는 1.5 | 2.5, 4.0 또는 6.5 |
| 유아용품, 고가 전자제품 | 0.4 또는 0.65 | 1.0 또는 1.5 |

### 2. 구매하고자 하는 품목의 용도와 불량으로 인한 영향을 고려한다.

만일 구매하고자 하는 품목이 많이 있고, 불량이 단순히 조립상의 불량에 불과하여 불량품을 다른 곳으로 치워버리고 다른 품목으로 대체할 수 있다면, 비교적 AQL을 여유롭게(높게) 설정하여도 괜찮을 것이다. 반면에 해당 품목이 불량인 경우 교체가 수월치 않은 시간과 장소에서 값비싼 그리고 중요한 장비의 고장을 발생시킬 수 있는 경우라면, 보다 엄격한(낮은) AQL을 채택하여야 할 것이다.

### 3. 장비에 들어가는 품목의 수

최종 장비에 부착되는 품목의 수를 고려한다. 예를 들어, 3개의 서로 다른(그리고 독립적으로 작용하는) 그렇지만 비슷한 중요성을 지니는 부품들을 포함하는 최종장비의 불량률이

10% 이상이어서는 안 된다고 하자. 그러면 각 부품의 불량률은 3.45% 이하가 되면 요구사항을 충족시킬 수 있다. 그러나 10개의 부품을 지니고 있다면, 각 부품의 불량률은 1.04% 이하여야만 될 것이다.

#### 4. 과거의 계약 참조

고객이 지불하고자 하는 가격 수준과 예견되는 제조방법을 고려하여 어느 정도의 품질 수준을 기대할 수 있는지를 파악하기 위해서는 과거에 맺은 계약 내용을 참조한다. 어느 정도의 품질 수준에서 제조가 가능했는지 그리고 어느 정도의 수준을 용인했는지를 참조한다. 만일 구매하고자 하는 품목이 신상품이어서 과거의 정보를 구할 수 없다면 유사 품목에 대한 자료를 통해 관련 정보를 추출할 수 있다. 그러나 과거의 품질 수준이 항상 충분한지에 대해서는 잘 살펴보아야 한다. 그리고 불량품의 생산비용은 양품의 비용과 거의 동일하기 때문에 불량률의 감소를 통해 생산비용의 감소를 이끌어내도록 해야 한다. 그러나 검사에 의해 특히 전수검사로 높은 품질을 달성하려는 방법은 많은 비용이 유발되고 검사의 부정확성 때문에 비효율적이다. 그러므로 검사에 의해 품질을 높이려 하기보다는 AQL의 몇 분의 일에 해당하는 품질이나 PPM 단위로 불량을 관리하는 노력이 공정에 대한 품질관리 절차 및 제품 설계에 대한 검토와 병행해서 이루어져야 한다.

AQL은 고객이 요구하는 제품에 대한 품질수준으로 일반적으로 품질검사에서는 불량품의 수를 세어 고객이 요구하는 품질수준을 로트가 지니고 있는지를 파악한다. 그러나 이 외에도 품질검사에서는 다양한 테스트를 수행한다. 포장박스의 불량 유무나 제품에 대한 내부 포장, 바코드 및 기타 인쇄상태 등에 시각적 테스트를 수행하며, 기타 지시된 검사를 수행한다.

**예제 2** 하나의 장비가 3개의 부품으로 조립된다. 각 부품은 독립적이며 결함은 중대결함으로 분류되고 AQL은 2.5%로 설정되어 있다. 검사에 합격한 이들 부품으로 조립된 장비의 품질(불량률)은 얼마로 기대되는가?

**풀이** 양품의 장비가 조립되려면, 각 부품이 양품이어야 한다. 다음과 같이 장비나 부품의 상태를 표시하는 확률변수 $X$를 도입하자.

$$X = \begin{cases} 0, \text{ 장비나 부품인 양품인 경우} \\ 1, \text{ 장비나 부품인 불량인 경우} \end{cases}$$

그러면 장비가 양품이 될 확률은

$$\begin{aligned} P(X_S = 0) &= P(X_1 = 0,\ X_2 = 0,\ X_3 = 0) \\ &= P(X_1 = 0)P(X_2 = 0)P(X_3 = 0) \end{aligned}$$

$$
\begin{aligned}
&= (1-p_1)(1-p_2)(1-p_3) \\
&= (1-p)^3 \\
&= (1-0.025)^3 \\
&= 0.975^3 \\
&= 0.9269
\end{aligned}
$$

위 식에서 $p = p_1 = p_2 = p_3$로 각 부품의 불량률(AQL=0.025)을 말한다. 그러므로 장비의 불량률은

$$P(X_S = 1) = 1 - P(X_S = 0) = 1 - 0.9269 = 0.0731$$

로 7.31% 이하가 될 것으로 예상된다.

**예제 3** 〈예제 3〉 (〈예제 2〉의 지속) 고객이 장비에 대한 품질을 5% 이하의 불량수준으로 요구한다. 그러면 각 부품의 품질 검사를 위한 AQL은 어느 정도로 설정되어야 하는가?

**풀이** $P(X_S = 1) = 0.05$이므로, $P(X_S = 0) = 0.95$이다.

$0.95 = (1-p)^3$

$p = 1 - 0.95^{\frac{1}{3}} = 1 - 0.9831 = 0.0170$

그러므로 각 부품의 AQL=1.7%로 설정되어야 한다.

위의 두 예제에서 보듯이, 공급자는 각 부품에 대한 적정한 AQL을 선정하고 장비에 대한 품질을 계산하기를 원할 것이며, 고객은 전체 장비에 대한 AQL을 먼저 설정하고 각 부품에 대한 품질을 요구할 것이다. 일반적으로 최종 장비의 성능이 무엇보다 중요한 사항이기 때문에 후자의 방법이 보다 타당하나 이는 부품에 대한 품질의 상향 요구로 이어지기 때문에 보다 비용이 많이 드는 방법이기도 하다.

## 15.5 샘플링 변동으로 인한 영향

AQL은 샘플링검사에서 로트를 수락할 수 있는 최대 불량률로서 기업이 생산공정의 품질 목표를 설정하는 데 있어 매우 중요한 목표가 된다. 만일 공정의 품질이 AQL에 가까운 수준에서 관리된다면 많은 로트들이 검사를 통과하지 못하는 일이 일어날 것이다. 따라서 로트의 수락 확률을 매우 높게 하기 위해서는 AQL의 절반 이하의 수준에서 공정의 품질 수준을 유지해야 한다.

공정의 품질 수준은 공정의 안정성이 확보된 상태에서 파악되어야 함은 지난 여러 장에 걸쳐 언급하였다. 그리고 장기적 불량률을 계산하기 위해서 공정의 평균과 산포에 대한 크기를 추정함이 필요하였다. 추정된 통계량의 변동성에 대한 이해에 관해서도 설명하였다. 이러한 통계적 사실들은 불량률을 하나의 품질지표로서 활용하는 AQL에서도 잘 이해될 수 있을 것이다. 기업이 AQL 한계 가까이에서 공정의 품질을 관리하려고 한다면, 많은 로트가 AQL을 벗어나는 일이 발생할 것이다.

수락할 수 없는 로트는 기업이나 공급자 모두에게 어려움을 야기한다. 기업에게는 재작업, 폐기, 검사의 강화, 명성에의 악영향 및 판매 손실을 불러일으킬 수 있고, 고객에게는 납기 지연 및 재검사 비용의 부담을 안게 된다. 따라서 기업으로 하여금 높은 품질 수준을 유지하고 기업의 품질 시스템에 대한 끊임없는 개선을 통해 궁극적으로 무결함을 달성하도록 함이 AQL을 기반으로 하는 수락 샘플링 시스템의 기본적 취지이다. 이러한 목표를 달성하기 위해 AQL기반의 수락샘플링 시스템에서는 공정의 장기적 품질수준에 따라 샘플링 계획 sampling plan시 설정되는 샘플의 크기와 수락 기준수를 변화시킬 뿐만 아니라 샘플링 전략 sampling schemes의 변환 규칙switching rules을 적용하여 무검사까지 가능하게 하고 있다. 따라서 기업으로서는 AQL수락 샘플링 시스템이 제시하는 기본적 방향을 충실히 이행함으로써 비용 절감은 물론 고객의 신뢰를 확보할 수 있도록 AQL을 참조하여 공정의 적절한 품질 수준에 대한 목표를 세워나가야 할 것이다.

한편 고객도 AQL을 설정하는 것만으로써 이보다 높은 불량수준의 로트를 다 수락하지 않을 수 있다고 즉, 기각할 수 있다고 자신할 수만은 없을 것이다. AQL은 공정의 평균품질을 나타내므로 평균적으로 공정의 품질 수준이 AQL보다 좋을지라도 일부 로트들은 AQL보다 못한 품질을 지니고 있을 수 있다. 또한 공정품질이 AQL보다 약간 못한 경우에도 검사에서 이를 알아차리기 전까지 상당한 수의 로트들이 이미 수락되었을 수도 있을 것이다. 그러나 일반적으로 수락 샘플링은 AQL보다 좋은 품질의 제품을 공급하는 경우에 공급자에게 경제적 이점을 제공하고, 기업으로서는 지속적으로 좋은 제품을 공급함이 매우 유리하다는 사실을 알고 있으므로 고객은 AQL보다 좋은 품질의 제품을 공급받을 수 있을 것이다.

그러나 AQL만을 설정하여서는 고객이 충분히 품질을 보장받을 수 없다고 판단되는 제품의 경우는 보다 적극적인 보호장치를 갖춤이 필요하다. 이는 LQ[limiting quality]값의 설정이나 변경 또는 조정을 통하여 만일의 경우를 대비하거나 또는 보다 작은 AQL 값을 명시하여 해결할 수 있다. 후자의 경우 제품 가격의 상승을 초래할 수 있음을 염두에 두어야 한다. 그러나 품질을 개선하고 불량을 줄이는 기업의 노력은 비용상승보다는 감소의 효과를 가져올 것이고, 비용이 비록 상승하더라도 고객을 유지할 수 있고 고객 기반을 넓일 수 있는 효과를 가져올 것이다.

# 제16장 2가지 방법에 대한 비교법

The simplest experiment which an engineer is called upon to conduct, and also the most common type of experiment performed in industry, involves the comparison of two machiner or two methods.

— Statistical Quality Control Hand book, AT&T —

두 방법들 간의 성능 차이가 있는지 없는지를 판단하는 일은 자주 부딪치는 문제 중의 하나이다. 본 장에서는 주관적 판단에 의하기보다 객관적으로 수치지표를 이용하여 판단하는 다음 방법을 기술한다.

- F test
- 바틀러 테스트 Bartelett's test
- t test

## 16.1 배경

일반적으로 가장 흔히 발생하는 문제 중에는 2대의 기계 또는 2가지 방법들 사이의 차이를 비교하는 일이다. 이러한 형태의 문제는 다음과 같은 상황에서도 발생할 수 있다.

하나의 강좌가 2개의 반으로 나뉘어져 동일한 강사에 의해 강의되고 있다. 강의를 수강하는 학생들은 주간반(A)과 야간반(N)으로 나뉘어 있는데, 야간반에는 회사에 다니며 강의를 수강하는 학생들이 꽤 있다. 따라서 담당 강사는 주간반 학생들이 야간반보다 더 성적이 좋을 것으로 예상하고 있다. 담당 강사는 자신의 생각이 옳은지 알아보기 위해 두 반에 대해 측정을 해보기로 하였다. 측정은 비슷한 정도의 난이도를 지닌 시험을 두 반에 대해 각각 실시하는 것으로 하였다.

**표 16-1**은 2개 반의 학생들에 대한 시험 점수로 얻은 측정값들이다. 만점은 30점이다.

**표 16-1** 시험 점수(A반, N반)

| | | | | | | | | | | |
|---|---|---|---|---|---|---|---|---|---|---|
| A 반 | 19 | 14 | 16 | 7 | 6 | 11 | 16 | 5 | 11 | 18 |
| | 15 | 24 | 20 | 18 | 18 | 19 | 19 | 16 | 12 | |
| N 반 | 26 | 16 | 10 | 6 | 13 | 14 | 6 | 6 | 8 | 12 |
| | 2 | 13 | 25 | 7 | 7 | 8 | 24 | 11 | 14 | 17 |
| | 24 | 17 | | | | | | | | |

이들 두 반의 점수들을 눈으로만 보아서는 A반의 성적이 N반보다 높은지 알 수가 없다. 그러므로 어느 반이 더 나은지 비교하기 위하여 통계적으로 데이터를 좀 더 살펴보기로 한다.

## 16.2 분석 방법

위와 같은 데이터를 분석하기 위해 여러 가지 다른 기법들이 사용된다. 이들 중 몇 가지를 들어본다.

1. 데이터 관찰
2. 정규성 테스트tests for normality

3. F 테스트(분산 비율 테스트)variance ratio test
4. 바틀러 테스트Bartlett's test
5. t 테스트

### 16.2.1 데이터 관찰

통계적인 테스트를 하지 않고서 비교할 수 있는 방법들을 들어본다.

#### (1) 점 플롯을 사용한 시각적 비교

위에서 시험 점수는 숫자로 나타나고 있다. 우리의 눈은 몇 개의 숫자에 대해서는 간단히 서로 비교가 가능하지만 숫자가 대략 5개만 넘어도 판단에 혼란을 초래한다. 이럴 때는 단순히 숫자를 가지고 그대로 비교하기보다는 숫자를 심볼로 바꾸어 표나 그림으로 표현하면 보다 쉽게 비교가 가능하다. **그림 16-1**은 A반과 N반에 있는 점수들을 그 크기에 해당하는 만큼 각각의 직선상에 위치를 잡아 각각 점으로 표현한 그림이다. 이를 점 플롯이라 한다.

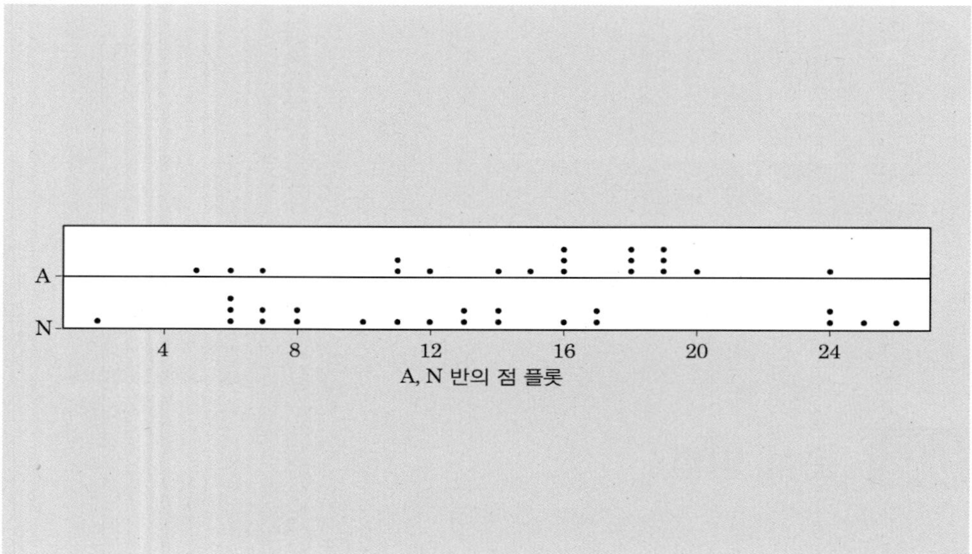


**그림 16-1 시험 점수의 점 플롯**

위의 점 플롯은 단순한 숫자의 나열을 바라보는 것보다 훨씬 혼란을 줄여준다. 그러나 얼핏 보아서는 A반이 N반보다 성적이 높다고 결론을 내리기가 쉽지는 않아 보인다. 그렇지만 점 플롯을 좀 더 살펴보면 두 반 사이의 데이터 특성을 다음과 같이 찾아볼 수 있다. N반은 24점 이상 득점자가 4명인 데 반해 A반은 1명에 그치고 있으며, N반은 4점 이하 득점자가 1명 있는 반면 A반은 없다. 또한 N반은 20점대 부근에서 측정값들이 없다.

### (2) 평균 비교

A반의 평균은 14.95, N반의 평균은 13.00이다. 평균값만을 보면 A반이 N반보다 더 나아 보인다. 그렇지만 그 차이가 과연 의미가 있을 정도로 큰가? 이 의문에 대해서는 차차 답하기로 한다.

### (3) 범위에 관한 관찰

A반의 점수들은 24점과 5점 사이에 모두 분포하고 있으며 N반은 26점과 2점 사이 분포하고 있다. 이러한 사실은 두 반 사이에 의미 있는 성적 차이가 있다고 보여주고 있는가?

### (4) 단순 비율 관찰

15점 이상에 A반은 19명 중 12명이 있어 $12/19 \times 100 = 63.2\%$를 차지하고 있으며 N반에는 7명이 있어 $7/22 \times 100 = 31.8\%$를 차지하고 있다. 이 백분율들은 과연 유의할 만큼 그 차이가 크다고 할 수 있는가?

### (5) 빈도분포

다음 **표 16-2**는 A반과 N반의 점수들에 대한 빈도분포를 조사한 표이다.

**표 16-2 두 개반 시험 점수 빈도분포 표**

| 점수 | A반 | N반 |
|---|---|---|
| 0부터 5까지 | / | / |
| 6부터 10까지 | // | ///// /// |
| 11부터 15까지 | ///// | ///// / |
| 16부터 20까지 | ///// ///// | /// |
| 21부터 25까지 | / | /// |
| 26부터 30까지 | | / |

두 반의 점수 분포는 유의한 수준으로 다를 수도 있고 또 다르지 않을 수도 있다. 따라서 통계적 테스트를 하지 않고서는 두 반 간의 성적이 다른지를 확연히 말할 수 없다.

#### 통계적 방법을 이용하기 위한 가정

통계적 방법을 동원하기 위해서는 약간의 가정을 필요로 하는데 이들 중 가장 흔히 쓰이는 가정으로는

1. 분포의 정규성
2. 분산의 동일성
3. 원인체계의 불변성

이 있다. 이러한 가정들을 검사하는 데 사용되는 몇 개의 방법을 들어 본다.

### 16.2.2 정규성 검사

데이터에 있는 점수들의 수효가 많을 때, 즉 데이터의 크기가 꽤 클 때는 카이-제곱 테스트를 사용할 수 있다. 또 다른 방법으로는 정규분포 확률지를 사용한다. 두 방법 모두 데이터의 크기가 클수록 정규성 검사의 신뢰성을 높일 수 있다. 두 반의 데이터 크기는 각각 19와 22로 충분한 크기는 되지 않는다. 그럼에도 불구하고 이들에 대한 테스트는 데이터의 정규성 판단에 도움을 줄 수 있다. 다음의 **그림 16-2**는 정규분포 확률지를 사용하여 검사한 것을 보여준다. A, N반의 거의 모든 점들이 가운데 직선에서 크게 벗어나지 않고 있으며, 95% 신뢰구간 안에 놓여 있음을 볼 수 있다. 다만 N반에서 위로부터 4번째 점이 신뢰구간을 약간 벗어나고 있다. 대체적으로 두 데이터 모두 정규분포를 하는 모집단에서 얻어진 것으로 판단하여도 큰 무리는 없어 보인다.

### 16.2.3 F 테스트

이 테스트는 두 개의 분산들이 동일한가를 판단하는 검사 방법이다. 일명 분산 비율 테스트variance ratio test로 알려져 있으며 비교하고자 하는 분산이 2개 있을 때 사용한다. 데이터의 분산은 아래와 같은 공식을 사용하는데,

$$\text{분산} = S^2 = \frac{\sum (X_i - \overline{X})^2}{n-1}$$

계산의 편의를 위해 분자 부분을 다음과 같이 계산한다.

$$\text{분산의 분자} = \sum_{i=1}^{n} X_i^2 - \frac{[\sum_{i=1}^{n} X_i]^2}{n}$$

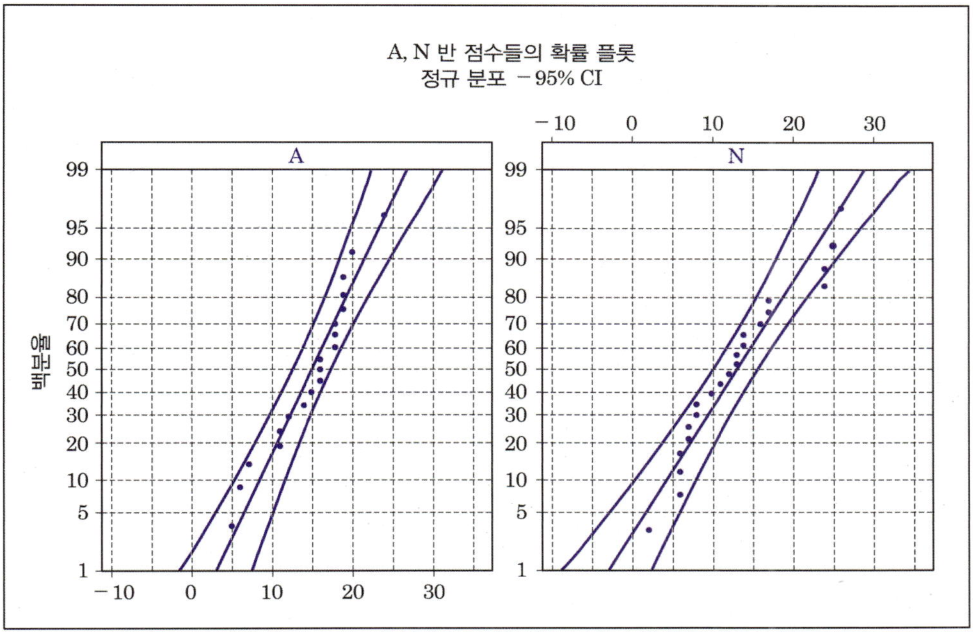


**그림 16-2** **점수들의 정규성 검정**

위의 방법을 사용하여 분산을 구하면 A반은 26.16, N반은 47.71이 되고 분산 비는

$$\text{분산 비} = \frac{N\text{반의 분산}}{A\text{반의 분산}} = \frac{S_N^2}{S_A^2} = \frac{47.71}{26.16} = 1.824$$

값을 얻는다. 이 분산 비는 분자의 자유도 21과 분모의 자유도 18을 갖는 F 분포를 하는데, 통계 소프트웨어를 사용하면 이 F 분포에서 1.824라는 값까지 누적 확률이 0.899이다. 이 누적 확률 값은 유의수준 5%로는 유의하지 않다고 말할 수 있지만, 거의 10% 수준에서는 유의한 수준에 근사하고 있다. 결론적으로 5% 유의수준에서 두 반의 분산 간에는 차이가 없다고 말할 수 있다. 부록 표 F의 F분포 표를 사용하여도 동일한 결론을 얻는다.

## 16.2.4 바틀러 테스트

분산 간의 차이가 있는지를 검사하는 또 다른 방법이다. F 테스트에서는 두 개의 분산 간의 차이를 비교할 수 있지만, 바틀러 테스트Bartlett's test는 몇 개의 분산이든 상관없이 사용할 수 있다. 바틀러 테스트는 기본적으로 분산들에 대한 가중 산술평균과 가

중 기하평균 간의 비를 구하여 이의 자연대수 값을 이용하고 있다. 바틀러 테스트 값은 **표 16-3**을 이용하여 다음과 같이 한다.

$$C = 1 + \frac{1}{3(r-1)}[(\sum_{i=1}^{r}\frac{1}{df_i}) - \frac{1}{df_T}] = 1 + \frac{1}{3(2-1)}[(\frac{1}{18} + \frac{1}{21}) - \frac{1}{39}] = 1.0258$$

$$B = \frac{1}{C}[(df_T)\log_e MSE - \sum_{i=1}^{r}(df_i)\log_e S_i^2]$$

$$= \frac{1}{1.0258}[(39)\ 3.63135 - 139.9242] = 1.6557$$

**표 16-3 바틀러 테스트에 필요한 값 계산**

| 반 | 분산($S^2$) | 자유도($df$) | $SS = df \times S^2$ | $\log_e S^2$ | $df \times \log_e S^2$ |
|---|---|---|---|---|---|
| A | 26.16 | 18 | 470.88 | 3.2642 | 58.7562 |
| N | 47.71 | 21 | 1001.91 | 3.8651 | 81.1680 |
| 합 | | $df_T =$ 39 | $SS_T =$ 1472.79 | | 139.9242 |

평균 분산 Mean Variance = MSE = $SS_T/df_T = 37.7638$

$\log_e$ MSE = 3.63135

$r=2$ (반의 숫자)

B값은 자유도 $(r-1)$을 갖는 카이-제곱 분포를 함이 바틀러에 의해 알려졌다. 통계 소프트웨어를 사용하면 자유도 1인 카이-제곱에서 1.6557보다 큰 값을 가질 확률이 0.8018이다. 따라서 두 반의 분산 간에는 차이가 없음을 알 수 있다. 이 결론은 위의 F 테스트 결과와 일치한다. 부록 표 E의 $\chi^2$ 분포 표에서 자유도 1일 때 1.6557보다 큰 확률, 즉 유의확률은 0.1보다 큼을 쉽게 알 수 있다.

### 원인체계의 불변성

원인체계의 불변성이란 데이터를 수집하는 동안 모든 조건이 일정하게 유지됨을 뜻한다. 즉 어느 반의 점수를 평가할 때 평가 기준이 중도에 갑자기 바뀐다든지 하여 측정 방법에 일관성이 없으면 안 됨을 의미한다. 시험을 채점하는 동안 가능한 객관적이고 공정한 방법을 유지하려고 노력한다. 그러나 때로는 채점에 걸리는 오랜 시간 때문에 채점 기준이 변하는 경우가 종종 있다. 처음 시험지를 평가할 때와 중간에 시험지를 평가할 때 기준이 달라지는 경험을 자주한다. 또한 중도에 새로이 답안을 재확인하고 다음 시험지를 평가한다. 이럴 때마다 약간씩 기준이 변경됨을 우리는 경험적으로 알고 있다. 약간의 편차는 그리 큰 문제를 야기하지는 않지만 때로는 부지불식간에 객관성을 잃어버릴 수가 있다. 또한 특정 답안지에 대해, 이를테면 답안 작성을 깨끗하게 했다든지 아니면 또 그의 반대 경우로, 점수에 공정성을 상실할 수도 있다. 이러한 측정의 일관성을 유지하는 일은 보통 특별한 사유가 없는 한 지켜지는 것으로 생각하고 분석을 진행한다. 원인체계의 불변성에 대한 테스트로는 관리도 기법이 사용된다.

지금까지의 결과를 살펴보면, 두 반의 데이터는 각각 정규분포를 하는 모집단으로부터 얻어진 샘플로 여겨질 수 있으며, 두 반의 점수들의 분산은 동일하며, 원인체계의 불변성도 인정할 수 있음을 알 수 있다. 이러한 가정들이 충족된다면 이제 t 테스트나 분산분석 방법을 이용하여 두 평균들 사이에 유의한 차이가 있는지를 테스트할 수 있게 된다. 다음에 t 테스트를 사용하는 방법을 설명한다.

### 16.2.5 t 테스트

위에서도 말했듯이 A반의 평균은 14.95, N반의 평균은 13.00이다. 수치상으로 이 둘은 같지는 않다. 그러나 이 둘을 각각 하나의 수로 여겨 단순히 그 크기를 비교할 수는 없다. 이 둘은 각각 평균값으로 각 반의 데이터를 전부 사용하여 얻어진 값이다. 즉, A반의 14.95에는 19개의 수가, N반의 13.00에는 22개의 수가 참여를 하여 얻어진 값이다. 이러한 두 개의 평균값의 크기가 같은지 다른지를 비교할 때는 **표 16-4**를 이용하여 다음과 같이 t 테스트를 사용한다.

두 평균 간의 차이 $D = \overline{X_A} - \overline{X_N} = 14.95 - 13.00 = 1.95$

$D$의 분산 $V_D = \dfrac{S_A^2}{n_A} + \dfrac{S_N^2}{n_N} = \dfrac{26.16}{19} + \dfrac{47.71}{22} = 3.5455$

$$t = \frac{D}{\sqrt{V_D}} = \frac{1.95}{\sqrt{3.5455}} = 1.0356$$

**표 16-4 t 테스트에 필요한 값 계산**

| 반 | 자료수($n$) | 평균($\overline{X}$) | 분산($S^2$) |
|---|---|---|---|
| A | 19 | 14.95 | 26.16 |
| N | 22 | 13.00 | 47.71 |

이 $t$ 값은 자유도 $(19-1)+(22-1)=39$를 갖는 $t$ 분포를 함이 알려져 있다. 부록 표 D의 $t$ 분포 표를 참조하면 통계 소프트웨어를 사용하여 계산한 결과 자유도 39인 $t$ 분포에서 $t=1.0356$보다 큰 값을 얻을 확률인 유의확률은 0.1534이었다. 두 반의 평균들 사이에 통계적으로 차이가 없는 것을 쉽게 알 수 있다.

### 16.2.6 기타 통계적 방법들

분산 간의 차이가 있는지를 테스트하는 방법으로 F 테스트와 바틀러 테스트 외에도 하틀리 테스트가 있다. 하틀리 테스트는 여러 분산들 중에서 최대 분산값과 최소 분산값의 비를 이용한다. 그러나 데이터의 크기가 모두 동일한 경우에만 사용할 수 있다는 단점을 가지고 있다.

평균값들 간에 차이가 있는지에 대한 통계적 방법으로 t 테스트를 설명하였는데, 이는 1개의 데이터의 평균을 하나의 알려진 상수 값과 비교를 하거나, 2개의 데이터 간의 평균을 비교하는 데 사용된다. 보다 일반적 방법으로 2개 이상의 데이터 간의 평균을 비교하는 방법으로는 ANOVA 표를 이용하는 분산분석 방법이 있다.

## 16.3 2개의 비율에 대한 비교

1에서 사용된 두 반의 점수 데이터에서 60%(18점) 이상의 점수를 획득한 경우에만 합격으로 처리되고 그 이하는 불합격으로 처리된다. 두 반 모두 동일한 합격률을 갖는가? A반의 경우 19명 중 8명(0.42)이 N반은 22명 중 4명(0.18)이 18점 이상을 얻었다. 만일 각 반의 데이터의 크기가 충분히 크고, 이를테면 100 이상, 그리고 합격률이 1.0이나 0.0보다는 0.5에 가깝다면 이항분포가 정규분포에 근사한다는 점을 활용하여 두 합격률의 차이에 대한 테스트를 할 수 있다.

# 부록

## 표 A 관리도 계수 표

| 서브 그룹 크기 | 평균 관리도($\overline{X}$-차트) | | | 표준 편차 관리도($S$-차트) | | | | | | 범위 관리도($R$-차트) | | | | | | |
|---|---|---|---|---|---|---|---|---|---|---|---|---|---|---|---|---|
| | 관리한계 계수 | | | 중앙선 계수 | | 관리한계 계수 | | | | 중앙선 계수 | | 관리한계 계수 | | | | |
| | $A$ | $A_2$ | $A_3$ | $c_4$ | $1/c_4$ | $B_3$ | $B_4$ | $B_5$ | $B_6$ | $d_2$ | $1/d_{42}$ | $d_3$ | $D_1$ | $D_2$ | $D_3$ | $D_4$ |
| 2 | 2.121 | 1.880 | 2.659 | 0.7979 | 1.2533 | 0 | 3.267 | 0 | 2.606 | 1.128 | 0.8865 | 0.853 | 0 | 3.686 | 0 | 3.267 |
| 3 | 1.732 | 1.023 | 1.954 | 0.8862 | 1.1284 | 0 | 2.568 | 0 | 2.276 | 1.693 | 0.5907 | 0.888 | 0 | 4.358 | 0 | 2.574 |
| 4 | 1.500 | 0.729 | 1.628 | 0.9213 | 1.0854 | 0 | 2.266 | 0 | 2.088 | 2.059 | 0.4857 | 0.880 | 0 | 4.698 | 0 | 2.282 |
| 5 | 1.342 | 0.577 | 1.427 | 0.9400 | 1.0638 | 0 | 2.089 | 0 | 1.964 | 2.326 | 0.4299 | 0.864 | 0 | 4.918 | 0 | 2.114 |
| 6 | 1.225 | 0.483 | 1.287 | 0.9515 | 1.0510 | 0.030 | 1.970 | 0.029 | 1.874 | 2.534 | 0.3946 | 0.848 | 0 | 5.078 | 0 | 2.004 |
| 7 | 1.134 | 0.419 | 1.182 | 0.9594 | 1.0423 | 0.118 | 1.882 | 0.113 | 1.806 | 2.704 | 0.3698 | 0.833 | 0.204 | 5.204 | 0.076 | 1.924 |
| 8 | 1.061 | 0.373 | 1.099 | 0.9650 | 1.0363 | 0.185 | 1.815 | 0.179 | 1.751 | 2.847 | 0.3512 | 0.820 | 0.388 | 5.306 | 0.136 | 1.864 |
| 9 | 1.000 | 0.337 | 1.032 | 0.9693 | 1.0317 | 0.239 | 1.761 | 0.232 | 1.707 | 2.970 | 0.3367 | 0.808 | 0.547 | 5.393 | 0.184 | 1.816 |
| 10 | 0.949 | 0.308 | 0.975 | 0.9727 | 1.0281 | 0.284 | 1.716 | 0.276 | 1.669 | 3.078 | 0.3249 | 0.797 | 0.687 | 5.469 | 0.223 | 1.777 |
| 11 | 0.905 | 0.285 | 0.927 | 0.9754 | 1.0252 | 0.321 | 1.679 | 0.313 | 1.637 | 3.173 | 0.3152 | 0.787 | 0.811 | 5.535 | 0.256 | 1.744 |
| 12 | 0.866 | 0.266 | 0.886 | 0.9776 | 1.0229 | 0.354 | 1.646 | 0.346 | 1.610 | 3.258 | 0.3069 | 0.778 | 0.922 | 5.594 | 0.283 | 1.717 |
| 13 | 0.832 | 0.249 | 0.850 | 0.9794 | 1.0210 | 0.382 | 1.618 | 0.374 | 1.585 | 3.336 | 0.2998 | 0.770 | 1.025 | 5.647 | 0.307 | 1.693 |
| 14 | 0.802 | 0.235 | 0.817 | 0.9810 | 1.0194 | 0.406 | 1.594 | 0.399 | 1.563 | 3.407 | 0.2935 | 0.763 | 1.118 | 5.696 | 0.328 | 1.672 |
| 15 | 0.775 | 0.223 | 0.789 | 0.9823 | 1.0180 | 0.428 | 1.572 | 0.421 | 1.544 | 3.472 | 0.2880 | 0.756 | 1.203 | 5.741 | 0.347 | 1.653 |
| 16 | 0.750 | 0212 | 0.763 | 0.9835 | 1.0168 | 0.448 | 1.552 | 0.440 | 1.526 | 3.532 | 0.2831 | 0.750 | 1.282 | 5.782 | 0.363 | 1.637 |
| 17 | 0.728 | 0.203 | 0.739 | 0.9845 | 1.0157 | 0.466 | 1.534 | 0.458 | 1.511 | 3.588 | 0.2787 | 0.744 | 1.356 | 5.820 | 0.378 | 1.622 |
| 18 | 0.707 | 0.194 | 0.718 | 0.9854 | 1.0148 | 0.482 | 1.518 | 0.475 | 1.496 | 3.640 | 0.2747 | 0.739 | 1.424 | 5.856 | 0.391 | 1.608 |
| 19 | 0.688 | 0.187 | 0.698 | 0.9862 | 1.0140 | 0.497 | 1.503 | 0.490 | 1.483 | 3.689 | 0.2711 | 0.734 | 1.487 | 5.891 | 0.403 | 1.597 |
| 20 | 0.671 | 0.180 | 0.680 | 0.9869 | 1.0133 | 0.510 | 1.490 | 0.504 | 1.470 | 3.735 | 0.2677 | 0.729 | 1.549 | 5.921 | 0.415 | 1.585 |
| 21 | 0.655 | 0.173 | 0.663 | 0.9876 | 1.0126 | 0.523 | 1.477 | 0.516 | 1.459 | 3.778 | 0.2647 | 0.724 | 1.605 | 5.951 | 0.425 | 1.575 |
| 22 | 0.640 | 0.167 | 0.647 | 0.9882 | 1.0119 | 0.534 | 1.466 | 0.528 | 1.448 | 3.819 | 0.2618 | 0.720 | 1.659 | 5.979 | 0.434 | 1.566 |
| 23 | 0.626 | 0.162 | 0.633 | 0.9887 | 1.0114 | 0.545 | 1.455 | 0.539 | 1.438 | 3.858 | 0.2592 | 0.716 | 1.710 | 6.006 | 0.443 | 1.557 |
| 24 | 0.612 | 0.157 | 0.619 | 0.9892 | 1.0109 | 0.555 | 1.445 | 0.549 | 1.429 | 3.895 | 0.2567 | 0.712 | 1.759 | 6.031 | 0.451 | 1.548 |
| 25 | 0.600 | 0.135 | 0.606 | 0.9896 | 1.0105 | 0.565 | 1.435 | 0.559 | 1.420 | 3.931 | 0.2544 | 0.708 | 1.806 | 6.056 | 0.459 | 1.541 |

**표 B 포와송분포 표**

1,000×probability of $r$ or fewer occurrences of event that has average number of occurrences equal to $np$.

| $np$ \ $r$ | 0 | 1 | 2 | 3 | 4 | 5 | 6 | 7 | 8 | 9 |
|---|---|---|---|---|---|---|---|---|---|---|
| 0.02 | 980 | 1,000 | | | | | | | | |
| 0.04 | 961 | 999 | 1,000 | | | | | | | |
| 0.06 | 942 | 998 | 1,000 | | | | | | | |
| 0.08 | 923 | 997 | 1,000 | | | | | | | |
| 0.10 | 905 | 995 | 1,000 | | | | | | | |
| 0.15 | 861 | 990 | 999 | 1,000 | | | | | | |
| 0.20 | 819 | 982 | 999 | 1,000 | | | | | | |
| 0.25 | 779 | 974 | 998 | 1,000 | | | | | | |
| 0.30 | 741 | 963 | 996 | 1,000 | | | | | | |
| 0.35 | 705 | 951 | 994 | 1,000 | | | | | | |
| 0.40 | 670 | 938 | 992 | 999 | 1,000 | | | | | |
| 0.45 | 638 | 925 | 989 | 999 | 1,000 | | | | | |
| 0.50 | 607 | 910 | 986 | 998 | 1,000 | | | | | |
| 0.55 | 577 | 894 | 982 | 998 | 1,000 | | | | | |
| 0.60 | 549 | 878 | 977 | 997 | 1,000 | | | | | |
| 0.65 | 522 | 861 | 972 | 996 | 999 | 1,000 | | | | |
| 0.70 | 497 | 844 | 966 | 994 | 999 | 1,000 | | | | |
| 0.75 | 472 | 827 | 959 | 993 | 999 | 1,000 | | | | |
| 0.80 | 449 | 809 | 953 | 991 | 999 | 1,000 | | | | |
| 0.85 | 427 | 791 | 945 | 989 | 998 | 1,000 | | | | |
| 0.90 | 407 | 772 | 937 | 987 | 998 | 1,000 | | | | |
| 0.95 | 387 | 754 | 929 | 984 | 997 | 1,000 | | | | |
| 1.00 | 368 | 736 | 920 | 981 | 996 | 999 | 1,000 | | | |
| 1.1 | 333 | 699 | 900 | 974 | 995 | 999 | 1,000 | | | |
| 1.2 | 301 | 663 | 879 | 966 | 992 | 998 | 1,000 | | | |
| 1.3 | 273 | 627 | 857 | 957 | 989 | 998 | 1,000 | | | |
| 1.4 | 247 | 592 | 833 | 946 | 986 | 997 | 999 | 1,000 | | |
| 1.5 | 223 | 558 | 809 | 934 | 981 | 996 | 999 | 1,000 | | |
| 1.6 | 202 | 525 | 783 | 921 | 976 | 994 | 999 | 1,000 | | |
| 1.7 | 183 | 493 | 757 | 907 | 970 | 992 | 998 | 1,000 | | |
| 1.8 | 165 | 463 | 731 | 891 | 964 | 990 | 997 | 999 | 1,000 | |
| 1.9 | 150 | 434 | 704 | 875 | 956 | 987 | 997 | 999 | 1,000 | |
| 2.0 | 135 | 406 | 677 | 857 | 947 | 983 | 995 | 999 | 1,000 | |
| 2.2 | 111 | 355 | 623 | 819 | 928 | 975 | 993 | 998 | 1,000 | |
| 2.4 | 091 | 308 | 570 | 779 | 904 | 964 | 988 | 997 | 999 | 1,000 |
| 2.6 | 074 | 267 | 518 | 736 | 877 | 951 | 983 | 995 | 999 | 1,000 |

| $np$ \ $r$ | 0 | 1 | 2 | 3 | 4 | 5 | 6 | 7 | 8 | 9 |
|---|---|---|---|---|---|---|---|---|---|---|
| 2.8 | 061 | 231 | 469 | 692 | 848 | 935 | 976 | 992 | 998 | 999 |
| 3.0 | 050 | 199 | 423 | 647 | 815 | 916 | 966 | 988 | 996 | 999 |
| 3.2 | 041 | 171 | 380 | 603 | 781 | 895 | 955 | 983 | 994 | 998 |
| 3.4 | 033 | 147 | 340 | 558 | 744 | 871 | 942 | 977 | 992 | 997 |
| 3.6 | 027 | 126 | 303 | 515 | 706 | 844 | 927 | 969 | 988 | 996 |
| 3.8 | 022 | 107 | 269 | 473 | 668 | 816 | 909 | 960 | 984 | 994 |
| 4.0 | 018 | 092 | 238 | 433 | 629 | 785 | 889 | 949 | 979 | 992 |
| 4.2 | 015 | 078 | 210 | 395 | 590 | 753 | 867 | 936 | 972 | 989 |
| 4.4 | 012 | 066 | 185 | 359 | 551 | 720 | 844 | 921 | 964 | 985 |
| 4.6 | 010 | 056 | 163 | 326 | 513 | 686 | 818 | 905 | 955 | 980 |
| 4.8 | 008 | 048 | 143 | 294 | 476 | 651 | 791 | 887 | 944 | 975 |
| 5.0 | 007 | 040 | 125 | 265 | 440 | 616 | 762 | 867 | 932 | 968 |
| 5.2 | 006 | 034 | 109 | 238 | 406 | 581 | 732 | 845 | 918 | 960 |
| 5.4 | 005 | 029 | 095 | 213 | 373 | 546 | 702 | 822 | 903 | 951 |
| 5.6 | 004 | 024 | 082 | 191 | 342 | 512 | 670 | 797 | 886 | 941 |
| 5.8 | 003 | 021 | 072 | 170 | 313 | 478 | 638 | 771 | 867 | 929 |
| 6.0 | 002 | 017 | 062 | 151 | 285 | 446 | 606 | 744 | 847 | 916 |
| | 10 | 11 | 12 | 13 | 14 | 15 | 16 | | | |
| 2.8 | 1,000 | | | | | | | | | |
| 3.0 | 1,000 | | | | | | | | | |
| 3.2 | 1,000 | | | | | | | | | |
| 3.4 | 999 | 1,000 | | | | | | | | |
| 3.6 | 999 | 1,000 | | | | | | | | |
| 3.8 | 998 | 999 | 1,000 | | | | | | | |
| 4.0 | 997 | 999 | 1,000 | | | | | | | |
| 4.2 | 996 | 999 | 1,000 | | | | | | | |
| 4.4 | 994 | 998 | 999 | 1,000 | | | | | | |
| 4.6 | 992 | 997 | 999 | 1,000 | | | | | | |
| 4.8 | 990 | 996 | 999 | 1,000 | | | | | | |
| 5.0 | 986 | 995 | 998 | 999 | 1,000 | | | | | |
| 5.2 | 982 | 993 | 997 | 999 | 1,000 | | | | | |
| 5.4 | 977 | 990 | 996 | 999 | 1,000 | | | | | |
| 5.6 | 972 | 988 | 995 | 998 | 999 | 1,000 | | | | |
| 5.8 | 965 | 984 | 993 | 997 | 999 | 1,000 | | | | |
| 6.0 | 957 | 980 | 991 | 996 | 999 | 999 | 1,000 | | | |

| np \ r | 0 | 1 | 2 | 3 | 4 | 5 | 6 | 7 | 8 | 9 |
|---|---|---|---|---|---|---|---|---|---|---|
| 6.2 | 002 | 015 | 054 | 134 | 259 | 414 | 574 | 716 | 826 | 902 |
| 6.4 | 002 | 012 | 046 | 119 | 235 | 384 | 542 | 687 | 803 | 886 |
| 6.6 | 001 | 010 | 040 | 105 | 213 | 355 | 511 | 658 | 780 | 869 |
| 6.8 | 001 | 009 | 034 | 093 | 192 | 327 | 480 | 628 | 755 | 850 |
| 7.0 | 001 | 007 | 030 | 082 | 173 | 301 | 450 | 599 | 729 | 830 |
| 7.2 | 001 | 006 | 025 | 072 | 156 | 276 | 420 | 569 | 703 | 810 |
| 7.4 | 001 | 005 | 022 | 063 | 140 | 253 | 392 | 539 | 676 | 788 |
| 7.6 | 001 | 004 | 019 | 055 | 125 | 231 | 365 | 510 | 648 | 765 |
| 7.8 | 000 | 004 | 016 | 048 | 112 | 210 | 338 | 481 | 620 | 741 |
| 8.0 | 000 | 003 | 014 | 042 | 100 | 191 | 313 | 453 | 593 | 717 |
| 8.5 | 000 | 002 | 009 | 030 | 074 | 150 | 256 | 386 | 523 | 653 |
| 9.0 | 000 | 001 | 006 | 021 | 055 | 116 | 207 | 324 | 456 | 587 |
| 9.5 | 000 | 001 | 004 | 015 | 040 | 089 | 165 | 269 | 392 | 522 |
| 10.0 | 000 | 000 | 003 | 010 | 029 | 067 | 130 | 220 | 333 | 458 |
| | 10 | 11 | 12 | 13 | 14 | 15 | 16 | 17 | 18 | 19 |
| 6.2 | 949 | 975 | 989 | 995 | 998 | 999 | 1,000 | | | |
| 6.4 | 939 | 969 | 986 | 994 | 997 | 999 | 1,000 | | | |
| 6.6 | 927 | 963 | 982 | 992 | 997 | 999 | 999 | 1,000 | | |
| 6.8 | 915 | 955 | 978 | 990 | 996 | 998 | 999 | 1,000 | | |
| 7.0 | 901 | 947 | 973 | 987 | 994 | 998 | 999 | 1,000 | | |
| 7.2 | 887 | 937 | 967 | 984 | 993 | 997 | 999 | 999 | 1,000 | |
| 7.4 | 871 | 926 | 961 | 980 | 991 | 996 | 998 | 999 | 1,000 | |
| 7.6 | 854 | 915 | 954 | 976 | 989 | 995 | 998 | 999 | 1,000 | |
| 7.8 | 835 | 902 | 945 | 971 | 986 | 993 | 997 | 999 | 1,000 | |
| 8.0 | 816 | 888 | 936 | 966 | 983 | 992 | 996 | 998 | 999 | 1,000 |
| 8.5 | 763 | 849 | 909 | 949 | 973 | 986 | 993 | 997 | 999 | 999 |
| 9.0 | 706 | 803 | 876 | 926 | 959 | 978 | 989 | 995 | 998 | 999 |
| 9.5 | 645 | 752 | 836 | 898 | 940 | 967 | 982 | 991 | 996 | 998 |
| 10.0 | 583 | 697 | 792 | 864 | 917 | 951 | 973 | 986 | 993 | 997 |
| | 20 | 21 | 22 | | | | | | | |
| 8.5 | 1,000 | | | | | | | | | |
| 9.0 | 1,000 | | | | | | | | | |
| 9.5 | 999 | 1,000 | | | | | | | | |
| 10.0 | 998 | 999 | 1,000 | | | | | | | |

출처: Adapted with permission from E. L. Grant and Richard S. Leavenworth, *Statistical Quality Control*, 4th ed., McGraw-Hill Book Company, New York, 1972.

## 표 C 표준정규분포 표

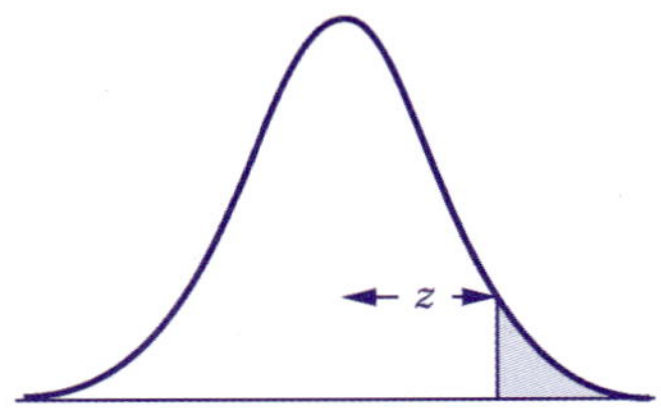


| z | 0.00 | 0.01 | 0.02 | 0.03 | 0.04 | 0.05 | 0.06 | 0.07 | 0.08 | 0.09 |
|---|---|---|---|---|---|---|---|---|---|---|
| 0.0 | 0.5000 | 0.4960 | 0.4920 | 0.4880 | 0.4840 | 0.4801 | 0.4761 | 0.4721 | 0.4681 | 0.4641 |
| 0.1 | 0.4602 | 0.4562 | 0.4522 | 0.4483 | 0.4443 | 0.4404 | 0.4364 | 0.4325 | 0.4286 | 0.4247 |
| 0.2 | 0.4207 | 0.4168 | 0.4129 | 0.4090 | 0.4052 | 0.4013 | 0.3974 | 0.3936 | 0.3897 | 0.3859 |
| 0.3 | 0.3821 | 0.3783 | 0.3745 | 0.3707 | 0.3669 | 0.3632 | 0.3594 | 0.3557 | 0.3520 | 0.3483 |
| 0.4 | 0.3446 | 0.3409 | 0.3372 | 0.3336 | 0.3300 | 0.3264 | 0.3228 | 0.3192 | 0.3156 | 0.3121 |
| 0.5 | 0.3085 | 0.3050 | 0.3015 | 0.2981 | 0.2946 | 0.2912 | 0.2877 | 0.2843 | 0.2810 | 0.2776 |
| 0.6 | 0.2743 | 0.2709 | 0.2676 | 0.2643 | 0.2611 | 0.2578 | 0.2546 | 0.2514 | 0.2483 | 0.2451 |
| 0.7 | 0.2420 | 0.2389 | 0.2358 | 0.2327 | 0.2296 | 0.2266 | 0.2236 | 0.2206 | 0.2177 | 0.2148 |
| 0.8 | 0.2119 | 0.2090 | 0.2061 | 0.2033 | 0.2005 | 0.1977 | 0.1949 | 0.1922 | 0.1894 | 0.1867 |
| 0.9 | 0.1841 | 0.1814 | 0.1788 | 0.1762 | 0.1736 | 0.1711 | 0.1685 | 0.1660 | 0.1635 | 0.1611 |
| 1.0 | 0.1587 | 0.1562 | 0.1539 | 0.1515 | 0.1492 | 0.1469 | 0.1446 | 0.1423 | 0.1401 | 0.1379 |
| 1.1 | 0.1357 | 0.1335 | 0.1314 | 0.1292 | 0.1271 | 0.1251 | 0.1230 | 0.1210 | 0.1190 | 0.1170 |
| 1.2 | 0.1151 | 0.1131 | 0.1112 | 0.1093 | 0.1075 | 0.1056 | 0.1038 | 0.1020 | 0.1003 | 0.0985 |
| 1.3 | 0.0968 | 0.0951 | 0.0934 | 0.0918 | 0.0901 | 0.0885 | 0.0869 | 0.0853 | 0.0838 | 0.0823 |
| 1.4 | 0.0808 | 0.0793 | 0.0778 | 0.0764 | 0.0749 | 0.0735 | 0.0721 | 0.0708 | 0.0694 | 0.0681 |
| 1.5 | 0.0668 | 0.0655 | 0.0643 | 0.0630 | 0.0618 | 0.0606 | 0.0594 | 0.0582 | 0.0571 | 0.0559 |
| 1.6 | 0.0548 | 0.0537 | 0.0526 | 0.0516 | 0.0505 | 0.0495 | 0.0485 | 0.0475 | 0.0465 | 0.0455 |
| 1.7 | 0.0446 | 0.0436 | 0.0427 | 0.0418 | 0.0409 | 0.0401 | 0.0392 | 0.0384 | 0.0375 | 0.0367 |
| 1.8 | 0.0359 | 0.0351 | 0.0344 | 0.0336 | 0.0329 | 0.0322 | 0.0314 | 0.0307 | 0.0301 | 0.0294 |
| 1.9 | 0.0287 | 0.0281 | 0.0274 | 0.0268 | 0.0262 | 0.0256 | 0.0250 | 0.0244 | 0.0239 | 0.0233 |
| 2.0 | 0.0228 | 0.0222 | 0.0217 | 0.0212 | 0.0207 | 0.0202 | 0.0197 | 0.0192 | 0.0188 | 0.0183 |
| 2.1 | 0.0179 | 0.0174 | 0.0170 | 0.0166 | 0.0162 | 0.0158 | 0.0154 | 0.0150 | 0.0146 | 0.0143 |
| 2.2 | 0.0139 | 0.0136 | 0.0132 | 0.0129 | 0.0125 | 0.0122 | 0.0119 | 0.0116 | 0.0113 | 0.0110 |
| 2.3 | 0.0107 | 0.0104 | 0.0102 | 0.0099 | 0.0096 | 0.0094 | 0.0091 | 0.0089 | 0.0087 | 0.0084 |
| 2.4 | 0.0082 | 0.0080 | 0.0078 | 0.0075 | 0.0073 | 0.0071 | 0.0069 | 0.0068 | 0.0066 | 0.0064 |
| 2.5 | 0.0062 | 0.0060 | 0.0059 | 0.0057 | 0.0055 | 0.0054 | 0.0052 | 0.0051 | 0.0049 | 0.0048 |
| 2.6 | 0.0047 | 0.0045 | 0.0044 | 0.0043 | 0.0041 | 0.0040 | 0.0039 | 0.0038 | 0.0037 | 0.0036 |
| 2.7 | 0.0035 | 0.0034 | 0.0033 | 0.0032 | 0.0031 | 0.0030 | 0.0029 | 0.0028 | 0.0027 | 0.0026 |
| 2.8 | 0.0026 | 0.0025 | 0.0024 | 0.0023 | 0.0023 | 0.0022 | 0.0021 | 0.0021 | 0.0020 | 0.0019 |
| 2.9 | 0.0019 | 0.0018 | 0.0018 | 0.0017 | 0.0016 | 0.0016 | 0.0015 | 0.0015 | 0.0014 | 0.0014 |
| 3.0 | 0.0013 | 0.0013 | 0.0013 | 0.0012 | 0.0012 | 0.0011 | 0.0011 | 0.0011 | 0.0010 | 0.0010 |
| 3.1 | 0.0010 | 0.0009 | 0.0009 | 0.0009 | 0.0008 | 0.0008 | 0.0008 | 0.0008 | 0.0007 | 0.0007 |
| 3.2 | 0.0007 | 0.0007 | 0.0006 | 0.0006 | 0.0006 | 0.0006 | 0.0006 | 0.0005 | 0.0005 | 0.0005 |
| 3.3 | 0.0005 | 0.0005 | 0.0005 | 0.0004 | 0.0004 | 0.0004 | 0.0004 | 0.0004 | 0.0004 | 0.0003 |
| 3.4 | 0.0003 | 0.0003 | 0.0003 | 0.0003 | 0.0003 | 0.0003 | 0.0003 | 0.0003 | 0.0003 | 0.0002 |
| 3.5 | 0.0002 | 0.0002 | 0.0002 | 0.0002 | 0.0002 | 0.0002 | 0.0002 | 0.0002 | 0.0002 | 0.0002 |
| 3.6 | 0.0002 | 0.0002 | 0.0001 | 0.0001 | 0.0001 | 0.0001 | 0.0001 | 0.0001 | 0.0001 | 0.0001 |
| 3.7 | 0.0001 | 0.0001 | 0.0001 | 0.0001 | 0.0001 | 0.0001 | 0.0001 | 0.0001 | 0.0001 | 0.0001 |
| 3.8 | 0.0001 | 0.0001 | 0.0001 | 0.0001 | 0.0001 | 0.0001 | 0.0001 | 0.0001 | 0.0001 | 0.0001 |
| 3.9 | 0.0000 | 0.0000 | 0.0000 | 0.0000 | 0.0000 | 0.0000 | 0.0000 | 0.0000 | 0.0000 | 0.0000 |

출처: Box, G. E. P. Hunter, W. G. and J. S. Hunter, John Wiley & Sons, 1978

## 표 D t 분포 표

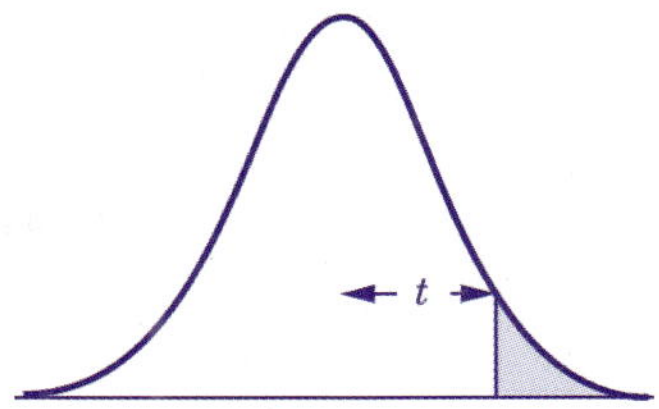


| $v$ | tail area probability | | | | | | | | | |
|---|---|---|---|---|---|---|---|---|---|---|
| | 0.4 | 0.25 | 0.1 | 0.05 | 0.025 | 0.01 | 0.005 | 0.0025 | 0.001 | 0.0005 |
| 1 | 0.325 | 1.000 | 3.078 | 6.314 | 12.706 | 31.821 | 63.657 | 127.32 | 318.31 | 636.62 |
| 2 | 0.289 | 0.816 | 1.886 | 2.920 | 4.303 | 6.965 | 9.925 | 14.089 | 22.326 | 31.598 |
| 3 | 0.277 | 0.765 | 1.638 | 2.353 | 3.182 | 4.541 | 5.841 | 7.453 | 10.213 | 12.924 |
| 4 | 0.271 | 0.741 | 1.533 | 2.132 | 2.776 | 3.747 | 4.604 | 5.598 | 7.173 | 8.610 |
| 5 | 0.267 | 0.727 | 1.476 | 2.015 | 2.571 | 3.365 | 4.032 | 4.773 | 5.893 | 6.869 |
| 6 | 0.265 | 0.718 | 1.440 | 1.943 | 2.447 | 3.143 | 3.707 | 4.317 | 5.208 | 5.959 |
| 7 | 0.263 | 0.711 | 1.415 | 1.895 | 2.365 | 2.998 | 3.499 | 4.029 | 4.785 | 5.408 |
| 8 | 0.262 | 0.706 | 1.397 | 1.860 | 2.306 | 2.896 | 3.355 | 3.833 | 4.501 | 5.041 |
| 9 | 0.261 | 0.703 | 1.383 | 1.833 | 2.262 | 2.821 | 3.250 | 3.690 | 4.297 | 4.781 |
| 10 | 0.260 | 0.700 | 1.372 | 1.812 | 2.228 | 2.764 | 3.169 | 3.581 | 4.144 | 4.587 |
| 11 | 0.260 | 0.697 | 1.363 | 1.796 | 2.201 | 2.718 | 3.106 | 3.497 | 4.025 | 4.437 |
| 12 | 0.259 | 0.695 | 1.356 | 1.782 | 2.179 | 2.681 | 3.055 | 3.428 | 3.930 | 4.318 |
| 13 | 0.259 | 0.694 | 1.350 | 1.771 | 2.160 | 2.650 | 3.012 | 3.372 | 3.852 | 4.221 |
| 14 | 0.258 | 0.692 | 1.345 | 1.761 | 2.145 | 2.624 | 2.977 | 3.326 | 3.787 | 4.140 |
| 15 | 0.258 | 0.691 | 1.341 | 1.753 | 2.131 | 2.602 | 2.947 | 3.286 | 3.733 | 4.073 |
| 16 | 0.258 | 0.690 | 1.337 | 1.746 | 2.120 | 2.583 | 2.921 | 3.252 | 3.686 | 4.015 |
| 17 | 0.257 | 0.689 | 1.333 | 1.740 | 2.110 | 2.567 | 2.898 | 3.222 | 3.646 | 3.965 |
| 18 | 0.257 | 0.688 | 1.330 | 1.734 | 2.101 | 2.552 | 2.878 | 3.197 | 3.610 | 3.922 |
| 19 | 0.257 | 0.688 | 1.328 | 1.729 | 2.093 | 2.539 | 2.861 | 3.174 | 3.579 | 3.883 |
| 20 | 0.257 | 0.687 | 1.325 | 1.725 | 2.086 | 2.528 | 2.845 | 3.153 | 3.552 | 3.850 |
| 21 | 0.257 | 0.686 | 1.323 | 1.721 | 2.080 | 2.518 | 2.831 | 3.135 | 3.527 | 3.819 |
| 22 | 0.256 | 0.686 | 1.321 | 1.717 | 2.074 | 2.508 | 2.819 | 3.119 | 3.505 | 3.792 |
| 23 | 0.256 | 0.685 | 1.319 | 1.714 | 2.069 | 2.500 | 2.807 | 3.104 | 3.485 | 3.767 |
| 24 | 0.256 | 0.685 | 1.318 | 1.711 | 2.064 | 2.492 | 2.797 | 3.091 | 3.467 | 3.745 |
| 25 | 0.256 | 0.684 | 1.316 | 1.708 | 2.060 | 2.485 | 2.787 | 3.078 | 3.450 | 3.725 |
| 26 | 0.256 | 0.684 | 1.315 | 1.706 | 2.056 | 2.479 | 2.779 | 3.067 | 3.435 | 3.707 |
| 27 | 0.256 | 0.684 | 1.314 | 1.703 | 2.052 | 2.473 | 2.771 | 3.057 | 3.421 | 3.690 |
| 28 | 0.256 | 0.683 | 1.313 | 1.701 | 2.048 | 2.467 | 2.763 | 3.047 | 3.408 | 3.674 |
| 29 | 0.256 | 0.683 | 1.311 | 1.699 | 2.045 | 2.462 | 2.756 | 3.038 | 3.396 | 3.659 |
| 30 | 0.256 | 0.683 | 1.310 | 1.697 | 2.042 | 2.457 | 2.750 | 3.030 | 3.385 | 3.646 |
| 40 | 0.255 | 0.681 | 1.303 | 1.684 | 2.021 | 2.423 | 2.704 | 2.971 | 3.307 | 3.551 |
| 60 | 0.254 | 0.679 | 1.296 | 1.671 | 2.000 | 2.390 | 2.660 | 2.915 | 3.232 | 3.460 |
| 120 | 0.254 | 0.677 | 1.289 | 1.658 | 1.980 | 2.358 | 2.617 | 2.860 | 3.160 | 3.373 |
| ∞ | 0.253 | 0.674 | 1.282 | 1.645 | 1.960 | 2.326 | 2.576 | 2.807 | 3.090 | 3.291 |

출처: Taken with permission from E. S. Pearson and H. O. Hartley (Eds.)(1958), *Biometrika Tables for Statisticians*, Vol. 1, Cambridge University Press.

Parts of the table are also taken from Table III of Fisher and Yates: *Statistical Tables for Biological, Agricultural and Medical Research*, published by Longman Group Ltd., London (previously published by Oliver and Boyd, Edinburgh), by permission of the authors and publishers.

## 표 E $\chi^2$ 분포 표

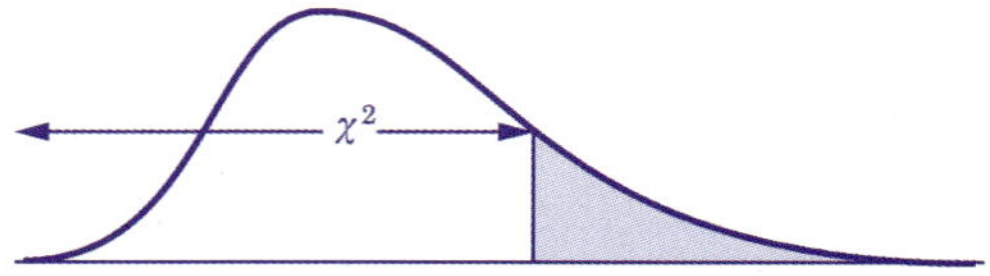


| $v$ | tail area probability | | | | | | | | | | | | | |
|---|---|---|---|---|---|---|---|---|---|---|---|---|---|---|
| | 0.995 | 0.99 | 0.975 | 0.95 | 0.9 | 0.75 | 0.5 | 0.25 | 0.1 | 0.05 | 0.025 | 0.01 | 0.005 | 0.001 |
| 1 | | | | | 0.016 | 0.102 | 0.455 | 1.32 | 2.71 | 3.84 | 5.02 | 6.63 | 7.88 | 10.8 |
| 2 | 0.010 | 0.020 | 0.051 | 0.103 | 0.211 | 0.575 | 1.39 | 2.77 | 4.61 | 5.99 | 7.38 | 9.21 | 10.6 | 13.8 |
| 3 | 0.072 | 0.115 | 0.216 | 0.352 | 0.584 | 1.21 | 2.37 | 4.11 | 6.25 | 7.81 | 9.35 | 11.3 | 12.8 | 16.3 |
| 4 | 0.207 | 0.297 | 0.484 | 0.711 | 1.06 | 1.92 | 3.36 | 5.39 | 7.78 | 9.49 | 11.1 | 13.3 | 14.9 | 18.5 |
| 5 | 0.412 | 0.554 | 0.831 | 1.15 | 1.61 | 2.67 | 4.35 | 6.63 | 9.24 | 11.1 | 12.8 | 15.1 | 16.7 | 20.5 |
| 6 | 0.676 | 0.872 | 1.24 | 1.64 | 2.20 | 3.45 | 5.35 | 7.84 | 10.6 | 12.6 | 14.4 | 16.8 | 18.5 | 22.5 |
| 7 | 0.989 | 1.24 | 1.69 | 2.17 | 2.83 | 4.25 | 6.35 | 9.04 | 12.0 | 14.1 | 16.0 | 18.5 | 20.3 | 24.3 |
| 8 | 1.34 | 1.65 | 2.18 | 2.73 | 3.49 | 5.07 | 7.34 | 10.2 | 13.4 | 15.5 | 17.5 | 20.1 | 22.0 | 26.1 |
| 9 | 1.73 | 2.09 | 2.70 | 3.33 | 4.17 | 5.90 | 8.34 | 11.4 | 14.7 | 16.9 | 19.0 | 21.7 | 23.6 | 27.9 |
| 10 | 2.16 | 2.56 | 3.25 | 3.94 | 4.87 | 6.74 | 9.34 | 12.5 | 16.0 | 18.3 | 20.5 | 23.2 | 25.2 | 29.6 |
| 11 | 2.60 | 3.05 | 3.82 | 4.57 | 5.58 | 7.58 | 10.3 | 13.7 | 17.3 | 19.7 | 21.9 | 24.7 | 26.8 | 31.3 |
| 12 | 3.07 | 3.57 | 4.40 | 5.23 | 6.30 | 8.44 | 11.3 | 14.8 | 18.5 | 21.0 | 23.3 | 26.2 | 28.3 | 32.9 |
| 13 | 3.57 | 4.11 | 5.01 | 5.89 | 7.04 | 9.30 | 12.3 | 16.0 | 19.8 | 22.4 | 24.7 | 27.7 | 29.8 | 34.5 |
| 14 | 4.07 | 4.66 | 5.63 | 6.57 | 7.79 | 10.2 | 13.3 | 17.1 | 21.1 | 23.7 | 26.1 | 29.1 | 31.3 | 36.1 |
| 15 | 4.60 | 5.23 | 6.26 | 7.26 | 8.55 | 11.0 | 14.3 | 18.2 | 22.3 | 25.0 | 27.5 | 30.6 | 32.8 | 37.7 |
| 16 | 5.14 | 5.81 | 6.91 | 7.96 | 9.31 | 11.9 | 15.3 | 19.4 | 23.5 | 26.3 | 28.8 | 32.0 | 34.3 | 39.3 |
| 17 | 5.70 | 6.41 | 7.56 | 8.67 | 10.1 | 12.8 | 16.3 | 20.5 | 24.8 | 27.6 | 30.2 | 33.4 | 35.7 | 40.8 |
| 18 | 6.26 | 7.01 | 8.23 | 9.39 | 10.9 | 13.7 | 17.3 | 21.6 | 26.0 | 28.9 | 31.5 | 34.8 | 37.2 | 42.3 |
| 19 | 6.84 | 7.63 | 8.91 | 10.1 | 11.7 | 14.6 | 18.3 | 22.7 | 27.2 | 30.1 | 32.9 | 36.2 | 38.6 | 43.8 |
| 20 | 7.43 | 8.26 | 9.59 | 10.9 | 12.4 | 15.5 | 19.3 | 23.8 | 28.4 | 31.4 | 34.2 | 37.6 | 40.0 | 45.3 |
| 21 | 8.03 | 8.90 | 10.3 | 11.6 | 13.2 | 16.3 | 20.3 | 24.9 | 29.6 | 32.7 | 35.5 | 38.9 | 41.4 | 46.8 |
| 22 | 8.64 | 9.54 | 11.0 | 12.3 | 14.0 | 17.2 | 21.3 | 26.0 | 30.8 | 33.9 | 36.8 | 40.3 | 42.8 | 48.3 |
| 23 | 9.26 | 10.2 | 11.7 | 13.1 | 14.8 | 18.1 | 22.3 | 27.1 | 32.0 | 35.2 | 38.1 | 41.6 | 44.2 | 49.7 |
| 24 | 9.89 | 10.9 | 12.4 | 13.8 | 15.7 | 19.0 | 23.3 | 28.2 | 33.2 | 36.4 | 39.4 | 43.0 | 45.6 | 51.2 |
| 25 | 10.5 | 11.5 | 13.1 | 14.6 | 16.5 | 19.9 | 24.3 | 29.3 | 34.4 | 37.7 | 40.6 | 44.3 | 46.9 | 52.6 |
| 26 | 11.2 | 12.2 | 13.8 | 15.4 | 17.3 | 20.8 | 25.3 | 30.4 | 35.6 | 38.9 | 41.9 | 45.6 | 48.3 | 54.1 |
| 27 | 11.8 | 12.9 | 14.6 | 16.2 | 18.1 | 21.7 | 26.3 | 31.5 | 36.7 | 40.1 | 43.2 | 47.0 | 49.6 | 55.5 |
| 28 | 12.5 | 13.6 | 15.3 | 16.9 | 18.9 | 22.7 | 27.3 | 32.6 | 37.9 | 41.3 | 44.5 | 48.3 | 51.0 | 56.9 |
| 29 | 13.1 | 14.3 | 16.0 | 17.7 | 19.8 | 23.6 | 28.3 | 33.7 | 39.1 | 42.6 | 45.7 | 49.6 | 52.3 | 58.3 |
| 30 | 13.8 | 15.0 | 16.8 | 18.5 | 20.6 | 24.5 | 29.3 | 34.8 | 40.3 | 43.8 | 47.0 | 50.9 | 53.7 | 59.7 |

출처: Adapted from Table 8, Percentage points of the $\chi^2$ distribution, in E. S. Pearson and H. O. Hartley (Eds.)(1966), *Biometrika Tables for Statisticians*, Vol. 1, 3rd ed., Cambridge University Press. Used by permission.

## 표 F F 분포 표(상위 10%)

| $v_2$ \ $v_1$ | 1 | 2 | 3 | 4 | 5 | 6 | 7 | 8 | 9 | 10 | 12 | 15 | 20 | 24 | 30 | 40 | 60 | 120 | ∞ |
|---|---|---|---|---|---|---|---|---|---|---|---|---|---|---|---|---|---|---|---|
| 1 | 39.86 | 49.50 | 53.59 | 55.83 | 57.24 | 58.20 | 58.91 | 59.44 | 59.86 | 60.19 | 60.71 | 61.22 | 61.74 | 62.00 | 62.26 | 62.53 | 62.79 | 63.06 | 63.33 |
| 2 | 8.53 | 9.00 | 9.16 | 9.24 | 9.29 | 9.33 | 9.35 | 9.37 | 9.38 | 9.39 | 9.41 | 9.42 | 9.44 | 9.45 | 9.46 | 9.47 | 9.47 | 9.48 | 9.49 |
| 3 | 5.54 | 5.46 | 5.39 | 5.34 | 5.31 | 5.28 | 5..27 | 5.25 | 5.24 | 5.23 | 5.22 | 5.20 | 5.18 | 5.18 | 5.17 | 5.16 | 5.15 | 5.14 | 5.13 |
| 4 | 4.54 | 4.32 | 4.19 | 4.11 | 4.05 | 4.01 | 3.98 | 3.95 | 3.94 | 3.92 | 3.90 | 3.87 | 3.84 | 3.83 | 3.82 | 3.80 | 3.79 | 3.78 | 3.76 |
| 5 | 4.06 | 3.78 | 3.62 | 3.52 | 3.45 | 3.40 | 3.37 | 3.34 | 3.32 | 3.30 | 3.27 | 3.24 | 3.21 | 3.19 | 3.17 | 3.16 | 3.14 | 3.12 | 3.10 |
| 6 | 3.78 | 3.46 | 3.29 | 3.18 | 3.11 | 3.05 | 3.01 | 2.98 | 2.96 | 2.94 | 2.90 | 2.87 | 2.84 | 2.82 | 2.80 | 2.78 | 2.76 | 2.74 | 2.72 |
| 7 | 3.59 | 3.26 | 3.07 | 2.96 | 2.88 | 2.83 | 2.78 | 2.75 | 2.72 | 2.70 | 2.67 | 2.63 | 2.59 | 2.58 | 2.56 | 2.54 | 2.51 | 2.49 | 2.47 |
| 8 | 3.46 | 3.11 | 2.92 | 2.81 | 2.73 | 2.67 | 2.62 | 2.59 | 2.56 | 2.54 | 2.50 | 2.46 | 2.42 | 2.40 | 2.38 | 2.36 | 2.34 | 2.32 | 2.29 |
| 9 | 3.36 | 3.01 | 2.81 | 2.69 | 2.61 | 2.55 | 2.51 | 2.47 | 2.44 | 2.42 | 2.38 | 2.34 | 2.30 | 2.28 | 2.25 | 2.23 | 2.21 | 2.18 | 2.16 |
| 10 | 3.29 | 2.92 | 2.73 | 2.61 | 2.52 | 2.46 | 2.41 | 2.38 | 2.35 | 2.32 | 2.28 | 2.24 | 2.20 | 2.18 | 2.16 | 2.13 | 2.11 | 2.08 | 2.06 |
| 11 | 3.23 | 2.86 | 2.66 | 2.54 | 2.45 | 2.39 | 2.34 | 2.30 | 2.27 | 2.25 | 2.21 | 2.17 | 2.12 | 2.10 | 2.08 | 2.05 | 2.03 | 2.00 | 1.97 |
| 12 | 3.18 | 2.81 | 2.61 | 2.48 | 2.39 | 2.33 | 2.28 | 2.24 | 2.21 | 2.19 | 2.15 | 2.10 | 2.06 | 2.04 | 2.01 | 1.98 | 1.96 | 1.93 | 1.90 |
| 13 | 3.14 | 2.76 | 2.56 | 2.43 | 2.35 | 2.28 | 2.23 | 2.20 | 2.16 | 2.14 | 2.10 | 2.05 | 2.01 | 1.98 | 1.96 | 1.93 | 1.90 | 1.88 | 1.85 |
| 14 | 3.10 | 2.73 | 2.52 | 2.39 | 2.31 | 2.24 | 2.19 | 2.15 | 2.12 | 2.10 | 2.05 | 2.01 | 1.96 | 1.94 | 1.91 | 1.89 | 1.86 | 1.83 | 1.80 |
| 15 | 3.07 | 2.70 | 2.49 | 2.36 | 2.27 | 2.21 | 2.16 | 2.12 | 2.09 | 2.06 | 2.02 | 1.97 | 1.92 | 1.90 | 1.87 | 1.85 | 1.82 | 1.79 | 1.76 |
| 16 | 3.05 | 2.67 | 2.46 | 2.33 | 2.24 | 2.18 | 2.13 | 2.09 | 2.06 | 2.03 | 1.99 | 1.94 | 1.89 | 1.87 | 1.84 | 1.81 | 1.78 | 1.75 | 1.72 |
| 17 | 3.03 | 2.64 | 2.44 | 2.31 | 2.22 | 2.15 | 2.10 | 2.06 | 2.03 | 2.00 | 1.96 | 1.91 | 1.86 | 1.84 | 1.81 | 1.78 | 1.75 | 1.72 | 1.69 |
| 18 | 3.01 | 2.62 | 2.42 | 2.29 | 2.20 | 2.13 | 2.08 | 2.04 | 2.00 | 1.98 | 1.93 | 1.89 | 1.84 | 1.81 | 1.78 | 1.75 | 1.72 | 1.69 | 1.66 |
| 19 | 2.99 | 2.61 | 2.40 | 2.27 | 2.18 | 2.11 | 2.06 | 2.02 | 1.98 | 1.96 | 1.91 | 1.86 | 1.81 | 1.79 | 1.76 | 1.73 | 1.70 | 167 | 1.63 |
| 20 | 2.97 | 2.59 | 2.38 | 2.25 | 2.16 | 2.09 | 2.04 | 2.00 | 1.96 | 1.94 | 1.89 | 1.84 | 1.79 | 1.77 | 1.74 | 1.71 | 1.68 | 1.64 | 1.61 |
| 21 | 2.96 | 2.57 | 2.36 | 2.23 | 2.14 | 2.08 | 2.02 | 1.98 | 1.95 | 1.92 | 1.87 | 1.83 | 1.78 | 1.75 | 1.72 | 1.69 | 1.66 | 1.62 | 1.59 |
| 22 | 2.95 | 2.56 | 2.35 | 2.22 | 2.13 | 2.06 | 2.01 | 1.97 | 1.93 | 1.90 | 1.86 | 1.81 | 1.76 | 1.73 | 1.70 | 1.67 | 1.64 | 1.60 | 1.57 |
| 23 | 2.94 | 2.55 | 2.34 | 2.21 | 2.11 | 2.05 | 1.99 | 1.95 | 1.92 | 1.89 | 1.84 | 1.80 | 1.74 | 1.72 | 1.69 | 1.66 | 1.62 | 1.59 | 1.55 |
| 24 | 2.93 | 2.54 | 2.33 | 2.19 | 2.10 | 2.04 | 1.98 | 1.94 | 1.91 | 1.88 | 1.83 | 1.78 | 1.73 | 1.70 | 1.67 | 1.64 | 1.61 | 1.57 | 1.53 |
| 25 | 2.92 | 2.53 | 2.32 | 2.18 | 2.09 | 2.02 | 1.97 | 1.93 | 1.89 | 1.87 | 1.82 | 1.77 | 1.72 | 1.69 | 1.66 | 1.63 | 1.59 | 1.56 | 1.52 |
| 26 | 2.91 | 2.52 | 2.31 | 2.17 | 2.08 | 2.01 | 1.96 | 1.92 | 1.88 | 1.86 | 1.81 | 1.76 | 1.71 | 1.68 | 1.65 | 1.61 | 1.58 | 1.54 | 1.50 |
| 27 | 2.90 | 2.51 | 2.30 | 2.17 | 2.07 | 2.00 | 1.95 | 1.91 | 1.87 | 1.85 | 1.80 | 1.75 | 1.70 | 1.67 | 1.64 | 1.60 | 1.57 | 1.53 | 1.49 |
| 28 | 2.89 | 2.50 | 2.29 | 2.16 | 2.06 | 2.00 | 1.94 | 1.90 | 1.87 | 1.84 | 1.79 | 1.74 | 1.69 | 1.66 | 1.63 | 1.59 | 1.56 | 1.52 | 1.48 |
| 29 | 2.89 | 2.50 | 2.28 | 2.15 | 2.06 | 1.99 | 1.93 | 1.89 | 1.86 | 1.83 | 1.78 | 1.73 | 1.68 | 1.65 | 1.62 | 1.58 | 1.55 | 1.51 | 1.47 |
| 30 | 2.88 | 2.49 | 2.28 | 2.14 | 2.05 | 1.98 | 1.93 | 1.88 | 1.85 | 1.82 | 1.77 | 1.72 | 1.67 | 1.64 | 1.61 | 1.57 | 1.54 | 1.50 | 1.46 |
| 40 | 2.84 | 2.44 | 2.23 | 2.09 | 2.00 | 1.93 | 1.87 | 1.83 | 1.79 | 1.76 | 1.71 | 1.66 | 1.61 | 1.57 | 1.54 | 1.51 | 1.47 | 1.42 | 1.38 |
| 60 | 2.79 | 2.39 | 2.18 | 2.04 | 1.95 | 1.87 | 1.82 | 1.77 | 1.74 | 1.71 | 1.66 | 1.60 | 1.54 | 1.51 | 1.48 | 1.44 | 1.40 | 1.35 | 1.29 |
| 120 | 2.75 | 2.35 | 2.13 | 1.99 | 1.90 | 1.82 | 1.77 | 1.72 | 1.68 | 1.65 | 1.60 | 1.55 | 1.48 | 1.45 | 1.41 | 1.37 | 1.32 | 1.26 | 1.19 |
| ∞ | 2.71 | 2.30 | 2.08 | 1.94 | 1.85 | 1.77 | 1.72 | 1.67 | 1.63 | 1.60 | 1.55 | 1.49 | 1.42 | 1.38 | 1.34 | 1.30 | 1.24 | 1.17 | 1.00 |

## 표 F F 분포 표(상위 5%)

| $v_2$ \ $v_1$ | 1 | 2 | 3 | 4 | 5 | 6 | 7 | 8 | 9 | 10 | 12 | 15 | 20 | 24 | 30 | 40 | 60 | 120 | ∞ |
|---|---|---|---|---|---|---|---|---|---|---|---|---|---|---|---|---|---|---|---|
| 1 | 161.4 | 199.5 | 215.7 | 224.6 | 230.2 | 234.0 | 236.8 | 238.9 | 240.5 | 241.9 | 243.9 | 245.9 | 248.0 | 249.1 | 250.1 | 251.1 | 252.2 | 253.3 | 254.3 |
| 2 | 18.51 | 19.00 | 19.16 | 19.25 | 19.30 | 19.33 | 19.35 | 19.37 | 19.38 | 19.40 | 19.41 | 19.43 | 19.45 | 19.45 | 19.46 | 19.47 | 19.48 | 19.49 | 19.50 |
| 3 | 10.13 | 9.55 | 9.28 | 9.12 | 9.01 | 8.94 | 8.89 | 8.85 | 8.81 | 8.79 | 8.74 | 8.70 | 8.66 | 8.64 | 8.62 | 8.59 | 8.57 | 8.55 | 8.53 |
| 4 | 7.71 | 6.94 | 6.59 | 6.39 | 6.26 | 6.16 | 6.09 | 6.04 | 6.00 | 5.96 | 5.91 | 5.86 | 5.80 | 5.77 | 5.75 | 5.72 | 5.69 | 5.66 | 5.63 |
| 5 | 6.61 | 5.79 | 5.41 | 5.19 | 5.05 | 4.95 | 4..88 | 4.82 | 4.77 | 4.74 | 4.68 | 4.62 | 4.56 | 4.53 | 4.50 | 4.46 | 4.43 | 4.40 | 4.36 |
| 6 | 5.99 | 5.14 | 4.76 | 4.53 | 4.39 | 4.28 | 4.21 | 4.15 | 4.10 | 4.06 | 4.00 | 3.94 | 3.87 | 3.84 | 3.81 | 3.77 | 3.74 | 3.70 | 3.67 |
| 7 | 5.59 | 4.74 | 4.35 | 4.12 | 3.97 | 3.87 | 3.79 | 3.73 | 3.68 | 3.64 | 3.57 | 3.51 | 3.44 | 3.41 | 3.38 | 3.34 | 3.30 | 3.27 | 3.23 |
| 8 | 5.32 | 4.46 | 4.07 | 3.84 | 3.69 | 3.58 | 3.50 | 3.44 | 3.39 | 3.35 | 3.28 | 3.22 | 3.15 | 3.12 | 3.08 | 3.04 | 3.01 | 2.97 | 2.93 |
| 9 | 5.12 | 4.26 | 3.86 | 3.63 | 3.48 | 3.37 | 3.29 | 3.23 | 3.18 | 3.14 | 3.07 | 3.01 | 2.94 | 2.90 | 2.86 | 2.83 | 2.79 | 2.75 | 2.71 |
| 10 | 4.96 | 4.10 | 3.71 | 3.48 | 3.33 | 3.22 | 3.14 | 3.07 | 3.02 | 2.98 | 2.91 | 2.85 | 2.77 | 2.74 | 2.70 | 2.66 | 2.62 | 2.58 | 2.54 |
| 11 | 4.84 | 3.98 | 3.59 | 3.36 | 3.20 | 3.09 | 3.01 | 2.95 | 2.90 | 2.85 | 2.79 | 2.72 | 2.65 | 2.61 | 2.57 | 2.53 | 2.49 | 2.45 | 2.40 |
| 12 | 4.75 | 3.89 | 3.49 | 3.26 | 3.11 | 3.00 | 2.91 | 2.85 | 2.80 | 2.75 | 2.69 | 2.62 | 2.54 | 2.51 | 2.47 | 2.43 | 2.38 | 2.34 | 2.30 |
| 13 | 4.67 | 3.81 | 3.41 | 3.18 | 3.03 | 2.92 | 2.83 | 2.77 | 2.71 | 2.67 | 2.60 | 2.53 | 2.46 | 2.42 | 2.38 | 2.34 | 2.30 | 2.25 | 2.21 |
| 14 | 4.60 | 3.74 | 3.34 | 3.11 | 2.96 | 2.85 | 2.76 | 2.70 | 2.65 | 2.60 | 2.53 | 2.46 | 2.39 | 2.35 | 2.31 | 2.27 | 2.22 | 2.18 | 2.13 |
| 15 | 4.54 | 3.68 | 3.29 | 3.06 | 2.90 | 2.79 | 2.71 | 2.64 | 2.59 | 2.54 | 2.48 | 240 | 2.33 | 2.29 | 2.25 | 2.20 | 2.16 | 2.11 | 2.07 |
| 16 | 4.49 | 3.63 | 3.24 | 3.01 | 2.85 | 2.74 | 2.66 | 2.59 | 2.54 | 2.49 | 2.42 | 2.35 | 2.28 | 2.24 | 2.19 | 2.15 | 2.11 | 2.06 | 2.01 |
| 17 | 4.45 | 3.59 | 3.20 | 2.96 | 2.81 | 2.70 | 2.61 | 2.55 | 2.49 | 2.45 | 2.38 | 2.31 | 2.23 | 2.19 | 2.15 | 2.10 | 2.06 | 2.01 | 1.96 |
| 18 | 4.41 | 3.55 | 3.16 | 2.93 | 2.77 | 2.66 | 2.58 | 2.51 | 2.46 | 2.41 | 2.34 | 2.27 | 2.19 | 2.15 | 2.11 | 2.06 | 2.02 | 1.97 | 1.92 |
| 19 | 4.38 | 3.52 | 3.13 | 2.90 | 2.74 | 2.63 | 2.54 | 2.48 | 2.42 | 2.38 | 2.31 | 2.23 | 2.16 | 2.12 | 2.07 | 2.03 | 1.98 | 1.93 | 1.88 |
| 20 | 4.35 | 3.49 | 3.10 | 2.87 | 2.71 | 2.60 | 2.51 | 2.45 | 2.39 | 2.35 | 2.28 | 2.20 | 2.12 | 2.08 | 2.04 | 1.99 | 1.95 | 1.90 | 1.84 |
| 21 | 4.32 | 3.47 | 3.07 | 2.84 | 2.68 | 2.57 | 2.49 | 2.42 | 2.37 | 2.32 | 2.25 | 2.18 | 2.10 | 2.05 | 2.01 | 1.96 | 1.92 | 1.87 | 1.81 |
| 22 | 4.30 | 3.44 | 3.05 | 2.82 | 2.66 | 2.55 | 2.46 | 2.40 | 2.34 | 2.30 | 2.23 | 2.15 | 2.07 | 2.03 | 1.98 | 1.94 | 1.89 | 1.84 | 1.78 |
| 23 | 4.28 | 3.42 | 3.03 | 2.80 | 2.64 | 2.53 | 2.44 | 2.37 | 2.32 | 2.27 | 2.20 | 2.13 | 2.05 | 2.01 | 1.96 | 1.91 | 1.86 | 1.81 | 1.76 |
| 24 | 4.26 | 3.40 | 3.01 | 2.78 | 2.62 | 2.51 | 2.42 | 2.36 | 2.30 | 2.25 | 2.18 | 2.11 | 2.03 | 1.98 | 1.94 | 1.89 | 1.84 | 1.79 | 1.73 |
| 25 | 4.24 | 3.39 | 2.99 | 2.76 | 2.60 | 2.49 | 2.40 | 2.34 | 2.28 | 2.24 | 2.16 | 2.09 | 2.01 | 1.96 | 1.92 | 1.87 | 1.82 | 1.77 | 1.71 |
| 26 | 4.23 | 3.37 | 2.98 | 2.74 | 2.59 | 2.47 | 2.39 | 2.32 | 2.27 | 2.22 | 2.15 | 2.07 | 1.99 | 1.95 | 1.90 | 1.85 | 1.80 | 1.75 | 1.69 |
| 27 | 4.21 | 3.35 | 2.96 | 2.73 | 2.57 | 2.46 | 2.37 | 2.31 | 2.25 | 2.20 | 2.13 | 2.06 | 1.97 | 1.93 | 1.88 | 1.84 | 1.79 | 1.73 | 1.67 |
| 28 | 4.20 | 3.34 | 2.95 | 2.71 | 2.56 | 2.45 | 2.36 | 2.29 | 2.24 | 2.19 | 2.12 | 2.04 | 1.96 | 1.91 | 1.87 | 1.82 | 1.77 | 1.71 | 1.65 |
| 29 | 4.18 | 3.33 | 2.93 | 2.70 | 2.55 | 2.43 | 2.35 | 2.28 | 2.22 | 2.18 | 2.10 | 2.03 | 1.94 | 1.90 | 1.85 | 1.81 | 1.75 | 1.70 | 1.64 |
| 30 | 4.17 | 3.32 | 2.92 | 2.69 | 2.53 | 2.42 | 2.33 | 2.27 | 2.21 | 2.16 | 2.09 | 2.01 | 1.93 | 1.89 | 1.84 | 1.79 | 1.74 | 1.68 | 1.62 |
| 40 | 4.08 | 3.23 | 2.84 | 2.61 | 2.45 | 2.34 | 2.25 | 2.18 | 2.12 | 2.08 | 2.00 | 1.92 | 1.84 | 1.79 | 1.74 | 1.69 | 1.64 | 1.58 | 1.51 |
| 60 | 4.00 | 3.15 | 2.76 | 2.53 | 2.37 | 2.25 | 2.17 | 2.10 | 2.04 | 1.99 | 1.92 | 1.84 | 1.75 | 1.70 | 1.65 | 1.59 | 1.53 | 1.47 | 1.39 |
| 120 | 3.92 | 3.07 | 2.68 | 2.45 | 2.29 | 2.17 | 2.09 | 2.02 | 1.96 | 1.91 | 1.83 | 1.75 | 1.66 | 1.61 | 1.55 | 1.50 | 1.43 | 1.35 | 1.25 |
| ∞ | 3.84 | 3.00 | 2.60 | 2.37 | 2.21 | 2.10 | 2.01 | 1.94 | 1.88 | 1.83 | 1.75 | 1.67 | 1.57 | 1.52 | 1.46 | 1.39 | 1.32 | 1.22 | 1.00 |

**표 G 샘플크기 코드문자 표**

| 로트 크기 | 특별검사수준 | | | | 일반검사수준 | | |
|---|---|---|---|---|---|---|---|
| | S-1 | S-2 | S-3 | S-4 | I | II | III |
| 2~8 | A | A | A | A | A | A | B |
| 9~15 | A | A | A | A | A | B | C |
| 16~25 | A | A | B | B | B | C | D |
| 26~50 | A | B | B | C | C | D | E |
| 51~90 | B | B | C | C | C | E | F |
| 91~150 | B | B | C | D | D | F | G |
| 151~280 | B | C | D | E | E | G | H |
| 281~500 | B | C | D | E | F | H | J |
| 501~1200 | C | C | E | F | G | J | K |
| 1201~3200 | C | D | F | G | H | K | L |
| 3201~10000 | C | D | F | G | J | L | M |
| 10001~35000 | C | D | F | H | K | M | N |
| 35001~150000 | D | E | G | J | L | N | P |
| 150001~500000 | D | E | G | J | M | P | Q |
| 500000초과 | D | E | H | K | N | Q | R |

## 표 H-1 단순 샘플링 계획 표(보통 검사)

| 샘플 문자 | 샘플 크기 | AQL, 부적합품 퍼센트 및 100 아이템당 부적합수 | | | | | | | | | | | | | | | | | | | | | | | | | |
|---|---|---|---|---|---|---|---|---|---|---|---|---|---|---|---|---|---|---|---|---|---|---|---|---|---|---|---|
| | | 0.010 | 0.015 | 0.025 | 0.040 | 0.065 | 0.10 | 0.15 | 0.25 | 0.40 | 0.65 | 1.0 | 1.5 | 2.5 | 4.0 | 6.5 | 10 | 15 | 25 | 40 | 65 | 100 | 150 | 250 | 400 | 650 | 1000 |
| | | Ac Re | Ac Re | Ac Re | Ac Re | Ac Re | Ac Re | Ac Re | Ac Re | Ac Re | Ac Re | Ac Re | Ac Re | Ac Re | Ac Re | Ac Re | Ac Re | Ac Re | Ac Re | Ac Re | Ac Re | Ac Re | Ac Re | Ac Re | Ac Re | Ac Re | Ac Re |
| A | 2 | ⇩ | ⇩ | ⇩ | ⇩ | ⇩ | ⇩ | ⇩ | ⇩ | ⇩ | ⇩ | ⇩ | ⇩ | ⇩ | ⇩ | 0 1 | ⇩ | ⇩ | 1 2 | 2 3 | 3 4 | 5 6 | 7 8 | 10 11 | 14 15 | 21 22 | 30 31 |
| B | 3 | ⇩ | ⇩ | ⇩ | ⇩ | ⇩ | ⇩ | ⇩ | ⇩ | ⇩ | ⇩ | ⇩ | ⇩ | ⇩ | 0 1 | ⇧ | ⇩ | 1 2 | 2 3 | 3 4 | 5 6 | 7 8 | 10 11 | 14 15 | 21 22 | 30 31 | 44 45 |
| C | 5 | ⇩ | ⇩ | ⇩ | ⇩ | ⇩ | ⇩ | ⇩ | ⇩ | ⇩ | ⇩ | ⇩ | ⇩ | 0 1 | ⇧ | ⇩ | 1 2 | 2 3 | 3 4 | 5 6 | 7 8 | 10 11 | 14 15 | 21 22 | 30 31 | 44 45 | ⇧ |
| D | 8 | ⇩ | ⇩ | ⇩ | ⇩ | ⇩ | ⇩ | ⇩ | ⇩ | ⇩ | ⇩ | ⇩ | 0 1 | ⇧ | ⇩ | 1 2 | 2 3 | 3 4 | 5 6 | 7 8 | 10 11 | 14 15 | 21 22 | 30 31 | 44 45 | ⇧ | ⇧ |
| E | 13 | ⇩ | ⇩ | ⇩ | ⇩ | ⇩ | ⇩ | ⇩ | ⇩ | ⇩ | ⇩ | 0 1 | ⇧ | ⇩ | 1 2 | 2 3 | 3 4 | 5 6 | 7 8 | 10 11 | 14 15 | 21 22 | 30 31 | 44 45 | ⇧ | ⇧ | ⇧ |
| F | 20 | ⇩ | ⇩ | ⇩ | ⇩ | ⇩ | ⇩ | ⇩ | ⇩ | ⇩ | 0 1 | ⇧ | ⇩ | 1 2 | 2 3 | 3 4 | 5 6 | 7 8 | 10 11 | 14 15 | 21 22 | 30 31 | 44 45 | ⇧ | ⇧ | ⇧ | ⇧ |
| G | 32 | ⇩ | ⇩ | ⇩ | ⇩ | ⇩ | ⇩ | ⇩ | ⇩ | 0 1 | ⇧ | ⇩ | 1 2 | 2 3 | 3 4 | 5 6 | 7 8 | 10 11 | 14 15 | 21 22 | ⇧ | ⇧ | ⇧ | ⇧ | ⇧ | ⇧ | ⇧ |
| H | 50 | ⇩ | ⇩ | ⇩ | ⇩ | ⇩ | ⇩ | ⇩ | 0 1 | ⇧ | ⇩ | 1 2 | 2 3 | 3 4 | 5 6 | 7 8 | 10 11 | 14 15 | 21 22 | ⇧ | ⇧ | ⇧ | ⇧ | ⇧ | ⇧ | ⇧ | ⇧ |
| J | 80 | ⇩ | ⇩ | ⇩ | ⇩ | ⇩ | ⇩ | 0 1 | ⇧ | ⇩ | 1 2 | 2 3 | 3 4 | 5 6 | 7 8 | 10 11 | 14 15 | 21 22 | ⇧ | ⇧ | ⇧ | ⇧ | ⇧ | ⇧ | ⇧ | ⇧ | ⇧ |
| K | 125 | ⇩ | ⇩ | ⇩ | ⇩ | ⇩ | 0 1 | ⇧ | ⇩ | 1 2 | 2 3 | 3 4 | 5 6 | 7 8 | 10 11 | 14 15 | 21 22 | ⇧ | ⇧ | ⇧ | ⇧ | ⇧ | ⇧ | ⇧ | ⇧ | ⇧ | ⇧ |
| L | 200 | ⇩ | ⇩ | ⇩ | ⇩ | 0 1 | ⇧ | ⇩ | 1 2 | 2 3 | 3 4 | 5 6 | 7 8 | 10 11 | 14 15 | 21 22 | ⇧ | ⇧ | ⇧ | ⇧ | ⇧ | ⇧ | ⇧ | ⇧ | ⇧ | ⇧ | ⇧ |
| M | 315 | ⇩ | ⇩ | ⇩ | 0 1 | ⇧ | ⇩ | 1 2 | 2 3 | 3 4 | 5 6 | 7 8 | 10 11 | 14 15 | 21 22 | ⇧ | ⇧ | ⇧ | ⇧ | ⇧ | ⇧ | ⇧ | ⇧ | ⇧ | ⇧ | ⇧ | ⇧ |
| N | 500 | ⇩ | ⇩ | 0 1 | ⇧ | ⇩ | 1 2 | 2 3 | 3 4 | 5 6 | 7 8 | 10 11 | 14 15 | 21 22 | ⇧ | ⇧ | ⇧ | ⇧ | ⇧ | ⇧ | ⇧ | ⇧ | ⇧ | ⇧ | ⇧ | ⇧ | ⇧ |
| P | 800 | ⇩ | 0 1 | ⇧ | ⇩ | 1 2 | 2 3 | 3 4 | 5 6 | 7 8 | 10 11 | 14 15 | 21 22 | ⇧ | ⇧ | ⇧ | ⇧ | ⇧ | ⇧ | ⇧ | ⇧ | ⇧ | ⇧ | ⇧ | ⇧ | ⇧ | ⇧ |
| Q | 1,250 | 0 1 | ⇧ | ⇩ | 1 2 | 2 3 | 3 4 | 5 6 | 7 8 | 10 11 | 14 15 | 21 22 | ⇧ | ⇧ | ⇧ | ⇧ | ⇧ | ⇧ | ⇧ | ⇧ | ⇧ | ⇧ | ⇧ | ⇧ | ⇧ | ⇧ | ⇧ |
| R | 2,000 | ⇧ | ⇧ | 1 2 | 2 3 | 3 4 | 5 6 | 7 8 | 10 11 | 14 15 | 21 22 | ⇧ | ⇧ | ⇧ | ⇧ | ⇧ | ⇧ | ⇧ | ⇧ | ⇧ | ⇧ | ⇧ | ⇧ | ⇧ | ⇧ | ⇧ | ⇧ |

비고 1. ⇩: 화살표 아래의 최초의 샘플링 검사방식을 사용한다.
만약, 샘플의 크기가 로트크기 이상이면 전수검사한다.
2. ⇧: 화살표 위의 최초의 샘플링 검사방식을 사용한다.
3. Ac: 합격 판정 개수
4. Re: 불합격 판정 개수

## 표 H-2 단순 샘플링 계획 표(엄격 검사)

| 샘플 문자 | 샘플 크기 | AQL, 부적합품 퍼센트 및 100 아이템당 부적합수 | | | | | | | | | | | | | | | | | | | | | | | | | |
|---|---|---|---|---|---|---|---|---|---|---|---|---|---|---|---|---|---|---|---|---|---|---|---|---|---|---|---|
| | | 0.010 | 0.015 | 0.025 | 0.040 | 0.065 | 0.10 | 0.15 | 0.25 | 0.40 | 0.65 | 1.0 | 1.5 | 2.5 | 4.0 | 6.5 | 10 | 15 | 25 | 40 | 65 | 100 | 150 | 250 | 400 | 650 | 1000 |
| | | Ac Re | Ac Re | Ac Re | Ac Re | Ac Re | Ac Re | Ac Re | Ac Re | Ac Re | Ac Re | Ac Re | Ac Re | Ac Re | Ac Re | Ac Re | Ac Re | Ac Re | Ac Re | Ac Re | Ac Re | Ac Re | Ac Re | Ac Re | Ac Re | Ac Re | Ac Re |
| A | 2 | ⇩ | ⇩ | ⇩ | ⇩ | ⇩ | ⇩ | ⇩ | ⇩ | ⇩ | ⇩ | ⇩ | ⇩ | ⇩ | ⇩ | ⇩ | ⇩ | ⇩ | ⇩ | 1 2 | 2 3 | 3 4 | 5 6 | 8 9 | 12 13 | 18 19 | 27 28 |
| B | 3 | ⇩ | ⇩ | ⇩ | ⇩ | ⇩ | ⇩ | ⇩ | ⇩ | ⇩ | ⇩ | ⇩ | ⇩ | ⇩ | ⇩ | 0 1 | ⇩ | ⇩ | 1 2 | 2 3 | 3 4 | 5 6 | 8 9 | 12 13 | 18 19 | 27 28 | 41 42 |
| C | 5 | ⇩ | ⇩ | ⇩ | ⇩ | ⇩ | ⇩ | ⇩ | ⇩ | ⇩ | ⇩ | ⇩ | ⇩ | ⇩ | 0 1 | ⇩ | ⇩ | 1 2 | 2 3 | 3 4 | 5 6 | 8 9 | 12 13 | 18 19 | 27 28 | 41 42 | ⇧ |
| D | 8 | ⇩ | ⇩ | ⇩ | ⇩ | ⇩ | ⇩ | ⇩ | ⇩ | ⇩ | ⇩ | ⇩ | ⇩ | 0 1 | ⇩ | ⇩ | 1 2 | 2 3 | 3 4 | 5 6 | 8 9 | 12 13 | 18 19 | 27 28 | 41 42 | ⇧ | ⇧ |
| E | 13 | ⇩ | ⇩ | ⇩ | ⇩ | ⇩ | ⇩ | ⇩ | ⇩ | ⇩ | ⇩ | ⇩ | 0 1 | ⇩ | ⇩ | 1 2 | 2 3 | 3 4 | 5 6 | 8 9 | 12 13 | 18 19 | 27 28 | 41 42 | ⇧ | ⇧ | ⇧ |
| F | 20 | ⇩ | ⇩ | ⇩ | ⇩ | ⇩ | ⇩ | ⇩ | ⇩ | ⇩ | ⇩ | 0 1 | ⇩ | ⇩ | 1 2 | 2 3 | 3 4 | 5 6 | 8 9 | 12 13 | 18 19 | ⇧ | ⇧ | ⇧ | ⇧ | ⇧ | ⇧ |
| G | 32 | ⇩ | ⇩ | ⇩ | ⇩ | ⇩ | ⇩ | ⇩ | ⇩ | ⇩ | 0 1 | ⇩ | ⇩ | 1 2 | 2 3 | 3 4 | 5 6 | 8 9 | 12 13 | 18 19 | ⇧ | ⇧ | ⇧ | ⇧ | ⇧ | ⇧ | ⇧ |
| H | 50 | ⇩ | ⇩ | ⇩ | ⇩ | ⇩ | ⇩ | ⇩ | ⇩ | 0 1 | ⇩ | ⇩ | 1 2 | 2 3 | 3 4 | 5 6 | 8 9 | 12 13 | 18 19 | ⇧ | ⇧ | ⇧ | ⇧ | ⇧ | ⇧ | ⇧ | ⇧ |
| J | 80 | ⇩ | ⇩ | ⇩ | ⇩ | ⇩ | ⇩ | ⇩ | 0 1 | ⇩ | ⇩ | 1 2 | 2 3 | 3 4 | 5 6 | 8 9 | 12 13 | 18 19 | ⇧ | ⇧ | ⇧ | ⇧ | ⇧ | ⇧ | ⇧ | ⇧ | ⇧ |
| K | 125 | ⇩ | ⇩ | ⇩ | ⇩ | ⇩ | ⇩ | 0 1 | ⇩ | ⇩ | 1 2 | 2 3 | 3 4 | 5 6 | 8 9 | 12 13 | 18 19 | ⇧ | ⇧ | ⇧ | ⇧ | ⇧ | ⇧ | ⇧ | ⇧ | ⇧ | ⇧ |
| L | 200 | ⇩ | ⇩ | ⇩ | ⇩ | ⇩ | 0 1 | ⇩ | ⇩ | 1 2 | 2 3 | 3 4 | 5 6 | 8 9 | 12 13 | 18 19 | ⇧ | ⇧ | ⇧ | ⇧ | ⇧ | ⇧ | ⇧ | ⇧ | ⇧ | ⇧ | ⇧ |
| M | 315 | ⇩ | ⇩ | ⇩ | ⇩ | 0 1 | ⇩ | ⇩ | 1 2 | 2 3 | 3 4 | 5 6 | 8 9 | 12 13 | 18 19 | ⇧ | ⇧ | ⇧ | ⇧ | ⇧ | ⇧ | ⇧ | ⇧ | ⇧ | ⇧ | ⇧ | ⇧ |
| N | 500 | ⇩ | ⇩ | ⇩ | 0 1 | ⇩ | ⇩ | 1 2 | 2 3 | 3 4 | 5 6 | 8 9 | 12 13 | 18 19 | ⇧ | ⇧ | ⇧ | ⇧ | ⇧ | ⇧ | ⇧ | ⇧ | ⇧ | ⇧ | ⇧ | ⇧ | ⇧ |
| P | 800 | ⇩ | ⇩ | 0 1 | ⇩ | ⇩ | 1 2 | 2 3 | 3 4 | 5 6 | 8 9 | 12 13 | 18 19 | ⇧ | ⇧ | ⇧ | ⇧ | ⇧ | ⇧ | ⇧ | ⇧ | ⇧ | ⇧ | ⇧ | ⇧ | ⇧ | ⇧ |
| Q | 1,250 | ⇩ | 0 1 | ⇩ | ⇩ | 1 2 | 2 3 | 3 4 | 5 6 | 8 9 | 12 13 | 18 19 | ⇧ | ⇧ | ⇧ | ⇧ | ⇧ | ⇧ | ⇧ | ⇧ | ⇧ | ⇧ | ⇧ | ⇧ | ⇧ | ⇧ | ⇧ |
| R | 2,000 | 0 1 | ⇧ | ⇩ | 1 2 | 2 3 | 3 4 | 5 6 | 8 9 | 12 13 | 18 19 | ⇧ | ⇧ | ⇧ | ⇧ | ⇧ | ⇧ | ⇧ | ⇧ | ⇧ | ⇧ | ⇧ | ⇧ | ⇧ | ⇧ | ⇧ | ⇧ |
| S | 3,150 | | | 1 2 | | | | | | | | | | | | | | | | | | | | | | | |

비고 1. ⇩: 화살표 아래의 최초의 샘플링 검사방식을 사용한다.
만약, 샘플의 크기가 로트크기 이상이면 전수검사한다.
2. ⇧: 화살표 위의 최초의 샘플링 검사방식을 사용한다.
3. Ac: 합격 판정 개수
4. Re: 불합격 판정 개수

## 표 H-3 단순 샘플링 계획 표(완화 검사)

| 샘플 문자 | 샘플 크기 | AQL, 부적합품 퍼센트 및 100 아이템당 부적합수 | | | | | | | | | | | | | | | | | | | | | | | | | |
|---|---|---|---|---|---|---|---|---|---|---|---|---|---|---|---|---|---|---|---|---|---|---|---|---|---|---|---|
| | | 0.010 | 0.015 | 0.025 | 0.040 | 0.065 | 0.10 | 0.15 | 0.25 | 0.40 | 0.65 | 1.0 | 1.5 | 2.5 | 4.0 | 6.5 | 10 | 15 | 25 | 40 | 65 | 100 | 150 | 250 | 400 | 650 | 1000 |
| | | Ac Re | Ac Re | Ac Re | Ac Re | Ac Re | Ac Re | Ac Re | Ac Re | Ac Re | Ac Re | Ac Re | Ac Re | Ac Re | Ac Re | Ac Re | Ac Re | Ac Re | Ac Re | Ac Re | Ac Re | Ac Re | Ac Re | Ac Re | Ac Re | Ac Re | Ac Re |
| A | 2 | ⇩ | ⇩ | ⇩ | ⇩ | ⇩ | ⇩ | ⇩ | ⇩ | ⇩ | ⇩ | ⇩ | ⇩ | ⇩ | ⇩ | 0 1 | ⇩ | ⇩ | 1 2 | 2 3 | 3 4 | 5 6 | 7 8 | 10 11 | 14 15 | 21 22 | 30 31 |
| B | 2 | ⇩ | ⇩ | ⇩ | ⇩ | ⇩ | ⇩ | ⇩ | ⇩ | ⇩ | ⇩ | ⇩ | ⇩ | ⇩ | 0 1 | ⇧ | ⇩ | ⇩ | 1 2 | 2 3 | 3 4 | 5 6 | 7 8 | 10 11 | 14 15 | 21 22 | 30 31 |
| C | 2 | ⇩ | ⇩ | ⇩ | ⇩ | ⇩ | ⇩ | ⇩ | ⇩ | ⇩ | ⇩ | ⇩ | ⇩ | 0 1 | ⇧ | ⇩ | ⇩ | 1 2 | 2 3 | 3 4 | 4 5 | 6 7 | 8 9 | 10 11 | 14 15 | 21 22 | ⇧ |
| D | 3 | ⇩ | ⇩ | ⇩ | ⇩ | ⇩ | ⇩ | ⇩ | ⇩ | ⇩ | ⇩ | ⇩ | 0 1 | ⇧ | ⇩ | ⇩ | 1 2 | 2 3 | 3 4 | 4 5 | 6 7 | 8 9 | 10 11 | 14 15 | 21 22 | ⇧ | ⇧ |
| E | 5 | ⇩ | ⇩ | ⇩ | ⇩ | ⇩ | ⇩ | ⇩ | ⇩ | ⇩ | ⇩ | 0 1 | ⇧ | ⇩ | ⇩ | 1 2 | 2 3 | 3 4 | 4 5 | 6 7 | 8 9 | 10 11 | 14 15 | 21 22 | ⇧ | ⇧ | ⇧ |
| F | 8 | ⇩ | ⇩ | ⇩ | ⇩ | ⇩ | ⇩ | ⇩ | ⇩ | ⇩ | 0 1 | ⇧ | ⇩ | ⇩ | 1 2 | 2 3 | 3 4 | 4 5 | 6 7 | 8 9 | 10 11 | ⇧ | ⇧ | ⇧ | ⇧ | ⇧ | ⇧ |
| G | 13 | ⇩ | ⇩ | ⇩ | ⇩ | ⇩ | ⇩ | ⇩ | ⇩ | 0 1 | ⇧ | ⇩ | ⇩ | 1 2 | 2 3 | 3 4 | 4 5 | 6 7 | 8 9 | 10 11 | ⇧ | ⇧ | ⇧ | ⇧ | ⇧ | ⇧ | ⇧ |
| H | 20 | ⇩ | ⇩ | ⇩ | ⇩ | ⇩ | ⇩ | ⇩ | 0 1 | ⇧ | ⇩ | ⇩ | 1 2 | 2 3 | 3 4 | 4 5 | 6 7 | 8 9 | 10 11 | ⇧ | ⇧ | ⇧ | ⇧ | ⇧ | ⇧ | ⇧ | ⇧ |
| J | 32 | ⇩ | ⇩ | ⇩ | ⇩ | ⇩ | ⇩ | 0 1 | ⇧ | ⇩ | ⇩ | 1 2 | 2 3 | 3 4 | 4 5 | 6 7 | 8 9 | 10 11 | ⇧ | ⇧ | ⇧ | ⇧ | ⇧ | ⇧ | ⇧ | ⇧ | ⇧ |
| K | 50 | ⇩ | ⇩ | ⇩ | ⇩ | ⇩ | 0 1 | ⇧ | ⇩ | ⇩ | 1 2 | 2 3 | 3 4 | 4 5 | 6 7 | 8 9 | 10 11 | ⇧ | ⇧ | ⇧ | ⇧ | ⇧ | ⇧ | ⇧ | ⇧ | ⇧ | ⇧ |
| L | 80 | ⇩ | ⇩ | ⇩ | ⇩ | 0 1 | ⇧ | ⇩ | ⇩ | 1 2 | 2 3 | 3 4 | 4 5 | 6 7 | 8 9 | 10 11 | ⇧ | ⇧ | ⇧ | ⇧ | ⇧ | ⇧ | ⇧ | ⇧ | ⇧ | ⇧ | ⇧ |
| M | 125 | ⇩ | ⇩ | ⇩ | 0 1 | ⇧ | ⇩ | ⇩ | 1 2 | 2 3 | 3 4 | 4 5 | 6 7 | 8 9 | 10 11 | ⇧ | ⇧ | ⇧ | ⇧ | ⇧ | ⇧ | ⇧ | ⇧ | ⇧ | ⇧ | ⇧ | ⇧ |
| N | 200 | ⇩ | ⇩ | 0 1 | ⇧ | ⇩ | ⇩ | 1 2 | 2 3 | 3 4 | 4 5 | 6 7 | 8 9 | 10 11 | ⇧ | ⇧ | ⇧ | ⇧ | ⇧ | ⇧ | ⇧ | ⇧ | ⇧ | ⇧ | ⇧ | ⇧ | ⇧ |
| P | 315 | ⇩ | 0 1 | ⇧ | ⇩ | ⇩ | 1 2 | 2 3 | 3 4 | 4 5 | 6 7 | 8 9 | 10 11 | ⇧ | ⇧ | ⇧ | ⇧ | ⇧ | ⇧ | ⇧ | ⇧ | ⇧ | ⇧ | ⇧ | ⇧ | ⇧ | ⇧ |
| Q | 500 | 0 1 | ⇧ | ⇧ | ⇩ | 1 2 | 2 3 | 3 4 | 4 5 | 6 7 | 8 9 | 10 11 | ⇧ | ⇧ | ⇧ | ⇧ | ⇧ | ⇧ | ⇧ | ⇧ | ⇧ | ⇧ | ⇧ | ⇧ | ⇧ | ⇧ | ⇧ |
| R | 800 | ⇧ | ⇧ | ⇧ | 1 2 | 2 3 | 3 4 | 4 5 | 6 7 | 8 9 | 10 11 | ⇧ | ⇧ | ⇧ | ⇧ | ⇧ | ⇧ | ⇧ | ⇧ | ⇧ | ⇧ | ⇧ | ⇧ | ⇧ | ⇧ | ⇧ | ⇧ |

비고 1. ⇩: 화살표 아래의 최초의 샘플링 검사방식을 사용한다.
만약, 샘플의 크기가 로트크기 이상이면 전수검사한다.
2. ⇧: 화살표 위의 최초의 샘플링 검사방식을 사용한다.
3. Ac: 합격 판정 개수
4. Re: 불합격 판정 개수

**표 A  바둑돌 측정 데이터($n$=120)****

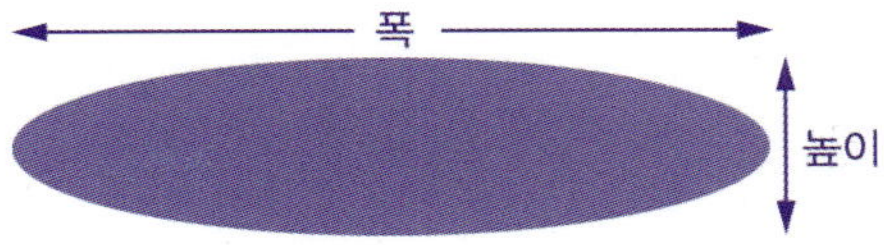


규격*: 폭×높이: 20.5 mm×9.0 mm (오차범위 0.03 mm), 무게 (없음)

| 번호 | 폭mm | 높이mm | 무게g | 번호 | 폭mm | 높이mm | 무게g |
|---|---|---|---|---|---|---|---|
| 1 | 20 | 8.1 | 3.75 | 61 | 20.44 | 9.59 | 4.36 |
| 2 | 20.13 | 8.55 | 4.23 | 62 | 20.28 | 10.3 | 5.05 |
| 3 | 20.12 | 7.99 | 4.74 | 63 | 20.5 | 8.55 | 5.62 |
| 4 | 20.17 | 9.25 | 4.39 | 64 | 20.19 | 9.32 | 4.26 |
| 5 | 20.33 | 8.75 | 4.51 | 65 | 20.21 | 8.26 | 4.79 |
| 6 | 20.18 | 9.16 | 3.8 | 66 | 20.13 | 8.18 | 3.95 |
| 7 | 20.18 | 8.02 | 4.72 | 67 | 20.24 | 8.62 | 3.84 |
| 8 | 20.22 | 9.26 | 4.53 | 68 | 20.16 | 8.62 | 4.28 |
| 9 | 20.19 | 9.12 | 4.92 | 69 | 19.48 | 7.79 | 4.26 |
| 10 | 20.05 | 9.6 | 3.86 | 70 | 20.2 | 9.31 | 3.52 |
| 11 | 20.31 | 8.31 | 4.5 | 71 | 20.23 | 8.53 | 4.64 |
| 12 | 20.2 | 8.82 | 4.47 | 72 | 20.26 | 9.43 | 4.08 |
| 13 | 20.05 | 8.96 | 3.76 | 73 | 20.17 | 7.99 | 4.79 |
| 14 | 20.27 | 8.15 | 4.52 | 74 | 20.18 | 8.06 | 3.75 |
| 15 | 19.95 | 9.05 | 3.74 | 75 | 20.31 | 9.22 | 3.89 |
| 16 | 20.4 | 8.11 | 4.67 | 76 | 20.31 | 9.02 | 4.82 |
| 17 | 20.12 | 9.15 | 4.39 | 77 | 20.27 | 9.3 | 4.53 |
| 18 | 20.16 | 8.76 | 4.22 | 78 | 20.03 | 9.31 | 5.57 |
| 19 | 20.34 | 8.58 | 4.8 | 79 | 20.14 | 8.98 | 4.66 |
| 20 | 20.1 | 9.32 | 4.27 | 80 | 20.26 | 8.77 | 4.52 |
| 21 | 20.25 | 8.6 | 4.55 | 81 | 20.2 | 8.99 | 4.34 |
| 22 | 19.93 | 9.03 | 3.63 | 82 | 20.12 | 8.67 | 4.61 |
| 23 | 20.16 | 8.1 | 4.34 | 83 | 20.19 | 8.96 | 4.34 |
| 24 | 20.52 | 8.7 | 4.4 | 84 | 20.43 | 8.96 | 4.5 |
| 25 | 20.33 | 8.77 | 4.31 | 85 | 20.13 | 8.49 | 4.47 |
| 26 | 20.18 | 8.85 | 3.84 | 86 | 20.23 | 8.53 | 4.2 |
| 27 | 20.18 | 8.07 | 4.58 | 87 | 20.23 | 8.64 | 4.22 |
| 28 | 20.14 | 9.09 | 4.75 | 88 | 20.08 | 9.44 | 4.21 |
| 29 | 20.33 | 9.21 | 4.9 | 89 | 20.58 | 8.85 | 4.81 |
| 30 | 20.21 | 9.53 | 4.57 | 90 | 20.27 | 9.08 | 4.47 |
| 31 | 20.2 | 9 | 4.22 | 91 | 20.12 | 8.79 | 4.56 |

| 번호 | 폭mm | 높이mm | 무게g | 번호 | 폭mm | 높이mm | 무게g |
|---|---|---|---|---|---|---|---|
| 32 | 20.2 | 8.52 | 5.01 | 92 | 20.19 | 8.44 | 4.39 |
| 33 | 20.26 | 9.56 | 4.73 | 93 | 20.18 | 8.52 | 4.08 |
| 34 | 20.15 | 9.2 | 4.36 | 94 | 20.31 | 9.26 | 4.18 |
| 35 | 20.36 | 8.77 | 4.38 | 95 | 20.27 | 8.95 | 4.83 |
| 36 | 20.18 | 8.74 | 4.47 | 96 | 20.39 | 8.78 | 4.46 |
| 37 | 20.27 | 8.96 | 5.17 | 97 | 20.22 | 8.89 | 4.39 |
| 38 | 20.37 | 9.62 | 4.8 | 98 | 19.97 | 8.12 | 4.31 |
| 39 | 20.28 | 9.26 | 4.29 | 99 | 20.2 | 9.04 | 3.89 |
| 40 | 20.27 | 8.69 | 4.61 | 100 | 20.22 | 9.28 | 4.51 |
| 41 | 20.4 | 8.85 | 4.5 | 101 | 20.25 | 8.27 | 4.7 |
| 42 | 20.53 | 8.91 | 4.25 | 102 | 19.98 | 8.21 | 3.95 |
| 43 | 20.13 | 9.24 | 4.66 | 103 | 20.6 | 9.21 | 3.92 |
| 44 | 20.26 | 8.76 | 4.34 | 104 | 20.2 | 9.04 | 4.76 |
| 45 | 20.24 | 9.4 | 5 | 105 | 20.27 | 9.63 | 4.68 |
| 46 | 20.11 | 8.61 | 4.22 | 106 | 19.87 | 8 | 4.67 |
| 47 | 20.18 | 9.55 | 4.93 | 107 | 20.2 | 9.04 | 3.78 |
| 48 | 20.4 | 9.55 | 5.02 | 108 | 20.15 | 8.06 | 4.56 |
| 49 | 20.32 | 8.54 | 4.33 | 109 | 19.9 | 8.17 | 4.21 |
| 50 | 19.98 | 8.14 | 3.84 | 110 | 20.17 | 8.53 | 3.86 |
| 51 | 20.14 | 9.53 | 4.48 | 111 | 20.04 | 9.34 | 4.23 |
| 52 | 20.16 | 8.48 | 4.11 | 112 | 20.24 | 8.62 | 4.7 |
| 53 | 19.99 | 9.01 | 4.38 | 113 | 20.12 | 8.5 | 4.2 |
| 54 | 20.18 | 8.83 | 4.43 | 114 | 20.13 | 8.64 | 4.24 |
| 55 | 20.58 | 9.18 | 4.73 | 115 | 20.21 | 9.17 | 4.26 |
| 56 | 20.11 | 9 | 4.49 | 116 | 19.91 | 8.76 | 4.62 |
| 57 | 20.14 | 8.07 | 3.82 | 117 | 20.22 | 8.01 | 4.31 |
| 58 | 20.18 | 9.33 | 4.77 | 118 | 20.08 | 8.19 | 3.81 |
| 59 | 20.17 | 9 | 4.61 | 119 | 20.25 | 8.93 | 3.78 |
| 60 | 20.22 | 8.82 | 4.36 | 120 | 20.2 | 8.37 | 4.44 |

*6형제바둑㈜, 품명: HJB0320 23PB, http://www.6brothers.com

**측정자: 이라현, 신정민, 이주훈, 한성대학교 산업경영공학, 2018.4.5

# 참고문헌


- 김도균, SBS, '불화수소 국산화' 잰 걸음 속 시각차...얼마나 어렵길래? https://news.sbs.co.kr/news/endPage.do?news_id=N1005360262, 2019.7.19
- 김승원, 반도체 생산공정에 꼭 '일본산 불화수소'를 써야 할까? http://www.edujin.co.kr/news/articleView.html?idxno=31658, 2019.9.17
- 김우철, 김재주 외, 현대통계학, 제4개정판, 영지문화사, 1998
- 리사 랜들 Randal Lisa, 숨겨진 우주 Warped Passages, 한국어 판, 사이언스 북스, 2008
- 원형규, 고장률 중심의 신뢰성 공학, 한성대 출판부, 2007
- 원형규, 공정 중심의 품질경영, 청문각, 2017
- 황의철, 품질경영 3판, 박영사, 1993
- KS Q ISO 2859-1: 2014, 로트별 AQL 지표형 샘플링검사 방식
- Abbott, Lawrence, Quality and Competition, Columbia University Press, 1955
- Box G.E.P., W.G Hunter and J. S. Hunter, *Statistics for Experimenters*, John Wiley & Sons, 1978
- Burr, I. W., *Statistical quality control methods*, Marcel Dekker, Inc., 1976
- Chambers, J. M., W. S. Cleveland, B. Kleiner and P. A. Tukey, Graphical methods for data analysis, Duxbury Press, 1983
- Cochran W. G., *Sampling techniques, 3rd ed.* John Wiley & Sons, 1977
- Cramer, Harald, Mathematical Methods of Statistics, Princeton University Press, 1974
- Deming W. E., *N.Y. TIMES*, 1981. 5. 10.
- Deming W. E., *Out of the Crisis*, MIT, 1986
- Deming W. E., *Sample design in business research*, John Wiley & Sons, 1990
- Devor, R. E., Tsong-how Chang, and J. W. Sutherland, *Statistical quality design and control*, Macmillan Publishing Co., 1992
- Duncan, A. J., *Quality control and industrial statistics*, fifth edition, Irwin, Inc., 1974
- Enrick, N. L., *Quality Control and Reliability*, Industrial Press Inc., 1972
- Feigenbaum, A. V., *Total quality control, third edition, revised*, McGraw-Hill International Editions, 1991
- Garvin D. A., *Managing Quality*, The Free Press, 1988
- Grant, E. L., and R. S. Leavenworth, *Statistical quality control, seventh edition*, McGraw-Hill, 1996
- Gryna F M, R. C. H. Chua and J. A. Defeo, *Juran's quality planning and analysis, 5ed.*, McGraw-Hill, 2007
- Hitoshi Kume, *Statistical methods for quality improvement*, 3A Corporation, 1985

- INTOUCH, *Inspection Level and Selecting an AQL*, Intouch Manufacturing Services, (www.intouch-quality.com)
- ISO 2859-1:1999 Sampling procedures for inspection by attributes – Part 1: Sampling schemes indexed by acceptance quality limit (AQL) for lot-by-lot inspection, ISO, 1999
- ISO 9000:2000(E) Quality management systems-Fundamentals and vocaburary, ISO, 2000
- ISO/TR 8550-1 Guidance on the selection and usage of acceptance sampling systems for inspection of discrete items in lots-Part 1: Acceptance sampling, 2007
- ISO/TR 8550-1:2007(E), Guidance on the selection and usage of acceptance sampling systems in lots-Part 1: Acceptance sampling, ISO, 2007
- Juran, J. M. and A. B. Godfrey, *Juran's quality handbook, fifth edition*, McGraw-Hill, 1999
- Juran, J. M. and F. M. Gryna, *Quality planning and analysis, third edition*, McGraw-Hill International Editions, 1993
- Kume, Hitoshi, *Statistical Methods for Quality Improvement*, 3A Corporation, Tokyo, Japan, 1985
- Montgomery D. C., *Introduction to statistical quality control, 2nd ed.* John Wiley & Sons, 1991
- Ostle B and R. W. Mensing, *Statistics in research, 3rd ed.*, The IowaState University Press, 1982
- Paulson, A. S., Lecture note of Quality and Manufacturing Variation Control: The Statistical Approach, 1986
- Ryan Mac, *The Temptation to Cheat in Computer Science Classes at Stanford*, New York Times, Feb. 11, 2010
- Shapiro, S. S., *How to test normality and other distributional assumptions, Vol. 3*, American Society for Quality Control, 1980
- Thomas, D. W., et. al., *Statistical quality control handbook*, Western Electric Co, Inc., 1956
- Shewhart, W. A., *Economic Control of Quality of Manufactured Product*, D. Van Nostrand Company, 1931

# 찾아보기

■ ㅅ

■ ㅇ



■ ㅈ

2판

공정 분석 및 개선을 위한

**통계적 품질관리**

2019년 3월 19일 초판 발행 | 2021년 7월 23일 2판 발행

**지은이** 원형규 | **펴낸이** 류원식 | **펴낸곳** **교문사**

**편집팀장** 김경수 | **책임진행** 김선형 | **표지디자인** 신나리

**주소** (10881) 경기도 파주시 문발로 116
**전화** 031-955-6111(대표) | **팩스** 031-955-0955 | **등록** 1960.10.28. 제406-2006-000035호
**홈페이지** www.gyomoon.com | **이메일** genie@gyomoon.com
ISBN 978 - 89 - 363 - 2213 - 7 (93530) | **값** 23,000원